博士生导师学术文库

A Library of Academics by
Ph.D.Supervisors

中国刑事证据法学研究的
启蒙与转型

王 超 著

光明日报出版社

图书在版编目（CIP）数据

中国刑事证据法学研究的启蒙与转型 / 王超著 . --

北京：光明日报出版社，2022. 10

ISBN 978 - 7 - 5194 - 6856 - 9

Ⅰ.①中… Ⅱ.①王… Ⅲ.①刑事诉讼—证据—法学

—研究—中国 Ⅳ.①D925. 213. 1

中国版本图书馆 CIP 数据核字（2022）第 190605 号

中国刑事证据法学研究的启蒙与转型

ZHONGGUO XINGSHI ZHENGJU FAXUE YANJIU DE QIMENG YU

ZHUANXING

著　者：王　超

责任编辑：陆希宇　　　　　　　　　责任校对：李佳莹

封面设计：一站出版网　　　　　　　责任印制：曹　净

出版发行：光明日报出版社

地　　址：北京市西城区永安路 106 号，100050

电　　话：010-63169890（咨询），010-63131930（邮购）

传　　真：010-63131930

网　　址：http: // book. gmw. cn

E - mail: gmrbcbs@ gmw. cn

法律顾问：北京市兰台律师事务所龚柳方律师

印　　刷：三河市华东印刷有限公司

装　　订：三河市华东印刷有限公司

本书如有破损、缺页、装订错误，请与本社联系调换，电话：010-63131930

开　　本：170mm×240mm

字　　数：393 千字　　　　　　　　印　　张：21.5

版　　次：2023 年 4 月第 1 版　　　　印　　次：2023 年 4 月第 1 次印刷

书　　号：ISBN 978 - 7 - 5194 - 6856 - 9

定　　价：99. 00 元

前　言

　　尽管解决中国问题离不开理论界的智力支持，但是学术研究的本质使命在于理论创新，而不在于建言献策。建言献策应当是理论创新的自然结果，而不是学术研究的出发点和落脚点。以建言献策为根本目标进行学术研究，是本末倒置和逻辑颠倒的做法。它只能带来学术研究的表面繁荣，而难以推动理论创新和知识增长。要想解决中国问题，必须增强学术研究的主体性、独立性和科学性，在找到真问题的基础上，提出有别于西方国家的原创性理论假设或者命题，通过科学论证和理论创新精确解释中国的真问题，而不是动辄以西方理论演绎推理中国实践，将西方理论作为中国制度存在问题的评价标准和理想解决方案。

目 录
CONTENTS

第一章

导　论

第一节　问题的提出

在现代刑事诉讼中，由于奉行证据裁判主义，案件事实需要由刑事证据加以证明和认定，因此，刑事证据制度被理所当然地视为刑事诉讼的基础和核心。尽管刑事证据制度如此重要，但是限于特定的历史条件，我国在相当长的一段时间内没有制定相应的刑事证据法。在 1979 年第五届全国人民代表大会第二次会议通过第一部《刑事诉讼法》之后，虽然我国刑事证据立法实现了零的突破，但是在立法机关秉承"宜粗不宜细""宁简勿繁"的立法指导思想的情况下①，这部《刑事诉讼法》在证据这一章关于刑事证据的规定只有区区 7 个条文。这 7 个条文只是对证据的概念、种类、取证原则、证人作证等几个少数问题做出了比较粗疏的规定，而一系列能够反映现代法治理念和刑事诉讼规律的刑事证据制度都付之阙如，诸如不被强迫自证其罪原则、非法证据排除规则、传闻证据规则、证明对象、证明责任、刑事推定等。尽管第八届全国人民代表大会第四次会议通过的《关于修改〈中华人民共和国刑事诉讼法〉的决定》对 1979 年《中华人民共和国刑事诉讼法》进行了较大规模的修改，但是立法机关主要是集中解决了当时迫切需要解决的一些问题，如收容审查、免予起诉、侦查管辖、庭审走过场等，而在刑事证据制度方面只是做了细微的调整，基本沿袭了 1979

---

①　众所周知，1979 年《刑事诉讼法》是在中国刚刚结束"文化大革命"之后不久才制定的第一部《刑事诉讼法》。而在缺乏立法经验和刑事诉讼法学理论研究极不成熟的情况下，再加上当时急于解决无法可依的状况，我国立法机关在制定《刑事诉讼法》的过程中比较务实地采取了"宜粗不宜细"的指导思想。

年《中华人民共和国刑事诉讼法》的规定。①

在刑事证据立法严重滞后的情况下，近年来我国刑事司法实践出现了一系列亟待解决的难题。例如，尽管我国对抗制刑事庭审方式改革在客观上需要证人出庭作证，但是在司法实践中证人却极少出庭作证。据报道，我国证人出庭率很低，只有1%至5%。② 根据最高人民法院综合统计得出的数据：全国法院一审刑事案件中，证人出庭率不超过10%；二审刑事案件中，证人出庭率不超过5%。③ 在某些法院，证人出庭作证率甚至低于1%。如重庆市第三中级人民法院的统计数据显示，2010年该院辖区共审理一、二审刑事案件2796件4048人，证人出庭率为0.32%。④ 再如，尽管我国《刑事诉讼法》越来越强调程序法治和保障人权，但是刑讯逼供等非法取证行为却成为屡见不鲜的现象。根据2000年12月27日侯宗宾在第九届全国人民代表大会常务委员会第十九次会议上所作的工作报告——《全国人大常委会执法检查组关于检查〈中华人民共和国刑事诉讼法〉实施情况的报告》，1996年《刑事诉讼法》的贯彻落实主要存在三个问题，其中之一就是刑讯逼供的滋生蔓延。而在司法实践中，尽管辩护方常常向法庭申请排除非法供述，但是辩护方的申请极少得到法院的支持。

尽管滞后的刑事证据立法无法满足司法实践和司法改革的迫切需要，但是却为刑事证据法学研究提供了广阔空间。近年来，围绕我国刑事证据立法与司法存在的各种问题，理论界在研究和借鉴西方发达国家证据法学理论与制度的基础上，对我国如何构建一套完善的刑事证据法学理论体系以及证据规则等问题进行了广泛而深入的研究。从某种程度上讲，随着大量关于刑事证据的专著、论文、教材的不断涌现，我国刑事证据法学研究已基本上形成繁荣的学术景象，并成为诉讼法学乃至整个法学领域中的一个亮点。但令人遗憾的是，迄今为止我国对于传统刑事证据法学理论的反思尚未结束，理论界对于如何继承与发扬传统的刑事证据法学理论以及如何借鉴西方发达国家刑事证据法学理论仍然存在明显分歧。而在理论界对于一些最基本的刑事证据法学概念和理论都存在广泛争议的情况下，我国到目前为止都没有形成科学的并且得到普遍认同的刑事

---

① 同1979年《中华人民共和国刑事诉讼法》相比，1996年《刑事诉讼法》在刑事证据制度方面的变化主要包括：（1）将"被告人供述和辩解"改为"犯罪嫌疑人、被告人供述和辩解"；（2）将视听资料作为新的证据种类；（3）增加证人保护制度。

② 马守敏，邹守宏. 三大诉讼法大修 剑指焦点和难点［N］. 人民法院报，2011-06-25（5）.

③ 叶逗逗. 最该出庭的人在哪里［J］财经，2009（13）.

④ 徐伟. 重庆三中院去年刑案证人出庭率仅0.32%［N］. 法制日报，2011-06-14（8）.

证据法学理论体系。而且，许多研究成果给人的印象是对西方概念和逻辑的再现或者演绎，而根据我国刑事司法实践提出有别于西方国家刑事证据法学理论或者刑事证据制度的原创性成果则少之又少。

客观地说，在知识更新日新月异、学术资源越来越丰富、中外学术交流越来越频繁的情况下，要想在刑事证据法学领域取得重大的突破或者提出具有原创性的研究成果来，确实不是一件容易的事情。但是，这正是刑事证据法学研究责无旁贷的使命。我们不能因为难以创新而将刑事证据法学研究沦为没有意义的重复劳动。在笔者看来，我国刑事证据法学研究在理论创新或者增长刑事证据法学知识方面的作用有限，一个重要的原因在于，在缺乏科学研究方法训练的情况下，大多数研究者的视角总是停留在如何通过借鉴国外经验来改革我国刑事证据制度这个层面上，而很少考虑如何通过理论创新精确解释我国刑事证据立法与司法存在的问题，进而推动我国刑事证据法学知识的增长。正如有的学者所指出的那样，正是由于方法论训练以及相应的学术涵养的缺乏，才导致证据法学的研究者实际上并不十分清楚什么样的论题才是蕴含丰富的学术资源的论题，以及什么样的论题更有可能提供系统化的知识，什么样的论题更有可能大幅度地促进知识的增长，甚至也不清楚法学的学术研究应当怎样将研究的对象界定于可论证的领域。① 可以说，传统的研究思路或者研究方法已经越来越不适应刑事证据法学研究创新的迫切需要。究竟应当采取什么样的研究思路或者研究方法才有助于实现我国刑事证据法学研究的理论创新已经成为理论界无法回避的一个重要课题。

为了避免我们的刑事证据法学研究沦为没有意义的重复劳动，努力地做出我们的学术贡献，完成刑事证据法学研究提供思想、理论创新、创造知识的应有使命，或者真正地发挥理论指导实践的魅力，我们必须另辟蹊径，在研究思路和研究方法上实现必要的转型。基于这方面的考虑，笔者试图在全面梳理和系统反思我国刑事证据法学研究成果的基础上，对我国刑事证据法学研究的启蒙与转型问题展开讨论。在笔者看来，研究中国刑事证据法学研究的启蒙与转型问题，至少具有以下几个方面的理论价值或者实践意义：通过系统的梳理，有助于全面总结和客观评价我国刑事证据法学的研究成果，以便加快我国刑事证据法学研究的转型进程；通过深刻的反思，有助于发现我国刑事证据法学研究存在的真正问题，以便在日后的研究中少走一些弯路和节约有限的学术资源；通过对研究思路和研究方法的探讨，有助于推动刑事证据法学研究的理论创新

---

① 易延友. 证据学是一门法学吗：以研究对象为中心的省察 [J]. 政法论坛，2005（3）.

和刑事证据法学的知识增长，以便真正构建具有中国特色的刑事证据法学理论体系；通过深入的研究，有助于澄清刑事证据法学研究存在的某些错误认识和减少理论界的某些分歧，以便为刑事证据立法或者刑事证据司法奠定良好的理论基础。

第二节　研究思路

本书的研究既不同于传统意义上的刑事证据法学研究综述，也有别于单纯的刑事证据法学理论研究。在研究过程中，笔者将专门以刑事证据法学的研究成果作为研究对象，在系统梳理和反思我国刑事证据法学研究成果的基础上，试图发现我国刑事证据法学研究存在的问题，进而对我国如何提高刑事证据法学的研究水平和推进刑事证据法学研究的再次转型进行较为深入的分析。本书所要表达的中心思想是：尽管我国刑事证据法学研究在经过两次启蒙和一次转型之后已经呈现出较为繁荣的学术景象，但是在研究思路不尽合理和研究方法较为陈旧的情况下，我国刑事证据法学研究在理论创新和增长知识方面的作用比较有限，而为了实现我国刑事证据法学研究的理论突破和提出具有原创性的研究成果，我国亟待推进刑事证据法学研究的再次转型，在调整研究思路和转变研究方法的基础上构建纯粹的刑事证据法学。

为了阐明以上核心观点，本书的总体研究思路为：（1）以我国刑事证据法学研究成果为主要研究对象，以刑事证据法学的重大理论范畴和理论界的分歧为切入点，系统梳理我国刑事证据法学研究的历史演变和发展脉络，客观评价我国刑事证据法学研究的基本内容和主要成就；（2）以我国刑事证据制度的发展变化为线索，以我国传统刑事证据法学为轴心，将我国刑事证据法学研究分为传统刑事证据法学的萌芽、形成和转型这三个阶段；（3）以我国理论界对苏联刑事证据法学和西方刑事证据法学的态度转变以及对传统刑事证据法学的深刻反思为标志，阐述我国刑事证据法学研究的两次启蒙和一次转型；（4）以研究思路和研究方法为视野，在深刻反思我国刑事证据法学研究存在的问题的基础上，深入剖析我国再次转型刑事证据法学研究的原因及其思路。概括来说，本书的研究思路和结构可以用下列示意图表示：

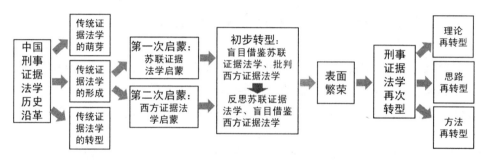

图1-1 本书研究思路和结构

　　进一步而言，本书将在系统梳理和分析我国刑事证据法学研究状况和存在的问题的基础上，深入探讨我国刑事证据法学研究的再次转型问题。首先，本书将会简要回顾我国刑事证据法学研究的基本情况。这部分以我国刑事证据制度的发展变化为线索，将我国刑事证据法学研究的历史沿革分为艰难探索、恢复发展和蓬勃兴起三个时期。在每个时期，笔者将在定量分析我国刑事证据法学研究成果的基础上，对理论界所讨论的主要议题及其重要分歧进行系统而简要的梳理。其次，本书将详细阐述我国刑事证据法学研究的两次启蒙。为了便于说明我国刑事证据法学研究的两次启蒙，笔者首先以传统刑事证据法学为轴心，将我国刑事证据法学理论的演变划分为传统刑事证据法学的萌芽、形成和转型这三个阶段。在这三个阶段中，我国刑事证据法学研究经历了两次启蒙：一次是以苏联刑事证据法学理论与实践为主要内容的启蒙，另一次是以西方国家尤其是英美法系的刑事证据法学理论与实践为主要内容的启蒙。第一次启蒙以辩证唯物主义认识论和实事求是为指导思想，奠定了我国传统刑事证据法学理论体系的理论基础，而第二次启蒙以程序正义、人权保障等为理念，奠定了我国刑事证据法学转型的理论基础。再次，本书将深入分析我国刑事证据法学研究的初步转型。这部分主要是通过对比1996年全国人大修改《刑事诉讼法》前后的刑事证据法学研究状况，分析我国刑事证据法学研究的第一次重大转型，即从侧重于借鉴苏联刑事证据法学理论、批判西方国家刑事证据法学理论向更加侧重于批判传统刑事证据法学理论、借鉴西方发达国家尤其是英美法系的刑事证据法学理论转变。最后，在评价我国刑事证据法学研究的第一次转型所取得的主要成就的基础上，对这次转型存在的主要问题进行初步探讨。概括来说，尽管从研究成果的数量和普及刑事证据法学的基础知识来看，我国刑事证据法学研究的初步转型取得了较大成功，但是从学术研究的创造性或者增长刑事证据法学的理论知识来看，我国刑事证据法学研究的转型并不尽如人意。

在笔者看来，我国刑事证据法学研究的初步转型在理论创新或者增长刑事证据法学知识方面的作用有限，一个重要的原因在于，在缺乏科学研究方法训练的情况下，绝大多数研究者的研究思路或者视角总是停留在如何通过借鉴国外经验来改革我国刑事证据制度这个层面上，而很少考虑如何通过理论创新来推动刑事证据法学知识的增长，或者通过理论创新对我国刑事证据立法与司法做出精确的解释。

为了实现我国刑事证据法学的理论突破和提出具有原创性的研究成果，我国亟待实现刑事证据法学研究的再次转型。笔者接下来从三个不同的角度集中剖析了我国刑事证据法学研究的再次转型问题。首先是理论再转型，即在剖析和反思我国刑事证据法学理论体系的基础上，指出我国刑事证据法学研究应该回归刑事证据法的本质，以纯粹刑事证据法学的理念构建具有中国特色的刑事证据法学理论体系。其次是思路再转型，即在梳理和反思八股式刑事证据法学研究方式的基础上，提出了我国刑事证据法学研究思路再转型的基本路径。最后是方法再转型，即在分析和反思我国刑事证据法学研究中的价值表达的基础上，指出我国刑事证据法学研究方法应该走出价值表达的误区，找到刑事证据制度存在的真正问题，运用交叉学科分析和实证研究方法对刑事证据制度做出精确的解释。

第三节　研究方法

客观地说，社会科学研究不可能像自然科学那样做到价值无涉。但是，社会科学研究无法完全避免价值判断并不意味着我们可以采取一种过于主观的研究方式。随着自然科学的理念越来越渗透到人文社会科学，人们越来越认识到人文社会科学研究也应该像自然科学那样做到学术研究的科学性和客观性。所谓学术研究的科学性，就是要求研究者们的学术观点能够得到证实或者证伪。既不能够证实也不能够证伪的所谓研究成果只是作者自己的一种良好愿望或者价值判断，而无法成为一种科学的理论。这种良好愿望或者价值判断就像如何看待上帝一样：你认为上帝存在，它就存在，你认为它不存在，它就不存在；而不管你认为上帝是否存在，我们都没有事实依据来支持你或者反驳你。而在相信则有、不相信则无的语境之中，我们既无法展开有效的学术交流，也很难创造出新的理论。所谓学术的客观性主要就是要求研究者的学术观点要有事实根据，而不能主观臆断。这是保证学术研究具有科学性的必然要求。

　　为了克服以往刑事证据法学研究过于追求价值判断的不良倾向，本书将尽量改变过去那种过于主观的研究方式，通过历史分析、实证研究、定量分析等方法增强其说服力和科学性，以便对我国刑事证据法学研究的启蒙与转型问题尽可能地做出较为精确的解释。首先是历史分析，主要是从历史的角度观察与分析我国刑事证据法学研究的发展脉络与主要特色。其次是实证研究，主要是以我国刑事证据法学的研究成果作为主要的研究素材，通过对刑事证据法学研究成果的系统梳理来展现我国刑事证据法学研究的启蒙与转型问题。最后是定量分析，主要是通过数据统计的方法更为精确地阐述我国刑事证据法学研究的现状及其存在的问题。

　　值得说明的是，在图书馆馆藏资源有限、人力与科研经费不足的情况下，笔者既不可能也没有必要穷尽我国刑事证据法学的所有研究成果，而是尽可能地收集具有代表性的研究成果。另外，考虑到本书所要讨论的是中国刑事证据法学研究的启蒙与转型问题，因此，笔者所收集的资料仅仅局限于刑事证据法学或者证据法学方面的研究成果，而不包括纯粹研究民事证据或者行政诉讼证据方面的研究成果；对于证据法学译著，以及纯粹介绍、比较国外证据制度的论著，通常也不在本书的研究范围之内。具体来说，本书主要建立在以下资料的基础之上：（1）中华人民共和国成立以来的刑事证据法学或者综合性的证据法学专著，共计341部。其中，在1979年7月至1996年2月期间，共计27部专著；在1996年3月至2017年12月期间，共计314部专著。（2）中华人民共和国成立以来的刑事证据法学或者综合性的证据法学教材，共计144部。其中，在1979年7月至1996年2月期间，共计15部教材；在1996年3月至2017年12月期间，共计129部教材。① （3）中华人民共和国成立以来的刑事证据法学

---

① 考虑到同一作者编写的教材的不同版本之间在研究内容或者体例安排等方面往往有所不同，因此，笔者在统计教材数量时，将同一作者编写的不同版本的教材视为各自独立的教材进行计算。

或者综合性的证据法学 CLSCI 核心期刊论文，共计 1065 篇。① 其中，在 1949 年 10 月至 1979 年 6 月期间，共计 66 篇 CLSCI 论文；在 1979 年 7 月至 1996 年 2 月期间，共计 254 篇 CLSCI 论文；在 1996 年 3 月至 2017 年 12 月期间，共计 745 篇 CLSCI 论文。（4）自 2000 年以来的刑事证据法学或者证据法学博士论文，共计 111 篇。②

---

① CLSCI 核心期刊是指中国法学核心科研评价来源期刊，即由中国法学会对全国法学研究机构和个人在重要核心期刊上发表的论文进行统计分析的期刊目录。它包括《中国社会科学》和 15 种重要法学 CSSCI 期刊。15 种重要法学 CSSCI 期刊包括：《中国法学》《法学研究》《中外法学》《清华法学》《法学家》《政法论坛》《比较法研究》《环球法律评论》《法制与社会发展》《法律科学》《法学评论》《法商研究》《法学》《政治与法律》《现代法学》。值得注意的是，笔者所收集的 CLSCI 期刊论文，既包括当前期刊所发表的论文，也包括这些期刊的前身所发表的论文，如《法学研究》的前身为《政法研究》，《环球法律评论》的前身为《法学译丛》《外国法译评》，《中外法学》的前身为《国外法学》，《法学家》的前身为《法律学习与研究》，《政法论坛》的前身为《北京政法学院学报》，《现代法学》的前身为《西南政法学院学报》，《法律科学》的前身为《西北政法学院学报》。

② 根据中国知网的"中国博士学位论文全文数据库"，在 2000 年之前没有刑事证据法学或者证据法学方面的博士学位论文收录其中。

第二章

中国刑事证据法学研究的回顾

在诉讼法学界普遍采用注释法学、对策法学和比较法学的研究模式之下，我国刑事证据法学研究的一个重要特点就是随着刑事证据制度的演变而发生相应的变化。以我国《刑事诉讼法》的制定与修改为分界线，可以将我国刑事证据法学研究划分为三个阶段：从中华人民共和国成立到 1979 年第五届全国人民代表大会第二次会议通过的《刑事诉讼法》，是我国刑事证据法学的艰难探索阶段；从 1979 年《中华人民共和国刑事诉讼法》的颁布到 1996 年第八届全国人民代表大会第四次会议通过《关于修改〈中华人民共和国刑事诉讼法〉的决定》，是我国刑事证据法学研究的恢复发展阶段；从我国《刑事诉讼法》的第一次修改至今，是我国刑事证据法学研究的蓬勃兴起阶段。本章将在分析各个阶段研究成果统计数据的基础上，以理论界在各个阶段探讨的重要内容尤其是存在较大争议的问题为主要对象，对我国刑事证据法学研究的演变历程及其主要研究内容进行简要的回顾和梳理。

第一节 刑事证据法学的艰难探索

在 1949 年 10 月至 1979 年 6 月期间，在政权重建、百业待兴、法律制度极度匮乏、法学教育十分落后、法学研究刚刚起步、学术资源极为有限等因素的影响下，再加上"文化大革命"的冲击，我国刑事证据法学研究处在艰难探索的阶段。在这个时期，我国刑事证据法学研究不仅在研究内容上极为狭窄和较为肤浅，而且在研究数量上屈指可数。基于当时较为特殊的历史条件，理论界对于刑事证据法学的研究，主要是在翻译、介绍、引进、学习和讨论苏联刑事证据法学理论和刑事证据制度的基础上，对我国的刑事证据制度进行了初步的探讨。尤其是在研究内容还比较凌乱的情况下，我国根本不可能形成完整的刑事证据法学理论体系。

一、昙花一现的刑事证据法学

根据笔者掌握的资料，在 1949 年 10 月至 1979 年 6 月期间，理论界对于刑事证据法学的研究主要是以论文为主，直接以刑事证据法学或者证据法学为研究对象的专著、教材并没有出现。如果以中国法学核心科研评价来源期刊（即 CLSCI 核心期刊）为标准的话，理论界在这个阶段所发表的刑事证据法学学术论文也仅为 66 篇（参见图 2-1）。从刑事证据法学研究的主题来看，理论界主要是就刑事证据法学中最基本的几个问题进行了探讨，如刑事证据的理论基础，证据的概念、性质与特征，证据法的原则，证据的分类等，而现代刑事证据法学的一系列理论范畴（如刑事证据规则、刑事诉讼证明等）几乎都不在理论界的讨论范围之内。其中，理论界讨论的焦点问题在于证据的概念与特征以及证据制度或者证据法的原则这两方面的问题。

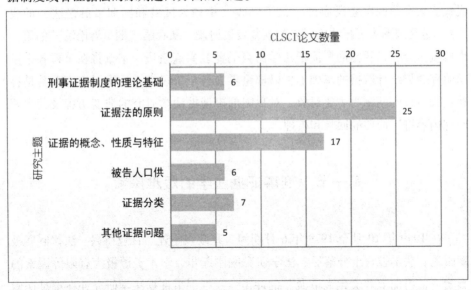

图 2-1　1949. 10—1979. 6 刑事证据法学 CLSCI 论文

从 66 篇论文发表的时间来看，从 20 世纪 50 年代中后期到 60 年代前半段是我国刑事证据法学研究的一个活跃期。进一步而言，在这 66 篇学术论文中，共有 62 篇论文（占总数的 94%）发表在这个时间段，即从 1955 年到 1958 年，理论界发表了 37 篇有关刑事证据法学的学术论文；从 1960 年到 1965 年，理论界发表了 25 篇有关刑事证据法学的学术论文。在 20 世纪 70 年代，理论界总共才发表 4 篇学术论文，而且全部是在 1979 年。出现这样的现象，根本原因在于

"文化大革命"的爆发。1966年5月至1976年10月的"文化大革命"不仅给我国政治、经济、文化等各个领域带来严重破坏，给中华民族带来深重灾难，而且对包括刑事证据法学在内的法学研究造成致命影响。在这场政治运动发生之后，不仅我国政法机关在政治上、理论上和组织上被彻底砸烂，而且包括法学院系、法学研究所、法学期刊等在内的法学教育和法学研究工作因为遭到毁灭性的打击而完全陷入瘫痪状态。① 而在这种背景之下，理论界不可能正常开展刑事证据法学研究。直到"文化大革命"结束之后，随着法学教育和法学研究工作的逐渐恢复，我国刑事证据法学研究才重新步入正轨。

我国刑事证据法学研究之所以在长达三十年的时间难以取得丰硕的研究成果，除了"文化大革命"的破坏性影响之外，还与法学教育不发达、法学研究人才奇缺、法律制度不完善等因素具有极大关系。一方面，尽管在清朝晚期和"中华民国""西学东渐"的过程中，我国法学教育和法律人才培养曾经一度出现过繁荣景象②，但是在国家长期处于内外忧患的情况下，再加上我国本来就具有浓厚的人治传统，中华人民共和国成立不久就遇到了法学教育落后、法律人才奇缺的尴尬局面。在1952年、1953年我国调整法学院系之后，到1953年底，全国从事法学教育的教师仅为268人，而在校法学专业学生也只有3908人。③ 到1956年，尽管从事法学教育的教师增加到了802人④，但是全国政法院系招收的学生却下降到了2516人⑤。显而易见，在法学教育落后、法律人才奇缺的情况下，我国刑事证据法学研究不可能实现繁荣发展。另一方面，极度匮乏的刑事证据制度也给刑事证据法学研究带来了一定的障碍。在中华人民共和国成立之后，1979年全国人大制定《刑事诉讼法》之前，我国司法机关运用刑事证据的法律依据散见于某些政策文件或者规范性文件之中，如1950年的《人民法

---

① 在"文化大革命"的冲击之下，在20世纪50年代中后期成立的《政法研究》《法学》等法学刊物都被停刊。直到"文化大革命"结束之后，这些法学刊物才得以复刊。而为了加强学术研究，一些法学院系或者法学研究所也新设了一些刊物，如《中国法学》，《中外法学》的前身《国外法学》，《法学家》的前身《法律学习与研究》，《政法论坛》的前身《北京政法学院学报》，以及《比较法研究》等。

② 侯强，陆建洪. 民初法学教育与法制现代化 [J]. 法商研究，2003（6）；方流芳. 中国法学教育观察 [J]. 比较法研究，1996（2）.

③ 《中国教育年鉴》编委会. 中国教育年鉴（1949—1981）[Z]. 北京：中国大百科全书出版社，1984：266.

④ 汤能松. 探索的轨迹——中国法律教育发展史略 [M]. 北京：法律出版社，1995：392.

⑤ 霍宪丹. 中国法学教育的发展与转型（1978—1998）[M]. 北京：法律出版社，2004：286.

庭组织通则》，1952年的《人民法庭办案试行程序》，1954年的《中华人民共和国逮捕拘留条例》，1956年的《各级人民法院刑事案件审判程序总结》，1962年的《关于在当前的对敌斗争中审判工作的任务》等。这些文件或者法律规范关于刑事证据制度的零星规定不仅难以满足司法实践的需要，而且很难给刑事证据法学研究提供充足的研究素材。而在中华人民共和国早期法学研究水平比较落后的情况下，理论界也很难围绕这些零星的刑事证据制度展开非常细致而又深入的研究。

二、泛政治化的刑事证据法学基础理论

在中华人民共和国成立后不久，基于特定的历史时期，我国学者普遍从马克思主义基本原理出发，站在政治或者意识形态的高度，运用阶级分析方法，将刑事证据法学中的某些基础理论当作"姓资姓社"的政治问题来讨论，进而在猛烈批判西方国家刑事证据法学理论的基础上，对我国刑事证据法学的基本立场进行了尝试性的分析。概括来说，在1949年10月至1979年6月期间，理论界对刑事证据法学基础理论的研究主要体现在以下三个方面。

（一）对西方证据制度理论基础及其原则的政治性批判

对于西方国家证据制度的理论基础，有学者认为，资产阶级从不可知论的哲学观点出发，认为在诉讼中不可能确定案件真实这个观点是一种反动"理论"，只不过是为资产阶级法院颠倒黑白、任意迫害劳动人民和共产党人以及进步人士的行为进行辩护罢了。[1] 在这种观念之下，理论界在新中国成立早期不仅对西方国家的法律思想进行了批判，而且对西方国家刑事证据制度的基础理论或者基本原则展开了强烈批评。如有的学者认为，资产阶级右派分子提出"有利于被告论""无罪推定""法官自由心证"等一系列的反动理论，他们借此反对党的领导，曲解党的政策、法律，贩运资产阶级旧法的私货，为犯罪分子开脱罪责，篡改人民法院的性质，以便达到其恢复旧法走资本主义道路的目的。[2] 但是，基于辩证唯物主义的方法论，理论界在评价西方国家刑事诉讼中与刑事证据制度密切相关的原则时普遍采取了一分为二的看法，即一方面普遍认为，诸如无罪推定、法官自由心证、直接言词、辩论等之类的原则是资产阶级革命的产物，它们相对于封建社会的野蛮司法制度而言具有一定的历史进步意义，

---

① 陈启武. "事实是根据，法律是准绳"是我国刑事诉讼的基本指导原则［J］. 法学，1958（6）.

② 张子培. 批判资产阶级"法官自由心证"原则［J］. 政法研究，1958（2）.

而另一方面又运用马克思主义列宁法律观的基本原理，站在无产阶级专政的立场上对西方国家刑事证据制度原则的反动性、虚伪性、欺骗性等进行猛烈抨击。

首先是对无罪推定原则的批判。尽管我国部分学者在新中国成立早期曾经接受了无罪推定原则，但是在批判旧法思潮和反右运动的影响下，理论界又转而对无罪推定原则进行了猛烈抨击，普遍认为西方国家的无罪推定原则是一种反动理论和旧法观点。其代表性的观点包括：（1）无罪推定原则具有虚伪性，它披着"有利于被告"的华丽外衣，实际上是对劳动人民的虚伪和欺骗。① （2）无罪推定原则具有反动性，它是完全代表着资产阶级、巩固资产阶级专政的反动法律思想，与无产阶级专政的性质根本不相容。② （3）无罪推定原则是唯心主义的理论，与我国"事实是根据，法律是准绳"的原则背道而驰。③ （4）无罪推定原则具有危害性。无罪推定论是资产阶级右派分子进攻无产阶级专政的重要武器，是右派用来向我们进攻的一支毒箭；右派分子散布"无罪推定"原则的阴谋是想为反革命分子、破坏分子及一切刑事犯罪分子开脱罪责。④

其次是对有利被告论的批判。在中华人民共和国成立早期，一些学者根据无罪推定原则、被告人的诉讼地位或者诉讼权利等基础理论提出了"有利被告论"的一系列观点。但是，如同无罪推定原则一样，"有利被告论"也遭到了强烈的批判。其代表性的观点有：（1）"有利被告论"是资产阶级由欺骗劳动人民而变成镇压劳动人民的一个政治手段，而社会主义的司法本质决定了在无产阶级掌握政权的国家里，既不存在不利被告的理论和做法，也不会存在任何有利被告的基础。⑤ （2）"有利被告论"是一种反动的资产阶级法律观点，它从资产阶级"超阶级""超政治"的反动观点出发，是资产阶级的旧法观点。⑥

---

① 黄道．应该彻底批判"无罪推定"的谬论——对"略论刑事诉讼中的无罪推定原则"一文的初步检查［J］．法学，1958（1）．

② 张辉，李长春，张子培．这不是我国刑事诉讼的基本原则：评曲夫"略谈刑事诉讼中被告人的诉讼地位"［J］．政法研究，1958（1）；黄道．应该彻底批判"无罪推定"的谬论——对"略论刑事诉讼中的无罪推定原则"一文的初步检查［J］．法学，1958（1）．

③ 陈启武．"事实是根据，法律是准绳"是我国刑事诉讼的基本指导原则［J］．法学，1958（6）；黄道．应该彻底批判"无罪推定"的谬论——对"略论刑事诉讼中的无罪推定原则"一文的初步检查［J］．法学，1958（1）．

④ 巫宇甦．批判资产阶级"无罪推定"原则［J］．政法研究，1958（2）；王桂五．彻底清除检察工作上的资产阶级法律思想［J］．政法研究，1958（5）；陈启武．"事实是根据，法律是准绳"是我国刑事诉讼的基本指导原则［J］．法学，1958（6）．

⑤ 罗荣．彻底批判"有利被告"的谬论［J］．法学，1958（3）．

⑥ 黄怡祥．应当批判辩护人的"有利被告论"［J］．法学，1958（3）；李月波．"有利被告论"不是旧法观点吗？［J］．政法研究，1958（5）．

（3）"有利被告论"已经不是思想范畴的问题，而是政治问题，它成了右派分子向党、向社会主义猖狂进攻的一支毒箭；如果不尽快地铲掉这支毒箭，它将会继续向无产阶级专政射击。① （4）片面强调"有利于被告"的思想，严重阻碍了律师更好地服从党的领导，贯彻执行党和国家的政策法律，削弱和破坏律师工作作为社会主义服务的作用，大大地影响了检察机关和人民法院及时地、有力地打击敌人。② （5）"有利被告论"的最本质特点，就是离开了无产阶级专政的要求，离开了党和国家的政策，一切从有利于被告处罚来考虑问题，想尽一切办法来保护我国审判实践中绝大多数都是专政对象的被告人，把无产阶级专政的武器用来为这些被告人开脱罪责。③

再次是对直接言词原则、辩论原则的批判。在现代刑事诉讼中，直接言词原则、辩论原则既是确保程序公正尤其是公正审判的重要因素，又是与刑事证据规则密切相关的重要原则。但是，在批判无罪推定原则和"有利被告论"的过程中，直接言词原则也没能幸免于难。一方面，直接言词原则、辩论原则是资产阶级国家具有反动本质的刑事诉讼原则。无论如何辩论，资产阶级的法官始终都是镇压和剥削劳动人民，保护资产者的利益。④ 另一方面，直接言词原则、辩论原则具有虚伪性。直接言词原则、辩论原则是标榜资产阶级民主，掩盖资产阶级法院阶级本质的虚伪原则。它表面看来似乎是给予穷人为自己说理的机会，但实际上这是走过场，是欺骗劳动人民，维护资本主义统治的工具。⑤ 正是因为直接言词原则、辩论原则被视为资产阶级法律的范畴和资产阶级的反动原则、虚伪原则，所以许多学者认为我国不能确立直接言词原则和辩论原则。如有的学者认为，直接言词原则和辩论原则在我国不但没有政策、法律的根据，而且不符合无产阶级专政要求和司法实际情况；辩论原则和我国社会主义制度、无产阶级专政的性质根本不相容，资产阶级辩论原则所谓的客观公正、不偏不倚同我国人民法院作为无产阶级专政的武器是根本对立的；在我国主张搬用资产阶级所谓的辩论原则，就是为社会主义的敌人争权，就是反对无产阶级专政；

---

① 罗荣.彻底批判"有利被告"的谬论［J］.法学，1958（3）.
② 黄怡祥.应当批判辩护人的"有利被告论"［J］.法学，1958（3）.
③ 李月波."有利被告论"不是旧法观点吗？［J］.政法研究，1958（5）.
④ 张辉，李长春，张子培.这不是我国刑事诉讼的基本原则：评曲夫"略谈刑事诉讼中被告人的诉讼地位"［J］.政法研究，1958（1）；沈齐思.批判资产阶级刑事诉讼的"辩论原则"［J］.政法研究，1960（1）.
⑤ 张辉，李长春，张子培.这不是我国刑事诉讼的基本原则：评曲夫"略谈刑事诉讼中被告人的诉讼地位"［J］.政法研究，1958（1）；沈齐思.批判资产阶级刑事诉讼的"辩论原则"［J］.政法研究，1960（1）.

在我们工人阶级掌握政权的人民民主专政的国家里，决不允许用所谓辩论原则来反对无产阶级专政，危害国家和人民的利益；如果我们采用言词原则这种烦琐的形式，不会有利于对敌斗争，反而束缚自己的手脚。① 还有学者认为，直接原则是和党委对同级人民法院审判工作的具体领导相对立的。而党委对同级人民法院审判工作的具体领导对于保证正确、合法、及时地处理案件却是十分必要的。②

最后是对法官自由心证的批判。尽管自由心证在现代刑事诉讼中被公认为是法官判断证明力的一项基本原则，但是在中华人民共和国成立早期批判旧法思潮和反右运动中，西方国家的法官自由心证被当作反动理论加以批判。其中，最具有代表性的就是张子培在《批判资产阶级"法官自由心证"原则》这篇文章中所做的系统分析。在该文看来，尽管资产阶级的"法官自由心证"原则具有一定的历史进步意义，但是"法官自由心证"毕竟是适应资产阶级自由主义思潮及其建立起来的一套完整思想体系，是为资产阶级"民主原则"的实现而斗争的口号之一，是为树立和巩固资产阶级政治统治服务的，因而具有许多缺陷。③ 第一，"法官自由心证"是资本主义制度的产物，是在资产阶级领导下为资产阶级专政服务的工具，它和社会主义制度及社会主义法制是根本对立的。第二，从阶级本质来看，"法官自由心证"是维护资产阶级专政、镇压劳动人民和进步力量的有效工具。第三，"法官自由心证"以主观唯心主义为思想基础，以不可知论为基本出发点，在认定案情上不要求以客观事实材料为根据，与马克思列宁主义辩证唯物论的认识论根本对立。第四，"法官自由心证"原则建立在资产阶级私有制基础之上，与社会主义的正义、道德、法律观念根本对立。第五，右派分子贩运"法官自由心证"的实质是用资产阶级在历史上用来反对封建贵族的手段来反对无产阶级专政，反对党对人民法院审判工作的领导，取消或者削弱院长、庭长、审判委员会对合议庭的领导职能，篡改人民法院的性质，以便给反革命分子和其他坏分子开脱罪责，走资本主义道路。④

（二）无罪推定原则和有利被告论的学术性争鸣

在中华人民共和国成立早期，理论界不仅从政治的高度对西方国家的无罪推定原则进行了强烈批判，而且从学术性的角度对无罪推定原则和有利被告论

---

① 沈齐思. 批判资产阶级刑事诉讼的"辩论原则"［J］. 政法研究，1960（1）.

② 张辉，李长春，张子培. 这不是我国刑事诉讼的基本原则：评曲夫"略谈刑事诉讼中被告人的诉讼地位"［J］. 政法研究，1958（1）.

③ 张子培. 批判资产阶级"法官自由心证"原则［J］. 政法研究，1958（2）.

④ 张子培. 批判资产阶级"法官自由心证"原则［J］. 政法研究，1958（2）.

展开了较为激烈的争论。

在中华人民共和国刚刚成立的时候，在批判旧法的思潮中，无罪推定原则以及如何看待被告人的问题曾经是十分敏感的话题，甚至是法学研究的禁区。直到1954年9月20日第一届全国人民代表大会第一次会议通过的中华人民共和国第一部《宪法》第76条明确规定"被告人有权获得辩护"之后，理论界才开始逐渐讨论如何看待被告人的诉讼地位或者辩护权等问题。而在讨论这些问题的过程中，不少学者形成了有利被告论和无罪推定的基本看法。归纳起来，代表性的论断包括：（1）赞成无罪推定原则，主张被告人在被法院判决其有罪之前应该被推定为无罪的人。（2）区分被告人与犯罪人，甚至是区分嫌疑人、被检举人、被告人、犯罪人。在法院判决被告人有罪之前，不应该认为被告人就是犯罪人或者真正的罪犯，而是应当将被告人当作无罪的公民来看待，被告人的合法权益应当像其他公民一样受到国家法律的保护。（3）重视被告人的诉讼主体地位和辩护权。既然被告人在法院判决其有罪之前还不能被视为真正的罪犯，那么就应该赋予被告人辩护权，确保被告人的诉讼主体地位和诉讼权利。（4）被告人既可以陈述，也可以沉默，陈述是一种权利，而不是义务。既不能因被告人的沉默作为他有罪的根据，也不能以任何非法手段强迫被告人进行陈述。（5）被告人的反驳、举证等行为也是权利，而不是义务。不能因被告人对侦查人员和审判人员的态度不好或表现不好，就对他们做有罪的结论。（6）在缺乏根据的情况下，公安机关、检察机关和审判机关不应该对被告人采用强制处分、起诉或者做出有罪判决。（7）举证责任应当由控方承担，被告人不负举证责任。不能因为被告人不反驳，或者提不出无罪证据而判决其有罪。（8）法院对被告人的犯罪行为如无充分证据证明被告人有罪，或在控诉无充分证据的情况下，法院应当宣告无罪判决，绝不能把举证义务转嫁到被告人身上，作为补充控诉证据的不足。（9）被告人既不负据实陈述的义务，也不负虚伪陈述和伪证、诬告的刑事责任。不能以被告人的虚伪陈述作为他有罪的根据。（10）辩护人为被告人的合法权益进行辩护，不是帮被告人逃脱罪责和包庇犯罪，而是提出有利于被告人的证据来反对不正确的控诉。辩护人不能做出不利于被告人的活动，更不可以揭发和论证被告人的犯罪行为。①

---

① 陈光中. 苏联的辩护制度［J］. 政法研究, 1955（2）; 刘庆林. 怎样对待刑事案件的被告人［J］. 政法研究, 1956（3）; 罗荣. 试论刑事诉讼中的被告人［J］. 法学, 1957（2）; 黄道. 略论刑事诉讼中的无罪推定原则［J］. 法学, 1957（2）; 曲夫. 略谈刑事诉讼中被告人的诉讼地位［J］. 政法研究, 1957（3）; 吴磊. 关于我国刑事诉讼中辩护人诉讼地位的研究［J］. 政法研究, 1957（4）.

尽管这些论断对无罪推定原则、被告人的辩护权、诉讼地位等问题进行了有益的探索，但是随着反右运动的爆发和扩大，这些论断迅速遭到了猛烈批判。甚至一些学者（如黄道、吴磊、罗荣等）纷纷撰文检讨自己曾经赞成无罪推定或者有利被告论的论断。例如，黄道在检讨自己的无罪推定论断时指出，"我混淆了资产阶级的法律观和马克思列宁主义的法律观。这不仅是政治立场上的模糊和唯心主义观点的表现，同时也是无产阶级专政观念不强的表现。"① 再如，吴磊在检讨自己时曾经指出，"对于辩护人在执行职务期间发现被告人新的犯罪事实是否可以揭发这个问题，我存在严重的教条主义和旧法观点，只停留在和满足于书本上的知识，脱离实践，不从实际出发，对党的有关方针、政策和知识缺乏认真研究，因而在很多问题上发生了错误。这些错误不仅是学术理论上的争论问题，而且是带有根本性质的政治立场问题。我在思想认识上违背了马克思列宁主义的立场、观点和方法去分析和观察问题，没有认识到我国宪法和人民法院组织法所规定的各项诉讼原则和诉讼制度，都是为了正确地解决案件，保障刑事诉讼任务的实现，以巩固无产阶级专政。"② 概括而言，理论界对无罪推定原则或者有利被告论的学术性批判主要包括：

第一，对无罪推定含义的批判。如有的学者认为，谁是有罪或者无罪、罪轻或者罪重，这是实际的客观事实。谁是有罪或者无罪决定于谁的行为本身是否触犯刑律，是否已经构成犯罪，而不决定于侦查、检查和审判人员的主观活动。我们决不能认为实际上已经犯了罪的人，只有经过法定的程序加以证实以后才能算是有罪的人。而且，尽管侦查、检察和审判人员在未经法定程序证实被告人犯罪以前不应当先入为主地抱有有罪的确信，但这是唯物思想、全面观点、实事求是精神的体现，是我们党的方针、政策和国家的法律所要求的，而不是"无罪推定"的结果。③

第二，对我国应该实行无罪推定的批判。如有的学者认为，在我国刑事诉讼中要是依靠无罪推定原则，那势必要抛弃"事实是根据，法律是准绳"的审判原则；势必又要重新考虑依法被逮捕的、犯有罪行的罪犯是否符合法制的精

---

① 黄道. 应该彻底批判"无罪推定"的谬论——对"略论刑事诉讼中的无罪推定原则"一文的初步检查 [J]. 法学, 1958 (1).
② 吴磊. 对"关于我国刑事诉讼中辩护人诉讼地位的研究"一文的检查 [J]. 政法研究, 1958 (2).
③ 黄道. 应该彻底批判"无罪推定"的谬论——对"略论刑事诉讼中的无罪推定原则"一文的初步检查 [J]. 法学, 1958 (1).

神。① 还有学者认为，我国绝对不能适用"无罪推定"原则。一是根据马克思主义认识论的原理，"无罪推定"既不能正确地反映被告人的特点，又不符合我国刑事诉讼活动的实践，它是主观唯心主义的、反科学的。二是以阶级分析的方法来进行考察，"无罪推定"原则产生和适用的历史情况本身表明，这一原则始终是被统治者用来逃避统治者惩罚的手段。三是从"无罪推定"原则所引申出的诉讼规则来看，更可看出它是片面地从被告人利益出发并处处为被告人的非法利益着想的，是直接与党所提出的"坦白从宽，抗拒从严"的政策和"严肃与谨慎相结合"的方针相对立的。②

第三，对有利被告论的批判。其代表性的观点包括：（1）所谓有利被告论，就是从被告利益出发，为被告想办法开脱罪责。从立场来看，有利被告论是将政法工作这个对敌人专政的武器调转矛头向人民来专政。从方法论来讲，有利被告论是形而上学的反动的思想方法。因为这种观点只从被告一方出发，必然先入为主，主观片面，根本谈不上全面地实事求是地对待问题，更谈不上从国家和人民方面来考虑问题。③（2）"有利被告论"这种旧法观点的中心思想就是从保障被告人的合法利益出发，忽略了巩固无产阶级专政的作用。如果辩护人只能做有利于被告人的行为，不得做不利于被告人的活动，那么他就是完全站在被告人的立场忠实地为被告人服务。如果按照这样的观点，辩护人揭发和论证被告人的犯罪行为就是破坏了保护被告人利益的辩护制度。但是，我们国家设立辩护制度的目的是为了保护国家和人民的利益。辩护人如果揭发和论证了被告人的犯罪行为，不是破坏辩护制度，而是更加巩固辩护制度，是保护了国家和人民的利益，维护了法制。④（3）律师在诉讼中是独立的诉讼主体，其意见不受被告人左右，其立场和控诉人、审判员的立场是相同的。他是在党政领导下的社会主义法制维护者，他通过各项业务活动，巩固无产阶级专政，为各个时期社会主义建设和社会主义改造事业的中心工作服务。只有在保护了国家和人民的利益、社会主义的利益的前提下，才能谈得上保护被告人的合法权益。摆在律师辩护工作面前的不是什么"有利被告人"或者"不利被告人"的问题，而是实事求是地根据事实证据，根据政策法律来和检察机关、人民法院共

① 李保民．"无罪推定"不应作为我国刑事诉讼的原则 [J]．法学，1958（1）．
② 巫宇甦．批判资产阶级"无罪推定"原则 [J]．政法研究，1958（2）．
③ 张汝东．批判在审判实践中的旧法观点与有利被告论——从两个案件谈起 [J]．政法研究，1958（4）．
④ 吴磊．对"关于我国刑事诉讼中辩护人诉讼地位的研究"一文的检查 [J]．政法研究，1958（2）．

同地把案件处理正确，是在于如何从不同角度去和检察机关、人民法院一起更好地正确地实现"镇压敌人、惩罚罪犯、保护人民"的任务。① （4）尽管无罪推定原则有助于保障被告人，但是其片面性和非科学性里面包含着有利放纵罪犯的危险性，从而导致被告人的非法利益也将得到保障。②

　　第四，对疑罪从无的批判。如有的学者认为，"疑罪从无"的论断不符合实事求是的精神，实质上是有利于犯罪论，不利于与真正的犯罪作斗争。正确的态度应该是：对被告人有罪或无罪、重罪或罪轻存在怀疑的时候，侦查、检察和审判机关应该积极地去收集证据，谨慎地进行分析研究，借以排除这种怀疑，然后实事求是地做出有根据的结论。③ 还有学者认为，有利被告论是非马列主义的荒谬主张。这是因为，决定被告人是否有罪，罪行轻重的程度，首先是党的方针政策和政府的法律、法令，其次是事实证据是否充分，是强是弱，是真是伪。④

　　第五，对无罪推定原则有助于发现案件事实真相论断的批判。如有的学者认为，这种论断是一种似是而非的说法。因为，我们的侦查、检察和审判机关的积极性和主动性是建立在强烈的政治责任感和对于与犯罪作斗争任务的正确认识的基础上的，绝不是无罪规定推动、刺激和促使的结果。⑤ 还有学者认为，要是在我国刑事诉讼活动中依靠无罪推定原则来推动、刺激侦查人员和审判人员积极主动地收集证据，以充分可靠的证据来证明被告人有罪或者无罪、罪重或者罪轻的话，那就等于公开否定我国侦查、审判人员经过马列主义武装起来的、全心全意为人民服务的、勤劳的一切；就等于把我国人民民主专政的刑事诉讼原则和侦查人员、审判人员与有罪推定原则以及那些为垄断资本主义服务的侦查、审判人员看作一模一样了；就等于直接否定了我们党的领导作用。⑥

　　第六，对控方证明责任的批判。如有的学者认为，让侦查、检察和审判机关完全负起证明的责任，其目的是为了更好地保护被告人的权利和合法利益。但是，保护被告人的权利和合法利益与惩罚真正的犯罪人应该是统一的。不能

---

① 黄怡祥. 应当批判辩护人的"有利被告论"[J]. 法学，1958（3）.
② 黄道. 应该彻底批判"无罪推定"的谬论——对"略论刑事诉讼中的无罪推定原则"一文的初步检查 [J]. 法学，1958（1）.
③ 黄道. 应该彻底批判"无罪推定"的谬论——对"略论刑事诉讼中的无罪推定原则"一文的初步检查 [J]. 法学，1958（1）.
④ 罗荣. 彻底批判"有利被告"的谬论 [J]. 法学，1958（3）.
⑤ 黄道. 应该彻底批判"无罪推定"的谬论——对"略论刑事诉讼中的无罪推定原则"一文的初步检查 [J]. 法学，1958（1）.
⑥ 李保民. "无罪推定"不应作为我国刑事诉讼的原则 [J]. 法学，1958（1）.

把它们对立起来，片面地强调前者而忽略后者。如果真正为了保护自己的权利和合法利益，也应该认为被告人有必要提出证据来论证自己的主张。① 还有学者认为，将充分可靠的证据作为追究被告人刑事责任所必不可少的条件，是一种张冠李戴的说法。这是因为，利用证据，依靠充分可靠的证据来论证犯罪事实的存在和确定犯罪人，这是由事物的客观规律性所决定的，是我们刑事诉讼的人民民主专政的本质和任务所决定，绝不是"无罪推定"的结果。②

第七，对控辩平等、法官居中裁判的批判。如有的学者认为，我国刑事诉讼中的公诉人和被告人的定位和权利是不平等的。因为检察机关是无产阶级专政的工具，其任务就是通过办案，打击敌人，保护人民，预防犯罪。而检察机关控诉的被告人基本上都是人民的敌人。如果要求给人民的敌人的地位和权利和国家公诉人平等，必然削弱对敌斗争的作用。而且，人民法院在审判案件时也绝不能在公诉人和被告人之间保持中立。人民法院是无产阶级专政的武器，和公安、检察机关虽然分工负责，但执行着共同的镇压敌人、惩罚犯罪、保护人民的任务。它不能是站在公诉人和被告人中间的公正的仲裁人，更不能保持中立，而是应当积极主动地追究和惩罚犯罪人。在法庭审判时审判人员主动地查证被告人的罪行，在证据不足时主动地调取新证据讯问被告人、证人等。③

第八，对辩护人不能揭发被告人罪行的批判。如有的学者认为，当辩护人发现了被告人新的犯罪事实而没有坦白交代时，应当动员教育被告人，使其相信只有坦白彻底交代一切犯罪事实，才能争取宽大处理，任何欺骗隐瞒的行为都是不正确的。如果被告人仍不坦白交代，辩护人应当立即辞去辩护人的职务，然后以公民的身份向有关机关检举该被告人未曾坦白交代的犯罪行为。辩护人揭发被告人的犯罪行为，并不是侵犯被告人的合法权利和影响辩护制度的贯彻执行。因为，辩护人为被告人进行辩护，是从维护国家和人民的利益的角度出发帮助法院客观、全面地解决案件，正确地行使审判权和巩固无产阶级专政。如果辩护人知道被告人有未曾坦白交代的犯罪事实，仍然不予以揭发，就是为被告人开脱罪行、包庇和纵容了犯罪，这就会给国家和人民造成很大损失。辩护人如果站在国家和人民的立场予以揭发了，就能够帮助法院客观、全面地弄

---

① 黄道. 应该彻底批判"无罪推定"的谬论——对"略论刑事诉讼中的无罪推定原则"一文的初步检查 [J]. 法学，1958 (1).
② 黄道. 应该彻底批判"无罪推定"的谬论——对"略论刑事诉讼中的无罪推定原则"一文的初步检查 [J]. 法学，1958 (1).
③ 张辉，李长春，张子培. 这不是我国刑事诉讼的基本原则：评曲夫"略谈刑事诉讼中被告人的诉讼地位"[J]. 政法研究，1958 (1).

清楚案件的情况，正确地解决案件，使犯罪者受到应有的惩罚，保护了国家和人民的利益，维护了法制，加强和巩固了无产阶级专政。①

　　第九，对被告人虚假陈述的批判。如有的学者认为，被检举为刑事诉讼中的被告人，是公安机关、人民检察机关和人民法院依据党的方针政策和政府的法律法令，掌握了切实可靠的证据，经过极复杂的诉讼活动的结果。如果主张被告人对其虚伪陈述不负任何责任，不但给三个机关的工作造成极大困难，不能及时惩罚犯罪分子，发挥无产阶级专政工具的强大作用，而且会助长狡猾的犯罪分子的嚣张气焰，使他们仍然可以为所欲为，继续作恶，这是与社会主义法制背道而驰的。②

　　随着"文化大革命"的结束以及解放思想、实事求是思想路线的确立，理论界在20世纪70年代末又重新开始讨论无罪推定原则是否合理以及在我国是否应该确立无罪推定原则等问题。但是，学者们的零星讨论并没有达成共识。例如，对于我国是否有必要确立无罪推定原则这个问题，肯定者从无罪推定原则同我国社会主义民主原则和法制原则之间的关系出发，认为在我国实行无罪推定原则是客观条件下的必然产物，而不是随意想象的结果。③ 而反对者从我国实事求是原则和无罪推定原则有可能导致放纵罪犯的角度出发，认为在我国《刑事诉讼法》中没有必要规定无罪推定原则。④ 再如，对于无罪推定原则的评价，有的学者仍然运用阶级的分析方法，认为资产阶级的无罪推定原则同封建地主阶级的有罪推定原则一样，其内容是反动的，形式是不科学的，其阶级本质都是剥削阶级意志的表现，是维护少数剥削阶级的政治压迫和经济剥削，统治广大劳动人民的工具。⑤ 而有的学者认为，无罪推定是从保护广大无罪公民的根本利益出发，为了防止侦查、审判机关犯"有罪推定"的那些错误，为了保证案件能够得到正确的处理。实行"无罪推定"原则的根本目的在于保证我国刑事诉讼始终沿着社会主义民主和社会主义法制的正确轨道进行，从而准确地揭露犯罪，惩罚罪犯，保障社会主义制度和公民的权利不受侵犯。其直接目的是保证被告人充分行使各项诉讼权利，促使侦查、审判人员努力收集真实可靠

---

① 吴磊. 对"关于我国刑事诉讼中辩护人诉讼地位的研究"一文的检查 [J]. 政法研究，1958（2）.

② 罗荣. 彻底批判"有利被告"的谬论 [J]. 法学，1958（3）.

③ 王秉新. 关于"无罪推定"原则的探讨 [J]. 西南政法学院学报，1979（1）.

④ 王兆生，魏若萍. 对"无罪推定"原则的看法 [J]. 法学研究，1979（2）.

⑤ 王兆生，魏若萍. 对"无罪推定"原则的看法 [J]. 法学研究，1979（2）.

的证据，实事求是地解决案件中的一切问题。①

（三）我国刑事证据制度指导思想的初步探索

尽管在中华人民共和国成立早期，理论界基于特定的历史条件尚无法对我国刑事证据制度的理论基础展开充分的论述，但是理论界在猛烈批判西方刑事证据法学理论的基础上，运用马克思列宁主义的基本原理对我国刑事证据制度的基本指导思想或者基本指导原则进行了初步的探索。

就马克思列宁主义的基本原理而言，辩证唯物主义认识论被当作我国刑事证据制度的基本指导思想。例如，有的学者认为，辩证唯物主义认识论科学地指出了主观认识客观的规律及其改造客观世界和主观世界的能动作用，以及人们认识客观事物的正确道路和基本方法，它是指导人们正确认识客观事物的唯一科学理论。只有根据这一科学理论所提示的原理来观察事物，才能对客观事物得出真理性的认识。研究诉讼证据问题，也只有根据这一科学理论所揭示的原理，才能得到正确的认识。② 就运用证据查明案件事实而言，它就是对客观存在的案件事实的认识过程，是主观反映客观，主观和客观矛盾统一的过程。在处理案件中，只要掌握了辩证唯物主义认识论和正确运用这一理论，无论案件事实多么复杂，都能查证清楚，做出正确的结论。③ 再如，有的学者认为，社会主义的法学理论驳斥了资产阶级的反动理论，在马克思列宁主义的基础上坚持可知论，认为世界及其规律是可以认识的，人类的思维就其性质来说是能够认识真理的，人们能够认识各种社会现象，犯罪是一种社会现象，当然也能够认识。不论案件情况如何复杂，我们也是能够查清的。就我们国家的性质来说，也要求我们侦查、审判人员必须查明每一个案件的客观真实情况，然后依据国家的政策法令做出正确的处理。④ 在运用马克思列宁主义基本原理的基础上，理论界对我国刑事证据制度的两个基本指导原则进行了初步分析。

一是"事实是根据，法律是准绳"原则。有的学者认为，"无罪推定"和"有罪推定"都是唯心主义，都不应作为我国刑事诉讼活动的原则，只有"事实是根据，法律是准绳"原则，才是能够正确指导我国侦查、审判人员与犯罪作

① 王秉新. 关于"无罪推定"原则的探讨 [J]. 西南政法学院学报，1979 (1).
② 吴磊，陈一云，程荣斌. 学习我国诉讼证据指导原则的一点体会 [J]. 政法研究，1963 (1)；吴磊. 运用唯物辩证法研究刑事诉讼证据问题 [J]. 政法研究，1965 (3).
③ 吴磊. 运用唯物辩证法研究刑事诉讼证据问题 [J]. 政法研究，1965 (3).
④ 陈启武. "事实是根据，法律是准绳"是我国刑事诉讼的基本指导原则 [J]. 法学，1958 (6).

斗争的原则。① 还有学者认为，这项原则是侦查、起诉和审判工作的基本指导原则，是我们党根据从实际出发的唯物主义要求，总结我国司法实践经验而提出来的原则。② 还有学者认为，我们判断证据、认定事实和罪行的原则就是党和国家所提出的"事实是根据，法律是准绳"原则。实践证明，这是完全正确、行之有效的原则。③ 所谓"事实是根据"，是指案件的真实情况是客观存在的，是离开我们公安、检察及审判人员的意志而独立存在的。人民公安、检察及审判人员的首要任务就是查明犯罪事实，确定案件的真实情况。只有在这个基础上，加以正确地适用政策和法律，才能保证正确地处理案件。④而"法律是准绳"体现着我国刑事诉讼中的法制原则，即公安、检察机关及法院在办理案件时，应当严格地遵守党与国家的政策和法律。对犯罪行为，必须依法追究刑事责任。对任何案件，必须根据犯罪事实并按照政策法律做正确的处理，绝不容许以感情代替政策。依法应予逮捕的，不能不逮捕；依法应予起诉的，不能不起诉；依法应判罪或重判的，不能不判罪或轻判。如果在处理案件以后，发现了新的事实，或者发现原来的判决在认定事实方面或运用政策和法律方面有错误，即本着实事求是的精神，通过上诉、死刑复核及再审等程序予以纠正。⑤

另一个是"从实际出发，依靠群众，调查研究，实事求是，重证据不轻信口供，证据口供都必须经过查对，反对逼供信，禁止肉刑"。有的学者认为，这是马克思列宁主义辩证唯物主义认识论在我国刑事诉讼中认定案件事实的基本经验的总结和科学概括，是正确认定案件事实的根本保证，也是我们研究证据理论问题的指导思想。⑥ 还有学者认为，这是党和毛泽东同志根据马克思列宁主义的原理提出来的关于处理案件的指导原则，该原则把辩证唯物主义认识论的原理在运用证据上更加具体化了，把我们运用证据的许多经验高度地集中起来

---

① 巫宇甦. 批判资产阶级"无罪推定"原则 [J]. 政法研究，1958（2）.
② 陈启武. "事实是根据，法律是准绳"是我国刑事诉讼的基本指导原则 [J]. 法学，1958（6）.
③ 黄道. 应该彻底批判"无罪推定"的谬论——对"略论刑事诉讼中的无罪推定原则"一文的初步检查 [J]. 法学，1958（1）.
④ 陈启武. "事实是根据，法律是准绳"是我国刑事诉讼的基本指导原则 [J]. 法学，1958（6）；黄道. 应该彻底批判"无罪推定"的谬论——对"略论刑事诉讼中的无罪推定原则"一文的初步检查 [J]. 法学，1958（1）.
⑤ 陈启武. "事实是根据，法律是准绳"是我国刑事诉讼的基本指导原则 [J]. 法学，1958（6）.
⑥ 张绥平. 关于刑事诉讼证据理论的几个问题的探讨 [J]. 政法研究，1964（1）.

了。① 有的学者甚至认为，政法工作人员办案，在证据问题上首要的课题就是如何正确贯彻毛主席关于从实际出发，依靠群众，调查研究，实事求是，重证据不轻信口供，证据口供都必须经过查对的指示，进行深入的学习和实践。② 具体而言，这个指导原则的基本思想和中心内容包括四个方面：一是政法干部要查明案件的真实情况，必须从案件的实际情况出发，按照案件事实的本来面目去认识案件事实，而不能从自己的想象出发，主观地推论案件事实。二是对案件事实的认识，要对案件事实进行系统、周密的调查研究，既要客观、全面地收集证据，详细占有材料，又要遵循辩证唯物主义的思维规律，对取得的各种证据，认真地进行分析研究，实事求是地做出结论。在调查研究过程中，还应当深入群众，依靠群众，倾听群众的意见。三是重证据不轻信口供，口供必须查证核实。重证据，就是要求尊重客观事实，重视调查研究，根据审查核实的证据，实事求是地做出结论。对于被告人的口供，既不能盲目相信，也不能根本不信。对于取得的口供，必须仔细地分析研究，反复查证，只有经过查对核实以后，判定口供符合实际情况，才能作为认定案件事实的一种证据。四是坚持反对脱离实际，反对按照主观主义的思想作风办案，反对逼供信，严格禁止刑讯逼供。③

　　基于以上指导思想和指导原则，理论界对查明案情、认定案件事实提出了一些基本要求。例如，有的学者认为，要做到查清案件，正确处理案件，公安、检察及审判人员必须做到以下几点要求：站稳工人阶级立场，看问题要有明确的阶级观点，这样才不会犯错误；掌握辩证唯物主义的方法；树立深入实际、实事求是、调查研究、走群众路线的工作作风；遵守诉讼中的各项原则与制度。④ 再如，有的学者认为，正确地认定案件事实，必须以马克思列宁主义辩证唯物主义的思想为指导，根据党的政策和国家法律，进行调查研究，依靠足够的确实的证据，达到主观认识同案件客观事实的统一，保证案件的正确处理。而运用证据认定刑事案件事实，必须注意以下几个问题：认定案件客观事实是执行政策、法律，正确处理案件的前提；正确认定案件事实是主观认识与客观存

---

① 吴磊，陈一云，程荣斌. 学习我国诉讼证据指导原则的一点体会 [J]. 政法研究，1963（1）.
② 沙岩. 理论研究必须面向实际——对刑事诉讼证据理论问题讨论的一点看法 [J]. 政法研究，1965（4）.
③ 吴磊，陈一云，程荣斌. 学习我国诉讼证据指导原则的一点体会 [J]. 政法研究，1963（1）.
④ 陈启武. "事实是根据，法律是准绳"是我国刑事诉讼的基本指导原则 [J]. 法学，1958（6）.

在统一的结果；全面收集研究证据材料；重证据不轻信口供；一切证据材料都要经过查对。①

三、饱受争议的刑事证据论

在中华人民共和国成立早期，学者们除了对刑事证据制度的理论基础、指导思想、基本原则等宏观问题展开激烈的争论之外，还对刑事证据制度的一些具体问题进行了热烈探讨，如刑事证据的概念、性质与特征、被告人口供和刑事证据的分类等。尽管基于传统的诉讼文化，理论界对被告人口供的特点、诉讼价值、口供真实性的审查判断、唯一自白的认定等问题进行了大量研究，但是总的来说大同小异，并没有引起太大的争议。例如，一般认为被告人口供具有双面性，即真实性和虚伪性；被告人口供不仅是重要的证据，而且是重要的证据来源；基于被告人口供的双面性，既需要正确评价口供的价值，又需要对口供的真实性进行仔细鉴别。② 相对于被告人口供而言，理论界对于刑事证据概念、特征、分类的研究不仅观点集中，而且针锋相对，在很多问题上都存在重大分歧。下面主要就这两个方面的问题进行简要的分析。

（一）刑事证据概念与特征的热烈讨论

尽管刑事证据的概念、性质与特征是刑事证据法学中最基础的理论问题，但是在 1964 年《政法研究》杂志专门组织探讨刑事诉讼证据理论的过程中，学者们却对这个问题存在诸多争议。概括来说，在中华人民共和国成立早期，理论界对刑事证据概念、性质与特征的热烈讨论主要体现在以下几个方面。

首先，关于刑事证据的界定。在中华人民共和国成立早期，理论界对于刑事证据的界定可谓五花八门。其中，具有代表性的观点包括主客观因素统一说、客观事物说、根据说、客观事实说、材料说。主客观因素统一说认为，诉讼证据是被侦查、检察、审判人员正确认识了的同案件事实有联系的客观事实。它必须具备两个相互联系和缺一不可的基本因素：一是同案件事实有联系的客观事实；二是被侦查、检察、审判人员正确发现、认识和采用。③ 客观事物说认

---

① 张子培. 关于刑事诉讼中运用证据认定案件事实的几个问题 [J]. 政法研究，1962 (4).

② 王力生. 对刑事口供的几点认识 [J]. 政法研究，1956 (3)；戈风. 刑事被告人口供的证据意义与运用 [J]. 法学，1956 (3)；刘庆林. 试论被告人自白证据价值 [J]. 法学，1957 (5)；吴磊，陈一云，程荣斌. 学习我国诉讼证据指导原则的一点体会 [J]. 政法研究，1963 (1).

③ 张绥平. 关于刑事诉讼证据理论的几个问题的探讨 [J]. 政法研究，1964 (1).

为，证据就是同案件事实之间具有联系并可据以查明案件真实情况的客观事物。① 根据说认为，诉讼证据是认定案件事实的根据；诉讼证据只是而且也只能是同案件事实有联系、能够据以查明案件事实的客观事实，它不包含任何人的认识在内。② 客观事实说认为，诉讼证据是指与诉讼案件相联系的、据以查明真实情况的一切客观事实。诉讼证据作为客观存在的事实，是不以办案人员的主观意志为转移而独立存在的。办案人员认识它或者不认识它，它都客观存在着。③ 材料说认为，刑事诉讼证据就是能够据以查明刑事案件事实的客观事实材料。④ 从上面的界定不难看出，除了主客观因素统一说之外，其他几种观点大同小异，只是语言表述略有不同而已。进一步而言，主客观因素统一说是从证据的客观因素和主观因素这两个角度来界定刑事证据的概念，而其他的几种观点可以统一归纳为客观说，即都是纯粹从证据的客观性这个角度来理解刑事证据的概念。有鉴于此，有学者认为，为了防止主观片面，应当从广义和狭义这两个角度来理解刑事证据的概念：不管是广义还是狭义，刑事证据首先必须是同案件事实之间有一定联系的客观事物或者客观事实；而广义和狭义的区别在于侦查、检察、审判人员对于这些客观事物或者客观事实的发现、认识和采用。广义说（即客观说）不包括侦查、检察、审判人员的诉讼活动在内，而狭义说（即主客观因素统一说）包括侦查、检察、审判人员的诉讼活动在内。⑤

其次，关于刑事证据的客观性。基于对刑事证据的不同理解，学者们关于刑事证据的客观性也存在较大争议，而争议的焦点不在于刑事证据是否具有客观性，而在于刑事证据是否是主客观的统一体。肯定说认为，诉讼证据应当是主观、客观矛盾的统一体，是被侦查、检察、审判人员正确认识了的同案件事实有联系的客观事实。既不能把诉讼证据看成是与侦查、检察、审判人员的活动和认识相分离的，仅仅是客观的东西，也不能把诉讼证据看成是同客观事实相脱离的，仅仅是主观的东西。⑥ 大多数学者对这种观点进行了质疑。其代表性论断包括：（1）这种观点所说的诉讼证据实际上是指对客观事实的认识而不是客观事实本身，这与辩证唯物主义认识论的基本原理相违背。毕竟，事实和认识是两个不同的范畴，认定案件事实的根据要么就是客观事实，要么就是主观

---

① 巫宇甦. 论我国刑事诉讼中的证据 [J]. 政法研究, 1964 (2).
② 聿田. 什么是诉讼证据 [J]. 政法研究, 1964 (2).
③ 吴磊. 运用唯物辩证法研究刑事诉讼证据问题 [J]. 政法研究, 1965 (3).
④ 凌相权. 两点意见 [J]. 政法研究, 1964 (3).
⑤ 铁颜. 对刑事诉讼证据讨论的一点意见 [J]. 政法研究, 1964 (4).
⑥ 张绥平. 关于刑事诉讼证据理论的几个问题的探讨 [J]. 政法研究, 1964 (1).

认识，两者兼而有之是不可能的。① （2） 只要是已经被纳入诉讼轨道的案件所涉及的证据，都是诉讼证据。把诉讼证据概念建立在是否被采用的基础上，它既违背证据事实必须是不以人们意志为转移而独立存在这一观点，又可能给主观主义的思想作风提供理论上的借口。② （3） 尽管办案人员对客观证据事实的认识，是主观反映客观、主观客观矛盾统一的过程，但是诉讼证据只能具有"同案件事实有联系的客观事实"一个因素。这是因为，客观事实和人的主观能动性是两回事；既然诉讼证据不以人们的主观意志为转移，就不应当硬把人对事物的认识加进去，作为相互联系缺一不可的一个基本因素。③ （4） 尽管侦查、检察、审判人员的思维能够达到主观与客观的一致性，但是，既要看到主、客观之间的反映和被反映的关系，又不能把主观认识同客观存在等同起来看待。更不能把被人们认识了的客观存在的证据，说成一经被人们所认识，它们本身就成了主、客观两个因素的组成体。④ （5） 证据本身和证据的收集与认定是两个不同的事物，不能把诉讼证据本身与证据的发现、成立混同起来，即不能把发现、认识和采用证据这一主观因素加入诉讼证据这一概念之中，自相矛盾地认为诉讼证据既是客观事实，而这种"客观"又是政法工作人员"认定"的结果。⑤

再次，关于刑事证据的阶级性。肯定论者认为，刑事证据具有阶级性，主要是因为以下几个方面：（1） 诉讼证据的阶级性都是由不同阶级专政的国家及其刑事诉讼制度的阶级性所决定的。⑥ （2） 刑事诉讼证据有没有阶级性的问题，必须同国家性质、证据制度和原则的阶级性以及侦查、检察、审判人员的立场、观点联系起来认识。侦查、检察、审判人员的刑事诉讼活动几乎都是围绕运用证据查清案件事实进行的。他们只有依照国家的政策法律，贯彻证据制度和原则，通过诉讼形式，同犯罪分子进行尖锐的阶级斗争，才能运用证据查清案件事实，据以逮捕、起诉、判决，惩罚犯罪、打击敌人。这决定了刑事诉讼证据

---

① 聿田. 什么是诉讼证据 [J]. 政法研究，1964 (2).

② 田静仁. 关于刑事诉讼证据的客观性和阶级性问题 [J]. 政法研究，1964 (2).

③ 凌相权. 两点意见 [J]. 政法研究，1964 (3)；吴磊. 运用唯物辩证法研究刑事诉讼证据问题 [J]. 政法研究，1965 (3).

④ 巫宇甦. 论我国刑事诉讼中的证据 [J]. 政法研究，1964 (2)；周密. 刑事诉讼证据是"主观、客观矛盾的统一体"吗？[J]. 政法研究，1964 (4).

⑤ 沙岩. 理论研究必须面向实际——对刑事诉讼证据理论问题讨论的一点看法 [J]. 政法研究，1965 (4).

⑥ 张绥平. 关于刑事诉讼证据理论的几个问题的探讨 [J]. 政法研究，1964 (1).

具有阶级性。① （3）证据事实和犯罪行为的联系是不能割裂的。证据的阶级性源于犯罪行为的阶级性，它反映的是证据事实在刑事诉讼中所起的作用（揭露犯罪）和对犯罪分子的关系（惩罚犯罪）。否定刑事诉讼证据阶级性的观点实际上是割断了证据事实同犯罪行为之间不可分割的联系。② 否定刑事证据具有阶级性的主要理由包括：（1）诉讼证据作为不以人们意志为转移而存在的客观事物，本身并没有什么阶级性可言。③ （2）证据制度和作为证明手段的证据事实是两个不同的问题，不能从证据制度的阶级性得出证据本身也有阶级性的结论。虽然刑事诉讼、诉讼制度和证据制度都有很强烈的阶级性，但是刑事诉讼证据本身是独立于人的意识之外的客观存在。在这里，有阶级性的是人和制度，而不是证据本身。④ （3）关于刑事证据有阶级性的论述是把全部刑事诉讼活动中反映出来的阶级性硬塞给作为诉讼证据的客观事实了，是把诉讼证据问题同整个刑事诉讼活动以及人认识事物的主观能动性同人对事物的阶级性混为一谈。⑤ 折中论者认为，诉讼证据是否具有阶级性，应该区别对待：诸如受害人、证人等所陈述的反革命破坏等犯罪事实，就表现为刑事诉讼证据的阶级性；而对于自然界的物质、科学检验等方面的刑事诉讼证据则没有阶级性。⑥

最后，关于刑事证据与案件事实之间的偶然联系和必然联系。一般认为，刑事证据与案件事实之间存在各种各样的联系，如直接联系与间接联系、偶然联系与必然联系等。但是，对于是否只有通过偶然联系才能找出必然联系，以及是否只有找出必然联系才能认定案件事实等问题，理论界存在较大争议。肯定说认为，证据材料所反映的客观事实与案件事实之间存在着必然联系。每个案件的这种必然联系是通过偶然联系表现出来的。运用证据查清案件事实的过程就是通过收集、研究、认识与案件事实有偶然联系的证据材料，找到必然联系的过程。如果不通过偶然联系的证据材料，就找不到必然联系，得不出肯定

---

① 前进. 谈谈刑事诉讼证据的阶级性 [J]. 政法研究，1964（3）；王净. 关于刑事诉讼证据理论几个问题的商榷 [J]. 政法研究，1964（4）.
② 戴福康. 刑事诉讼证据为什么具有阶级性? [J]. 政法研究，1964（4）.
③ 戴福康. 证据本身是没有阶级性的 [J]. 政法研究，1964（3）.
④ 陆研. 谈谈刑事诉讼证据有无阶级性的问题 [J]. 政法研究，1964（4）；凌相权. 两点意见 [J]. 政法研究，1964（3）.
⑤ 田静仁. 关于刑事诉讼证据的客观性和阶级性问题 [J]. 政法研究，1964（2）.
⑥ 巫宇甦. 论我国刑事诉讼中的证据 [J]. 政法研究，1964（2）；孙兴起. 有无阶级性要区别看待 [J]. 政法研究，1964（3）.

与否定案件事实的结论。① 而有的学者却认为，任何事物只要被确定为某个案件的证据，就肯定与案件有着必然的联系。因此，不能说只有通过证据的偶然联系才能找到必然联系。② 还有学者认为，犯罪的证据和案件事实之间的联系是多种多样的，其中每一个联系都表明认识案件的每一个方面。如果把证据和案件事实之间的联系，仅仅限制在偶然联系和必然联系的范围之内，那就不能认识案件事实的真实情况。只有全面地分析研究证据与案件事实之间的各种联系，才能查明案件事实的全部真实情况。如果认为只有找出证据和案件事实之间的必然联系，才能做出肯定或否定的案件事实结论，那么这种结论在很大程度上是带有主观片面性的。③

（二）刑事证据分类的细节之争

如何将不同的证据从理论上加以分类是刑事证据法学中的一个重要问题。在中华人民共和国成立早期，尽管理论界大体上都将刑事证据分为两类或者三类，但是在细节上却存在较大分歧。

第一，关于有罪证据和无罪证据，或者控诉证据和辩护证据。有学者认为，根据证据的性质，可以将证据分为有罪证据和无罪证据。④ 而有的学者认为，从所谓证据的本性出发，将证据预先确定为控诉证据（有罪证据）或者辩护证据（无罪证据）既是不可能的，也没有实践意义。这是因为，证据的评定、证据的意义要看这种事实与其他事实、其他案件情况的结合，而不是孤立起来。任何证据在切实地加以查明和评定以前，不能分辨它是有罪证据还是无罪证据；而在证据完全评定以后，分别为有罪的或者无罪的，乃是评定的自然结果。⑤ 对于这种观点，有学者进行了质疑，认为尽管证据的控诉性质或者辩护性质在最后定案时才能真正确定，但是司法工作人员在调查研究过程中，却必须对它进行初步的判断。司法工作人员在收集到某一证据后，如果根本不与案件其他材料联系起来考虑一下它可能有利于被告或者不利于被告，这是不可思议的事。另外，控诉证据与辩护证据的分类标准是按照对象，或者按照对控诉的关系，而不是按照证据的性质。因为，任何一种证据分类，都可以说是按其性质来区分

---

① 真明. 也谈证据与案件事实之间的偶然联系和必然联系 [J]. 政法研究, 1964 (3)；
张绥平. 关于刑事诉讼证据理论的几个问题的探讨 [J]. 政法研究, 1964 (1).
② 佟庆明. 对刑事诉讼证据问题的几点浅见 [J]. 政法研究, 1964 (2).
③ 王一平. 证据和案件事实之间的偶然联系和必然联系 [J]. 政法研究, 1964 (2).
④ 郝双禄. 关于刑事证据的几个问题 [J]. 政法研究, 1955 (2).
⑤ 胡复申. 关于刑事证据的分类问题 [J]. 政法研究, 1955 (4).

的，只是区别其性质的具体角度不同而已。①

第二，关于直接证据和间接证据。有学者认为，根据证据的使用价值分析，可以将证据分为直接证据和间接证据。② 而有的学者认为，从证据的使用价值来区分直接证据和间接证据只是它们在形式上的区别，这种区分模糊了它们在实质上的区别。应当以证据的来源以及证据与案件的内在联系为依据来区分直接证据和间接证据。③ 还有学者认为，从证据的使用价值来区分直接证据和间接证据并不能说明间接证据的特点。直接证据与间接证据的区别在于它们与被证明事实的关联关系是直接关系还是间接关系。④ 与该观点相近的是，应当按照对调查事实的关系将证据分为直接证据和间接证据：直接证据是能够直接指出犯罪事实是否存在即被告人是否有犯罪的证据，而间接证据是间接地指出所调查事实的证据。⑤

第三，关于原始证据与传来证据。有的学者根据证据的来源将证据分为直接证据和间接证据两种。⑥ 而有的学者认为，该观点混淆了原始证据与传来证据之间的分类标准。进一步而言，划分直接证据与间接证据的唯一根据应当是证据与所查事实之间的关系。而按照证据的来源，应当将证据分为原始证据与传来证据。所谓原始证据，就是从第一来源所获得的证据；传来证据（派生证据）是指从第二或者第三等来源所获得的证据。相对于传来证据而言，原始证据的可靠性一般来说要大一些。为此，侦查人员和审判人员应当尽量注意收集与利用原始证据。另外，按来源把证据区分为原始证据和传来证据，有助于司法工作人员正确地收集、判断证据。⑦

第四，关于间接证据与犯罪事实之间是否具有因果关系。有学者在分析如何运用间接证据认定案件事实时指出，必须确定间接证据与犯罪事实之间的因

① 陈光中，时伟超. 关于刑事诉讼中证据分类与间接证据的几个问题 [J]. 政法研究，1956（2）.
② 郝双禄. 关于刑事证据的几个问题 [J]. 政法研究，1955（2）.
③ 胡复申. 关于刑事证据的分类问题 [J]. 政法研究，1955（4）.
④ 戈风. 关于间接证据 [J]. 政法研究，1955（4）.
⑤ 陈光中，时伟超. 关于刑事诉讼中证据分类与间接证据的几个问题 [J]. 政法研究，1956（2）.
⑥ 胡复申. 关于刑事证据的分类问题 [J]. 政法研究，1955（4）；戈风. 关于间接证据 [J]. 政法研究，1955（4）.
⑦ 陈光中，时伟超. 关于刑事诉讼中证据分类与间接证据的几个问题 [J]. 政法研究，1956（2）.

果关系。① 而有的学者却认为，间接证据必须与犯罪事实具有因果关系的说法，是不能完全令人信服的。这是因为，它并不能概括所有间接证据与犯罪事实之间的相互关系。有的间接证据与犯罪事实之间甚至没有因果关系。用这样一种不够十分确切的提法就会带来两个不良的后果：或者是从理论上曲解因果关系，或者是把侦查、审判工作人员的手脚束缚在人为的所谓因果关系的框子里，造成工作上的错误。实际上，只要某个事实与主要事实之间存在着客观联系，而且对案件又具有意义，那么它就可以作为案件的间接证据。②

最后是如何运用间接证据认定案件事实。基于间接证据无法单独认定案件事实，不少学者对如何通过间接证据来认定案件事实这个问题进行了专门的分析。一些学者认为，仅凭间接证据认定案件事实时必须遵守以下规则：①每个间接证据都必须真实可靠；②每个间接证据与案件事实之间必须具有因果关系或者客观联系；③各个间接证据之间以及间接证据与案件事实之间应该协调一致。③ 但是，对于运用间接证据推断结论，学者们的表述略有不同。一种意见认为，综合案内一切间接证据，必须像锁链似的一环扣着一环，确切地推出被告人实施犯罪的唯一结论，并有充分的论据足以排除任何其他的说法。④ 另一种意见认为，运用间接证据推断出的结论，必须是确定性的，不能只是"可能"。⑤还有学者认为，运用间接证据证明犯罪事实时，必须按照以下条件，从事实与事实联系的关系中确认证据意义：第一，作为间接证据的事实与犯罪事实在发生的时间顺序上应是协调一致的；第二，作为间接证据的事实，在其内容上与犯罪事实也应该是协调一致的；第三，作为间接证据的事实与犯罪事实之间，必须有客观联系。在没有直接证据的情况下，间接证据证明犯罪事实的作用包括两个方面：从正面论证某种说法是真实的；从反面排除他种说法是不真实的。这两方面的作用，是缺一不可的密切联系着的。否则，间接证据的锁链就不可能构成。⑥

---

① 陈光中，时伟超. 关于刑事诉讼中证据分类与间接证据的几个问题 [J]. 政法研究，1956（2）.

② 张景明，阮伟昕. 刑事诉讼中间接证据与犯罪事实间是不是都存在着因果关系? [J]. 政法研究，1956（4）.

③ 陈光中，时伟超. 关于刑事诉讼中证据分类与间接证据的几个问题 [J]. 政法研究，1956（2）；郝双禄. 关于刑事诉讼证据的几个问题 [J]. 政法研究，1963（2）.

④ 陈光中，时伟超. 关于刑事诉讼中证据分类与间接证据的几个问题 [J]. 政法研究，1956（2）.

⑤ 郝双禄. 关于刑事诉讼证据的几个问题 [J]. 政法研究，1963（2）.

⑥ 朱云. 如何运用间接证据证明犯罪事实——案例分析 [J]. 政法研究，1956（4）.

四、极度匮乏的刑事证明论

从研究内容来看，我国学者在中华人民共和国成立早期对刑事证据法学的研究主要是围绕刑事证据的指导思想、基本原则、基本概念、种类、分类等来展开的，而没有对刑事诉讼证明问题展开系统的讨论。有些学者只是在探讨这些问题时间接地或者零星地涉及了刑事证明的有关问题。例如，有的学者在探讨被告人的诉讼地位时指出，被告人不负举证义务（责任），举证义务完全由控告的一方承担。被告人既可以积极地对控诉证据提出反证，也可以采取沉默消极的态度。绝对不能因为被告人不反驳，又提不出无罪证据而判决其有罪。另外，根据无罪规定原则，法院对被告人的犯罪行为如无充分证据证明被告人有罪时，或在控诉无充分证据的情况下，法院应当宣告无罪判决，绝不能把举证义务转嫁在被告人身上，作为补充控诉证据的不足。① 再如，有的学者在分析被告人口供的证据意义时认为，被告人的辩解与反驳与被告人是否负有证明自己无罪的义务是两个问题。依照无罪推定原则，被告人没有证明自己无罪的义务。但是，在对方提出了被告人的犯罪证据时，被告人如果不承认自己有罪，就应该加以辩驳；即使承认有罪，如果对某些情节事实不承认时，也应该加以辩驳。所以辩驳的义务是以对方提出犯罪证据为前提；在对方没有提出犯罪根据的情况下，被告人无须也无从提出自己的反驳，也就不发生这方面的口供之是否作为证据的问题。如果侦查、审判人员在这种情况下强加被告人以辩驳的义务，那是与无罪推定原则相违背的。②

第二节 刑事证据法学的恢复发展

随着"文化大革命"的结束以及解放思想与实事求是思想路线、改革开放政策的确立，尤其是在第五届全国人民代表大会第二次会议通过《刑事诉讼法》之后，我国刑事证据法学研究得以恢复和快速发展。总体而言，在1979年7月至1996年2月期间，刑事证据法学界在继承和发扬中华人民共和国建立早期研究成果的基础上，不仅在研究内容和研究数量上取得重大突破，而且初步形成了一些颇具中国特色的刑事证据法学理论。

① 曲夫.略谈刑事诉讼中被告人的诉讼地位 [J].政法研究，1957（3）.
② 戈风.刑事被告人口供的证据意义与运用 [J].法学，1956（3）.

一、步入正轨的刑事证据法学

同以往相比，在 1979 年 7 月至 1996 年 2 月期间，理论界对于刑事证据法学的研究不仅发表了大量学术论文，而且出版了一系列有关刑事证据法学或者证据法学方面的教材和专著。根据图 2-2 和图 2-3，在这个阶段，理论界出版的刑事证据法学或者证据法学专著已经达到 27 部，出版的刑事证据法学或者证据法学教材也达到了 15 部。如果以 CLSCI 核心期刊为标准，我国学者在这个阶段所发表的刑事证据法学学术论文已经达到256 篇（参见图 2-4），相对于 1949 年 10 月至 1979 年 7 月期间的刑事证据法学学术论文数量，增长了将近 3 倍。

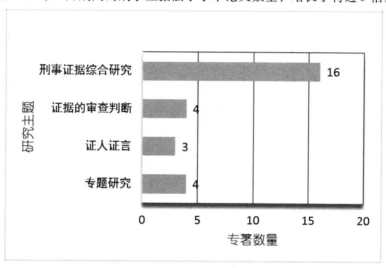

图 2-2　1979. 7—1996. 2：刑事证据法学专著

相对于刑事证据法学的艰难探索阶段而言，1979 年 7 月至 1996 年 2 月期间的刑事证据法学研究不仅在数量上显著增长，而且在广度和深度上都取得了根本性的突破。根据图 2-4，在我国刑事证据法学研究的恢复发展阶段，理论界的研究内容几乎涉及刑事证据法学的所有重要主题。尤其是在刑事证据规则和刑事诉讼证明这两个领域，我国刑事证据法学研究取得了重要突破。相对于以往的刑事证据法学基础理论以及刑事证据论而言，这个阶段的研究成果也更加丰富和细致。例如，在刑事证据法学的艰难探索阶段，理论界对于刑事证据种类的研究主要是被告人的口供问题，而到了刑事证据法学研究的恢复发展阶段，除了被告人的口供之外，其他证据种类（如证人证言、鉴定意见、视听资料等）也受到了理论界的青睐。从研究热度来看，理论界研究最热门的几个话题包括

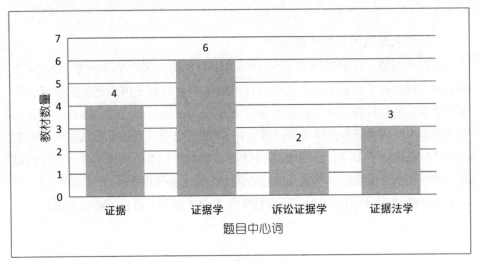

图 2-3   1979.7—1996.2：刑事证据法学教材

证明责任、证据法的原则、证据的概念与特征、被告人口供、证人证言等，这几项主题的研究数量约占总数的 54.7%。

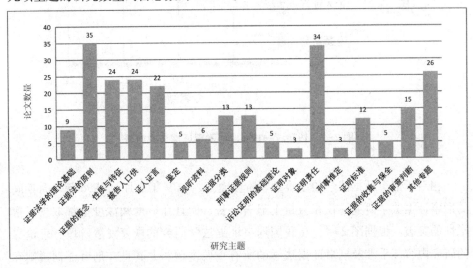

图 2-4   1979.7—1996.2：刑事证据法学 CLSCI 论文

我国刑事证据法学研究之所以在短时间就能够得以恢复发展和逐渐步入正轨，不仅与这个阶段的大环境改善有关，而且也与这个时期的法学教育水平大幅度提高、刑事证据制度完善等因素具有极大关系。

首先，在我国确立解放思想、实事求是的思想路线，改革开放的政策之后，我国在政治、经济、社会、文化等各个领域都发生了深刻变化，这为刑事证据法学研究的恢复和发展奠定了重要的政治基础和社会基础。例如，在越来越强调思想解放、改革开放的情况下，理论界对西方国家刑事证据制度与理论的政治性批判有所缓和，不再像以往那样过于僵化地以社会主义意识形态一味排斥西方国家的刑事证据制度与理论，而是越来越理性地从学术的角度来认识、评价西方国家的刑事证据制度与理论，甚至探讨如何借鉴西方国家的刑事证据制度与理论这个以前基本予以回避的一个问题。再如，在思想越来越开放的情况下，理论界的研究视野也得以拓展，不再像以往那样只是局限于证据制度的理论基础、证据的概念、证据的特征等屈指可数的几个议题，而是越来越将其研究对象扩展到刑事证据法学的大部分研究领域。

其次，我国高等法学教育的恢复和重建为刑事证据法学研究的恢复发展奠定了重要的人才基础。在1977年国家决定恢复高考制度之后，我国高等法学教育也得以恢复和重建。据统计，1979年全国只有9所政法院系招生，在校生规模仅为2914人。而在1990年，全国已有70多所全日制普通高等学校设置了法律系或者法律专业。全国除西藏自治区以外，各省、市、自治区至少有一个法学院或者法律系。全国还有20多所职业大学设置了法律专科或者大专班。高等政法院系的在校生总数达到2万多人，每年有毕业生5000人左右①。到1995年9月，已有140所大学设有法律系或者法学院，在校本科生、专科生约8万人②。就从事法学教育的专业教师队伍来看，1979年全国政法类专任教师仅为688人，到了1991年，政法类专任教师已经猛涨到5802人③；而到了1995年，法学专业的专任教师已经高达9058人④。

再次，大量增设的法学刊物为刑事证据法学研究提供了良好平台。在1979年以前，我国只有《政法研究》和《法学》这两份重要的法学学术刊物，而到了1979年之后，随着法学教育的不断发展以及法学研究禁区的逐渐打破，各种与法律有关的期刊犹如雨后春笋般大量涌现。尤其是新增设的几十种法学学术刊物为学者们研究刑事证据法学提供了绝佳的场所。

最后，在1979年全国人大制定《刑事诉讼法》，最高人民检察院于1980年

---

① 孙琬钟.中华人民共和国法律大事典［Z］.北京：中国政法大学出版社，1993：821.
② 方流芳.中国法学教育观察［J］.比较法研究，1996（2）.
③ 汤能松.探索的轨迹——中国法律教育发展史略［M］.北京：法律出版社，1995：444，446.
④ 国家教委计划建设司.中国教育事业统计年鉴（1995）［Z］.北京：人民教育出版社，1996：26.

7 月 21 日、1991 年 12 月 10 日分别印发《人民检察院刑事检察工作试行细则》《人民检察院刑事检察工作细则（试行）》，以及最高人民法院于 1994 年 3 月 21 日印发《关于审理刑事案件程序的具体规定》等相关司法解释之后，我国刑事证据制度的修改与完善、司法实践及其存在问题为刑事证据法学研究提供了足够的素材。

二、日趋系统的刑事证据法学基础理论

相对于刑事证据法学的艰难探索而言，我国刑事证据法学基础理论研究取得了明显进步。这不仅在于理论界对于刑事证据法学的理论基础、刑事证据制度的基本原则等问题的理解更加全面、深刻，而且在于理论界开始对我国刑事证据法学的基础理论进行了全面总结和系统阐述。尤其是随着一些证据法学专著和教材的出现，一系列新的刑事证据法学研究范畴开始进入理论界的视野，如证据法学的研究对象、体系、方法、国内外刑事证据制度的历史沿革等，从而大大提升了我国刑事证据法学研究的体系化水平。下面主要就辩证唯物主义认识论、无罪推定原则和自由心证等问题进行概括性的分析。

（一）辩证唯物主义认识论的进一步探讨

在坚持马克思主义世界观、方法论、马克思主义法律观以及毛泽东思想的背景下，理论界在批判封建主义、资本主义刑事证据制度的基础上，继续探讨了辩证唯物主义认识论的理论指导作用。在这个阶段，理论界已经基本达成共识，认为我国刑事证据法学或者刑事证据制度的理论基础就是马克思辩证唯物主义认识论。

首先，一些学者专门撰文分析了辩证唯物主义认识论的理论指导作用。例如，有的学者认为，要对我国刑事证据理论中的一些重大问题做出正确的解释，必须坚持以辩证唯物主义认识论为指导。这是因为，辩证唯物主义是研究事物发展一般规律的科学，它既是世界观，又是方法论，在探求证据的规律时，也不能离开它。我们只有运用这一科学的武器，结合证据领域中的实际进行分析研究，才能对证据问题做出科学的解释。[①] 再如，有的学者认为，辩证唯物主义的反映论是马克思主义的认识论。它既是人们认识世界的思想武器，也是我们研究刑事诉讼证据的指导思想。只有用这一思想来研究有关证据问题，才能统一认识，得出正确结论并用以指导我们的司法工作。[②] 还有学者在总结和系统分

---

① 徐益初. 以辩证唯物主义为指导研究证据理论问题 [J]. 法学研究，1983（1）.
② 吕心廉. 辩证唯物主义的反映论与刑事诉讼证据 [J]. 西北政法学院学报，1984（1）.

析辩证唯物主义认识论时指出，马克思主义认识论是指导人们认识和改造客观世界的唯一科学理论，马克思主义唯物辩证法是关于自然、人类社会和思维运动发展的最普遍科学。近年来，我国刑事证据学坚持以辩证唯物主义认识论的观点去分析、观察与认识问题，取得了不小的成就。为了更好地提高辩证唯物主义认识论在刑事证据理论中的运用水平，我们需要根据我国改革开放与经济形势的日益发展，发展和深化刑事证据理论中的认识论问题。①

其次，一些证据法学的专著或者教材系统阐述或者充分吸收了辩证唯物主义认识论对于刑事证据理论或者制度的理论指导意义。前者如，我国刑事证据法学专著之一——《刑事证据理论》认为，辩证唯物主义认识论是马克思主义世界观、方法论的集中体现。它与证据理论是普遍理论与部门理论的关系，即一般与特殊的关系。辩证唯物主义认识论是关于人类认识自然、社会的一般规律的科学，揭示了人类认识发展的最普遍的规律；证据理论则是关于司法人员认识案件事实的规律的科学，揭示了司法人员对案件事实认识的特殊规律。因此，证据理论作为部门科学，不能不受辩证唯物主义认识论的制约和指导，不能不体现辩证唯物主义认识论的各个规律和范畴。离开了这个科学的世界观、方法论，我国就没有正确的证据制度、理论，就不能保证我国刑事证据制度、理论的科学性。② 再如，徐益初、肖贤富编著的《刑事诉讼证据学基础知识》认为，马克思主义认识论既是我国证据学的理论基础，又是研究证据理论的总的指导原则和最根本的方法。在刑事诉讼中，如何去发现案件的客观真实，辨别证据的真伪；如何运用证据，确定犯罪事实和实施犯罪行为的人，都必须有马克思主义认识论的正确指导。以马克思主义认识论为指导，去收集、审查和判断证据，对保证正确地认定案件事实，提高办案质量，具有极其重要的意义。③ 在证据法学教材中，具有代表性的由陈一云教授主编的《证据学》认为，伟大的无产阶级思想家马克思和恩格斯总结了人类思想的积极成果，创立了辩证唯物主义认识理论，开创了人类思想史上的新纪元。辩证唯物主义认识论揭示了人类认识自然、认识社会的最普遍规律，它也当然地成为我国诉讼证据制度的理论基础。④ 赵景荣教授主编的《新编证据学》也认为，在诉讼中，只有

---

① 黄道，陈浩铨. 刑事证据理论的辩证法基础［J］. 政治与法律，1993（3）；陈浩铨，黄道. 论刑事证据理论的唯物论基础［J］. 政法论坛，1993（3）；黄道，陈浩铨. 刑事证据理论的认识论基础［J］. 政法论坛，1994（1）.

② 张子培. 刑事证据理论［M］. 北京：群众出版社，1982：93.

③ 徐益初，肖贤富. 刑事诉讼证据学基础知识［M］. 北京：法律出版社，1983：5-6.

④ 陈一云. 证据学［M］. 北京：中国人民大学出版社，1991：95.

以辩证唯物主义认识论为指导，才能揭示运用证据的客观规律，同剥削阶级证据制度和证据理论中的反动观点划清实质界限，最大限度地保证司法人员正确地使用证据，准确地认定案件事实，保证诉讼法特定任务的实现。①

最后，许多学者在研究刑事证据制度或者理论的过程中，以辩证唯物主义认识论为理论基础，不仅继续批判了封建主义或者资本主义的刑事证据制度和理论，而且对我国的刑事证据制度或者理论进行了初步的解释。例如，在谈到我国刑事证据制度的指导原则时，许多学者在批判封建主义的有罪推定、西方国家的无罪推定、自由心证的基础上，认为我国刑事证据制度应该坚持实事求是原则，忠于事实真相原则，以及重证据、调查研究、不轻信口供、反对逼供信原则等。② 再如，有的学者在分析刑事证据的概念与本质属性时指出，尽管这个问题是刑事证据理论最基本的问题，但是综观中外证据学史，一切剥削阶级的法学家都没有对这个问题做出科学的回答。而马克思主义哲学科学地解决了思维与存在的关系这个哲学基本问题，为刑事证据的概念及本质属性问题的正确回答奠定了世界观基础。那就是，根据马克思主义唯物论原理，刑事证据作为一种客观事实，它在实质上是一种客观物质，它与其他物质一样也表现为实物、能量、信息三种形态；刑事证据事实既是一种客观物质，又是一种经验事实；只有在最大程度上张扬诉讼主体的主体性作用，才能在最大程度上获得对证据事实与案件事实的深刻认识与切实把握。③

（二）无罪推定原则的再度热议

在 1979 年我国制定第一部《刑事诉讼法》之后，理论界再次掀起了研讨无罪推定原则的热潮。而如同 20 世纪 50 年代末期一样，理论界在这个阶段的研讨当中除了对无罪推定原则的历史进步意义基本上没有异议之外，对于无罪推定的基本含义、理论基础、价值基础以及我国刑事诉讼制度与无罪推定原则之间的关系等一系列问题仍然存在较大分歧。

第一，对于无罪推定原则的基本含义。一些极力反对无罪推定原则的学者

---

① 赵景荣. 新编证据学 [M]. 北京：中国政法大学出版社，1992：108.

② 张子培. 刑事证据理论 [M]. 北京：群众出版社，1982：119-131；巫宇甦. 证据学 [M]. 北京：群众出版社，1983：118-130；陈一云. 证据学 [M]. 北京：中国人民大学出版社，1991：195-204；朱云. 刑事诉讼证据制度 [M]. 北京：法律出版社，1986：219-234；赵景荣. 新编证据学 [M]. 北京：中国政法大学出版社，1992：108-132；徐益初，肖贤富. 刑事诉讼证据学基础知识 [M]. 北京：法律出版社，1983：8-11；郝双禄. 应用证据学 [M]. 北京：中央民族学院出版社，1988：98-104；王振河. 证据与定案[M]. 西安：陕西人民出版社，1993：149-156.

③ 陈浩铨，黄道. 论刑事证据理论的唯物论基础 [J]. 政法论坛，1993（3）.

不仅从理论基础、价值基础、政治实质等角度深入反思了无罪推定原则，而且从无罪推定原则的基本含义出发，指出无罪推定原则在自身逻辑方面的局限性。他们认为，形式逻辑的思维规律不仅无法证明无罪推定原则的正确性，而且在实践中带来自相矛盾的结果。① 还有学者认为，无罪推定原则应该改为"无罪假定"才合乎逻辑。从诉讼程序来看，法院在做出判决以前就推定被告人是无罪的，这是不合理的。毕竟，在案件审理过程中，对被告人来说，最后的判决还存在有罪或者无罪的可能性，而不是只存在着无罪一种可能性。因此，这个原则的原意和实际内容应该是"无罪假定"，即被告人在被宣判有罪以前，被假定为无罪。② 而肯定无罪推定原则的学者在全面解读无罪推定原则的基础上，暗示反对者们并没有真正领悟这项原则的深刻内涵。例如，有的学者指出，认为无罪推定的哲学基础是唯心主义，与认识论相违背，是缺乏对无罪推定内涵的真正理解。这是因为，无罪推定是一种法律上的推定，是立法者根据诉讼上的实际需要，结合统治阶级的法律意识，对问题采取的一种处理方法，而不是一种主观臆断。③ 再如，有的学者认为，无罪推定不是将有罪的被告人推定为无罪，而是要求司法人员在办案中以客观事实为依据，在没有确实、充分的证据证明其犯罪事实之前，不能草率地将被告人视为罪犯而处以刑罚。④

第二，对于无罪推定原则的理论基础和科学性。基于不同的世界观和方法论，理论界对于无罪推定原则的合理性问题存在两种截然相反的观点。否定论者认为，从认识论或者哲学的角度来看，无罪推定原则试图以无罪的先入为主代替有罪的先入为主，属于形而上学和主观唯心主义⑤；从阶级观点来看，无罪推定原则具有欺骗性、虚伪性和片面性，是资产阶级专政的工具和遮羞布，其

---

① 张子培. 评"无罪推定"[J]. 中国政法大学学报，1983（4）；王桂五. 评"无罪推定"的诉讼原则[J]. 法学，1984（4）；邓崇范. 无罪推定不能作为我国刑事诉讼的基本原则[J]. 法学评论，1984（2）.

② 林欣. "无罪推定"还是"无罪假定"[J]. 中国社会科学，1983（3）.

③ 陈林林. 无罪推定原则思考[J]. 法律科学，1995（5）.

④ 谢佑平. 无罪推定原则评论[J]. 法学评论，1993（5）；苏万觉. "无罪推定"原则不能否定——与张子培同志商榷[J]. 西南政法学院学报，1981（2）.

⑤ 邓崇范. 无罪推定不能作为我国刑事诉讼的基本原则[J]. 法学评论，1984（2）；王桂五. 评"无罪推定"的诉讼原则[J]. 法学，1984（4）；张子培. "无罪推定"原则剖析[J]. 法学研究，1980（3）；王新清. 我国刑事诉讼法不宜采用"无罪推定"原则[J]. 法律学习与研究，1987（3）；唐关达. 对"无罪推定"要做具体分析[J]. 法学研究，1980（1）.

目的仍然是为了维护剥削阶级的政治压迫和经济剥削①。而肯定论者认为，无罪推定原则符合科学证明的规律，与认识论具有一致性；无罪推定原则的立足点是证据，它要求人们只能依靠可靠的证据来做出判断，这是唯物主义在诉讼法中的反映；无罪推定原则是刑事诉讼制度民主与文明进步的重要标志，它不是资产阶级的专利，而是具有世界普遍法律意义的法律文化现象和诉讼原则；无罪推定原则是促进控辩均衡对抗、法官居中裁判的需要；不能以法的阶级性来否定无罪推定原则的可适用性。②

第三，对于无罪推定原则的利弊分析。尽管理论界普遍认可无罪推定原则在反封建专制主义进程中的历史进步意义，但是对于无罪推定原则在刑事诉讼中的作用，学者们却存在两种比较对立的观点。一方面，无罪推定原则的支持者们普遍认为无罪推定原则具有诸多重要的积极意义。其代表性的论断包括：无罪推定原则既是刑事司法观念更新的标志，又是新型诉讼制度产生的理论基础；无罪推定原则及其引申规则在整个刑事诉讼过程中都具有重要指导作用；无罪推定原则使被告人摆脱了诉讼客体的地位，强化了被告人的诉讼主体身份，有助于保证被告人的人权和合法权益，体现了诉讼民主；无罪推定原则有助于制约司法机关的行为，防止司法机关的主观片面，确保司法机关的活动建立在充足证据的基础之上，使其司法活动既有助于实现客观公正地追究罪犯，避免冤假错案，而又避免对被告人的不公正对待；无罪推定原则有助于严格限制诉讼强制措施的适用，从而尽可能地避免无辜者遭受不必要的羁押，确保被告人不至于因为受到刑事追究而遭受过重的讼累；无罪推定原则要求保障被告人的诉讼权利、禁止刑讯逼供等，有助于保障无辜者免受刑事追究，体现了诉讼文明；无罪推定原则均衡控辩双方力量，体现了诉讼公正等。③ 另一方面，无罪推定原则的反对者们则普遍认为无罪推定原则具有消极作用。其代表性的论断包

① 王桂五．评"无罪推定"的诉讼原则［J］．法学，1984（4）；邓崇范．无罪推定不能作为我国刑事诉讼的基本原则［J］．法学评论，1984（2）；唐关达．对"无罪推定"要做具体分析［J］．法学研究，1980（1）；廖增昀．对无罪推定原则的几点看法［J］．法学研究，1980（5）．
② 王晓华，马庆国．"无罪推定"辩［J］．法学研究，1980（1）；苏万觉．"无罪推定"原则不能否定——与张子培同志商榷［J］．西南政法学院学报，1981（2）；张令杰，张弢，王敏远．论无罪推定原则［J］．法学研究，1991（4）；陈林林．无罪推定原则思考［J］．法律科学，1995（5）；马贵翔，郑家奎．从刑事诉讼结构看无罪推定［J］．法学，1995（7）．
③ 张令杰，张弢，王敏远．论无罪推定原则［J］．法学研究，1991（4）；陈浩铨．论无罪推定的诉讼价值［J］．政法论坛，1995（3）；陈林林．无罪推定原则思考［J］．法律科学，1995（5）；谢佑平．无罪推定原则评论［J］．法学评论，1993（5）．

括：无罪推定原则无罪的先入为主，会影响有罪概念的形成，容易放纵罪犯，不利于同犯罪做斗争；无罪推定原则对保障我国公民的人身权利和民主权利，没有任何实际意义；无罪推定原则势必会造成司法人员思想上的混乱，瓦解公安司法人员的斗志，影响刑事诉讼任务的完成，不利于无产阶级专政；无罪推定原则容易导致该捕不捕、该起诉不起诉、该判不判的情况发生；等等。①

第四，对于无罪推定原则与我国《刑事诉讼法》的关系。一般认为，我国第一部《刑事诉讼法》并没有直接规定无罪推定原则，但是对于我国《刑事诉讼法》是否体现了无罪推定原则的精神，理论界存在两种完全相反的观点。否定的观点认为，无罪推定原则违背了我国《刑事诉讼法》的根本精神和"实事求是，有错必纠"的方针，使司法机关和司法工作人员在刑事诉讼活动中处于自相矛盾的地位。② 还有学者认为，从法律意义上分析，既推定被告人无罪，又对无罪的人进行逮捕和起诉，这是自相矛盾的。无罪推定原则要求推定被告人是否有罪，以生效判决为标准也是不科学的。如果将无罪推定原则作为我国刑事诉讼原则，只能造成思想混乱，无助于防止错案。③ 肯定的观点普遍认为，尽管我国没有完全确立无罪推定原则，但是在某些方面却体现了无罪推定原则的精神。例如，有的学者认为，无罪推定原则与实事求是、调查研究、重证据不轻信口供、证据材料都必须查证属实的要求互为表里、相辅相成。④ 还有学者认为，无罪推定原则体现了实事求是的精神，具有实事求是所无法替代的作用。⑤ 再如，有的学者认为，我国刑事诉讼制度在很多方面实质上体现了无罪推定原则的精神或者要求，如《人民法院组织法》第 1 条关于审判机关的规定，以及1979 年《中华人民共和国刑事诉讼法》第 2 条关于刑事诉讼任务的规定，第 3 条关于严格遵守《刑事诉讼法》的规定，第 10 条关于保障诉讼参与人诉讼权利的规定，第 4 章关于辩护制度的规定，第 32 条关于严禁非法收集证据的规定，第 35 条关于重证据、重调查研究、不轻信口供的规定，第 108 条关于法院对公

---

① 张子培．"无罪推定"原则剖析［J］．法学研究，1980（3）；邓崇范．无罪推定不能作为我国刑事诉讼的基本原则［J］．法学评论，1984（2）；王桂五．评"无罪推定"的诉讼原则［J］．法学，1984（4）；王新清．我国刑事诉讼法不宜采用"无罪推定"原则［J］．法律学习与研究，1987（3）．
② 晓华．"无罪推定"原则与我国刑事诉讼实践格格不入［J］．法学研究，1980（1）．
③ 张子培．"无罪推定"原则剖析［J］．法学研究，1980（3）．
④ 赵光裕．关于"无罪推定"原则的理解和适用［J］．法学研究，1981（1）．
⑤ 陈林林．无罪推定原则思考［J］．法律科学，1995（5）；张令杰，张斅，王敏远．论无罪推定原则［J］．法学研究，1991（4）．

诉案件进行庭前审查的决定。①

最后，对于我国是否应该确立无罪推定原则的基本态度。对于我国是否应该确立或者说如何运用无罪推定原则这个问题，理论界主要有三种观点。否定说在批判无罪推定原则的基础上，主张我国应该继续坚持实事求是或者以事实为根据、以法律为准绳等原则，而不能确立无罪推定原则。例如，有的学者认为，无罪推定是资产阶级革命时期这个特定历史条件下的产物，而不是可以适用于任何社会形态和不同国家的普遍的刑事诉讼原则。从我国同犯罪作斗争的实践来看，无罪推定实质上是给犯罪分子提供了一种保护伞，如果把它作为我们刑事诉讼活动的指导思想，势将瓦解公安司法人员的斗志，放纵犯罪分子，不利于无产阶级专政。② 再如，有的学者认为，无论是在理论基础上还是在政治实质、司法实践中，无罪推定原则都是不科学的和有害的，存在诸多弊端和矛盾。我国应该坚持以事实为根据、以法律为准绳的原则，发展我国的刑事诉讼理论，而不是将无罪推定原则确立为我国刑事诉讼的基本原则。③ 肯定说则在深入分析无罪推定原则的理论基础、价值基础、历史意义和现实意义等因素的基础上，主张我国应该在《刑事诉讼法》中明确规定无罪推定原则。例如，有的学者认为，无罪推定已经成为具有世界普遍意义的法律文化现象。无罪推定具有推动刑事诉讼制度民主与文明进步的积极意义。我国《刑事诉讼法》还没有完全、充分地反映无罪推定原则的各项要求，因而有必要明确规定无罪推定原则。④ 再如，有的学者认为，无罪推定原则作为一个国家民主制度的窗口，既体现了保护人权的法律思想，又体现了审判权独立和诉讼程序合法的司法原则。无罪推定原则作为一条诉讼原则，已经被世界上不同社会制度的国家所普遍采用。无罪推定原则在我国具有积极的现实意义，我国有必要在修改和完善《刑事诉讼法》的过程中确认无罪推定原则。⑤ 还有学者认为，肯定、倡导无罪推定，不仅是目前正在变革的社会现实和社会观念所提出的要求，反过来，它也能影响社会，在某些方面"开风气之先"，促进现实与观念的变革。⑥ 折中说普遍认为，无罪推定原则既包含合理的内容，又存在不科学的因素。有鉴于此，我

---

① 张令杰，张弢，王敏远．论无罪推定原则［J］．法学研究，1991（4）；谢佑平．无罪推定原则评论［J］．法学评论，1993（5）．
② 张子培．评"无罪推定"［J］．中国政法大学学报，1983（4）．
③ 王桂五．评"无罪推定"的诉讼原则［J］．法学，1984（4）；邓崇范．无罪推定不能作为我国刑事诉讼的基本原则［J］．法学评论，1984（2）．
④ 张令杰，张弢，王敏远．论无罪推定原则［J］．法学研究，1991（4）．
⑤ 陈林林．无罪推定原则思考［J］．法律科学，1995（5）．
⑥ 龙宗智．对"无罪推定"的新思维［J］．现代法学，1989（2）．

国对于无罪推定原则应该做实事求是的分析，吸取其合理的因素，抛弃其消极的方面。①

（三）自由心证的批判与借鉴

在梳理和评价国外刑事证据制度历史沿革、探讨证据法原则、分析刑事证据的审查判断的过程中，理论界对西方国家的自由心证制度或者原则进行了广泛讨论。一般而言，理论界习惯于将西方国家的刑事证据制度概括为自由心证制度或者自由心证证据制度，并在梳理西方刑事证据制度历史沿革、自由心证的产生背景、主要内容的基础上，对西方自由心证制度进行了全面的评价。尽管理论界普遍认可自由心证制度取代法定证据制度的历史进步意义，但是对于自由心证制度是否合理，以及我国是否有必要确立自由心证制度等问题存在一定争议。

一方面，关于自由心证的合理性。除了自由心证制度相对于法定证据制度的历史进步意义之外，只有个别学者认为自由心证制度仍然具有现代意义上的合理性。例如，有的学者认为，自由心证在许多国家已经经受住了实践的考验，其合理性不容抹杀，如自由心证为法官审理案件时充分发挥其主观能动性提供了可能；它能够有效地排除来自各方面的干扰，因而有利于司法独立；它强调法官审查判断证据必须形成内心确信，为法官认定证据提供了可以操作的规范。② 相对而言，大多数学者对自由心证制度仍然持否定的态度。其代表性的论断包括：就理论基础而言，自由心证制度以不可知论为其哲学基础，其思想基础是主观唯心主义；从阶级观点来说，自由心证制度是为资产阶级专政服务的工具，法官的所谓自由心证不可能具有超阶级性，它甚至为法官利用司法活动灵活地为政治服务提供了广阔余地；法官在自由心证时把主观意识、理性原则作为认定案件事实的根据，缺乏客观标准，无法保证判断结论的正确；自由心

---

① 陈光中. 应当批判地继承无罪推定原则［J］. 法学研究，1980（4）；王新清. 我国刑事诉讼法不宜采用"无罪推定"原则［J］. 法律学习与研究，1987（3）；许务民. 再论无罪推定的可取性［J］. 法学，1988（7）.

② 周塞军，熊秋红. 对"自由心证"原则的思考［J］. 法律科学，1993（3）.

证容易为法官主观臆断大开方便之门。①

　　另一方面，关于我国是否应该确立自由心证制度。由于大多数学者对自由心证制度持批判的态度，因此，理论界的主流观点认为，我国不宜确立自由心证制度。除了前文所述否定论者所提的一些局限性之外，其代表性的理由还包括：中国的刑事证据制度历史决定了自由心证不符合中国的历史特点，中国缺乏自由心证产生的历史条件，因而自由心证不符合中国国情；自由心证同我国法官运用证据、判断证据的指导思想、原则不相符合；自由心证和我国证据制度所强调的调查研究、实事求是的精神不相符合；自由心证与人民法院独立进行审判、只服从法律的原则相矛盾；自由心证并不能使审判员正确发挥在判断证据中的作用。② 与主流观点有所区别的是，有个别学者认为自由心证在我国刑事诉讼中具有借鉴意义。这是因为，尽管自由心证存在一定弊端，但是在证据的审查判断中，"实事求是"原则既不能取代自由心证的作用，也难以克服自由心证有可能导致法官擅断的弊端。③

三、愈加精细的刑事证据论

　　在刑事证据法学的恢复发展阶段，理论界对于刑事证据论部分的研究内容明显更加宽泛和精细，而不再仅仅局限于刑事证据的概念、性质与特征、被告人口供等几个少数议题，而是涉及被告人口供的价值、特点、收集、审查、判断、运用，证人资格、证人证言的特点、证人证言的收集与审查判断、证人不出庭作证的原因与对策，鉴定的性质、特征、作用、审查判断，刑事证据的分类标准、间接证据的特点与作用、间接证据的运用规则，以及刑讯逼供的危害、产生原因与对策等诸多问题。总体而言，尽管理论界对许多问题进行了更加细

---

① 徐益初. 自由心证原则与判断证据的标准［J］. 法学研究，1981（2）；陈光中. 评自由心证［J］. 北京政法学院学报，1982（1）；张子培. 评资产阶级自由心证［J］. 北京政法学院学报，1982（2）；霍震. "自由心证"不是我国判断证据的原则［J］. 法学季刊，1982（4）；陈一云. 证据学［M］. 北京：中国人民大学出版社，1991：34-36；巫宇甦. 证据学［M］. 北京：群众出版社，1983：24-27；宋世杰. 诉讼证据学［M］. 长沙：湖南人民出版社，1988：42-46；赵景荣. 新编证据学［M］. 北京：中国政法大学出版社，1992：32-33.

② 徐益初. 自由心证原则与判断证据的标准［J］. 法学研究，1981（2）；陈光中. 评自由心证［J］. 北京政法学院学报，1982（1）；张子培. 评资产阶级自由心证［J］. 北京政法学院学报，1982（2）；霍震. "自由心证"不是我国判断证据的原则［J］. 法学季刊，1982（4）.

③ 周塞军，熊秋红. 对"自由心证"原则的思考［J］. 法律科学，1993（3）.

致的研究，但是理论界对于大多数问题的研究大同小异，尚未形成针锋相对的观点。相对而言，存在较大争议的问题主要集中在刑事证据的属性、同案被告人口供的运用、非法证据的证据能力这几个问题上。下面仅就这几个问题进行简要的分析。

（一）刑事证据的属性之争

在 20 世纪 60 年代，理论界曾经在探讨刑事证据概念与性质的基础上对刑事证据的客观性、阶级性、关联性展开了十分热烈的讨论。或许是因为那一次讨论尚未形成广泛共识，理论界在我国制定第一部《刑事诉讼法》之后，结合《刑事诉讼法》关于刑事证据的有关规定，再次对刑事证据的属性问题进行了争论。除了个别学者主张刑事证据具有四种属性或者五种属性之外①，绝大多数学者主张刑事证据具有两种属性或者三种属性。但是，究竟应该如何界定刑事证据的两种属性或者三种属性，学者们存在极大争议。例如，就"两性说"而言，就有"客观性+合法性""客观性+关联性""客观性+证明性""关联性+证明性""关联性+合法性"等多种组合方式；对"三性说"来讲，也有"客观性+关联性+合法性""客观性+证明性+合法性""客观性+关联性+定形性"等不同的结合方式。根据笔者的统计，在图 2-2、图 2-3、图 2-4 所列的 27 部专著、15 部教材、256 篇论文之中，共有 12 部专著、11 部教材和 19 篇论文专门探讨了刑事证据或者诉讼证据的属性问题。而根据图 2-5，可以得出以下几个结论：（1）"三性说"与"两性说"的比例为 26∶15，即大多数学者（约占 63%）赞成"三性说"；（2）赞成客观性、关联性、合法性的"三性说"比例约为 56%；（3）客观性、关联性和合法性是理论界探讨最频繁的几种刑事证据属性，其比例分别为 98%、85%、63%；（4）只有极少数学者主张刑事证据具有证明性、定形性、能证性和主观性；（5）刑事证据的合法性是理论界争议的焦点问题，赞成与反对之间的比例为 26∶15，尤其是在 18 篇论文当中，赞成与反对合法性的比例为 8∶10，基本上达到旗鼓相当的程度。有鉴于此，下面主要就刑事证据的主客观统一性以及刑事证据是否具有合法性这两个问题进行简要的分析。

① "四性说"主要有两种观点：一种观点认为诉讼证据除了具备一般证据所具有的客观性、联系性和能证性之外，还具有一般证据所不具备的法律性。而另一种观点认为，诉讼证据具有客观性、关联性、法律性和定形性。王振河. 诉讼证据法律性新探［J］. 法律科学，1993（6）；宋世杰. 诉讼证据学［M］. 长沙：湖南人民出版社，1988：62-76. "五性说"也有两种观点：一种观点认为刑事证据具有客观性、证明性、合法性、多样性和两面性，而另一种观点认为刑事证据具有证明性、关联性、客观性、合法性和制约性。樊崇义. 刑事诉讼法学研究综述与评价［M］. 北京：中国政法大学出版社，1991：215.

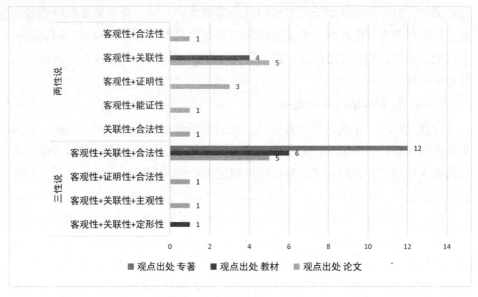

图 2-5　刑事证据的属性之争（1979. 7—1996. 2）

一般而言，在理论界普遍坚持辩证唯物主义认识论的情况下，再加上 1979 年《中华人民共和国刑事诉讼法》第 31 条明确规定"证明案件真实情况的一切事实""证据必须经过查证属实，才能作为定案的根据"，绝大多数学者都会赞成刑事证据的客观性。① 尽管有些学者并不否认刑事证据的客观性，但是他们认为刑事证据应当是客观性和主观性的统一体，而不是纯粹具有客观性。例如，有的学者认为，从认识论的角度来说，破案和定案的过程就是使人的主观认识逐步符合客观实际的过程，也就是不断解决主客观之间的辩证矛盾的过程。刑事证据的客观性表现在：它是已经过去的客观事实在思维中的再现，是以客观事实为基础的。刑事证据的主观性表现在：它不是客观事实本身，而是客观事实在人的意识中的反映；它是第二性的，而不是第一性的；它不是不以人的意志为转移的，而是离不开人的主观意识的，有正常思维能力是提供证据和充当

---

① 也有学者认为刑事证据没有客观性。一方面，作为刑事证据的证据事实，不仅是一种客观事实，而且是与案情事实有着内在联系的客观事实。证据的关联性本身就包含和说明了作为证据的证据事实是客观的，把客观性说成是证据的本质特征，则属多余。另一方面，作为刑事证据的本质特征，必须是刑事证据所独有的，与其他证据区别开来。而客观性是所有证据的共同特征，不是刑事证据的独有特征。因此，不能将客观性作为刑事证据的本质特征。涂克明. 略论刑事证据的本质特征［J］. 中南政法学院学报，1987（4）.

证人的必不可少的条件。① 再如，有的学者认为，证据作为定案的根据，不是纯客观的东西，而是同人们的主观认识分不开的。它是人们多次认识的结果，是主、客观统一的东西。如果只强调证据的客观性，忽视了人们的认识作用，把证据看成是绝对的、静止的、不变的，那就容易在定罪、量刑上发生偏差。② 但是，也有学者认为，刑事诉讼中的主客观相统一是指司法人员在刑事诉讼过程中坚持辩证唯物主义认识路线对刑事证据的正确认识，而不是指刑事证据本身的主客观相统一。③ 还有学者认为，司法人员的主观认识只是证据成立的一个外在必要条件，是区别证据与一般相关事实的必要条件，这不应该成为证据自身的一个因素或一个组成部分。如果把办案人员的认识加入证据，使证据变成主客观双重因素的东西就混淆了人对证据的运用与证据事实本身的界限，混淆了认识主体与认识客体之间的界限。④

对于刑事证据的合法性（或者法律性），理论界存在两种完全对立的观点。概括来说，赞成合法性的主要理由包括：刑事证据证明的对象是法律事实，而不是一般事实，刑事诉讼本身的特殊性决定了刑事证据应当具有合法性；只有依法收集或者符合法律要求的证据材料才能被纳入诉讼程序成为有效证据和定案根据；我国《刑事诉讼法》明确规定了刑事证据必须具备的形式和遵守的程序；刑事证据的内容和形式都必须受到法律的限制；合法性是刑事证据区别于一般证据的重要标志；合法性是现代刑事诉讼对刑事证据的基本要求；坚持刑事证据的合法性有助于防止刑讯逼供等非法取证行为；合法性是证据客观性的法律保证，是弄清楚证据真实性不可缺少的要素，合法性与客观性具有内在的一致性和紧密的联系而不能分开；等等。⑤ 反对合法性的主要理由包括：合法性

---

① 吴家麟. 论证据的主观性与客观性 [J]. 法学研究，1981（6）.

② 肖胜喜. 谈谈证据的特性 [J]. 政治与法律，1984（1）.

③ 文正邦，王剑南. 法律性不能成为刑诉证据的特征——与李建明同志商榷 [J]. 法学季刊，1983（1）.

④ 王铮. 论刑事证据的概念及其"客观性"的含义 [J]. 法学研究，1984（5）.

⑤ 徐益初. 以辩证唯物主义为指导研究证据理论问题 [J]. 法学研究，1983（1）；吕心廉. 辩证唯物主义的反映论与刑事诉讼证据 [J]. 西北政法学院学报，1984（1）；张子培. 略论刑事证据的特征 [J]. 北京政法学院学报，1981（1）；金友. 刑事证据没有合法性吗？——与杜纲建同志商榷 [J]. 北京政法学院学报，1981（4）；李建明. 法律性应当是刑诉证据的重要特征 [J]. 法学季刊，1982（1）；崔敏. 试论刑事证据必须具有合法性 [J]. 法学研究，1984（2）；沈德咏. 论刑事证据合法性及其意义 [J]. 中国法学，1989（6）；崔敏. 刑事证据理论研究综述 [M]. 北京：中国人民公安大学出版社，1990：24-25；樊崇义. 刑事诉讼法学研究综述与评价 [M]. 北京：中国政法大学出版社，1991：212-213.

只是外加给刑事证据的，而不是刑事证据本身所固有的属性；合法性只是认定证据的诉讼程序问题，而不是刑事证据本身的特征；不能把刑事证据的本质特征与刑事证据的收集、审查判断混为一谈；不能把刑事证据的本质属性与刑事证据的表现形式混为一谈；作为刑事证据的客观事实同其他客观外界事物的区别在于相关性而不是合法性；刑事证据是先于办案人员的思想而客观存在的，并不以办案人员的意志为转移；主张刑事证据具有合法性，容易滑向唯心主义的泥坑；等等。①

（二）同案被告人口供的运用

在刑事证据法学的恢复发展阶段，被告人的口供是理论界研究最多的一个证据种类。理论界研究的主要内容包括被告人口供的价值、特点、收集、审查、判断、运用等问题。总的来说，除了同案被告人口供能否互相作为证人证言这个问题之外，学者们对于被告人口供的研究取得了诸多共识，并没有太大的分歧。鉴于此，下面仅就同案被告人口供与证人证言之间的关系问题进行简要的梳理。

概括来说，对于同案被告人口供能否互相作为证人证言，理论界存在三种观点。否定说认为，同案被告人口供不能互相作为证人证言。其主要理由包括：（1）尽管被告人口供与证人证言具有一定的相似性，但是被告人与证人是两种不同的诉讼参与人，这决定了同案被告人并不具有被告人与证人的双重身份。被告人口供与证人证言是两种完全不同的证据种类，不能随意将它们混淆起来，同案被告人的口供仍然只能当作口供来看待，而不能被视为证人证言；（2）共同犯罪的特点决定了同案被告的口供不能作为证人证言，因为在同案被告人口供中往往存在相互包庇、互相推诿或者互相乱咬等真假难辨的情况，若将同案被告人口供视为证人证言，具有很高的错误风险；（3）被告人和证人在刑事诉讼中享有不同的诉讼权利和诉讼义务，无法将被告人口供与证人证言等同起来；（4）如果将同案被告人口供视为证人证言，既缺乏法律依据，又会违反1979年《中华人民共和国刑事诉讼法》第35条的规定；（5）证人资格的特殊规定性决

---

① 陶髦，李宝岳，宋峻. 刑事诉讼中证据的性质 [J]. 北京政法学院学报，1979（1）；文正邦，王剑南. 法律性不能成为刑诉证据的特征——与李建明同志商榷 [J]. 法学季刊，1983（1）；戴福康. 刑事诉讼证据的属性中不具有合法性 [J]. 法学研究，1983（3）；李宝岳. "合法性" 不是刑事证据的本质属性 [J]. 政法论坛，1985（5）；戴福康. 对刑事诉讼证据属性——"合法性" 的质疑 [J]. 法学，1987（5）；王振河. 诉讼证据法律性新探 [J]. 法律科学，1993（6）；崔敏. 刑事证据理论研究综述 [M]. 北京：中国人民公安大学出版社，1990：26-27；樊崇义. 刑事诉讼法学研究综述与评价 [M]. 北京：中国政法大学出版社，1991：211-212.

定了共同犯罪同案被告的口供不能作为证人证言，只能是被告人口供。①

肯定说认为，同案被告人口供可以互相作为证人证言。其主要理由包括：（1）同案被告人具有被告人与证人的双重身份，将同案被告人口供作为证人证言，既符合我国《刑事诉讼法》的规定，又是在司法实践中由来已久、行之有效的成功经验。（2）同案被告人的检举揭发可以在客观上起到认定同案被告人犯罪事实的作用，这种证据与证人证言具有相似性，可以当作证人证言加以运用。（3）不能因为同案被告人彼此之间具有利害关系就否定同案被告人口供相互作为证人证言。（4）不能因为被告人与证人享有不同的权利义务就断然否定同案被告人口供相互作为证人证言，实际上在如实陈述这个问题上，被告人与证人承担了相同的法律义务。（5）被告人的供述与辩解并不包括被告人对同案被告人的检举揭发，被告人对同案被告人的犯罪事实的检举揭发，应当作为证人证言看待。（6）将同案被告人口供作为证人证言和定案根据，并不违反重证据、不轻信口供原则。②

折中说认为，尽管同案被告人口供原则上不能互相作为证人证言，但是在特殊情况下应该允许将同案被告人口供作为证人证言来看待。这些例外情形包括：（1）同案被告人彼此揭发共同犯罪案件以外的另一个案件中的犯罪事实的口供，应当作为证人证言；（2）二人以上共同犯罪的被告人，在分离程序、分别受审以及在同一程序、共同受审而没有共同犯罪事实的共同被告人中，可以互为证人；（3）如果被告人在正常情况下所作的交代，司法人员不存在刑讯逼供行为，而且同案被告人的检举和同案被告人供认的犯罪事实基本一致，那么同案被告人可以作为证人；（4）不具有共犯关系，在犯罪中仅系牵连关系的同案被告人具有证人资格，可以将同案被告人口供作为证人证言；（5）已分案处理并已审结的前案被告人，对后案审理的其他被告人的共同犯罪事实加以证实，如果前案被告人的口供业已查证属实，那么，在用作认定后案的证据时亦可视为证人证言；（6）在共同犯罪的基本事实已经查清的情况下，在认定各个同案被告人的责任或者各自分得赃款的数额时，如果确实找不到其他证据，而几个

---

① 沈德咏．试论口供中的几个理论问题［J］．中国法学，1986（6），1987（1）；曹盛林．论共同被告人的供述［J］．法学研究，1983（5）；王洪祥．关于共同犯罪中同案被告的口供能否作为证言之我见［J］．中南政法学院学报，1986（2）；杨开湘．攀供问题新探［J］．现代法学，1993（2）；崔敏．刑事证据理论研究综述［M］．北京：中国人民公安大学出版社，1990：141-143.

② 陈建国，方成志．同案犯口供可以作为定案的证据——从一件轮奸案谈起［J］．法学研究，1983（3）；崔敏．刑事证据理论研究综述［M］．北京：中国人民公安大学出版社，1990：143-145.

同案被告人的交代基本一致，就可以将同案被告人口供视为证人证言，加以定案；（7）因罪行互有牵连而并案审理的若干同案被告人，其刑事责任有的是可以相对分开的，其中处于次要地位的或被动地位的销赃犯、包庇犯、窝藏犯、胁从犯以及被教唆者，揭发首犯、主犯、实行犯、教唆犯等人的罪行，一般也可按证人证言对待；（8）在共同犯罪的案件中，部分同案被告人由人民检察院决定免于起诉，在法庭审理时，传唤其出庭作证，他所交代和揭发的共同犯罪事实，亦可按证人证言对待。①

（三）非法证据的证据能力

在 1979 年《中华人民共和国刑事诉讼法》第 32 条明确规定"严禁刑讯逼供和以威胁、引诱、欺骗以及其他非法的方法收集证据"的情况下，理论界对非法取证行为或者非法证据的危害基本上没有异议，但是对于通过非法手段获得的证据是否具备证据能力，是否应该作为定案根据，或者是否应该加以排除，理论界却存在较大分歧。对于这个问题，理论界总体上存在全盘否定说、真实肯定说、折中说这三种观点。

全盘否定说认为，凡是通过非法手段所获取的证据，都应该加以排除，不能作为定案的根据。例如，有的学者认为，从我国刑事诉讼的理论与实践来讲，坚决否定违法获得的证据材料的证据能力，既是切实保障诉讼参与人合法权益的需要，保证查明案件客观真实情况的需要，又是禁止违法取证行为的需要。②还有学者认为，为了防止发生冤案、错案，凡是违反《刑事诉讼法》规定所取得的证据，都不具有证据效力；即使非法证据经过查证属实，也不能作为定案的根据。③ 再如，有的学者认为，矫枉必须过正，如果对于非法获得的证据不做一律排除的规定，那么很难杜绝刑讯逼供等顽症，甚至会助长刑讯逼供等非法做法，后患无穷。④ 还有学者认为，之所以排除非法证据的证据效力，是由以下几个方面的因素决定的：违法收集刑事证据是违反国家宪法的行为；违法取得的证据具有证据效力是造成冤错案件的直接祸根之一；认可非法证据的证据效力与我国社会主义民主与社会主义法制相悖；排除非法证据的效力是许多国家

---

① 曹盛林．论共同被告人的供述［J］．法学研究，1983（5）；张治棠．也谈同案被告人可否互为证人［J］．政治与法律，1984（2）；陈卫东．同案被告人是否具有证人资格应区分情况［J］．法律学习与研究，1987（5）；崔敏，周农．论同案被告人口供［J］．中国法学，1992（5）；崔敏．刑事证据理论研究综述［M］．北京：中国人民公安大学出版社，1990：146-147．

② 田书彩，吉达珠．违法取得的证据材料的证据能力初探［J］．法学研究，1990（4）．

③ 傅宽芝．论排除违法取得的刑事证据的效力［J］．政法论坛，1995（1）．

④ 李学宽．论刑事诉讼中的非法证据［J］．政法论坛，1995（2）．

长期司法实践经验的总结；确立排除违法取得证据的效力原则，是证据制度在世界范围内发展的总趋势，符合国际公约的要求。① 另外，有的学者从被告人供述的角度，全面阐述了排除非法口供的几点理由：第一，从立法的内在逻辑和本意来看，既然《刑事诉讼法》第32条已经明确禁止使用非法方法收集证据，那么违反法律规定收集的证据就是无法律效力的，不得作为定案的证据使用；第二，从保障办案质量来看，非法获取的口供不作为证据，对保障办案质量、避免冤假错案的发生大为有益；第三，对非法取得的口供不予采用为证据，有助于切实保障被告人的人身权利和辩护权利。②

真实肯定说认为，只要非法证据是真实的，就不应该加以排除。例如，有的学者认为，如果有其他证据证明非法获得的证据内容属实，那么非法证据可以作为证据采用。因为从实事求是的角度出发，尽管"非法手段"与"属实证据"在法律和形式上不应相容，但是在实事和内容上可以不排斥，不能因为手段非法而否定客观存在的证据实事。③ 还有学者认为，为了防止真正的犯罪分子因办案机关依法没有取得足够的证据，而"正大光明"地逃脱应有的法律制裁，在《刑事诉讼法》中，凡是查明案件真相需要，而依法又确实收集不到足够定案的证据资料时，侦查人员、检察人员或审判人员以某种违反《刑事诉讼法》规定的手段取得的证据资料，经查证属实的具有证据效力，可以用作定案的事实根据。④ 再如，有的学者认为，收集证据的手段是否合法与证据本身的真实性是两回事。因此，虽然可以对非法搜查行为依法予以处理，但是，如果通过非法手段收集的证据具有真实性、可靠性，那么可以作为证据使用。⑤

对于全盘肯定说和真实否定说这两种比较极端的观点，折中说普遍认为，对于非法证据的证据能力，应该具体问题具体分析，而不能过于绝对。但是，究竟应该如何折中，则存在一定争议。例如，有的学者认为，正确认识非法证据的证据能力的基本思路应当是：在证据的收集和运用上，树立和强化发现真实与保障诉讼参与人的合法权益并重这一根本指导原则，摒弃传统的客观真实至上的观念，坚决否定以非法方法和程序取得的证据材料的证据能力。同时，赋予司法人员一定的裁量权，从被违反的具体程序规则的功能出发，斟酌决定某些特殊情况下的违法证据材料的采用与否。从我国刑事诉讼的实际出发，这样

① 傅宽芝．论排除违法取得的刑事证据的效力［J］．政法论坛，1995（1）．
② 柯葛壮．非法取得的供述不能采为证据［J］．法学评论，1988（6）．
③ 李学宽．论刑事诉讼中的非法证据［J］．政法论坛，1995（2）．
④ 傅宽芝．论排除违法取得的刑事证据的效力［J］．政法论坛，1995（1）．
⑤ 戴福康．对刑事诉讼证据质和量的探讨［J］．法学研究，1988（4）．

的例外规则应当包括：①从实施违法取证的司法人员的主观心理状态来考虑，非出于故意或者重大过失的违法行为取得的证据材料可以有证据能力；②以侵犯被告人的诉讼权利的方式取得的实物证据材料，经被告人申请，可以采信。①还有学者认为，从非法证据采用与否的得失比较看，非法证据原则上应予排除，这是切实保障诉讼参与人权利、抑制非法取证行为、树立司法公正及保证案件真实和避免社会上的对立情绪的需要。但是，这不宜绝对化，应当在考虑以下因素的情况下设立若干例外：非法取证行为与《刑事诉讼法》规定所要求的标准行为的差距；行为人的主观心理状态；行为时的条件；非法行为的频发性，在整个取证过程中一直属于非法行为，还是总体上合法或者个别环节非法；行为与获取证据结果之间的因果关系。② 再如，有的学者认为，如果证据内容不合法，即不具有客观性和相关性，没有实事上的证明能力，那么即使其表现形式、取证人员与程序等合法，也不能作为证据采用；如果证据内容合法（属实），证据形式不合法，那么可以采取补救措施使其表现形式合法化，而不能直接作为证据采纳；收集、提供证据的人员不合法，一律不可以作为定案根据，但是，如果这种非法证据材料反映的内容具有客观真实性，那么可以作为"线索"由法定人员采用合法程序和方法重新取证，经过审查判断，实事求是地对待。③

四、逐渐成形的刑事证明论

相对于刑事证据法学的艰难探索阶段而言，理论界在恢复发展阶段对刑事诉讼证明理论的研究取得了显著进步。这不仅表现在刑事诉讼证明的一系列理论范畴开始进入理论界的研究视野，而且在于我国已经初步形成了刑事诉讼证明的理论体系。从研究成果来看，理论界对刑事诉讼证明的要求、方法、刑事证据的收集与审查判断等问题的研究形成了很多共识，但是对于刑事证明对象的范围、刑事证明责任的理解与分配等问题仍然存在很大分歧。下面仅就刑事证据对象的范围、刑事证明责任、刑事证明要求的理解与适用等几个问题进行简要的回顾。

（一）刑事证明对象的范围之争

尽管理论界对刑事证明对象的概念与意义没有太大争议，但是究竟应该如何界定刑事证明对象的范围，学者们的观点可谓五花八门。根据笔者的不完全

① 田书彩，吉达珠. 违法取得的证据材料的证据能力初探 [J]. 法学研究，1990（4）.
② 宋英辉. 论非法证据运用中的价值冲突与选择 [J]. 中国法学，1993（3）.
③ 李学宽. 论刑事诉讼中的非法证据 [J]. 政法论坛，1995（2）.

统计，在 1979 年 7 月至 1996 年 2 月出版的刑事证据法学或者证据法学专著、教材、CLSCI 期刊论文当中，大约有 10 部专著、13 部教材、5 篇论文专门论述了刑事证明对象的范围问题，但是却有十余种不同的观点。例如，有的学者认为，刑事证明对象不仅包括实体法事实，而且包括程序法事实。① 而有的学者却认为，除了实体法事实和程序法事实之外，刑事证明的对象还包括证据材料或者证据事实本身。② 再如，有的学者认为，刑事证明的对象包括主要事实和次要事实这两种。③ 而有的学者认为，除了主要事实和次要事实之外，刑事证明的对象还包括被告人的履历情况、案件中的证据材料。④ 尽管理论界的语言表述存在很大差异，但是从理论界的论述来看，刑事证明对象的范围实际上无外乎刑事实体法事实、刑事程序法事实和刑事证据事实这三个方面。有鉴于此，可以用图 2-6 来概括理论界关于刑事证明对象的研究状况。

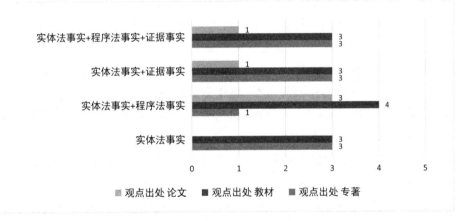

图 2-6　刑事证明对象的范围（1979.7—1996.2）

根据图 2-6，我们不难得出以下结论：尽管所有学者都将实体法事实作为刑事证明的对象，但是，对于是否应该将程序法事实或者证据事实纳入刑事证

① 陈光中，周国均. 论刑事诉讼中的证明对象 [J]. 中国政法大学学报，1983（3）；肖胜喜. 刑事诉讼证明论 [M]. 北京：中国政法大学出版社，1994：133-143；胡锡庆. 诉讼证据学通论 [M]. 上海：华东理工大学出版社，1995：240-241.

② 汪纲翔. 刑事证据理论与应用 [M]. 上海：上海社会科学院出版社，1987：58-67；裴苍龄. 证据法学新论 [M]. 北京：法律出版社，1989：155-161；王振河. 证据与定案 [M]. 西安：陕西人民出版社，1993：127-133.

③ 赵炳寿. 证据法学 [M]. 成都：四川大学出版社，1990：44-47.

④ 张子培. 刑事证据理论 [M]. 北京：群众出版社，1982：132-135；张文清. 刑事证据 [M]. 北京：群众出版社，1987：132.

明对象的范围，理论界则存在明显分歧。而且，对于程序法事实或者证据事实是否属于刑事证明的对象这个问题，赞成者与反对者在数量上完全旗鼓相当（二者比例分别为 15：13 和 14：14）。由此可见，学者们对于这个问题的争论还是非常激烈的。

对于程序法事实能否作为刑事证明的对象，存在两种相反的观点。肯定说的主要理由包括：（1）诉讼法是从程序的角度保证实体法的正确实施，对有关程序法事实的查证属实，有利于司法机关依照法定程序办案；（2）诉讼中对有争议的程序事实，有关司法机关特别是人民法院也要在查清的基础上，通过做出决定或者裁定的方法进行解决，有的裁决事项甚至涉及上诉问题；（3）程序法事实与实体法事实的证明，在作用、证明责任、证明要求上有明显的不同，对实体法事实的证明无法替代对程序法事实的证明；（4）将程序法事实作为证明对象，有利于依照法定程序办案，有利于加强社会主义法制；（5）我国《刑事诉讼法》对程序法事实做出了明确规定，运用证据证明这些事实，对于保证案件质量具有重要意义。① 否定说的主要根据在于：（1）诉讼证明对象只能是那些具有实体法意义的事实，只有这样理解这个概念，才有助于司法机关尤其是人民法院在诉讼过程中分清主次，将注意力集中到不查明就不可能正确适用实体法律规范的事实；（2）尽管有些程序法事实需要查明，但是这与证明对象不可同日而语，毕竟许多程序法的事实属于不查自明；（3）如果把程序法事实列为证明对象，可能导致办案人员注意力分散，既影响办案效率，又可能把举证责任转嫁于被告人；（4）从程序法事实对案件的影响看，它不像实体法事实那样直接关系到对被告人的定罪量刑；（5）如果将程序法事实列为证明对象，那么有些程序法事实只能由被告人来承担举证责任，但是根据我国刑事诉讼的立法精神，不应当把举证责任转嫁于被告人。②

对于证据事实能否作为刑事证明的对象，存在三种观点。肯定说的主要根据包括：（1）任何证据都要经过查证属实后才能作为定案的根据，而查证核实的过程就是证明的过程，在这个过程中，证据事实既是证明对象（当证据事实被其他证据证明时），又是证明手段（当用证据事实来证明案件事实时）；（2）案件事实需要查明，而证据事实也需要查明，当证据材料表现为证据事实时，

---

① 陈一云. 证据学 [M]. 北京：中国人民大学出版社，1991：137；陈光中，周国均. 论刑事诉讼中的证明对象 [J]. 中国政法大学学报，1983（3）；肖胜喜. 刑事诉讼证明论 [M]. 北京：中国政法大学出版社，1994：125.

② 陈一云. 证据学 [M]. 北京：中国人民大学出版社，1991：137；肖胜喜. 刑事诉讼证明论 [M]. 北京：中国政法大学出版社，1994：126.

可能因为各种因素使证据事实发生变化，因而需要加以证明；（3）任何证据材料都不可能自我证明其本身的真实性，而需要另外的证据材料证明其是否真实。① 否定说的主要理由为：（1）证明手段与证明对象不能混为一谈，证据事实只能作为证明手段，而不能既是证明手段，又是证明对象；（2）从证据事实与案件事实的关系看，直接证据事实与案件主要事实重合，而间接证据又与案件事实重合，再将它们独立地列为证明对象，没有实际意义；（3）证明对象具有特定含义，如果将证据事实纳入证明对象的范畴，既不符合证明对象的本义，又容易冲淡司法机关对证明对象的认识；（4）对证据事实的审查核实，归根到底是为了证明案件事实，不能因此把证据事实也变成证明对象；（5）将证据事实视为证明对象，是把对案件事实的证明与对具体证据的审查判断混为一谈；（6）案件事实关系到定罪量刑，必须予以查明，而证据事实有的不需要加以查明，因而不宜作为证明对象。② 折中说认为，是否应该将证据事实作为证明对象，需要具体分析，不能一概而论。其代表性的观点包括三种：（1）直接证据是证明对象，间接证据不是证明对象；（2）直接证据不是证明对象，间接证据是证明对象；（3）物证不是证明对象，人证是证明对象。③

（二）众说纷纭的刑事证明责任

在刑事证明理论中，刑事证明责任既是一个关键性的问题，也是理论界研究的一个焦点问题。但是，基于刑事证明责任本身的复杂性，理论界对于刑事证据责任的理解存在巨大分歧，即除了对于证明责任的重要价值没有异议之外，理论界对刑事证明责任的绝大多数议题都存在各种各样的观点。其争论的焦点在于证明责任的界定、性质、转移，被告人是否承担证明责任，以及如何看待公检法三机关的证明责任等。

首先，关于证明责任的界定与性质。理论界对于证明责任的界定主要涉及如何理解证明责任与举证责任之间的关系。在大多数专著和教材中，理论界并没有严格区分证明责任和举证责任，而是将两者当作相同的概念来看待，都是

① 肖胜喜.刑事诉讼证明论［M］.北京：中国政法大学出版社，1994：124-125；王振河.证据与定案［M］.西安：陕西人民出版社，1993：132-133；崔敏.刑事证据理论研究综述［M］.北京：中国人民公安大学出版社，1990：76-77.

② 肖胜喜.刑事诉讼证明论［M］.北京：中国政法大学出版社，1994：124-125，132-133；陈一云.证据学［M］.北京：中国人民大学出版社，1991：140-142；陈光中，周国均.论刑事诉讼中的证明对象［J］.中国政法大学学报，1983（3）；崔敏.刑事证据理论研究综述［M］.北京：中国人民公安大学出版社，1990：77.

③ 肖胜喜.刑事诉讼证明论［M］.北京：中国政法大学出版社，1994：125；裴苍龄.证据法学新论［M］.北京：法律出版社，1989：161.

指案件事实应当由谁提出证据加以证明这个问题。但是，某些学者经过词源考证之后认为，证明责任与举证责任是两个不同的概念，不能相互混淆。① 在这种情况下，证明责任与举证责任之间的关系问题成为理论界争论的热门课题。概括说来，基于不同的界定，证明责任与举证责任之间存在以下几种关系：（1）包容关系，该观点认为举证的目的是为了证明，而证明是举证的结果，二者不可截然分开，二者是包容关系。（2）证明责任大于举证责任的大小关系，该观点认为证明责任是指司法机关或某些当事人应当收集或提供证据证明案件事实或有利于自己主张的责任，不尽证明责任将承担其认定或主张不得成立的后果，而举证责任仅指当事人提供证明有利于自己主张的责任。还有学者认为，证明责任是取证责任、举证责任、审证责任和评证责任的总和；证明责任分为举证责任、审理责任和提出证据来源的责任三种。（3）举证责任大于证明责任的大小关系，该观点认为举证责任包含收集调查证据、审查判断证据、提出证据、证明要证明的问题，而证明责任只是负证明要证明的问题的责任。（4）前后关系，该观点认为举证责任主要是提出和收集证据，而证明责任主要是指审查判断和使用证据。（5）并列关系，该观点认为证明责任就是证明主体运用已经收集到的证据对案件事实和性质加以判断并做出结论的责任；而举证责任是证明主体对自己的主张提供证据并证明其真实的责任。证明责任强调的是证明的活动过程和结果要求，而举证责任仅强调提供证据本身的行为，并不要求提供的证据一定是真实的。证明责任必然与审判结果发生联系，而举证责任则不一定和审判结果发生联系。举证责任是证明责任的前提和基础，证明责任是举证责任的结果和归宿。② 证明责任的性质，主要包括：（1）权利说认为，这是举证责任承担者的权利；（2）义务说认为，这是举证责任承担者的义务；（3）权利义务说认为，这对于举证责任承担者而言，既是权利，也是义务；（4）后果说认为，有举证责任的当事人不举证，必然承担不利己的后果；（5）责任说认为，证明责任是证明责任主体的法律责任，或者诉讼证明中确立的一种特定的责任。③

① 陈光中，宋英辉，初开荣．刑事诉讼中证明责任问题新探［J］．法学研究，1991（2）．

② 赵厚轩．刑事诉讼中证明责任与举证责任新论［J］．现代法学，1993（3）；裴苍龄．论诉讼中的证明责任［J］．法学研究，1989（3）；梅爱民．论刑事诉讼中的举证责任［J］．法学评论，1991（5）；朱云．试论刑事被告应负举证责任［J］．中国政法大学学报，1984（2）；赵景荣．新编证据学［M］．北京：中国政法大学出版社，1992：97-99.

③ 严端．诉讼中证明责任探讨［J］．中国法学，1991（3）；胡锡庆．诉讼证据学通论［M］．上海：华东理工大学出版社，1995：249.

　　其次，关于证明责任的转移。本来证明责任的转移问题是民事诉讼法学者经常采用的一个概念。但是，在这个概念引入刑事诉讼之后，理论界对于刑事证据责任能否转移这个问题产生了争议。概括来说，对于举证责任能不能转移这个问题，理论界存在三种观点：一是认为举证责任依利己的主张而分配，是一个分配问题，不存在转移问题；二是认为举证责任在民事诉讼中可以转移，在刑事诉讼中不能转移；三是认为刑事诉讼和民事诉讼是通理的，在民事诉讼中能转移，在刑事诉讼中也能转移。① 大多数学者认为，证明责任或者举证责任的转移只能适用于民事诉讼。如果把举证责任由控诉方转移到被告人身上，就意味着用有罪推定代替无罪推定。但是，也有学者认为，承认举证责任的转移不仅不会导致有罪推定，而且有利于调动被告人的诉讼积极性，使人民法院正确地认定案件事实。② 还有学者认为，举证责任能不能转移关键在于客观上是否存在转移的条件。在刑事诉讼中，在控方已经证明被告人有罪的情况下，如果被告人想推翻有罪认定，那么举证责任应该由控方转移给被告人。③ 而有的学者认为这种观点值得商榷：（1）缺乏法律根据。（2）被告缺乏收集证据的客观条件，况且大多数被告在诉讼过程中人身自由受到限制。（3）被告提出的辩护主张本身就是一种证据，查证这种证据是司法机关的责任。（4）否定事实比肯定事实更难以证明，让被告来证明自己提出的否定事实，会使司法机关处于消极被动地位，势必拖延诉讼进行。（5）被告提出否定自己罪行的主张以后，办案人员应当重新审查案内证据和案件事实。如果把这一审查任务的完成建立在被告能否证明自己的辩护主张上，这就无异于把审查案件事实和案内证据的工作连同举证责任一并转移到了被告一方。同时这样做多少带有有罪推定的色彩。（6）不利于办案人员客观全面地收集认定证据，容易忽略有利于被告的证据。（7）妨碍被告行使辩护权。④ 还有学者认为，举证责任随事实主张责任而产生，不同的事实主张产生不同的举证责任，不同的举证责任相互独立存在。当事人承担举证责任针对的是其应当提出的事实主张，无事实主张便无举证责任。在具体的诉讼中，不可能出现原告主张并证明被告应当主张的事实，或被告主张

①　裴苍龄.也论刑事被告人的举证责任［J］.西北政法学院学报，1985（4）；裴苍龄.证据法学新论［M］.北京：法律出版社，1989：200.
②　蔡仲玉，杨连峰.刑事证据理论与实用［M］.武汉：湖北人民出版社，1994：70-71.
③　裴苍龄.也论刑事被告人的举证责任［J］.西北政法学院学报，1985（4）；裴苍龄.证据法学新论［M］.北京：法律出版社，1989：200-203.
④　李建明.刑事被告应无举证责任［J］.法学季刊，1983（2）.

并证明原告主张的事实的情形。① 对于这种观点，有的学者强调，举证责任的转移是指如果责任方通过证明引起与其有利的推定的事实而履行了举证责任，结果就可能使对方当事人负担另一不同的责任，而不是一方当事人将同一事实的举证责任转移给对方当事人。②

再次，关于被告人是否承担证明责任。对于这个问题，多数学者认为，被告人不应该承担证明责任。其主要理由包括：（1）被告人不具备承担证明责任的举证能力；（2）被告人进行辩护和反驳控诉，是一种权利，而不是义务；（3）没有控诉就没有举证责任，被告人作为辩护方，不承担证明责任；（4）无罪推定原则要求被告人不能承担证明自己无罪的义务；（5）要求被告人承担证明责任容易导致有罪推定的结果；（6）将证明责任转移到被告人身上，容易使司法人员推卸其证明责任；（7）让被告人承担证明责任势必侵害被告人的辩护权；（8）尽管被告人需要承担如实回答的义务，但是这种义务并不具有证明责任的性质；（9）坦白从宽、抗拒从严的刑事政策与证明责任是两个不同的概念，无论是坦白还是抗拒，都不是被告人在履行其证明责任；（10）刑事诉讼的历史规律显示被告人不承担证明责任。③ 也有一些学者认为，被告人应当承担证明责任，其主要根据包括：（1）如实回答的法律义务表明被告人应当承担证明责任；（2）让被告人承担证明责任有助于使案件得到正确、及时处理；（3）现代刑事诉讼包括控诉、辩护和审判三大职能，既然控诉者和审判者均承担证明责任，那么辩护方也应该承担证明责任；（4）被告人不承担证明责任的前提是无罪推定，但是我国既不实行有罪推定，也不承认无罪推定；（5）让被告人承担证明责任并不会带来有罪推定的结果；（6）让被告人承担证明责任并不会影响司法人员的积极性；（7）让被告人承担证明责任不会导致口供主义；（8）让被告人承担证明责任不会损害被告人的辩护权；（9）被告人有义务为其提出的诉讼主

---

① 单云涛. 举证责任的免除、举证命题的变更与举证责任的不可转移性［J］. 法学研究，1991（5）.
② 蔡仲玉，杨连峰. 刑事证据理论与实用［M］. 武汉：湖北人民出版社，1994：70-71.
③ 崔敏. 刑事证据理论研究综述［M］. 北京：中国人民公安大学出版社，1990：91-94；胡锡庆. 诉讼证据学通论［M］. 上海：华东理工大学出版社，1995：254-255；许康定，康均心. 论证明责任［J］. 法学评论，1991（4）；李建明. 刑事被告应无举证责任［J］. 法学季刊，1983（2）；吴运才. 试论刑事被告不负举证责任——兼与朱云同志商榷［J］. 西北政法学院学报，1985（2）；严端. 诉讼中证明责任探讨［J］. 中国法学，1991（3）.

张承担证明责任。① 尽管有些学者原则上反对被告人应当承担证明责任，但是也主张被告人在特殊情况下也应该承担证明责任，如被告人在巨额财产来源不明罪中对巨额财产的合法来源所承担的证明责任等。②

最后，关于公检法三机关的证明责任。基于检察机关的控诉职责，所有学者均认为检察机关应当承担证明责任。但是，对于公安机关等侦查机关和人民法院是否应当承担证明责任，理论界则存在较大分歧。赞成公检法三机关都承担证明责任的主要理由包括：（1）1979 年《中华人民共和国刑事诉讼法》第 32条明确规定公检法三机关应当依照法定程序收集各种证据；（2）我国刑事诉讼结构必然要求公检法三机关承担证明责任；（3）刑事案件的性质与特点决定了公检法三机关必须承担证明责任；（4）案件事实清楚，证据确实、充分的证明标准必然要求公检法三机关承担证明责任；（5）公检法三机关因为都提出了各自的"诉讼主张"，所以都应该是证明责任的主体。③ 除了这些之外，还有一些学者对公安机关和人民法院承担证明责任的特殊理由进行了分析。例如，公安机关承担证明责任的补充理由包括：公安机关采取的各种强制措施和侦查手段，必须做出证明、列举证据，以便说明立案侦查的正确性；侦查终结的案件移送检察机关审查起诉的，必须就所认定的事实提出确实、充分的证据，否则，将承担其认定不能成立的危险。人民法院承担证明责任的补充理由包括：尽管公安机关和人民检察院已经承担证明责任，但是为了查明案件的客观真实，人民法院在必要时仍然需要收集证据；在法庭审理中，人民法院居于主导地位，负

---

① 崔敏．刑事证据理论研究综述［M］．北京：中国人民公安大学出版社，1990：94-99；许康定，康均心．论证明责任［J］．法学评论，1991（4）；朱云．试论刑事被告应负举证责任［J］．中国政法大学学报，1984（2）；刘金友．论刑事被告人的证明责任和提出证据责任［J］．中国政法大学学报，1984（4）；刘季幸．试论刑事被告的相对举证责任［J］．西北政法学院学报，1985（2）；曾斯孔．我国刑事诉讼中的"证明责任"［J］．中国法学，1990（3）；陈光中，宋英辉，初开荣．刑事诉讼中证明责任问题新探［J］．法学研究，1991（2）；王利民．论刑事举证责任［J］．中外法学，1992（2）．

② 陈光中，宋英辉，初开荣．刑事诉讼中证明责任问题新探［J］．法学研究，1991（2）；严端．诉讼中证明责任探讨［J］．中国法学，1991（3）；王利民．论刑事举证责任［J］．中外法学，1992（2）．

③ 肖胜喜．刑事诉讼证明论［M］．北京：中国政法大学出版社，1994：60-72；曾斯孔．我国刑事诉讼中的"证明责任"［J］．中国法学，1990（3）；赵厚轩．刑事诉讼中证明责任与举证责任新论［J］．现代法学，1993（3）；赵景荣．新编证据学［M］．北京：中国政法大学出版社，1992：100-101．

责对全部证据进行调查，以便查明案情。① 尽管多数学者主张公安机关和人民法院应当承担证明责任，但是也有学者持反对态度。例如，有的学者认为，公安机关和人民法院在刑事诉讼中的证明活动是代表国家与犯罪作斗争的职权活动，而不是证明责任；我国刑事诉讼形式既不同于当事人主义，也不同于职权主义，公检法机关在处理案件时采取集体负责、集体定案的形式，不能用证明责任来说明这种民主集中制的诉讼形式。② 再如，有的学者认为，法官不负举证责任，既更易于使其形成冷静的和无成见的判断，又更易于使控辩双方在行使诉讼权利时有平等的机会。③

（三）刑事证明要求的理解与适用

对于刑事证明要求（证明任务或者证明程度）这个问题，理论界一方面以马克思主义辩证唯物主义认识论为基础，对西方国家的盖然性证明标准提出了批评，认为那是主观唯心主义、不可知论的一种表现；另一方面普遍本着客观真实的观念，对我国《刑事诉讼法》规定的"证据确实、充分"进行了较为细致的解释。总体而言，理论界对证据确实、充分地理解大同小异，基本上达成共识。

概括来说，理论界普遍认为，司法机关在认定案件事实、做出定案结论时必须达到证据确实、充分的程度。这既是马克思辩证唯物主义认识论的必然要求，也是我国实事求是、一切从实际出发的重要体现。所谓证据的确实，是指证据在"质"方面的要求，即据以定案的证据必须经过查证属实，而且同案件事实具有客观联系。所谓证据的充分，是指证据在"量"方面的要求，即据以定案的证据必须具备足以证明案件真实情况所要达到的证据数量。尽管司法机关为了查明案件事实真相需要尽可能地收集证据，但是证据充分并不等于证据齐全。一般认为，证据确实与证据充分是辩证统一的关系，二者不可分割，缺一不可。首先，证据的确实性需要证据的充分性作为保证。如果证据达不到一定的数量，那么很难确定证据的真实可靠性。其次，证据的充分性必须以证据的确实性为基础和前提。证据的充分性必须建立在证据确实性的基础之上。如果证据不确实，不论其数量

---

① 王锡三. 试论举证责任的转换［J］. 现代法学，1990（4）；严端. 诉讼中证明责任探讨［J］. 中国法学，1991（3）；胡锡庆. 诉讼证据学通论［M］. 上海：华东理工大学出版社，1995：252-253.

② 崔敏. 刑事证据理论研究综述［M］. 北京：中国人民公安大学出版社，1990：102-104.

③ 王有志，郑成良. 论举证责任的最佳定位及其司法保障措施［J］. 法制与社会发展，1995（1）.

是多么充分，都不能认定案件事实和形成结论。再次，证据确实和证据充分之间可以相互促进和转化。在缺乏直接证据的情况下，可以通过收集间接证据，积少成多，促使量变引起质变，从证据不确实逐渐达到证据确实。同样，在证据的收集、审查判断过程中，需要不断地去掉证据的虚假性和增强证据的真实可靠性，进而最终达到定案的程度。最后，证据确实与证据充分之间可以相互渗透。一方面，证据确实需要证据充分，它既要求案件在个别证明对象上的证据确实，又要求案件在整体上的证据确实。另一方面，证据充分也要求证据确实，它不但要求有充分的证据量，而且要求其证据总和具有充分的证明力。①

对于证据确实、充分的判断标准，尽管理论界的概括和语言表述略有不同，但是在总体上或者核心内容上具有较大的相似性。一般认为，证据确实、充分必须至少同时满足以下几个条件：（1）据以定案的证据均已查证属实；（2）案件事实都有必要的证据予以证明；（3）证据之间、证据与案件事实之间应该协调一致，矛盾得到合理的排除；（4）综合全案只能得出唯一结论，排除其他可能性。② 除了这几个条件之外，有的学者还对据以定案的证据做出一定的限制，如用于定案的所有证据都必须分别符合证据的特征③；据以定案的证据必须依法收集，符合法律规定的要求、程序和表现形式④；据以定案的证据与被证明的案件事实之间存在客观联系⑤。另外，还有学者认为，刑事证明实际上是一个过程，证据确实、充分只是刑事诉讼结束时所要达到的证明程度；在不同的诉讼阶段或者诉讼环节，由于任务不同，其证明程度也应该有所不同，即实行不同

---

① 王洪俊. 论证据的确实充分 [J]. 法学季刊，1982（1）；金其高. 论证据确实充分的客观标准 [J]. 法学研究，1985（1）；戴福康. 对刑事诉讼证据质和量的探讨 [J]. 法学研究，1988（4）；孙洁冰. 诉讼证明要求 [J]. 现代法学，1992（6）；肖胜喜. 刑事诉讼证明论 [M]. 北京：中国政法大学出版社，1994：160-161.

② 金其高. 论证据确实充分的客观标准 [J]. 法学研究，1985（1）；孙洁冰. 诉讼证明要求 [J]. 现代法学，1992（6）；郝双禄. 应用证据学 [M]. 北京：中央民族学院出版社，1988：85；陈一云. 证据学 [M]. 北京：中国人民大学出版社，1991：117-118；崔敏，张文清. 刑事证据的理论与实践 [M]. 北京：中国人民公安大学出版社，1992：90；肖胜喜. 刑事诉讼证明论 [M]. 北京：中国政法大学出版社，1994：160-161.

③ 肖胜喜. 刑事诉讼证明论 [M]. 北京：中国政法大学出版社，1994：160-161.

④ 金其高. 论证据确实充分的客观标准 [J]. 法学研究，1985（1）；孙洁冰. 诉讼证明要求 [J]. 现代法学，1992（6）.

⑤ 郝双禄. 应用证据学 [M]. 北京：中央民族学院出版社，1988：85；崔敏，张文清. 刑事证据的理论与实践 [M]. 北京：中国人民公安大学出版社，1992：90.

的证明要求。①

第三节　刑事证据法学的蓬勃兴起

20 世纪 90 年代中期以后，随着对抗制刑事审判方式改革的不断深入以及第
八届全国人民代表大会第四次会议对 1979 年《中华人民共和国刑事诉讼法》的
修改，再加上程序正义理论、人权保障理念的蓬勃兴起，许多中青年诉讼法学
者不再满足于老一辈法学家的教导，开始在引进和借鉴西方国家刑事证据法学
理论与刑事证据制度的基础上，运用程序正义理论、价值论等对传统的刑事证
据法学进行深刻反思。再加上我国刑事证据司法因为制度缺陷等方面的原因在
实践中暴露出日益严重的问题，理论界开始掀起一股研究刑事证据法学的热潮。
在理论界的大力呼吁和推动之下，我国也加快了刑事证据制度改革的步伐。以
《关于办理死刑案件审查判断证据若干问题的规定》《关于办理刑事案件排除非
法证据若干问题的规定》的颁布实施以及我国《刑事诉讼法》的第二次大规模
修改为标志，我国刑事证据的制度建设也达到了前所未有的高度。而刑事证据
制度的不断改革反过来又极大地刺激了刑事证据法学的研究。正是在这种背景
之下，1996 年修改《刑事诉讼法》以来，我国刑事证据法学研究开始蓬勃兴
起，呈现出空前的繁荣景象。而随着相关研究成果的爆发式增长，我国刑事证
据法学研究在许多领域都取得了重大突破。

一、走向繁荣的刑事证据法学

同刑事证据法学研究的恢复发展阶段相比，1996 年 3 月以来，无论是在研
究内容上还是在研究数量上，我国刑事证据法学研究都取得了突飞猛进式的发
展。根据图 2-7，1996 年 3 月至 2017 年 12 月，理论界出版的刑事证据法学或者
证据法学专著已经达到了惊人的 314 部，内容几乎涉及刑事证据法学的所有研
究领域。

---

① 肖胜喜.刑事诉讼证明论［M］.北京：中国政法大学出版社，1994：161-165；张大
群.刑事证明程度新论［J］.政法论坛，1994（2）.

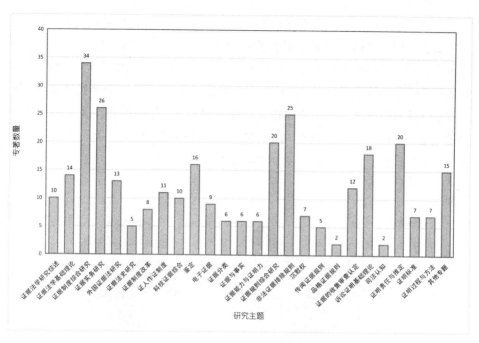

图 2-7　1996.3—2017.12：刑事证据法学专著

1996 年 3 月至 2017 年 12 月，我国刑事证据法学或者证据法学教材的出版也打破了以往由著名学者或者著名法学院编写教材的惯例。随着一些年轻学者主编的刑事证据法学或者证据法学教材的大量涌现，我国刑事证据法学或者证据法学教材的出版也呈现出百花齐放的态势。根据图 2-8，1996 年 3 月至 2017年 12 月，理论界出版的刑事证据法学或者证据法学教材也达到了 129 部之多。

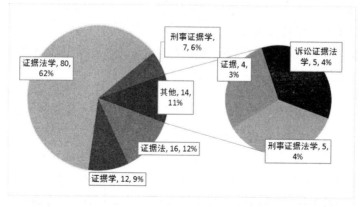

图 2-8　1996.3—2017.12：刑事证据法学教材

　　尤其值得一提的是，随着诉讼法学博士学位的开设，许多年轻的学者撰写了大量有关刑事证据法学或者证据法学的博士学位论文。这不仅丰富了我国刑事证据法学研究的内容和视野，而且提升了我国刑事证据法学研究的理论深度。根据图 2-9 的不完全统计①，1996 年 3 月至 2017 年 12 月，已经通过答辩的刑事证据法学或者证据法学博士学位论文已经达到了 111 篇，内容涉及证据法学的基础理论、证据制度历史沿革、证据规则、具体的证据种类、诉讼证明的基础理论、证明责任、证明标准等多个研究领域。

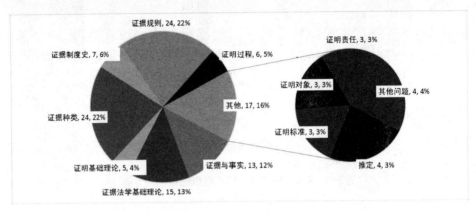

图 2-9　1996.3—2017.12：刑事证据法学博士论文

　　根据图 2-10、图 2-11、图 2-12，1996 年 3 月至 2017 年 12 月，理论界发表的有关刑事证据法学的 CLSCI 期刊论文已经高达 713 篇。其中，涉及刑事证据法学"总论"的 CLSCI 期刊论文 130 篇，涉及刑事证据法学"证据论"的 CLSCI 期刊论文 430 篇，涉及刑事证据法学"证明论"的 CLSCI 期刊论文 185 篇。从内容上看，这些论文基本上涵盖了刑事证据法学研究的所有理论范畴。而这或许是很多在校博士生在证据法学博士论文开题过程中感慨难以确定选题的一个重要原因。

---

①　根据笔者的观察，中国知网的《中国博士学位论文全文数据库》所收录的诉讼法学专业博士学位论文（甚至包括整个法学专业在内），缺乏来自北京大学法学院、中国人民大学法学院的博士学位论文。而在这两所国内最著名的法学院中，每年毕业的诉讼法学专业博士生的数量还是相当可观的。

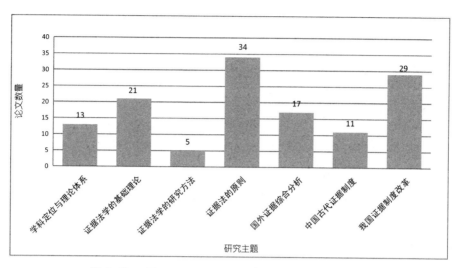

图 2-10　1996. 3—2017. 12：刑事证据法学 CLSCI 论文

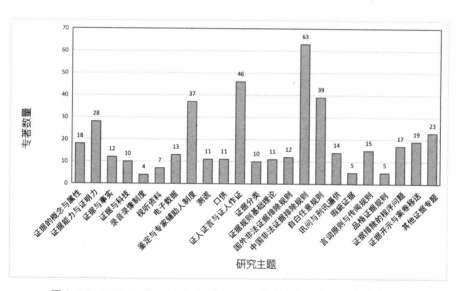

图 2-11　1996. 3—2017. 12：刑事证据法学 CLSCI 论文（证据论部分）

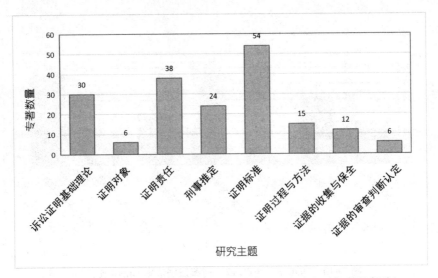

图 2-12　1996. 3—2017. 12：刑事证据法学 CLSCI 论文（证明论部分）

从纵向比较来看，我们也不难体会到我国刑事证据法学研究的繁荣发展。根据图 2-13，相对于刑事证据法学的恢复发展时期而言，1996 年 3 月至 2017 年 12 月，有关刑事证据法学研究的 CLSCI 期刊论文、教材、专著，分别增长了193%、760%、1063%。根据图 2-14，就刑事证据法学研究的 CLSCI 期刊论文而言，对于刑事证据法学"总论""证据论""证明论"的研究，分别增长了195%、223%、140%。

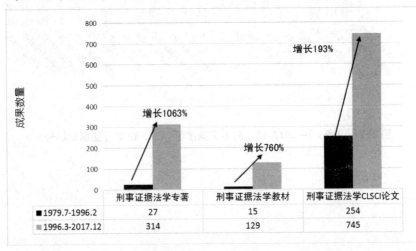

图 2-13　1996. 3—2017. 12 与 1979. 7—1996. 2

刑事证据法学研究成果之比较

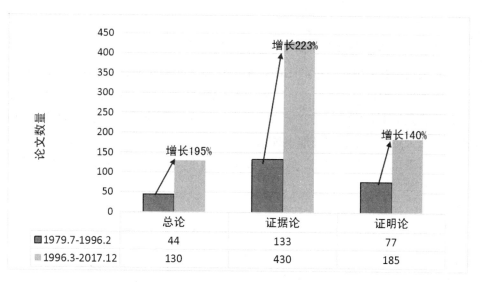

图 2-14   1996.3—2017.12 与 1979.7—1996.2
刑事证据法学 CLSCI 论文数量之比较

	总论	证据论	证明论
■1979.7-1996.2	44	133	77
■1996.3-2017.12	130	430	185

 1996 年立法机关修改《刑事诉讼法》以来，我国刑事证据法学之所以迎来了繁荣的学术景象，与以下几个因素不无关系。首先，随着依法治国方略的确立和社会主义法治建设进程的加快，我国法学教育和法学研究迎来前所未有的发展机遇。而法学教育规模和法学研究队伍的不断扩大，为包括刑事证据法学研究在内的整个法学研究奠定了雄厚的人力资源基础。其次，在党的十五大提出司法改革的目标以后，我国掀起了持续高涨的司法改革浪潮，包括刑事证据法学在内的诉讼法学一直处在整个法学研究的前沿阵地。这为刑事证据法学的繁荣发展提供了极为丰富的研究资源和绝佳的学术舞台。再次，以刑事庭审审判方式改革为契机，随着西方国家程序正义理论在我国的兴起，再加上全球化时代的日益加剧，互联网技术、信息技术的迅猛发展，以及在理论界普遍采用比较法研究的情况下，西方国家刑事证据制度或者理论在中国得到了广泛传播，从而为我国刑事证据法学研究的快速发展提供了较为宝贵的研究素材。最后，1996 年修订的《刑事诉讼法》实施以后，刑事司法实践总是存在各种各样的问题，与理论界的心理预期相去甚远。在这种背景之下，理论界不仅对我国刑事证据制度存在的各种问题进行了广泛研究，而且对我国如何修改与完善刑事证据制度展开了深入研究。

二、取得突破的刑事证据法学基础理论

随着刑事庭审方式改革的不断推进和程序正义理论的兴起，再加上大量西方国家刑事证据理论或者制度的引入，理论界对传统刑事证据法学的深刻反思，不仅为我国刑事证据法学研究带来了活力，而且使我国刑事证据法学基础理论取得了重大进展。下面围绕刑事证据法学的理论基础、刑事证据法学的理论体系、刑事证据法的基本原则、我国刑事证据制度改革、现代科技与刑事证据之间的关系等问题略加分析。

（一）证据法学理论基础的多元化

证据法学的理论基础是整个刑事证据制度的基石，如何理解这一问题直接关系到证据法学理论体系和具体证据制度的科学建构。而从理论界的研究成果来看，辩证唯物主义认识论仍然是学者们绕不开的一个话题。但是，基于不同的研究思路和方法，对于辩证唯物主义认识论能否作为我国刑事证据制度或者刑事证据法学的理论基础，理论界形成了两种截然相反的观点。一种观点站在马克思主义哲学的高度，在分析认识活动与诉讼活动关系的基础上，仍然主张认识论是证据法学的理论基础之一。这是因为诉讼活动是一种认识活动，要受认识规律即认识论的制约。而诉讼活动的首要任务在于查明案件事实，因此公安司法人员只有按照认识论这一普遍规律才能查明案件事实，保证主观符合客观，达到客观真实的程度。① 而另一种观点则主张从诉讼目的、程序正义、实用主义哲学、裁判事实的可接受性等角度来看待证据法学的理论基础，认为诉讼活动不仅仅是一种认识活动，更是一系列法律价值的实现和选择过程。如果以认识论作为证据法学的根本指导思想，不仅对一系列证据规则、裁判事实的可接受性难以提供合理的解释与论证，无法为证明模式的建构提供指导，而且在实践中极容易导致诉讼的理想结果以及认识论意义上的客观真实受到强调和重视，而使司法程序和诉讼过程的价值被忽略，甚至助长程序工具主义、过程虚无主义的观念。因此，不从认识论这一理论困境中解脱出来，不重新为证据法学确立理论基础，就无法将一系列科学的证据规则确立在证据法之中，也难以

---

① 陈光中，陈海光，魏晓娜. 刑事证据制度与认识论——兼与误区论、法律真实论、相对真实论商榷 [J]. 中国法学，2001（1）；陈一云. 证据学 [M]. 2 版. 北京：中国人民大学出版社，2000：94-96；张继成，杨宗辉. 对"法律真实"证明标准的质疑 [J]. 法学研究，2002（4）；刘金友. 实践是检验司法证明真理性的唯一标准 [J]. 法学研究，2003（4）.

建立一个较为完整的证据规则体系。①

随着近年来程序正义、价值论等理论的兴起，理论界对证据法学理论基础的研究注入了许多新的元素，从而使我国刑事证据法学理论基础的研究出现了多元化的发展趋势。如果以是否坚持将认识论作为证据法学的理论基础为划分标准，对于证据法学理论基础的重构，在理论界大致来说可以分为两大类。一些对认识论情有独钟的学者仍然坚持主张认识论是证据法学的重要理论基础。但是，考虑到程序正义、价值论等因素的影响，他们也将司法公正、程序正义理论、法律价值及平衡选择理论、价值论、方法论、概率论等作为证据法学的理论基础。② 但对于为何没有像以往那样将认识论继续作为证据法学的唯一理论基础，这些学者并没有给出明确的解释。而另外一些学者在研究视角上彻底地摆脱了认识论的束缚，反对将认识论作为证据法学的理论基础，主张另辟蹊径，重构我国证据法学的理论基础。例如，有的学者认为，重新确立证据法学的理论基础需要完成从"证据学"到"证据法学"的理论转型，证据法学所要考虑的首要问题不应仅仅是案件事实真相能否得到准确揭示的问题，更重要的应当是发现事实真相所采用的手段和方式如何具备正当性、合理性、人道性和公正性问题。因此，证据法学理论基础的重新建立要从认识论走向价值论，以形式理性观念和程序正义理论作为证据法学的理论基础。③ 再如，有的学者从刑事证据的意义在于为裁判者提供认定刑事案件的根据出发，认为刑事证据法的理论基础应当着眼于裁判者对事实认定的合法性（形式合法性与实质合法性）。④ 还有学者以裁判事实的可接受性为中心，以探索证据法学理论基础的意义为出发点，主张适当借鉴实用主义哲学的合理因素是重构我国证据法学理论基础的可

---

① 陈瑞华.刑事诉讼的前沿问题［M］.北京：中国人民大学出版社，2000：203-212；陈瑞华.问题与主义之间——刑事诉讼基本问题研究［M］.北京：中国人民大学出版社，2003：544-549；易延友.证据法学的理论基础——以裁判事实的可接受性为中心［J］.法学研究，2004（1）.

② 陈光中，陈海光，魏晓娜.刑事证据制度与认识论——兼与误区论、法律真实论、相对真实论商榷［J］.中国法学，2001（1）；张建伟.证据法学的理论基础［J］.现代法学，2002（4）；何家弘，刘品新.证据法学［M］.北京：法律出版社，2004：36-70；卞建林.证据法学［M］.3版.北京：中国政法大学出版社，2007：5-10；张保生.证据法学［M］.2版.北京：中国政法大学出版社，2014：90-132；陈光中.证据法学［M］.3版.北京：法律出版社，2015：86-113.

③ 陈瑞华.刑事诉讼的前沿问题［M］.北京：中国人民大学出版社，2000：212-219.

④ 史立梅.程序正义与刑事证据法［M］.北京：中国人民公安大学出版社，2003：43-66.

行途径。①

（二）重构刑事证据法学理论体系的理念

在刑事证据法学的传统理论基础受到批判的情况下，如何构建我国刑事证据法学的理论体系日益成为理论界关注的一个重要课题。但是，理论界对于我国刑事证据法学理论体系的构建思路却大相径庭。产生分歧的一个重要因素可能在于"证据法学"与"证据学"之间的分野。

在以往的证据法学教材中，理论界并没有刻意划分"证据法学"与"证据学"之间的界限，而是比较随机地使用证据法学或者证据学等概念。但是，自从部分学者提出来要实现从"证据学"到"证据法学"的理论转型之后，理论界开始注意和形成了"证据学"和"证据法学"这两种相去甚远的证据法学理论体系建构理念。一方面，部分学者仍然秉承"证据学"的理念。例如，有的学者在区分证据学与证据法学的基础上主张构建由基础证据学与部门证据学两部分组成的"大证据学"，以便指导、深化"证据法学"这个部门证据学的研究。② 再如，有的学者认为，我国应借鉴西方"整合性证据科学"思想及其研究方法，将法庭科学、证据法学等主要有关证据学科进行整合，建立法庭科学学科建设的"大证据学"模式。③ 还有学者在论述实质证据观的基础上，主张要把证据学打造成全人类的科学。④ 另一方面，部分学者在反思"证据学"理念的基础上主张"证据法学"的理念。例如，有的学者认为，传统的"证据学"理论，不仅无法包含大量现代的证据规则，而且与现有的刑事诉讼法学理论也具有不兼容性，因而应该完成从"证据学"到"证据法学"的理论转型。"证据法学"作为独立的法学学科可以使研究者从法律程序的视角观察、研究证据问题，使有关证据法律资格的规则和有关司法证明的规则真正成为程序法的一部分。只有确立这些证据规则，刑事证据法才能通过规范法庭审判过程，进而对侦查和起诉活动发挥有效的控制和约束作用。⑤ 再如，有的学者在以研究对象为中心考察我国证据法学的研究成果时指出，我国证据法学研究大部分仍然

① 易延友. 证据法学的理论基础——以裁判事实的可接受性为中心 [J]. 法学研究，2004（1）.

② 龙宗智. 大证据学的建构及其学理 [J]. 法学研究，2006（5）.

③ 王跃，易旻. 迈向"证据科学"——法庭科学学科建设模式的"大证据学"视野 [J]. 法制与社会发展，2011（3）.

④ 裴苍龄. 证据学的大革命——再论实质证据观 [J]. 法律科学，2010（3）；裴苍龄. 把证据学打造成全人类的科学——三论实质证据观 [J]. 法律科学，2012（1）.

⑤ 陈瑞华. 从"证据学"走向"证据法学"——兼论刑事证据法的体系和功能 [J]. 法商研究，2006（3）.

游离于法学与自然科学之间，这种研究既不能增长自然科学方面的知识，也无法增长法学方面的知识；而在有可能增长法学知识的领域，证据法学却又依附于法学的其他门类，从而丧失了自身独立存在的价值。① 还有学者在反思我国刑事证据法学理论体系的基础上，认为科学构建我国刑事证据法学理论体系，应该在回归刑事证据法本质的基础上，打造纯粹的刑事证据法学。②

对于"证据法学"与"证据学"之间的分野，有学者认为把证据法学和证据学完全割裂开来甚至对立起来的观点是难以成立的，既没有必要区分证据学与证据法学，也没有必要超越法律事务的范围去建构"大证据学"。③ 还有学者在区分证据科学和证据学的基础上，主张建立超越学科文化、学科传统、学科背景的"证据科学"，通过"证据科学"为"恢复"证据法的正统领地而奋斗。④ 尽管理论界对于"证据学"与"证据法学"之间的理念仍然存在一定分歧，但是从近年来证据法学教材的名称变化来看，"证据法学"的理念显然越来越受到认同。根据图 2-15，从证据法学教材的名称变化不难看出，在 1996 年修改《刑事诉讼法》之前，超过一半的证据法学教材采用了"证据学"的称谓，采用"证据法学"这个称谓的证据法学教材仅为 20%；而在 1996 年修改《刑事诉讼法》之后，尤其是在 2000 年理论界开始系统反思辩证唯物主义认识论的理论基础之后，在 129 部教材之中，以"证据法学"为名的教材已经高达 90 本，约占总数的 70%，而以"证据学"为名的教材则仅为 14 本，约占总数的 11%。另外，关于证据法学教材名称还有一个较大的变化就是，在新世纪之前没有以"证据法"为名的证据法学教材，而在新世纪之后以"证据法"为名的证据法学教材却有 16 部，约占总数的 12%。

---

① 易延友. 证据学是一门法学吗——以研究对象为中心的省察［J］. 政法论坛，2005（3）.

② 王超. 中国刑事证据法学理论体系的科学建构［J］. 法学评论，2013（1）.

③ 何家弘. 证据学抑或证据法学［J］. 法学研究，2008（1）.

④ 王进喜. 证据科学的两个维度［J］. 政法论坛，2009（6）.

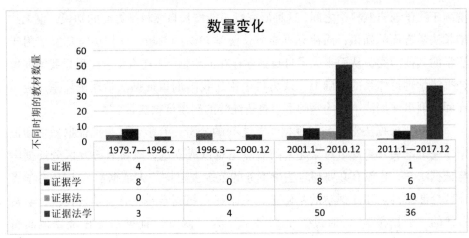

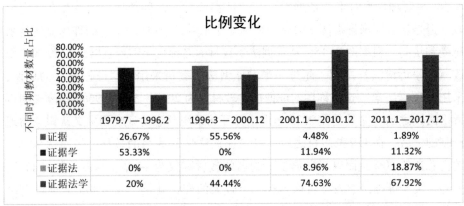

图 2-15 证据法学教材的名称

(三) 刑事证据法原则的扩大化

在以往的研究中，理论界往往习惯于从证据法学基础理论的角度来看待刑事证据法的原则问题，而很少从证据法律规范的角度来研究刑事证据法的原则。或许正因为如此，理论界在以往对于证据法原则的研究中往往局限于无罪推定、自由心证、实事求是等几个比较有限的论题。而在理论界竭力呼吁推进刑事证据制度改革的背景之下，越来越多的学者开始将研究的视野放在如何在独立的刑事证据法律规范中构建刑事证据法的原则这个问题上，如有的学者专门撰文指出，刑事证据法的基本原则包括证据裁判原则、合法性原则、关联性原则、直接言词原则、质证原则。① 尤其是不少学者在中国证据立法建议稿中明确

---

① 陈卫东. 论刑事证据法的基本原则 [J]. 中外法学, 2004 (4).

"规定"和论证了各种版本的证据法原则。例如,《中国证据法草案建议稿及论证》将证据法的原则概括为证据裁判原则、证据辩论原则、及时公开原则、直接言词原则和自由心证原则①;《中华人民共和国刑事证据法专家拟制稿(条文、释义与论证)》将刑事证据法的原则概括为国际法优先原则、证据裁判原则、无罪推定原则②;《中国证据法草稿(建议稿)及立法理由》将证据法的原则确定为证据裁判原则、自由心证原则、直接言词原则和诚实信用原则③。

从证据法学教材来看,理论界对于刑事证据法或证据法的基本原则的概括可谓极其混乱。根据图2-16,1996年3月至2017年12月,在129部证据法学教材中共有67部教材(约占总数的52%)论述了证据法的原则问题,共计34种观点。在67部证据法学教材之中,"二原则"说有7部教材、3种观点,约占10%;"三原则"说有20部教材、8种观点,约占30%;"四原则"说有21部教材、15种观点,约占31%;"五原则"说有5部教材、3种观点,约占7%;"六原则"说有10部教材、4种观点,约占15%;"七原则"说有4部教材、1种观点,约占6%。相对而言,被认可程度最高的分别为证据裁判原则(约占总数的86.6%)、直接言词原则(约占总数的77.6%)、自由心证原则(约占总数的44.8%)。这意味着,基本得到理论界公认的证据法原则只有证据裁判原则和直接言词原则。但是,考虑到理论界普遍认为无罪推定原则是现代刑事诉讼的一项重要基石,将无罪推定原则作为刑事证据法的原则实际上也不会引起太大的争议。

---

① 毕玉谦,郑旭,刘善春.中国证据法草案建议稿及论证[M].北京:法律出版社,2003:2-3.

② 陈光中.中华人民共和国刑事证据法专家拟制稿[M].北京:中国法制出版社,2004:125-129.

③ 江伟.中国证据法草稿(建议稿)及立法理由[M].北京:中国人民大学出版社,2004:541.

分类	内容	教材数
二原则	证据裁判、直接言词	1
	证据裁判、真实发现	3
	证据裁判、自由心证	3
三原则	证据裁判、直接言词、自由心证	7
	证据裁判、直接言词、无罪推定	7
	证据裁判、直接言词、实事求是	1
	证据裁判、直接言词、真实发现	1
	证据裁判、直接言词、程序法定	1
	证据裁判、无罪推定、程序法定	1
	证据裁判、无罪推定、程序公正	1
	证据裁判、自由心证、真实发现	1
四原则	证据裁判、直接言词、自由心证、证据辩论	2
	证据裁判、直接言词、自由心证、程序法定	1
	证据裁判、直接言词、自由心证、诚实信用	3
	证据裁判、直接言词、自由心证、程序正义	1
	证据裁判、直接言词、自由心证、程序合法	1
	证据裁判、直接言词、自由心证、证据合法	1
	证据裁判、直接言词、自由心证、遵守法制	2
	证据裁判、直接言词、程序法定、诚实信用	1
	证据裁判、直接言词、真实合法、公平诚信	1
	证据裁判、自由心证、诚实信用、证据辩论	1
	证据裁判、自由心证、诚实信用、无罪推定	1
	证据裁判、自由心证、程序公正、证明效率	1
	证据裁判、程序法定、无罪推定、反对强迫自证其罪	3
	遵守法制、直接言词、实事求是、公平诚信	1
	遵守法制、直接言词、证据为本、法定证明与自由证明相结合	1
五原则	证据裁判、直接言词、自由心证、证据辩论、及时公开	3
	证据裁判、直接言词、自由心证、客观真实、利益衡量	1
	证据裁判、直接言词、实事求是、程序法定、人权保障	1
六原则	证据裁判、直接言词、准确原则、公平原则、和谐原则、效率原则	3
	证据裁判、直接言词、实质真实、无罪推定、证据合法、禁止强迫自证其罪	1
	遵守法治、直接言词、实事求是、证据为本、公平诚信、法定证明与自由证明相结合	5
	程序法定、直接言词、实事求是、证据为本、公平诚信、人权保障	1
七原则	证据裁判、直接言词、实事求是、遵守法治、公平诚信、人权保障、法定证明与自由证明相结合	4

图 2-16 证据法的原则

（四）我国刑事证据立法的理念与模式选择

在我国刑事证据立法非常粗疏而刑事司法又存在诸多问题的背景下，理论界对我国刑事证据立法的必要性、可行性、迫切性等问题基本上没有异议①，但是对于应该本着什么样的理念、采取什么样的立法模式等问题，仍然存在不小的争议。有的学者认为，我国刑事证据立法的基本理念是发现真相、保障人权和保障诉讼效率。② 而有的学者认为，我国刑事证据立法的立法目的应该是保证

---

① 卞建林，姚莉. 关于建立和完善我国证据规则的思考 ［J］. 法商研究，1999（5）；裴苍龄. 制定证据法典刻不容缓 ［J］. 法商研究，1999（5）；左卫民，刘涛. 取向与框架：两大法系刑事证据法之比较——兼论中国刑事证据立法的基本走向 ［J］. 中国法学，2001（5）；易延友. 证据规则的法典化——美国《联邦证据规则》的制定及对我国证据立法的启示 ［J］. 政法论坛，2008（6）.

② 卞建林，姜涛. 中国刑事证据立法的基本理念 ［J］. 江苏行政学院学报，2003（9）.

查明案件事实真相，惩罚犯罪，保障人权，实现司法公正，提高诉讼效率，即坚持人权、秩序、公正、真实、效率的理念。① 还有学者从应然角度入手，提出了我国进行证据立法需要进行以下理念转变：从对证明力的关注转向对证据能力的关注；从客观真实观转向法律真实观；从一元价值观转向多元价值观；从侦查中心主义转向审判中心主义；从形式上的对抗制转向实质上的对抗制；从中国走向世界。②

对于我国刑事证据立法的模式，主要有五种观点。第一种观点认为，我国应当制定一部涵盖刑事证据、民事证据和行政证据规则的统一证据法典。这主要是因为，刑事证据、民事证据和行政证据具有许多共同的内容，制定统一的证据法典，既避免了不必要的立法重复，又便于司法人员和当事人理解和掌握三大诉讼的一般原理和共同规范。③ 而反对者认为，三种诉讼证据规则从本质上仍然有许多不同之处，建立统一的规则无法协调，而且证据法与程序法根本无法分开。④ 第二种观点认为，应分别制定适用于不同诉讼性质的单独证据法。这是因为，不同诉讼法在证据规则等方面的个性大于共性，而分别制定与诉讼性质相适应的证据法典，能充分考虑三大诉讼的特殊性，具有很好的针对性；能对各诉讼法中的证据问题进行全面、充分、细致的规定，便于理解和操作，能充分实现证据立法目的。⑤ 第三种观点认为，尽管在理论上我国应当制定统一证据法典，但是考虑到目前制定法典的条件还不成熟，为解决司法实践的证据适用上的现实需要，应当根据亟待解决的突出问题制定单行的证据法，如证人作证法、证人保护法等。⑥ 第四种观点认为，我国应该建立证据法与诉讼法结合的立法模式，即制定一部统一的证据法典，将三大诉讼中有关证据的基本的、共同的内容加以规定，而将刑事诉讼、民事诉讼、行政诉讼证据制度特殊的、与诉讼性质相关的内容分别在《刑事诉讼法》、民事诉讼法、行政诉讼法中予以保

① 陈光中. 中华人民共和国刑事证据法专家拟制稿［M］. 北京：中国法制出版社，2004：4-18（前言）.
② 汪建成，孙远. 刑事证据立法方向的转变［J］. 法学研究，2003（5）.
③ 毕玉谦，郑旭，刘善春. 中国证据法草案建议稿及论证［M］. 北京：法律出版社，2003：4（序言）；何家弘，南英. 刑事证据制度改革研究［M］. 北京：法律出版社，2003：46；江伟，邵明. 关于我国制定统一证据法典的思考［C］//何家弘. 证据学论坛：第八卷. 北京：中国检察出版社，2004：40.
④ 陈光中. 中华人民共和国刑事证据法专家拟制稿［M］. 北京：中国法制出版社，2004：3-4（前言）.
⑤ 毕玉谦. 民事证据立法的几个基本问题［N］. 人民法院报，2000-10-24.
⑥ 尹丽华. 论我国证据法的立法模式［J］. 求是学刊，2004（5）.

留或加以规定。这种立法模式既避免了将所有的证据法律规定笼统地集中于一部证据法典中带来的冗长、无序，也避免了分别制定证据法对某些问题的大量重复以及增加实际操作难度的风险，节约了立法资源。① 第五种观点认为，我国应该维系现有证据立法体系，在诉讼法框架内对三大诉讼法中有关证据制度的部分加以细化、补充。②

（五）科学证据研究的崛起

在现代科学技术日新月异的情况下，刑事证据制度也越来越受到现代科学技术的影响。在这种背景之下，近年来科学证据或者科技证据逐渐成为我国刑事证据法学研究的一个增长点和热门话题。一个突出的例证就是，以科技证据为主要研究对象的证据法学专著就多达 10 余部，如陈学权撰写的《科技证据论：以刑事诉讼为视角》，薛献斌撰写的《证据组合论：科学证据观对证据现象的新观察》，刘晓丹撰写的《论科学证据》，张斌撰写的《科学证据采信基本原理研究》，房保国主编的《科学证据研究》，邱爱民撰写的《科学证据基础理论研究》，张南宁撰写的《科学证据基本问题研究》，何家弘主编的《刑事诉讼中科学证据的审查规则与采信标准》，百茹峰撰写的《科学证据与法医病理学新技术》，以及袁丽撰写的《法医 DNA 证据研究》等。专门研究电子证据的专著也将近 10 部之多，如何家弘主编的《电子证据法研究》，刘品新主编的《美国电子证据规则》，皮勇撰写的《刑事诉讼中的电子证据规则研究》，蒋平、杨莉莉编著的《电子证据》，庄乾龙撰写的《刑事电子邮件证据论》，戴士剑、刘品新主编的《电子证据调查指南》，杜春鹏撰写的《电子证据取证和鉴定》，刘显鹏撰写的《电子证据认证规则研究：以三大诉讼法修改为背景》，以及汪振林主编的《电子证据学》等。尤其值得一提的是，为了在我国积极推动证据科学这门学科的建设和发展，中国政法大学在 2006 年甚至组建了证据科学研究院，专门致力于证据法学、法庭科学这两个领域的交叉学科研究（即证据科学研究）。

从科技证据的研究内容来看，可谓五花八门，几乎涵盖刑事证据法学的所有理论范畴，如科技证据的概念、特征、历史沿革、理论基础、诉讼价值、类型划分、证据能力、证明力、证据规则、收集、质证、认证、司法证明等。另外，近年来的一些热门话题，如视听资料、鉴定意见、电子数据、测谎结论等也被纳入科技证据的研究范畴。而有关鉴定制度方面的改革甚至成为理论界研

① 黎璠. 论证据法与诉讼法结合的证据立法模式 [J]. 兰州学刊，2004（5）.
② 陈光中. 改革、完善刑事证据法若干问题之思考 [C] //何家弘. 证据学论坛：第八卷. 北京：中国检察出版社，2004：17-18.

究刑事证据种类中的重中之重,与鉴定有关的研究成果亦是举不胜举。总体而言,现代科学技术在刑事诉讼中的广泛运用和重要价值已经得到了理论界的普遍认可。正像中国政法大学证据科学教育部重点实验室所指出的那样,在诉讼实践领域,随着科学证据的出现以及大量高科技手段在司法鉴定领域的广泛采用,传统的事实认定方法即以人证为中心的证明方法正在向以"物证"或"科学证据"为主的证明方法转变。① 但是,现代科技证据的运用究竟给传统的刑事证据法学或者刑事证据制度带来哪些影响和挑战,以及如何处理现代科技证据与传统的刑事证据法学或者刑事证据制度之间的关系,尤其是对于是否有必要以及如何围绕现代科技建立相对独立的证据规则或者证明规则,理论界的研究尚未全面、系统而深入地展开。

考虑到理论界对于某些科技证据的研究,如视听资料、电子数据的法律地位、鉴定人作证制度、鉴定制度改革等,已经形成了诸多共识,这里仅就测谎结论能否作为刑事证据使用这个颇具争议的话题进行简要的回顾。否定说认为,测谎结论只能作为辅助审查判断证据的手段,而不能作为证据使用。这是因为,测谎技术尚未成熟,测谎技术的基本前提还未被证实,测谎结果作为刑事证据使用时可能与我国刑事诉讼证明标准不符,测谎结果与无罪推定可能不相容,测谎结果作为刑事证据使用可能影响刑事诉讼目的和刑事诉讼价值的实现。② 还有学者认为,尽管测试的准确性能够得到保证,但是测谎结论由于不具备证据的关联性而不能作为诉讼证据使用,不能作为定案的根据。③ 而肯定说认为,测谎结果具有证据的客观性、关联性和合法性,能够作为证据使用。④ 还有学者认为,依照《国家安全法》《警察法》《刑事诉讼法》的有关规定,测谎结果作为测试人员运用其知识和技能分析通过仪器记录的被测试的人的生理反应所做出的判断结论,属于鉴定结论,应认为其具有证据能力。⑤ 折中说认为,尽管测谎结果在证据效力上不能作为独立的证据,但是测谎结果经过审慎的检查,可以与其他证据一起揭示、反映案件的事实。⑥ 有的学者认为,尽管在目前的立法框架下,测谎结论不可作为证据,只能用来审查判断证据,但是在将来的立法修改

① 张南宁. 科学证据基本问题研究 [M]. 北京:中国政法大学出版社,2013:1(序言).
② 孔卫新,刘江春. 论测谎结果作为刑事证据应该缓行 [J]. 政治与法律,2003 (1).
③ 杨旺年. 关于测谎及其结论的争议与评析 [J]. 法律科学,2004 (2).
④ 王戬. 论测谎证据 [J]. 法学,2000 (11).
⑤ 宋英辉. 关于测谎证据有关问题的探讨 [J]. 法商研究,1999 (5).
⑥ 刘洁辉. 论测谎结果的证据效力及其规范 [J]. 政治与法律,2006 (6).

中，可以将测谎结论作为证据。① 还有学者认为，测谎结论只能用来审查言词证据的真实可靠性，不能直接用来证明案件事实。②

三、成果丰硕的刑事证据论

如同刑事证据法学的恢复发展阶段一样，在刑事证据法学的蓬勃兴起阶段，有关"刑事证据论"部分的研究仍然是刑事证据法学研究的重中之重。根据图2-7、2-11，1996年3月以来，理论界围绕刑事证据的概念与属性、具体法定证据种类、证据的分类、证据规则、证据开示与案卷移送制度、证据与事实认定等有关刑事证据论问题的研究，就已经出版了129部专著，发表了430篇CLSCI期刊论文，而有关刑事证据法学总论、刑事诉讼证明部分的专著分别只有116部、67部，有关刑事证据法学总论、刑事诉讼证明部分的CLSCI期刊论文分别只有130篇、185篇。根据图2-9，有64篇博士学位论文的研究对象是刑事证据法学中的"刑事证据论"，而有关刑事证据法学总论、刑事诉讼证明部分的专著分别只有26篇、21篇。可以说，成果丰硕的刑事证据论是我国刑事证据法学研究蓬勃兴起的关键。经过理论界的充分讨论，理论界在各个具体的刑事证据种类、刑事证据的各种分类以及各种刑事证据规则等方面的研究已经形成越来越多的共识，从而为我国刑事证据制度改革奠定了重要的理论基础。下面仅就几个争议比较大的或者讨论较为充分的问题进行简要的梳理。

（一）刑事证据属性之争的突破

尽管刑事证据的概念与属性问题是刑事证据法学中最基础的理论，但是自中华人民共和国成立，理论界就一直在争论到底什么是刑事证据及其属性。时至今日，对于刑事证据或者诉讼证据的概念，理论界已经有根据说、法律存在说、命题说、信息说、原因说、结果说、方法说、手段说、反映说、广义狭义说、材料说、证明说、多重含义说等十余种观点。③ 总体而言，传统的权威观点采用"事实说"，认为证据就是证明案件真实情况的一切事实。而在理论界系统反思"事实说"之后，尤其是在2012年修改《刑事诉讼法》之后，"根据说"和"材料说"越来越受到学者们的青睐。为了准确地界定刑事证据的概念，理

---

① 沈德咏，何艳芳. 测谎结论在刑事诉讼中的运用 [J]. 政法论坛，2009（1）.
② 何家弘. 测谎结论与证据的"有限采用规则"[J]. 中国法学，2002（2）.
③ 宋英辉. 刑事诉讼法学研究述评：1978-2008 [M]. 北京：北京师范大学出版社，2009：530-533；宋英辉，汤维建. 证据法学研究述评 [M]. 北京：中国人民公安大学出版社，2006：148-158；周菁，王超. 刑事证据法学研究的回溯与反思：兼论研究方法的转型 [J]. 中外法学，2004（3）.

论界还普遍划分了证据与证据材料（或证据资料）之间的界限。与这种思路相类似的是，还有学者主张从"动态"的角度来看待证据的概念，认为刑事证据的形成一般经历"客观证据阶段""主观证据阶段""定案根据"这三个阶段，而"证据材料"转化为法院定案的根据，必须具备事实和逻辑上的可采性以及法律上的可采纳性。[①] 在 2012 年修订的《刑事诉讼法》明确采用"材料说"之后，"事实说""根据说""材料说"是理论界主张最多的三种证据定义。根据图 2-17，1996 年 3 月至 2017 年 12 月，在 129 部证据法学教材之中共有 115 部教材为证据的概念提供了 11 种定义。其中，采用"根据说""材料说""事实说"的教材分别为 33 部、28 部、26 部，分别约占总数的 28.7%、24.3%、22.6%。这意味着，在我国刑事证据法学理论中，证据的概念仍然是一个众说纷纭的话题。

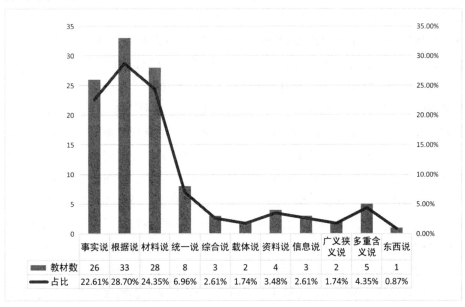

图 2-17 证据的概念之争（1996.3—2017.12）

受刑事证据"三性说"的影响，理论界的主流观点认为证据的客观性、关联性和合法性必须同时具备，否则，就不能成为证据。特别是受证据概念中的"事实说"的影响，理论界的主流观点一直将客观性视为证据最为根本的本质属性。但是，伴随着对证据概念的反思与重构，许多学者开始旧话重提，对刑事

---

① 陈瑞华. 问题与主义之间——刑事诉讼基本问题研究［M］. 北京：中国人民大学出版社，2003：369-371.

证据的主观性问题再次进行了深入讨论。① 概括来说，凡是支持"事实说"的学者，一般认为证据具有客观性，而没有主观性，而凡是否定"事实说"的学者，大都主张证据具有一定的主观性。在这个基础上，一些学者又对传统的"证据三性说"进行了反思和质疑，认为这种理论不仅违背了诉讼的运行规律，不符合认识论原理，而且具有重结果轻过程的偏向，容易导致程序虚无主义②，证据的本质属性是关联性和合法性，并不包括证据的客观性③。根据图 2-18，1996 年 3 月至 2017 年 12 月，在 129 部证据法学教材之中共有 105 部教材明确论述了证据的特征或者属性问题。其中，大约 79% 的证据法学教材主张客观性、关联性和合法性的"三性说"，而在 1979 年 7 月至 1996 年 2 月，赞成该"三性说"的比例则为 63%。就证据的单个特征而言，关联性、客观性、合法性仍然是理论界谈论最多的几种属性，赞成关联性、客观性、合法性的教材比例分别高达 97%、90%、85%。而在 1979 年 7 月至 1996 年 2 月，赞成关联性、客观性、合法性的教材比例分别为 85%、98%、63%。这意味着，理论界对关联性、合法性的认可度在大幅度提高，而对于客观性的认可度则有所下降。

长期以来，理论界习惯于用客观性、关联性和法律性（或者合法性）来概括证据的基本属性，而很少有学者使用证据能力和证明力来概括证据的属性。但随着理论界对西方国家证据法学的逐步了解，证明力和证据能力开始逐步进入理论界的学术视野。也正是在引入这两个概念之后，我国刑事证据属性之争才真正取得了实质性的突破。尽管理论界对于证据能力、证明力的基本含义与特征已经基本上达成共识，但是对于二者之间的关系，尚存在一定分歧。可能是受传统证据三性说的影响，大部分学者主张"证明力优先说"，即证据能力的产生必须以证明力的存在为前提，证明力是证据能力的先决条件，没有证明力，证据能力就失去存在的基础。但是，也有少数学者主张"证据能力优先说"，认为不具备证据能力的证据，也就不具备作为证据出现在事实裁判者面前的法律

---

① 汤维建. 关于证据属性的若干思考和讨论——以证据的客观性为中心 [J]. 政法论坛，2000 (6)；熊志海. 论证据的本质 [J]. 现代法学，2002 (4)；张晋红，易萍. 证据的客观性特征质疑 [J]. 法律科学，2001 (4)；张弢，王小林. 诉讼证据客观性的理性定位——与绝对肯定说、否定说和统一体说商榷 [J]. 现代法学，2002 (3)；裴苍龄. 论证据资料 [J]. 法律科学，1998 (1)；卞建林. 证据法学 [M]. 北京：中国政法大学出版社，2000：78-81.
② 梁玉霞. 什么是证据——反思性重塑 [C] //何家弘. 证据学论坛：第三卷. 北京：中国检察出版社，2001：360-361.
③ 张晋红，易萍. 证据的客观性特征质疑 [J]. 法律科学，2001 (4)；熊志海. 论证据的本质 [J]. 现代法学，2002 (4).

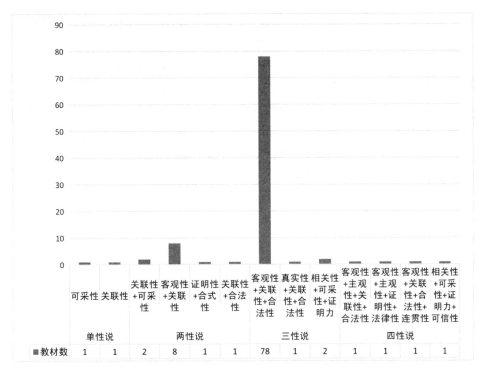

图2-18 证据的属性之争（1996.3—2017.12）

资格，事实裁判者应尽量避免接触这类证据；只有在某一证据的证据能力没有问题或者不存在任何争议的前提下，该证据的证明力问题才可以成为裁判者考虑的对象。① 另外，还有一种比较折中的观点认为，证据力和证据能力是互为前提的，二者辩证地统一于证据之中。②

（二）异常活跃的非法证据排除规则研究

随着我国法治进程的加快，非法证据排除规则在理论界以及实务界都受到了前所未有的重视。正如有的学者所指出的那样，随着非法取证、冤假错案等问题的不断出现，再加上程序正义理论和人权保障理论的兴起，我国理论界对于非法证据排除规则的研究可以说已经达到前所未有的痴迷程度。③ 甚至可以说，非法证据排除规则是我国刑事证据法学中最为活跃的一个证据规则或者研

---

① 陈瑞华.问题与主义之间——刑事诉讼基本问题研究［M］.北京：中国人民大学出版社，2003：373；李莉.论刑事证据的证据能力对证明力的影响［J］.中外法学，1999（4）.
② 邢怀柱.刑事诉讼证据能力初论［J］.现代法学，1995（6）.
③ 王超.排除非法证据的乌托邦［M］.北京：法律出版社，2014：16.

究主题。显著的例证就是,根据图 2-7,2002 年以来,理论界出版的非法证据排除规则方面的专著多达 25 部;根据图 2-11,1996 年修改《刑事诉讼法》以来,即使不将自白任意性规则和程序性制裁计算在内,理论界发表的非法证据排除规则方面的 CLSCI 期刊论文也达到了 75 篇,是理论界研究成果最多的一个刑事证据法学研究主题。从现有的研究成果来看,理论界关于非法证据排除规则的研究内容几乎涉及该规则的所有理论范畴,如非法证据排除规则的理论基础和价值基础、非法证据的证据能力、"毒树之果"规则、非法证据排除的范围、证据合法性的证明责任分配、排除非法证据的操作程序、非法证据排除规则的例外、外国非法证据排除规则、非法证据排除规则的配套措施、我国非法证据排除规则的评价、我国非法证据排除规则的修改与完善等。

经过学者们的广泛深入研究,不仅理论界对非法证据排除规则中的一系列理论问题基本上达成共识,而且随着程序正义理论的兴起,非法证据排除规则的价值已经逐步深入人心。这无疑为我国在 2010 年和 2012 年以先后通过司法解释和修改《刑事诉讼法》的方式大幅度修改非法证据排除规则奠定了理论基础,扫除了思想障碍。而在 2010 年最高人民法院、最高人民检察院、公安部等联合发布《关于办理刑事案件排除非法证据若干问题的规定》之后,理论界对非法证据排除规则的研究重心开始转向我国非法证据排除规则在司法实践中的运用状况、面临的各种困境及其进一步的修改与完善。尽管时至今日理论界对于非法证据排除规则的正当性已经形成广泛共识,但是也有个别学者对非法证据排除规则进行了系统反思,认为尽管刑讯逼供等非法取证行为是我国亟待解决的重大课题,但是就现有条件而言,建立在西方法治经验基础之上的非法证据排除规则不仅面临各种各样的障碍,而且很难成为我国解决刑讯逼供等非法取证行为这个顽疾的有效途径。一方面,非法证据排除规则仅仅因为非法取证行为而葬送证据本身的证明价值并不具有天然的正当性。相对于实体性的制裁方式而言,非法证据排除规则这种程序性的制裁方式甚至会产生两败俱伤的结果。另一方面,尽管从法律文本上看我国非法证据排除规则足以与西方国家非法证据排除规则相媲美,但是我国非法证据排除规则不仅存在明显的技术性难题,而且面临难以克服的深层次困境。如果这些技术性难题和深层次困境不彻底改变,那么现行的非法证据排除规则不仅会重蹈名存实亡的覆辙,而且无法从根本上解决长期困扰司法实践的非法取证行为问题。①

---

① 王超. 排除非法证据的乌托邦 [M]. 北京:法律出版社,2014:12-13.

（三）传闻证据规则是否应该被引入中国

在研究证人出庭作证制度或者刑事证据规则的过程中，许多学者对传闻证据规则及其相关的直接言词原则进行了广泛研究。一般认为，直接言词原则是大陆法系国家普遍采用的一项庭审规则，而传闻证据规则是英美法系国家实行的一项证据可采性规则；尽管直接言词原则和传闻证据规则在内涵和外延上存在一定差异，但是二者均强调除了某些特殊情况之外，证人、被害人、鉴定人、侦查人员等都应该亲自在法庭上就其感知或者了解到的案件情况以言词方式进行作证，而不能由各种庭外陈述来代替他们出庭作证。西方国家之所以确立直接言词原则或者传闻证据规则，最主要的因素在于确保公正审判，确保被告人能够面对面对证人等进行盘问。而对证人的询问和交叉询问，既有助于被告人充分行使其辩护权，也有助于法庭查明案件事实真相。

尽管我国《刑事诉讼法》没有明确规定直接言词原则或者传闻证据规则，但是理论界普遍认为我国《刑事诉讼法》在很多方面都体现了这两个原则的基本精神，如对证人作证义务的规定、当事人申请证人出庭作证的诉讼权利、证人保护制度等。但不可否认的是，同西方国家的直接言词原则或者传闻证据规则相比，我国刑事证据立法和司法仍然存在诸多不尽如人意之处，如证人等普遍不出庭作证、笔录中心主义、法庭审判流于形式、书面证据材料的滥用等。尽管理论界普遍认为这些问题亟待解决，但是对于我国是否需要确立传闻证据规则，理论界的看法却大不相同。概括来说，反对引进传闻证据规则的主要理由包括：（1）传闻证据规则只能在英美法系特定诉讼模式和诉讼程序背景之下才能生存，而我国目前不可能实行英美法系国家那样的对抗制，也不可能引进陪审团这种审判方式；（2）中国无法承受确立传闻证据规则带来的司法高投入却低效率的结果；（3）传闻证据不一定比非传闻证据的证明力更高；（4）英美法系也有不少学者对传闻证据规则持否定态度；（5）传闻证据规则在我国刑诉法中究竟有多大的作用空间尚有待斟酌；（6）国外传闻证据规则发展的例外走向使得传闻证据规则与我国证据制度的融合难度加大；（7）对于促进证人出庭，进而保障被告人对质权，可以依托其他措施予以实现；等等。①

赞成引进传闻证据规则的主要根据在于：（1）传闻证据规则与陪审团审判、

---

① 孙维萍，陈杰，郝金．论传闻证据规则在我国移植的环境与制度障碍——兼评直接言词原则的立法贯彻［J］．政治与法律，2008（7）；汪容．传闻证据规则若干基本问题研究［J］．中国刑事法杂志，2005（2）；田心则．论传闻证据规则运作的程序背景［J］．中国人民公安大学学报，2005（4）；刘国清，刘晶．刑事证据规则实务［M］．上海：上海社会科学院出版社，2001：353-354.

对抗制并不是一一对应的关系，以中国无法实行陪审团审判与对抗制为由断定中国不能引进传闻证据规则的观点是片面的；（2）尽管传闻证据规则存在某些缺陷，但这并不足以导致废除传闻证据规则的结果；（3）中国确立传闻证据规则既是继续进行审判方式改革与进一步强化庭审功能的需要，也是保障人权、履行国际刑事司法准则、促进审判程序公正的需要；（4）中国确立传闻证据规则是发现案件事实真相的需要；（5）中国综合国力的提高能够满足构建传闻证据规则所消耗的司法资源；（6）中国人权保障的进步与程序正义的兴起为确立传闻证据规则提供了良好的契机；（7）中国律师制度的完善有助于中国确立并贯彻传闻证据规则。①

（四）口供研究的理论转型

在我国刑事司法实践中，口供既是证据之王，又是证据之源。从某种程度上讲，获取口供之后再通过口供收集其他相互印证的证据，已经成为办案人员的一种工作方式。也正因为如此，口供问题成为我国刑事司法领域中最严重同时也是最棘手的一个难题之一。1996 年修改《刑事诉讼法》以来，理论界对于口供问题的研究不再纠缠于口供这个证据种类本身的价值、特点与运用问题，而是更加关注与口供密切相关的刑讯逼供、证据规则等重要问题。概括来说，1996 年 3 月至 2017 年 12 月，理论界对于口供问题的研究内容主要包括被告人的翻供、处理程序及其应对措施，刑讯逼供的危害、产生原因与防范措施，沉默权、不被强迫自证其罪原则的理论基础、价值基础、比较法考察，如实供述义务、坦白从宽与抗拒从严的刑事政策与沉默权或者不被强迫自证其罪原则之间的关系，我国是否应该建立沉默权制度或者不被强迫自证其罪原则，自白任意规则、补强证据规则的含义、理论根据、诉讼价值，以及我国是否应该引入自白任意规则、如何修改补强证据规则等。

总的来说，理论界对于口供问题的研究已经形成了广泛共识，只是在沉默权这个问题上存在较大争议。其争议的焦点问题包括沉默权与我国刑事诉讼之间的关系、我国是否应该引进沉默权制度、我国应该如何引进沉默权制度。对于沉默权与"如实回答""坦白从宽、抗拒从严"之间的关系，除了少数学者认为它们之间并不矛盾之外，大多数学者认为，"如实回答""坦白从宽、抗拒从严"与沉默权之间存在根本冲突。② 尽管理论界普遍认为我国的刑讯逼供现

---

① 朱立恒. 传闻证据规则研究 [M]. 北京：中国人民公安大学出版社，2006：308-327；刘玫. 传闻证据规则及其在中国刑事诉讼中的运用 [M]. 北京：中国人民公安大学出版社，2007：254-261.

② 陈光中. 沉默权问题研究 [M]. 北京：中国人民公安大学出版社，2001：3-302.

象与我国《刑事诉讼法》的不完善尤其是沉默权制度的缺失具有一定关系，但是对于我国是否应该确立沉默权制度，理论界却存在一定分歧。赞成者认为，设立沉默权制度，反映了嫌疑人、被告人权利的保障情况和诉讼文明程度，有助于遏制刑讯逼供，有助于贯彻无罪推定原则，有助于我国履行国际公约的义务。而反对者认为，我国没有必要确立沉默权制度。这是因为，通过沉默权制度遏制刑讯逼供是一个有待论证的问题；我国不具备设立沉默权制度的配套制度和条件；保障被告人的权利不能忽视被害人的权利；确立沉默权对我国的司法实践会产生不利影响，导致我国司法效率的丧失等等。① 还有学者尽管赞同引进沉默权，但反对"为确立沉默权而研究沉默权"的态度，认为我国确立沉默权规则仍然面临一系列困难，如果在这些困难没有得到解决的情况下就匆忙建立沉默权规则，对于犯罪嫌疑人、被告人而言可能是新的更为严重的灾难，沉默权可能会成为一种奢侈到嫌疑人不敢享用的权利。②

（五）形成广泛共识的刑事证人作证制度研究

20 世纪 90 年代中期以来，我国在借鉴英美当事人主义的基础上进行了旨在加强控辩平等对抗的庭审方式改革。理论界普遍将证人出庭作证视为新的庭审方式能否实现的一个重要保障。但是，从司法实践来看，刑事证人出庭作证的比例由于过低而远远无法满足对抗制审判方式改革的实际需要。在这种背景之下，理论界对证人出庭作证制度给予了高度关注。概括来说，理论界对刑事证人作证制度的研究内容主要包括证人资格、作证方式、证人作证豁免制度、强制作证制度、证人保护制度、证人补偿制度、证人作证制裁制度、证人不出庭作证的原因与对策，以及与证人作证制度密切相关的直接言词原则、传闻证据规则、交叉询问规则、鉴定人作证、被害人作证、侦查人员作证、专家辅助人作证等。总体而言，理论界关于刑事证人出庭作证制度的研究形成了广泛共识，很少有针锋相对的观点。

对于我国刑事证人资格问题，理论界主要是在反思我国刑事诉讼立法和比较中外证人资格的基础上进行的。首先，学者们对《刑事诉讼法》关于"凡是知道案件情况的人，都有作证的义务"的规定提出了质疑，认为该规定导致我国证人的概念过于宽泛，不利于维护特殊群体之间的信赖关系。鉴于此，学者们普遍主张借鉴西方国家的证人作证豁免规则，在因为作证而影响证人与被告

---

① 陈光中. 沉默权问题研究［M］. 北京：中国人民公安大学出版社，2001：3-302；汪建成，王敏远. 刑事诉讼法学研究述评［J］. 法学研究，2001（1）.

② 陈瑞华. 问题与主义之间——刑事诉讼基本问题研究［M］. 北京：中国人民大学出版社，2003：410-412.

人之间的信赖关系的情况下，免去配偶、近亲属、律师、医生等特殊人员的作证义务。其次，学者们对法律关于证人资格的限制也产生了疑问，认为法律对"不能辨别是非""不能正确表达"是并列关系还是递进关系没有明确规定。而且，法律没有规定"辨别是非""正确表达"要达到何种程度才能够出庭作证，从而导致法庭拥有过大的自由裁量权。最后，许多学者主张侦查人员应当以证人身份就其侦查行为的合法性或者某些特殊事项出庭作证。

针对我国证人出庭作证率低的普遍现象，理论界普遍将证人不作证的原因归结于强制作证制度、证人保护制度、证人补偿制度、证人作证制裁制度、传闻证据规则等制度的缺失或者不完善，以及传统文化的消极影响、证人资格的不完善、笔录中心主义的审判方式、证人自身的原因等。鉴于此，学者们提出了一系列具有针对性的对策：明确证人的范围和资格；完善证人的权利和义务，规定证人的作证豁免特权；建立证人庭审言论豁免权；完善证人宣誓制度；完善证人保护制度；建立证人作证补偿制度、证人拒绝作证制裁制度、证人强制作证制度、关键证人出庭作证制度；完善证人作证的方式；建立传闻证据排除规则等。

（六）阅卷还是证据开示

一般认为，证据开示制度是当事人主义诉讼模式的产物，但就证据开示的实质而言，职权主义诉讼制度中的阅卷制度也可以视为一种比较特殊的证据开示制度。随着我国刑事庭审方式改革的不断推进，证据开示制度成为理论界研究的一个热门话题。概括来说，理论界对于证据开示制度的研究内容主要包括国外证据开示制度、证据开示制度的理论基础和价值基础、我国刑事证据开示制度存在的问题、对案卷移送制度的评价、如何构建我国的刑事证据开示制度等。总体而言，理论界对于证据开示制度的研究取得了诸多共识，具有针锋相对的观点并不多见。

由于我国不存在典型意义上的证据开示制度，因此，理论界对于证据开示制度理论的研究主要是以西方发达国家的证据开示制度为基础的。尽管学者们的偏好和视角存在一定差异，但是他们所得出来的结论并非矛盾关系，而是相互补充的关系。一般认为，刑事证据开示制度具有防止证据突袭、确定诉讼争点、提高诉讼效率、保障平等对抗、促进公正审判等诸多功能。有的学者在考察国外证据开示制度的基础上分析了该制度的发展趋势。如有的学者认为，在"公正审判"的理念指导下，证据开示呈现三大趋势：控方开示证据的范围不断扩大；辩方在一定范围内的证据开示义务得到普遍肯定；关于证据开示的司法救济逐渐强化。① 还有学者在考察美国证据开示制度的基础上认为，实现资源共享，提高诉讼效率，促进实质正义，是证据开示制度的最终努力方向。②

尽管理论界普遍认为证据开示是对抗制审判方式的重要配套措施，但是对于我国是否应该引进英美法系的证据开示制度，理论界存在两种相反的观点。大多数学者从我国刑事庭审方式改革的需要出发，认为我国在引入对抗制诉讼模式的同时，不能仅仅着眼于法庭调查顺序和方式的改变，而对对抗制中的一系列配套和保障制度视而不见，因此，中国有必要建立完备的证据开示制度。③但是，也有学者认为，英美法国家的证据开示程序实为英美法国家为克服对抗制的机理缺陷，实现诉讼效率，防止伏击审判而设，是英美当事人主义诉讼借鉴大陆职权主义诉讼庭前程序的产物，其生成有着特殊的历史语境。在我国目前的诉讼构造下，引进英美证据开示程序缺乏必要性和可行性。就必要性而言，现行的庭前程序完全可以胜任证据开示程序的功能；就可行性而言，在现行的职权主义色彩还相当浓厚的诉讼制度中嫁接证据开示程序的确有些超前。④ 还有学者认为，我国法律允许法官进行庭外调查取证，如果控辩双方要进行证据开示，那么法官岂不成为开示的主体之一。⑤

尽管有些学者对我国如何构建证据开示制度进行了详细论证⑥，但是在2012 年立法机关修改《刑事诉讼法》之后，我国不仅没有建立像英美法系国家

---

① 孙长永．证据开示的理念与趋势［J］．人民检察，2003（8）；孙长永．当事人主义刑事诉讼与证据开示［J］．法律科学，2000（4）．

② 宋英辉，魏晓娜．证据开示制度的法理与构建［J］．中国刑事法杂志，2001（4）．

③ 龙宗智．刑事诉讼中的证据开示制度研究［J］．政法论坛，1998（2）；陈瑞华．英美刑事证据展示之比较［J］．政法论坛，1998（6）；孙长永．证据开示的理念与趋势［J］．人民检察，2003（8）；宋英辉，魏晓娜．证据开示制度的法理与构建［J］．中国刑事法杂志，2001（4）．

④ 谢佑平，万毅．背景与机理：关于设立证据开示程序的反思——一个跨文化法律移植的话题［J］．江海学刊，2002（1）．

⑤ 李凯，杜建国．庭前证据展示制度利弊谈［J］．法学评论，2001（1）．

⑥ 成良文．试论我国刑事诉讼中证据开示制度的建立［J］．公安大学学报，2002（3）；唐永禅，刘克强．我国新刑事审判方式面临的问题与对策［J］．法商研究，1998（3）；王培中，徐钰民．关于刑事诉讼中设立庭前听证程序的思考［J］．法学，1999（1）；孙长永．当事人主义刑事诉讼与证据开示［J］．法律科学，2000（4）；龙宗智．刑事诉讼中的证据开示制度研究［J］．政法论坛，1998（1，2）；唐永禅，刘克强．我国新刑事审判方式面临的问题与对策［J］．法商研究，1998（3）；顾卫平，石汉慈，许利飞．我国刑事证据开示制度之重构［J］．政治与法律，2002（5）；丁正红．我国刑事证据展示制度的构建与完善［J］．法学，2007（7）；马贵翔．刑事证据开示的程序设计［J］．政治与法律，2008（5）．

那样的证据开示制度，反而将 1996 年《刑事诉讼法》规定的"复印件主义"直接改为案卷移送制度。而对于改革之后的案卷移送制度，理论界也是褒贬不一。一种观点认为，"卷宗移送主义"与以审判为中心两者之间并无必然联系。而庭前阅卷有助于法官为庭审做好准备工作，有助于法官更好地审查判断庭审中控辩双方举示的证据。① 还有学者认为，庭前预断与卷宗移送方式并无必然的关系。解决我国刑事诉讼庭前预断的出路不在于采用何种方式的卷宗移送制度，关键在于完善公诉审查和庭前准备程序，以及进一步理顺诉、审关系，实现审判中心主义等。② 而反对者认为，从 1979 年到 2012 年的改革实践证明，不彻底破除案卷中心主义的审判方式，不将公诉方的案卷笔录阻挡在一审法院、二审法院、死刑复核法院乃至再审法院的大门之外，法庭审判流于形式的问题就不可能得到根本解决，中国的刑事审判制度也就不可能发生实质性的变化。③ 还有学者认为，从刑事诉讼程序正义视角来看，"复印件移送制度"并非是审判程序改革错接病枝的集大成者，新版《刑事诉讼法》在扩大辩护律师阅卷范围、增加庭前会议制度后，"案卷移送制度"在新的诉讼环境和制度下如何发挥功能，如何保障退回的制度与新设置的制度之间不发生功能上的冲突，仍需在程序正义的框架下进行探索，以免立法对实践的尊重转化为实践对修法的异化，出现屡改屡败的现象。④

四、二元对立的刑事证明论

刑事证明或者刑事诉讼证明既是刑事证据法学的核心理论范畴，又是联系刑事程序和刑事证据的纽带与桥梁。随着我国刑事诉讼法学的不断进步，刑事诉讼证明理论逐渐成为理论界研究的热门话题。同 1979 年 7 月至 1996 年 2 月的诉讼证明理论研究而言，1996 年修改《刑事诉讼法》以来，理论界对于诉讼证明理论的研究不仅在数量上取得了爆发式的增长态势，而且在质量上实现了重大飞跃。根据图 2-2 和图 2-7，1979 年 7 月至 1996 年 2 月，直接研究诉讼证明问题的专著只有 1 部，如果加上证据的审查判断，一共也只有 5 部而已；而1996 年 3 月至 2017 年 12 月，直接研究诉讼证明问题的专著就已经达到 54 部，若算上证据的收集、保全、审查判断和认定，专著数量则有 64 部之多。从证据

① 张吉喜. 论以审判为中心的诉讼制度 [J]. 法律科学，2015 (3).
② 蔡杰，刘晶. 刑事卷宗移送制度的轮回性改革之反思 [J]. 法学评论，2014 (1).
③ 陈瑞华. 案卷移送制度的演变与反思 [J]. 政法论坛，2012 (5).
④ 郭华. 我国案卷移送制度功能的重新审视 [J]. 政法论坛，2013 (3).

法学教材和这些专著的研究内容来看，理论界在刑事证明这个问题上已经形成了较为完整的理论体系，即以刑事证明主体、刑事证明对象、刑事证明责任、刑事证明标准、刑事证明过程、刑事证明方法等为核心内容的证明体系。而基于不同的理论基础或者诉讼证明观，学者们对这些问题的理解存在很大差异。其中，争议最大的几个问题为刑事诉讼证明的概念、刑事证明责任的分配、刑事证明标准的界定等。

（一）对广义刑事证明观的深刻反思

刑事证明的概念是刑事证明理论的重中之重。可以说，刑事证明的界定直接影响到对证明主体、证明对象、证明责任、证明标准的理解。长期以来，在辩证唯物主义认识论的视野下，理论界普遍从较为宽泛的角度来理解刑事证明的概念，认为刑事证明是司法机关或者当事人在刑事诉讼过程中依法收集证据，运用证据查明、证实案件事实的一种诉讼活动。概括而言，广义刑事证明观主要包括以下特征：（1）在证明目的方面，强调诉讼证明活动是为了查明和证明案件事实真相；（2）在证明属性上，强调诉讼证明是一种认识活动；（3）在证明内容上，强调诉讼证明活动包括证据的收集、审查、判断、运用等诉讼活动；（4）在证明过程上，强调诉讼证明是贯穿刑事诉讼全部过程的一种诉讼活动，刑事诉讼的过程就是诉讼证明的过程；（5）在证明主体上，强调司法机关和诉讼参与人都是诉讼活动的证明主体；（6）在证明环节上，刑事证明不仅包括取证，而且包括举证、质证和认证。

尽管广义刑事证明观认为刑事证明活动贯穿刑事诉讼始终，但是在界定刑事证明的具体过程时，理论界却存在较大分歧。根据图 2-19，1996 年 3 月至2017 年 12 月，在 129 部证据法学教材之中共有 78 部主张广义刑事证明观的教材。而在主张广义刑事证明观的证据法学教材之中，46.2% 的证据法学教材仍然像以往那样认为刑事证明的过程包括证据的收集、审查、判断三个阶段，28.2% 的证据法学教材认为刑事证明的过程包括取证、举证、质证和认证四个阶段或者环节，20.5% 的证据法学教材则认为刑事证明的过程包括证据的收集、提供和展示、审查判断三个阶段。除了这些概念以外，还有不少证据法学教材使用了与广义刑事证明过程相近似的"证据的运用"或者"证据的适用"这两个概念。但是，这些教材对其具体内容的阐述却大不相同。进一步而言，对于证据的运用，有的证据法学教材将其界定为取证、举证、质证和认证[①]，有的证

[①]　李明. 证据法学 [M]. 厦门：厦门大学出版社，2014.

据法学教材将其界定为证据的收集、审查和判断①。对于举证、质证和认证，有的证据法学教材将其概括为证据的运用②，而有的证据法学教材则将其概括为证据的适用③。

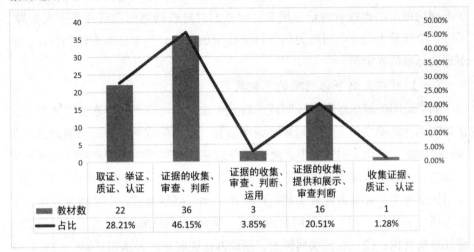

图 2-19　广义刑事证明观的证明过程（1996.3—2017.12）

进入 21 世纪之后，随着对刑事证据法学理论基础的不断反思，越来越多的学者开始从狭义的角度来界定刑事证明，认为应该将诉讼证明活动限定在法庭审理阶段，而不是刑事诉讼的所有阶段。根据图 2-20，1996 年 3 月至 2017 年 12 月，在明确界定刑事证明的 113 部证据法学教材之中，大约 31% 的证据法学教材接受了狭义的刑事证明观。所谓狭义刑事证明观，主要包括以下内容：（1）刑事证明的目的是当事人为了阐明诉讼主张和说服裁判者；（2）刑事诉讼证明既是一种抽象的思维认识活动，又是一种具体的诉讼行为；（3）刑事诉讼证明是当事人在法庭上运用证据论证诉讼主张的一种说服活动，不包括刑事证据的收集、审查、判

---

① 叶青. 诉讼证据法学［M］. 北京：北京大学出版社，2006；叶青. 诉讼证据法学［M］.2 版. 北京：北京大学出版社，2013；胡祥福. 证据学［M］. 南昌：江西高校出版社，1998.

② 廖永安，李蓉. 证据法学［M］. 厦门：厦门大学出版社，2012.

③ 谢安平，郭华. 证据法学［M］. 北京：中国人民公安大学出版社，2009；郭华. 证据法学［M］. 北京：北京师范大学出版社，2011；谢安平，郭华. 证据法学［M］.2 版. 北京：法律出版社，2014；郭华. 法学原理与案例讲堂：证据法［M］. 北京：北京师范大学出版社，2014；李棠洁，刘丹. 实用证据法学［M］. 合肥：合肥工业大学出版社，2015；郭华. 法学原理与案例讲堂：证据法［M］.2 版. 北京：北京师范大学出版社，2017.

断活动；（4）刑事诉讼证明是与法庭审理紧密联系的一个概念，不包括侦查、审查起诉这两个阶段；（5）刑事诉讼证明的主体只能是检察机关和诉讼当事人，而不包括侦查机关和法院。① 对于狭义的刑事诉讼证明观，也有学者认为这基本上是照搬英美法系的概念，既不符合我国法律规定，也不符合我国国情，从而仍然坚持主张刑事诉讼证明是公安司法机关和当事人以及他们所委托的辩护人、代理人收集、运用证据认定刑事案件的活动。②

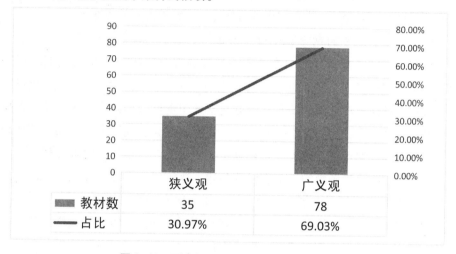

图 2-20 刑事证明观 （1996.3—2017.12）

在深入反思刑事诉讼证明概念的过程中，一些学者提出了诉讼证明的相对性原理与诉讼证明的盖然性理论。例如，有的学者从认识的相对性和诉讼证明与其他证明之间的关系出发，认为无论从认识活动的属性，还是从诉讼行为的属性来看，诉讼证明都只能达到相对真实，而绝非真实。这不仅是由认识的相对性决定的，而且是由诉讼证明自身的特殊性所决定的。进一步而言，受证明主体的局限性、证明客体的局限性、证明时空和资源的局限性、证明程序和证明规则的制约等因素的影响，诉讼证明在大多数情况下达不到证明结果与案件

---

① 宋英辉. 刑事诉讼法学研究述评：1978-2008 ［M］. 北京：北京师范大学出版社，2009；640-642；宋英辉，汤维建. 证据法学研究述评 ［M］. 北京：中国人民公安大学出版社，2006；282-289；刘广三. 刑事证据法学 ［M］. 北京：中国人民大学出版社，2007；278-285；刘广三. 刑事证据法学 ［M］. 2 版. 北京：中国人民大学出版社，2015；223-226；闵春雷等. 刑事诉讼证明基本范畴研究 ［M］. 北京：法律出版社，2011；1-10.
② 陈光中，陈海光，魏晓娜. 刑事证据制度与认识论——兼与误区论、法律真实论、相对真实论商榷 ［J］. 中国法学，2001（1）.

客观事实完全一致的程度。① 再如，有的学者认为，盖然性在诉讼证明中合理存在的基本根据是人的证明能力的有限性和诉讼效率的要求。前者主要体现在：证明的方式具有不确定性；证明材料具有不确定性；诉讼证明中逻辑推理的前提具有不确定性；证明的结果因难以检验和验证而具有不确定性。后者主要表现在，为了实现诉讼的效率，不必事不分巨细、罪不论大小都以同样的方式予以穷尽式彻查。如果完全抛弃盖然性，就可能使大部分犯罪不能获得证明，也不能受到打击。因此，诉讼证明中的盖然性是一种权衡利弊的选择。②

（二）纷繁复杂的刑事证明责任分配

刑事证明责任是刑事证明理论的一个核心问题。1996 年修改《刑事诉讼法》以来，理论界对于刑事证明责任的研究主要包括证明责任的概念与性质、证明责任与举证责任之间的关系、西方国家证明责任分层理论、刑事证明责任的分配、证明责任分配的转移、证明责任分配的倒置、刑事推定、如何看待公安司法机关的证明责任、被告人是否承担证明责任、对传统证明责任理论的反思、非法证据排除规则中的证明责任等问题。尽管理论界在经过充分的讨论之后已经在许多问题上形成了一定的共识，如证明责任与举证责任之间的关系、西方国家的证明责任理论、无罪推定原则对证明责任的影响、检察机关的证明责任、证据合法性的证明责任等，但是在许多细节上或者某些研究领域，学者们仍然存在较大争议。下面仅就几个争议比较大的问题进行简要的分析。

首先，关于证明责任的概念与性质。同以往一样，理论界在探讨证明责任的概念时仍然纠结于证明责任与举证责任之间的关系。概括而言，关于二者的关系，理论界存在并列说、大小说、种属说、包容说、前后说、性质区别说等多种观点。③ 也有不少学者根据在词源、翻译上的考证，认为证明责任与举证责任尽管在语言表述和表达习惯上存在一定差异，但二者在本质上是同一个概念。④ 根据图 2-21，1996 年 3 月至 2017 年 12 月，在 129 部证据法学教材之中

① 卞建林，郭志媛. 论诉讼证明的相对性 [J]. 中国法学，2001（2）.
② 龙宗智. 相对合理主义 [M]. 北京：中国政法大学出版社，1999：431-438.
③ 周菁，王超. 刑事证据法学研究的回溯与反思：兼论研究方法的转型 [J]. 中外法学，2004（3）；刘广三. 刑事证据法学 [M]. 2 版. 北京：中国人民大学出版社，2015：266；黄维智. 刑事证明责任研究：穿梭于实体与程序之间 [M]. 北京：北京大学出版社，2007：136-140.
④ 陈刚. 证明责任概念辨析 [J]. 现代法学，1997（2）；何家弘. 刑事诉讼中举证责任分配之我见 [J]. 政治与法律，2002（1）；叶自强. 英美证明责任分层理论与我国证明责任概念 [J]. 环球法律评论，2001（3）；樊崇义，锁正杰，牛学理，等. 刑事证据法原理与适用 [M]. 北京：中国人民公安大学出版社，2001：271.

共有27部教材明确论述了证明责任与举证责任之间的关系，而其中有将近80%
的证据法学教材认为证明责任与举证责任实际上是同一个概念。在理论界对诉
讼证明的概念存在巨大分歧的情况下，再加上许多学者对西方国家证明责任的
不同理解，以及民事证明责任与刑事证明责任之间的差异，理论界在探讨证明
责任或者刑事证明责任的概念时仍然存在较大争议。总体而言，尽管随着两大
法系证明责任分层理论的引入，理论界普遍将证明责任当成是一个复合的概念，
而很少从一个角度去理解证明责任的含义，但是究竟应该如何界定证明责任的
具体含义，理论界仍然存在较大分歧，如双重含义说、三重含义说、四重含义
说等。① 正是因为对证明责任的界定不同，所以理论界对于证明责任的性质也存
在多种争议，如权利说、义务说、责任说、负担说、风险说、权利义务说等。②
根据图2-22，1996年3月至2017年12月，在129部证据法学教材之中，共有
67部教材明确论述了证明责任的性质。其中，权利义务说、责任说和义务说是
证据法学教材采用最多的三种观点，分别约占总数的32.8%、25.4%、19.4%。

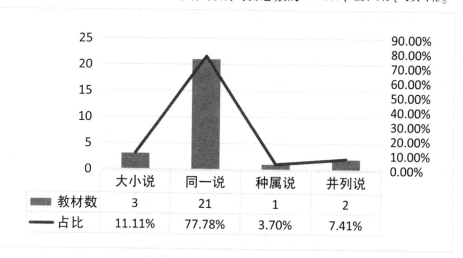

图 2-21　证明责任与举证责任之间的关系（1996.3—2017.12）

---

① 宋英辉. 刑事诉讼法学研究述评：1978-2008［M］. 北京：北京师范大学出版社，
2009：659-662.

② 宋英辉. 刑事诉讼法学研究述评：1978-2008［M］. 北京：北京师范大学出版社，
2009：663-665；刘广三. 刑事证据法学［M］. 2版. 北京：中国人民大学出版社，
2015：269-270；李可. 举证责任研究：法理的视角［M］. 贵阳：贵州人民出版社，
2004：92-114.

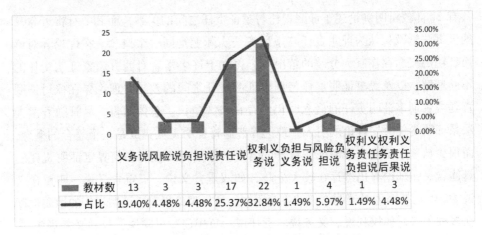

图 2-22　证明责任的性质（1996.3—2017.12）

其次，关于证明责任的承担主体。在理论界普遍接受无罪推定原则的情况下，一般认为检察机关、自诉人应当承担证明被告人有罪的证明责任，而被告人既不承担自己有罪的证明责任，也不承担自己无罪的证明责任。但是，对于侦查机关、法院是否承担证明责任，以及被告人在什么情况下承担证明责任这几个问题，理论界却存在较大分歧。从刑事诉讼法学或证据法学的教材来看，受广义刑事证明观的影响，仍然有不少证据法学教材坚持认为侦查机关、法院应当承担证明责任。根据图 2-23，1996 年 3 月至 2017 年 12 月，在 129 部证据法学教材之中，有 16 部教材认为公检法三机关都应当承担证明责任（约占总数的 12%），22 部教材认为公安机关和检察机关应当承担证明责任（约占总数的 17%）。但是，也有很多学者以证明责任的概念、证明责任的性质、证明责任的构成要件、诉讼证明的概念、西方国家证明责任分层理论等为视角，反对将侦查机关和法院作为证明责任的承担主体。① 而为了能够自圆其说，有的学者还区分了证明与举证以及证据责任与举证责任这两个概念，认为证明是国家专责机关的一种职权活动，举证是当事人的一种诉讼行为，而公安司法机关按照职权责任原则承担证明责任，诉讼当事人按照"谁主张、谁举证"原则承担举证责任②；有的学者在中国语境下，认为刑事证明责任区既包括公安司法机关的证明

---

① 周菁，王超. 刑事证据法学研究的回溯与反思：兼论研究方法的转型［J］. 中外法学，2004（3）.

② 宋世杰. 举证责任论［M］. 长沙：中南大学出版社，1996：100-189；宋世杰，彭海青. 论刑事诉讼证明中的责任区分［J］. 国家检察官学院学报，2002（1）；王新清，甄贞，李蓉，等. 刑事诉讼法［M］.2 版. 北京：中国人民大学出版社，2005：109-110.

职责，又包括控辩双方的举证责任①。根据图 2-23，1996 年 3 月至 2017 年 12 月，在 129 部证据法学教材之中，有 12 部教材在论述刑事证明责任的分担主体时明确区分了司法机关的证明职责与当事人的举证责任（约占总数的 9.3%）。对于被告人是否承担证明责任这个问题，理论界在经过充分研究之后，普遍认为被告人尽管不承担自己有罪或者无罪的证明责任，但是被告人有必要对某些特殊事项承担一定的证明责任，如积极主张、阻却违法事实、免责事由、推定事实、程序性的事实、被告方独知的事实等。而且，理论界普遍认为，被告人承担证明责任的证明标准应当比控诉方的低。

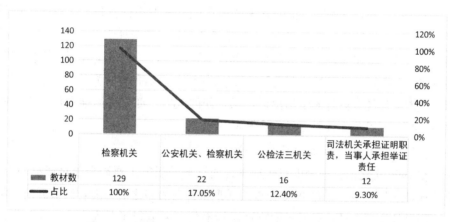

图 2-23　刑事证明责任的分担主体（1996.3—2017.12）

　　最后，关于证明责任的分配原则。理论界通常从一般规则和特殊规则这两个角度来理解刑事证明责任的分配原则。一般认为，刑事证明责任的分配应该遵循无罪推定和"谁主张、谁举证"的基本规则。尽管学者们普遍认为，基于程序正义、诉讼经济、利益权衡、刑事政策、诉讼公平证明难易程度等方面的考虑，应当为证明责任的分配设置一定的特殊规则，如刑事推定、证明责任倒置、证明责任转移等，但是对于证明责任分配特殊规则的理解却存在一定的分歧。例如，对于被告人在巨额财产来源不明罪中对差额财产合法性的证明责任，主流观点认为这是证明责任倒置的一种表现，而有的学者从该罪的犯罪构成要件和无罪推定原则出发，认为该罪的证明责任仍然由检察机关承担，而不需要

① 陈光中，陈学权.中国语境下的刑事证明责任理论 [J].法制与社会发展，2010（2）；陈光中.证据法学 [M].3 版.北京：法律出版社，2015：332-333.

证明责任倒置。① 还有的学者认为，在巨额财产来源不明罪中，既存在刑事推定的因素，又存在证明责任倒置的因素。② 再如，尽管理论界普遍将证明责任倒置视为证明责任分配的一种特殊规则，但是也有学者认为，证明责任倒置是大陆法系国家证明责任理论发展史上的过渡性概念，是对证明责任分配结果的描述，并非证明责任分配的特殊方法。③ 再如，关于刑事推定对于证明责任的影响，有的学者认为，法律规定的推定规则可以引起证明责任倒置④，而有的学者则认为，尽管被告人对推定事实存在一定的证明责任，但是这种承担证明责任的性质是证明责任的转移，而不是倒置⑤。还有的学者认为，当案件性质及其举证责任确定之后，推定规则不可能对该案件的已经分配的举证责任产生影响，更不可能导致这种举证责任的转移。⑥ 有的学者认为，推定与证明责任之间的关系不能一概而论：法律规定不是引起证明责任倒置的原因，而是实现证明责任倒置的方式；事实推定是引起证明责任转移的原因。⑦ 而有的学者则认为，事实推定和法律推定都具有被告人承担提供证据责任的效力，部分法律推定在立法有明确规定时还可以分配说服责任至被告人。⑧

（三）刑事证明标准的观念之争

在 1996 年之前，理论界对于刑事证明标准的研究主要局限于对证据确实、充分地理解与适用。而在 1996 年修改《刑事诉讼法》之后，随着刑事诉讼证明理论的日益发展，理论界对于刑事证明标准的研究取得了重大突破。这不仅在于学者们对于刑事证明标准的一些基础理论进行了深入研究，而且随着几部专门研究证明标准的专著的出版，我国刑事证明标准理论研究已经达到体系化的程度。概括来说，1996 年以来，理论界关于刑事证明标准的研究主要围绕客观真实与法律真实之间的关系、证明标准的层次性、证明标准的多元性、西方国家的证明标准、我国刑事证明标准的反思与重构等。总的来说，理论界在西方国家证明标准的理解、证明标准的层次性与多元性、我国刑事证明标准存在的问题及其重构的必要性等诸多方面已经基本达成共识，但是在设定证明标准的

① 黄维智. 刑事证明责任研究：穿梭于实体与程序之间 [M]. 北京：北京大学出版社，2007：322-325.
② 刘广三. 刑事证据法学 [M]. 2版. 北京：中国人民大学出版社，2015：276-277.
③ 胡学军. 证明责任倒置理论批判 [J]. 法制与社会发展，2013（1）.
④ 何家弘. 论推定规则适用中的证明责任和证明标准 [J]. 中外法学，2008（6）.
⑤ 汪建成，何诗扬. 刑事推定若干基本理论之研讨 [J]. 法学，2008（6）.
⑥ 叶峰，叶自强. 推定对举证责任分担的影响 [J]. 法学研究，2002（5）.
⑦ 张云鹏. 刑事推定论 [M]. 北京：法律出版社，2011：184-191.
⑧ 赵俊甫. 刑事推定论 [M]. 北京：知识产权出版社，2009：141-147.

理念、如何设置证明标准、如何理解法律规定的证明标准等方面仍然存在不少分歧。其中，法律真实观与客观真实观之间的争论不仅是我国刑事证明标准理论的焦点问题，而且在整个诉讼法学界引起了强烈的反响。鉴于此，下面仅就这个问题进行简要的回顾。

长期以来，在理论界将辩证唯物主义认识论作为证据法学理论基础的情况下，客观真实观一直是我国证明标准理论中最具影响力的一种权威学说。从理论界的论述来看，客观真实观的核心理念在于借助辩证唯物主义认识论的一般原理，强调社会经验层面的案件事实在诉讼认识中的决定性地位和作用。在他们看来，刑事诉讼证明的目的是查明案件事实真相，司法人员在确认被告有罪时，必须以符合客观事实的认识作为裁判的依据，达到客观真实的程度，即司法人员在诉讼中根据证据所认定的案件事实必须符合客观存在的案件事实。概括来说，客观真实观的理论基础包括可知论、实践是检验真理的唯一标准理论、绝对真理与相对真理的辩证统一理论等。①

法律真实观是在反思客观真实证明标准的基础上诞生的一种新兴学说。它的核心理念在于强调法律规范在诉讼认识中的决定性地位与作用。在倡导法律真实观的学者看来，在诉讼活动中，纯粹的客观真实是不存在的，作为裁判依据的事实不是社会层面上的客观事实，而是经过法律程序重塑的事实；要求这种法律事实必须达到符合客观真实的程度才能做出裁判是不现实的；公检法机关在刑事诉讼证明的过程中，运用证据对案件真实的认定应当符合刑事实体法和程序法的规定，应当达到从法律的角度认为是真实的程度。法律真实观的理论基础有人类认识能力的至上性与有限性的辩证统一理论、诉讼证明的相对性

---

① 陈光中、陈海光、魏晓娜．刑事证据制度与认识论——兼与误区论、法律真实论、相对真实论商榷［J］．中国法学，2001（1）；刘金友．客观真实与内心确信——谈我国诉讼证明的标准［J］．政法论坛，2001（6）；张继成、杨宗辉．对"法律真实"证明标准的质疑［J］．法学研究，2002（4）；刘金友．实践是检验司法证明真理性的唯一标准［J］．法学研究，2003（4）；陈一云．证据学［M］．2版．北京：中国人民大学出版社，2000：94-96；汪祖兴、欧明生．试论诉讼证明标准的客观真实与一元制［J］．现代法学，2010（3）．

原理、诉讼证明的盖然性理论、程序正义理论等。①

从客观真实观和法律真实观的论证来看，二者的分歧主要表现在裁判事实的性质、认识论的理解、司法人员的认识能力、证明标准的具体设置、证明标准的实践效果、诉讼证明活动的性质等几个方面。而在相互论辩的过程中，受法律真实观的启发，客观真实观还对传统的客观真实标准进行了修正和补充，即承认人类认识能力的局限性，放弃了传统理论对所有刑事案件都应当坚持客观真实的要求，主张对某些案件适当放宽证明标准；放弃了传统理论对法律所规定的案件事实都应当达到"客观真实"的要求，主张根据事实和情节的重要性实行宽严不等的证明标准；对"客观真实"进行限定性解释，强调"客观真实"并不是要求完整无缺地再现案件发生的每一个细节，而是要对是否构成犯罪和定罪量刑有意义的案件事实必须查明；"客观真实"虽然包含"真理"的要素，但"客观真实"标准仍然属于"相对真理""相对真实"的范畴；对传统客观真实标准做限制，只要法律构成要件所指称的证据事实与客观的案件事实相符合就可以了。②

纵观法律真实观和客观真实观之间的争论，尽管客观真实观与法律真实观之间存在很大分歧，但是二者之间实际上也有不少相通之处。一方面，尽管法律真实观倡导法律真实，但其实也承认在诉讼活动中追求客观真实的价值。而这恰恰是客观真实观所极力主张的。另一方面，尽管客观真实观极力主张客观真实，但是它也承认有些客观事实是无法查明的。而这正好是法律真实观所反复强调的。③ 一般而言，法律真实观并不否认客观真实的存在，也不否认客观真实作为证明标准的良好愿望和良苦用心。但法律真实论者反对将客观事实直接作为刑事证明的标准。而客观真实做论辩过程中对传统理论进行修正、解释和补充之后，也看到了过分强调客观真实的缺陷，因而不再一味追求客观真实，

---

① 韩象乾. 民、刑事诉讼证明标准比较论 [J]. 政法论坛，1996（2）；龙宗智. 试论我国刑事诉讼的证明标准——兼论诉讼证明中的盖然性问题 [J]. 法学研究，1996（6）；樊崇义. 客观真实管见——兼论刑事诉讼证明标准 [J]. 中国法学，2000（1）；陈瑞华. 刑事诉讼的前沿问题 [M]. 北京：中国人民大学出版社，2000：198-211；锁正杰. 刑事程序的法哲学原理 [M]. 北京：中国人民公安大学出版社，2002：93-128；樊崇义，锁正杰，牛学理，等. 刑事证据法原理与适用 [M]. 北京：中国人民公安大学出版社，2001：1-39.

② 周菁，王超. 刑事证据法学研究的回溯与反思：兼论研究方法的转型 [J]. 中外法学，2004（3）.

③ 何家弘. 论司法证明的目的和标准——兼论司法证明的基本概念和范畴 [J]. 法学研究，2001（6）.

而是肯定了法律真实的某些积极意义。不过，客观真实论者仍然坚持客观真实是刑事诉讼证明的基本标准，或者认为客观真实是法律真实的前提或基础。但不管怎样，时至今日，客观真实观与法律真实观已经出现相互靠拢的发展趋势。或许正因为如此，有学者主张折中路线，认为司法证明的目的是客观真实，司法证明的标准是法律事实。① 还有学者认为，客观真实观和法律真实观在本质上是同一的，只是二者在证明方式与逻辑思维上略有不同，二者并非相互取代的关系，应当融合生长，实现优势互补。② 早期的客观真实观论者在看到法律真实观的长处之后也认为，我们既要坚持客观真实，又应当在一定的限度之内止步于客观真实。以法律真实代替客观真实是不正确的，简单地否定法律真实也是不现实的，理性的做法是实现客观真实与法律真实相结合，形成有中国特色的诉讼真实观，并以此改革中国的诉讼证明标准。③ 或许正是基于这种理念，2018年《中华人民共和国刑事诉讼法》第55条在界定"证据确实、充分"时注入了"排除合理怀疑"这个颇具法律真实观意味的概念。

（四）刑事证明对象的范围仍然存在一定争议

1996年修改《刑事诉讼法》以来，随着程序正义理论在我国的蓬勃兴起，理论界不再继续纠结程序法事实能否作为刑事证明的对象，而是越来越将程序法事实作为刑事证明的一个对象。理论界普遍将程序法事实纳入刑事证据的对象，主要是因为程序法上的事实关系到诉讼主体的诉讼行为是否正确、是否合法；程序法事实是否得到证明，不仅关系到实体法事实是否存在及其真伪，而且关系到裁判是否正确。一般而言，在刑事诉讼中，需要加以证明的程序法事实主要包括：对某些犯罪嫌疑人、被告人是否应当采取某种强制措施的事实；有关管辖争议的事实；有关回避方面的事实；有关诉讼期限是否超越法律规定的事实；有关证据收集程序合法性的事实；侵犯犯罪嫌疑人、被告人的诉讼权利方面的事实；剥夺或限制当事人的法定诉讼权利，可能影响公正审判的事实；有关延期审理的事实和其他违反法定程序的事实。相对于程序法事实而言，越来越多的学者反对将证据事实纳入刑事证明的对象。这主要是因为，证据事实与证明对象之间是手段与目的的关系，证据事实只是证明手段，而不可能成为诉讼证明的对象。如果将证据事实纳入刑事证明的对象，不仅会引起逻辑上的

① 何家弘. 论司法证明的目的和标准——兼论司法证明的基本概念和范畴［J］. 法学研究，2001（6）.

② 叶青，王超，王刚. 中国法学会诉讼法学研究会2002年年会综述［J］. 法学，2002（12）.

③ 陈光中，李玉华，陈学权. 诉讼真实与证明标准改革［J］. 政法论坛，2009（2）.

混乱，而且会造成证明对象与证明手段之间的循环往复，而无法最终确定到底什么是证明对象的范围。在理论界普遍认可程序法事实而反对证据事实的情况下，理论界普遍认为刑事证明对象的范围包括实体法事实和程序法事实，而不包括证据事实。根据图 2-24，1996 年 3 月至 2017 年 12 月，在 129 部证据法学教材之中，共有 128 部教材明确论证了刑事证明对象的范围。其中，共有 98 部教材认为刑事证明对象的范围包括实体法事实和程序法事实，约占总数的 76.6%。这可以视为目前的通说。

除了通说以外，仍然有少数证据法学教材坚持以往的狭义说和广义说。根据图 2-24，共有 7 部证据法学教材认为刑事证明对象只能是实体法事实，约占总数的 5.5%；共有 16 部证据法学教材认为刑事证明对象既包括实体法事实，又包括程序法事实和证据事实，约占总数的 12.5%。主张狭义说的主要是部分民事诉讼法学者所主编的证据法学教材。在他们看来，证明对象的范围局限于实体法事实，而不能将程序法事实和证据事实作为证明对象的范围，主要是因为证明对象是与实体法律规范相联系的一个概念，任何与当事人请求无直接关联的事实，都是外在于实体法律规范的事实，都不能成为证明对象。① 而部分证据法学教材仍然坚持认为证据事实属于刑事证明对象的范围，主要是因为证据事实同案件事实一样也需要证明，任何证据材料都不能自证其真实性，需要另外的证据材料来证明其是否真实。也就是说，证据事实既是证明对象，也是证明手段。而且，证据事实可以成为系争事实，因而可以成为需要加以证明的对象。② 与以往证据法学教材不同的是，目前还有部分证据法学教材在区分证据事实与证据法事实的基础上，为了强调证据法律规范的重要价值，认为证据法事

① 江伟.证据法学 [M].北京：法律出版社，1999：58-69；刘晓丹.证据法学：上册 [M].海口：南海出版公司，2002：39-41；陈界融.证据法学概论 [M].北京：中国人民大学出版社，2007：154-164；孙彩虹.证据法学 [M].北京：中国政法大学出版社，2008：119-124.

② 刘金友.证据法学 [M].北京：中国政法大学出版社，2001：254-255；刘金友.证据法学：新编 [M].北京：中国政法大学出版社，2003：189-191；高家伟等著.证据法原理 [M].北京：中国人民大学出版社，2004：122；崔敏.刑事证据学[M].2 版.北京：中国人民公安大学出版社，2005：282-283；洪浩.证据法学 [M].2 版.北京：北京大学出版社，2007：182-186；李浩.证据法学 [M].北京：高等教育出版社，2009：188-190；李浩.证据法学 [M].2 版.北京：高等教育出版社，2014：190-196.

实应当属于刑事证明对象的范围。① 其突出表现就是，当控辩双方对证据的合法性发生争议时，证据的合法性或者是否存在非法取证行为就会成为需要加以证明的对象。

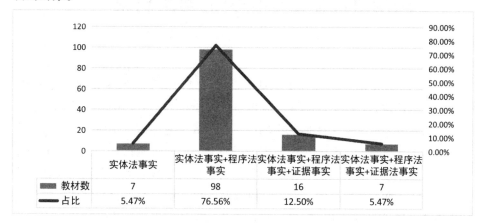

	实体法事实	实体法事实+程序法事实	实体法事实+程序法事实+证据事实	实体法事实+程序法事实+证据法事实
教材数	7	98	16	7
占比	5.47%	76.56%	12.50%	5.47%

图 2-24 刑事证明对象的范围 （1996. 3—2017. 12）

---

① 刘广三. 刑事证据法学 ［M］. 北京：中国人民大学出版社，2007：298；张建伟. 证据法要义 ［M］. 北京：北京大学出版社，2009：351-356；张建伟. 证据法要义 ［M］. 2 版. 北京：北京大学出版社，2014：377；李明. 证据法学 ［M］. 厦门：厦门大学出版社，2014：205-218；刘广三. 刑事证据法学 ［M］. 2 版. 北京：中国人民大学出版社，2015：243-244.

第三章

中国刑事证据法学研究的两次启蒙

我国刑事证据法学研究除了随刑事证据制度的演变而发生相应变化之外，还有一个显著特点，就是以我国传统刑事证据法学为轴心，可以将我国刑事证据法学研究分为传统刑事证据法学的萌芽、形成和转型这三个阶段。从时间上来看，这三个阶段基本上与我国刑事证据法学研究的艰难探索、恢复发展和蓬勃兴起高度重合。就研究内容而言，我们能够很清晰地看到，我国刑事证据法学研究经历了两次重要启蒙：一次是以苏联刑事证据法学理论与实践为主要内容的启蒙，另一次是以西方国家尤其是英美法系的刑事证据法学理论与实践为主要内容的启蒙。本章就这两次启蒙的历史背景和主要内容进行系统的梳理和分析。

第一节　中国刑事证据法学理论的演变

我国传统刑事证据法学是以马克思主义法学思想和苏联刑事证据法学理论为思想起源，以辩证唯物主义认识论为理论基础，以中华人民共和国第一部《刑事诉讼法》为制度基础的刑事证据法学理论体系。我国刑事证据法学研究的艰难探索阶段，是我国传统刑事证据法学的萌芽时期；我国刑事证据法学研究的恢复发展阶段，是我国传统刑事证据法学的形成时期；我国刑事证据法学研究的蓬勃兴起阶段，是我国传统刑事证据法学的转型时期。下面从这三个时期对我国刑事证据法学理论的演变历程进行简要的分析。

一、传统刑事证据法学的萌芽

在 1979 年全国人大制定《刑事诉讼法》之前，我国刑事证据法学研究由于特殊的历史条件而尚处在萌芽时期，研究者们对刑事证据法学的研究，主要是以翻译、介绍、引进和学习苏联刑事证据法学理论和刑事证据制度，以及批判西方国家的刑事证据法学理论和刑事证据制度为主。在这个时期，有关刑事证据法学的研究成果不仅少之又少，而且比较零乱，难以形成完整的刑事证据法学理论体系。

　　根据笔者掌握的资料，在 1979 年以前，理论界对于刑事证据法学的研究主要是以论文为主，直接以刑事证据法学为研究对象的专著、教材并没有出现。但是，20 世纪 50 年代中国学者翻译了两本苏联刑事证据法学著作，即法律出版社于 1956 年出版的《苏维埃刑事诉讼中证人的证言》，以及由人民出版社于 1954 年或者由法律出版社于 1957 年出版的《苏维埃法律上的诉讼证据理论》。① 除了专门的刑事证据法学著作以外，许多有关苏联刑事诉讼法方面的刑事诉讼法教材、学术专著、普及读物等翻译著作在某些方面也包含了苏联的刑事证据制度或者理论。② 尤其是《苏维埃法律上的诉讼证据理论》作为维辛斯基的代表作，不仅在苏联法学界占据举足轻重的地位③，而且在我国诉讼法学界广为流传，并对我国刑事证据法学研究产生了极为深远的影响。例如，在中华人民共和国成立早期，理论界对于证据的阶级性问题的探讨④与维辛斯基的"证据是

---

① 除了《苏维埃刑事诉讼中证人的证言》《苏维埃法律上的诉讼证据理论》这两本著作之外，我国学者还翻译了两本有关民事证据法学的著作，即克林曼. 苏维埃民事诉讼中证据理论的基本问题 [M]. 马绍春，译. 北京：中国人民大学出版社，1957；库雷辽夫. 诉讼当事人的辩解：苏维埃民事诉讼中的证据 [M]. 沈其昌，译. 北京：中国人民大学出版社，1958.

② M・A. 切里佐夫. 苏维埃刑事诉讼 [M]. 中国人民大学刑法教研室，译. 北京：法律出版社，1955；Д・C. 卡列夫，M・M. 列维娜. 苏维埃刑事诉讼 实物教材表册 [M]. 周亨元，译. 北京：中国人民大学出版社，1955；格罗津斯基. 苏维埃刑事诉讼中的上诉审和监督审程序 [M]. 王更生，卢佑先，译. 北京：中国人民大学出版社，1956；巴札诺夫. 苏维埃刑事诉讼中控诉的变更. 杨文良，译. 北京：法律出版社，1956；高里雅柯夫. 苏维埃刑事诉讼中的律师 [M]. 方蔼如，译. 北京：法律出版社，1957；拉浑诺夫. 苏维埃民事诉讼中的提起刑事案件 [M]. 王更生，译. 法律出版社，1957；别尔洛夫. 苏维埃刑事诉讼中法庭审理的准备工作 [M]. 王更生，卢佑先，林向荣，译. 北京：法律出版社，1957；施夫曼. 苏维埃刑事诉讼实习教材 [M]. 薛秉忠，译. 北京：中国人民大学出版社，1957；B・E. 楚贡诺夫. 苏维埃刑事诉讼讲稿 [M]. 北京：中国政法大学，1957.

③ 维辛斯基不仅曾经担任苏联人民委员会副主席、最高检察院总检察长、外交部部长，而且曾经担任苏联科学院院士、莫斯科大学校长、教授。斯大林对其代表作《苏维埃法律上的诉讼证据理论》大加赞赏，不仅将其视为正统的马克思主义法学经典著作，而且在 1947 年授予其一等斯大林奖。

④ 田静仁. 关于刑事诉讼证据的客观性和阶级性问题 [J]. 政法研究，1964（2）；戴福康. 证据本身是没有阶级性的 [J]. 政法研究，1963（3）；前进. 谈谈刑事诉讼证据的阶级性 [J]. 政法研究，1964（3）；孙兴起. 有关阶级性要区别看待 [J]. 政法研究，1964（3）；陆研. 谈谈刑事诉讼证据有无阶级性的问题 [J]. 政法研究，1964（4）；高克祥. 必须用阶级分析的观点看待刑事诉讼证据 [J]. 政法研究，1965（3）.

阶级斗争的工具"这个理论密切相关；对于刑事证据分类的分析①直接参考了维辛斯基的"间接证据"理论；关于证据审查判断的研究②离不开对维辛斯基的"内心确信和社会主义法律意识"理论的理解和应用；等等。正像有的学者在评价维辛斯基的诉讼证据理论时所指出的那样：维辛斯基的理论被奉为绝对正确的经典，甚至到了"言必称维氏"的程度；在学术活动中不论是主张、支持某种观点，还是否定、反对某种观点，都一律以维氏的理论作为支柱和论据。③ 还有学者认为，20世纪50年代对苏联刑事诉讼法学的学习和借鉴，不仅仅带来了中国刑事诉讼法学理论体系和研究方法的巨大转变，而且还对中国几代学者的研究兴趣、研究角度乃至学术传统产生了直接或潜在的影响，这种影响时至今日仍然存在着，并制约着中国刑事诉讼法学的进一步发展。④

从研究内容来看，理论界的刑事证据法学研究成果主要围绕如何理解和评价西方证据制度理论基础及其原则、我国刑事证据制度的理论基础与指导思想、刑事证据的概念与属性、刑事证据的分类、刑事证据的种类、刑事证据的审查判断、被告人口供等几个较为有限的问题来展开，而尚未形成完整的刑事证据法学理论体系。尤其值得一提的是，尽管苏联将无罪推定原则作为刑事诉讼和刑事证据的一项基本原则⑤，但是受反右运动的影响，在中华人民共和国成立早期，不仅有不少学者对无罪推定原则进行了否定和批评⑥，而且无罪推定原则因为一度被视为"反动观点"而沦为学术研究的禁区。而在我国理论界的研究内

---

① 胡复申.关于刑事证据的分类问题［J］.政法研究，1955（4）；戈风.关于间接证据［J］.政法研究，1955（4）；陈光中.关于刑事诉讼证据分类与间接证据的几个问题［J］.政法研究，1956（4）；郝双禄.刑事诉讼中证据的分类问题和间接证据问题［J］.政法研究，1957（1）.

② 肖常纶."重证据而不轻信口供"［J］.政法研究，1955（4）；黄道.怎样判断刑事诉讼中的证据［J］华东政法学院学报，1956（4）；高一涵.对被告人供词应该怎样正确地评价［N］.光明日报，1957-03-12；张子培.关于刑事诉讼中运用证据认定案件事实的几个问题［J］.政法研究，1962（4）.

③ 樊崇义.刑事诉讼法学研究综述与评价［M］.北京：中国政法大学出版社，1991：338.

④ 陈瑞华.刑事诉讼的前沿问题［M］.2版.北京：中国人民大学出版社，2005：28.

⑤ M·A·切里佐夫.苏维埃刑事诉讼［M］.中国人民大学刑法教研室，译.北京：法律出版社，1955：230；维辛斯基.苏维埃法律上的诉讼证据理论［M］.王之相，译.北京：法律出版社，1957：299.

⑥ 吴磊，王舜华.驳"无罪推定"论［N］.光明日报，1957-12-13；李保民."无罪推定不应作为我国刑事诉讼的原则"［J］.法学，1958（1）；张子培.驳资产阶级的"无罪推定"原则［J］.法学，1958（1）；巫宇甦.批判资产阶级"无罪推定"原则［J］.政法研究，1958（4）.

容、研究思路和研究方法深受苏联刑事证据法学理论与制度影响的情况下，即使这个时期的刑事诉讼证据法学研究还比较肤浅，但仍然对我国传统刑事证据法学理论体系的形成起到了重要的促进作用。一个突出的表现就是，理论界运用马克思列宁主义的基本原理，将辩证唯物主义认识论视为我国刑事证据制度的基本指导思想，并以此为基础对我国刑事证据制度的两个基本指导原则①进行了初步分析。考虑到这些内容为我国传统刑事证据法学理论体系的形成奠定了重要的指导思想和理论基础，笔者将这段时期称为我国传统刑事证据法学研究的萌芽时期。

二、传统刑事证据法学的形成

1979 年 7 月之后，我国刑事证据法学研究因为《刑事诉讼法》的颁布而迎来了第一春。老一辈的诉讼法学者不再完全立足于学习苏联的刑事证据法学理论和刑事证据制度，开始思考如何构建我国的刑事证据法学理论体系。在他们的艰苦努力下，我国逐渐形成了以辩证唯物主义认识论为理论基础的传统刑事证据法学理论体系。

根据笔者收集的资料，1979 年 7 月至 1996 年 2 月，我国出版的刑事证据法学或者证据法学方面的专著和教材分别为 27 部、15 部。在 27 部证据法学或者刑事证据法学专著中，既有探讨基础理论方面的著作，如黄道、陈浩铨撰写的《刑事证据法的哲学原理》，又有普及基础知识方面的著作，如徐益初、肖贤富编著的《刑事诉讼证据学基础知识》、王亮撰写的《谈谈刑事诉讼证据》、刘兴权与苗凤兰合著的《刑事诉讼证据浅说》，还有探讨司法实务方面的著作，如汪纲翔撰写的《刑事证据理论与应用》、王昌学撰写的《证据与断案》、方光成等撰写的《各类案件证据的实用》、周国均与刘根菊合著的《刑事证据种类和分类的理论与实务》、王振河主编的《证据与定案》、孙孝福主编的《贪污贿赂案件的证据运用》、薛喜堂撰写的《刑事证据实践研究》等，或者专门进行案例分析的著作，如崔敏主编的《刑事证据百例评析》等。既有综合性的论述，如张子培等合著的《刑事证据理论》、齐剑侯与童振华合著的《刑诉证据基本原理》、崔敏与张文清合编的《刑事证据的理论与实践》、余松龄编著的《刑事诉讼证据制度理论与实践》、蔡仲玉与杨连峰合编的《刑事证据理论与实用》，又有专门

---

① 在中华人民共和国早期，得到公认的两个刑事证据制度基本指导原则是"事实是根据，法律是准绳"原则，以及"从实际出发，依靠群众，调查研究，实事求是，重证据不轻信口供，证据口供都必须经过查对，反对逼供信，禁止肉刑"原则。

性的论述，如王国庆撰写的《论刑事证据的审查判断》、洪源撰写的《刑事判断证据标准论》、王平铭主编的《刑事案件证据的审查与运用》、肖胜喜撰写的《刑事诉讼证明论》等。既有较为纯粹的证据法学著作，又有交叉学科方面的著作，如乐国安等编著的《证人心理学》、吴中林编著的《证人心理学》、罗大华与张家源合著的《证人证言心理》、周密编著的《论犯罪与证据》等。

在 15 部证据法学教材中，只有 3 部教材专门论述刑事证据方面的内容，即王汝嘉等合著的《刑事诉讼证据概论》（黑龙江人民出版社 1984 年版），朱云编著的《刑事诉讼证据制度》（法律出版社 1986 年版），以及张文清主编的《刑事证据》（群众出版社 1987 年版）。而其余 12 部教材则是对诉讼证据的综合论述，如巫宇甦主编的《证据学》（群众出版社 1983 年版）、宋世杰编写的《诉讼证据学》（湖南人民出版社 1988 年版）、裴苍龄编写的《证据法学新论》（法律出版社 1989 年版）、陈一云主编的《证据学》（中国人民大学出版社 1991 年版）、赵景荣主编的《新编证据学》（中国政法大学出版社 1992 年版）、刘金友主编的《证据理论与实务》（法律出版社 1992 年版）、廖俊常主编的《证据法学》（中国政法大学出版社 1993 年版）等。

从这些专著和教材来看，在我国制定第一部《刑事诉讼法》之后到第一次修改《刑事诉讼法》之前，我国已经初步形成了较为稳定的证据法学理论体系。以当时最具有代表性的两本证据法学教材为例加以说明。这两本教材分别是由巫宇甦教授主编、由群众出版社于 1983 年出版的《证据学》，以及由陈一云教授主编、由中国人民大学出版社于 1991 年出版的《证据学》。[①] 尽管这两部教材在细节上略有不同，但其结构相似、内容大同小异，即在证据法学的理论体系上均可以划分为四个组成部分：第一部分是绪论，包括证据法学的研究对象、研究方法、学科体系、指导思想、证据学与其他学科之间的关系等；第二部分是史论，主要论述国内外证据制度的历史沿革，如国外的神示证据制度、法定证据制度、自由心证证据制度、内心确信证据制度，以及旧中国证据制度、中华人民共和国证据制度等；第三部分是总论，包括证据的概念、意义、分类、收集、审查判断、证明任务、证明对象、证明责任以及运用证据的原则等；第四部分是分论，主要是论述几种法定证据种类（如物证、书证、鉴定结论、证

---

① 巫宇甦教授主编的《证据学》是由群众出版社邀请全国知名专家编写并且在全国试用的高等学校法学教材，而陈一云教授主编的《证据学》则是国家教育委员会委托编写的供高等学校法学专业学生学习的高等学校文科教材。这两本教材作为 1996 年 3 月修改《刑事诉讼法》之前全国仅有的两本通用证据法学教材，具有毋庸置疑和不可比拟的权威性和影响力。

人证言、被害人陈述、刑事被告人的供述与辩解、勘验检查笔录等）的概念、特征、意义、收集、保全、审查判断等。

以这两本教材为标志，可以说我国已经初步形成了具有中国特色的刑事证据法学理论体系。一方面，从研究思路上看，研究者们不再像过去那样一味学习、借鉴苏联的刑事证据法学理论，而是开始注重解读中国的刑事证据法律规范、归纳总结中国的刑事司法实践经验。正如陈一云主编的《证据学》在出版"说明"中所指出的那样："本教材以马克思列宁主义、毛泽东思想为指导，按照理论联系实际的原则，对我国《刑事诉讼法》、民事诉讼法和行政诉讼法中有关证据的各项规定和涉及证据的司法解释，做了系统、准确的阐述；对司法实践中运用证据的新经验进行了理论概括。"另一方面，从研究内容上看，研究者们不再像过去那样仅仅关注刑事证据法学中的几个细节性问题，而是试图全面系统地论述我国刑事证据法学的理论与实践。但是，基于当时的特殊国情，如改革开放政策还不够深入、社会主义民主法制建设刚刚步入正轨等，理论界仍然深受马克思主义法学思想和苏联刑事证据法学理论的影响，因而存在诸多饱受争议甚至被后世中青年诉讼法学者猛烈批判的观点，如按照马克思主义法理学中的阶级性理论来划分刑事证据制度的类型、评价西方国家的刑事证据制度；以辩证唯物主义认识论、实事求是作为刑事证据法学的指导思想和理论基础，全面接受苏联的"客观真实观"，强调发挥办案人员的主观能动性、查明客观事实，将我国刑事证据制度概括为实事求是证据制度；将刑事诉讼证明视为司法机关或者当事人运用证据查明和证明案件事实的诉讼活动，认为公检法三机关以及当事人都应该承担证明责任；等等。有鉴于此，笔者将这段时期以辩证唯物主义认识论为理论基础的刑事证据法学理论体系称为我国传统的刑事证据法学。

三、传统刑事证据法学的转型

20 世纪 90 年代中期以后，随着对抗制刑事审判方式改革的不断深入以及全国人民代表大会对 1979 年《刑事诉讼法》的修改，再加上程序正义、程序法治、人权保障等思想、观念或者理论在中国的蓬勃兴起，许多中青年诉讼法学者不再满足于老一辈诉讼法学家的教导，开始在引进和借鉴西方国家刑事证据法学理论与刑事证据制度的基础上，运用程序正义理论、价值论等对传统的刑事证据法学进行了深刻反思，从而极大地带动了我国刑事证据法学的发展①。根据笔者收集的 1996 年 3 月至 2017 年 12 月出版或者发表的 314 部专著、129 部证据法学教材、745 篇 CLSCI 期刊论文，同传统刑事证据法学相比，我国目前的刑事证据法学理论体系已经发生下列显著变化：

第一，从理论基础来看，除了少数学者仍然坚持认为辩证唯物主义认识论是证据法学的唯一理论基础之外，绝大多数学者不再坚持辩证唯物主义认识论是证据法学的唯一理论基础，而是在深刻反思认识论的基础上增加了程序正义理论、价值论、法律价值的平衡与选择理论等多种观点。根据理论基础的数量，我国理论界对于证据法学的理论基础形成了一元论、二元论、三元论、四元论、五元论等多种观点。而在这些观点之中，又具有不同的排列组合。根据本书图 5-1，1996 年 3 月至 2017 年 12 月，在 129 部证据法学教材之中，共有 68 部教材明确论述了证据法学的理论基础。根据这 68 部证据法学教材，我们不难看出：(1) 尽管理论界对辩证唯物主义认识论进行了系统反思，但是我国刑事证据法学理论体系的重构仍然是一个众说纷纭的话题（详见本书第五章的分析）。(2) 除了绝大多数证据法学教材仍然认为辩证唯物主义认识论是证据法学的理论基础之外，理论界认为证据法学的理论基础还包括价值论、程序正义论、法律价值及平衡选择理论、人权保障论、程序论、方法论、概率论、逻辑学、道德论、伦理学、信息论、效率论、自然科学、科技理论、数学、行为科学、法律真实观、形式理性、形式逻辑、诉讼认识真理性、诉讼认识正当性、客观真实与法律真实同一性、法现实主义等二十余种观点。(3) 被大多数证据法学教材认可的证据法学理论基础包括认识论（认可度达到了 95.6%）和价值论（认可度达到了 52.9%），其他观点的认可度均在 30% 以下。(4) 证据法学教材论述最多的是一元论、二元论和三元论，分别约占总数的 19.1%（共计 13 部教材）、50%（共计 34 部教材）、22.1%（共计 15 部教材）。

第二，从研究体系来看，刑事证据法学理论体系的结构被大幅度调整，形

---

① 尤其是在刑事证据立法运动的推动下，我国刑事证据法学研究已经成为整个法学界的一门显学，与刑事证据法学有关的研究成果可以说是举不胜举。对 1996 年以来我国刑事证据法学研究的系统梳理，可以参见叶青．刑事诉讼法学教学研究资料汇编（第二辑：2006-2010）[Z]．北京：北京大学出版社，2011：278-346；宋英辉．刑事诉讼法学研究述评：1978-2008 [M]．北京：北京师范大学出版社，2009：530-714；叶青．刑事诉讼法学教学研究资料汇编（第一辑：2000-2005）[Z]．北京：北京大学出版社，2007：290-413；宋英辉，汤维建．证据法学研究述评 [M]．北京：中国人民公安大学出版社，2006；周菁，王超．刑事证据法学研究的回溯与反思：兼论研究方法的转型 [J]．中外法学，2004（3）．

成了五花八门的学科体系安排（详见第五章的分析）。总体而言，1996 年修改《刑事诉讼法》以后，大多数证据法学教材将原来教科书中的绪论与史论整合为概论或者总论，将原来的总论分为证据论、证明论，将原来的分论调整到证据论当中。具有代表性的理论体系包括三种：第一种是按照总论（或绪论、导论）、证据论、证明论来编写；第二种是按照总论（或绪论、导论）、证据论、证明论、程序论来编写；第三种是按照绪论、史论、总论、分论来编写。除了陈一云教授主编的再版《证据学》仍然按照绪论、史论、总论、分论来编写证据法学的理论体系以外，其他绝大多数证据法学教材都是在总论、证据论、证明论的基础上适当增加或者减少部分内容。一般而言，除了总论、史论、证据论、证明论、程序论等较为常见的体系编排以外，还有许多各具特色的理论体系编排，如应用论、实践论、运用论、证据运用论、证据规则论等。

第三，从研究思路来看，对西方刑事证据法学理论和刑事证据制度的态度开始由盲目批判转到逐渐接受，甚至盲目崇拜。以自由心证和无罪推定原则为例。在我国刑事证据法学研究早期，受特定历史条件、意识形态、阶级分析方法等因素的影响，理论界曾经对无罪推定原则和自由心证原则进行了强烈批判，认为自由心证和无罪推定原则是西方资产阶级的腐朽制度，是维护资产阶级专政的工具和遮羞布，是形而上学和唯心主义的重要体现，不符合我国的特殊国情，与我国证据法学强调的辩证唯物主义认识论、实事求是指导思想以及以事实为根据、以法律为准绳等社会主义法制原则存在明显矛盾。正是基于这样的认识，传统理论强烈反对在我国刑事诉讼中确立自由心证和无罪推定原则。而近年来，随着程序正义、人权保障、程序法治等理论或者观念的兴起，我国理论界对于自由心证和无罪推定原则的认识已经发生根本性的改变。研究者们不仅普遍认为自由心证和无罪推定原则不是西方国家的专利，而是刑事诉讼制度走向科学与民主的重要标志，是现代刑事诉讼制度或者刑事证据制度的基本原则，体现了现代刑事诉讼的基本规律，而且普遍呼吁我国应当在刑事诉讼立法或者刑事证据制度改革中确立自由心证或者无罪推定原则。许多证据法学的教科书在探讨证据法的基本原则时也将自由心证或者无罪推定作为现代证据法的基本原则。受这些观点的影响，在我国《刑事诉讼法》的两次大规模修改中，越来越多的内容体现了自由心证或者无罪推定原则的基本精神，如犯罪嫌疑人与被告人的区分、未经人民法院依法判决不得确定有罪原则和疑罪从无原则的确立等。

第四，从研究方法来看，开始弱化哲学研究、深化比较法研究、强化实证研究和交叉学科研究。在以往的刑事证据法学研究中，受各种主客观因素的影响，理论界对刑事证据法学的研究主要侧重于注释法学、比较法学、对策法学等研究方法，研究刑事证据法学的内容深度和广度也比较有限。尤其是受辩证唯物主义认识论的影响，理论界在研究诸如证据法学的理论基础、刑事证据的概念与属性、刑事证明的概念、刑事证明责任的分配、刑事证明标准的设置等问题时普遍陷入过于强调哲学思维的分析方式，以至于理论界在研究这些问题的过程中陷入了无休无止的争论，而难以形成广泛的基本共识，从而大大影响了我国刑事证据法学理论体系的科学构建。而随着许多中青年学者对于传统研究思路和研究方法的不断反思①，理论界开始逐渐实现研究方法的转型，不再像以往那样动辄将证据法学的问题演变成哲学问题进行讨论，这样既深化了比较研究，又强化了实证研究和交叉学科研究。在这种背景下，理论界不仅能够更加客观、辩证地认识和评价西方国家的刑事证据制度与理论，而且极大地拓宽了我国刑事证据法学研究的视野，丰富了我国刑事证据法学的理论。

最后，从研究内容来看，增加了刑事证据法的基本原理、刑事证据规则的研究，对刑事证据理论分类、刑事证明理论的研究更加系统化。在传统的刑事证据法学研究中，尤其是在刑事证据法学教科书中，理论界很少涉及刑事证据法的基本原则、刑事证据规则等方面的分析和研究，对刑事证据理论分类、刑事证明理论的研究也存在诸多局限。但是，随着我国刑事审判方式改革的不断深入以及《刑事诉讼法》的日益修改与完善，再加上我国刑事证据立法长期处于较为匮乏或者滞后的状态，从而导致司法机关在适用刑事证据制度的过程中面临诸多问题。理论界在研究我国应当如何修改与完善刑事证据制度的过程中，加强了对西方国家尤其是英美法系的刑事证据规则和刑事证明规则的研究。

尽管随着许多学者对传统刑事证据法学的不断反思，我国刑事证据法学的理论体系日臻完善，但是迄今为止我国仍然没有真正形成权威的并且能够得到大多数学者认可的刑事证据法学理论体系（参见本书第五章的分析）。在我国刑事证据法学理论体系仍然比较混乱的情况下，科学构建我国刑事证据法学理论体系显然已经成为迫在眉睫的重大课题。这不仅是我国刑事证据法学研究走向

---

① 陈瑞华. 问题与主义之间——刑事诉讼基本问题研究［M］. 北京：中国人民大学出版社，2003：516-559；周菁，王超. 刑事证据法学研究的回溯与反思：兼论研究方法的转型［J］. 中外法学，2004（3）；易延友. 证据学是一门法学吗：以研究对象为中心的省察［J］. 政法论坛，2005（3）；吴丹红. 面对中国的证据法学——兼评易延友《证据学是一门法学吗》［J］. 政法论坛，2006（2）；陈瑞华. 刑事诉讼法学研究的回顾与反思［J］. 法学家，2009（5）；陈瑞华. 法学研究方法的若干反思［J］. 中外法学，2015（1）.

成熟的内在要求，而且是推进我国刑事证据立法的重要途径。一方面，如果理论界迟迟无法形成公认的、科学的刑事证据法学理论体系，那么理论界就会继续陷入无谓的争论之中，而影响我国刑事证据法学研究走向成熟的步伐。另一方面，如果理论界无法构建科学的刑事证据法学理论体系，继续在一系列最基本的刑事证据法学问题上争论不休而难以达成共识，那么我国刑事证据立法的进程就会受到阻碍，进而影响我国刑事程序法的实施效果。

第二节　传统刑事证据法学理论的启蒙

从我国传统刑事证据法学的历史演变来看，我国刑事证据法学研究经历了两次重要启蒙，一次是以苏联刑事证据法学理论与实践为主要内容的启蒙，另一次是以西方国家尤其是英美法系的刑事证据法学理论与实践为主要内容的启蒙。第一次启蒙以辩证唯物主义认识论和实事求是为指导思想，奠定了我国传统刑事证据法学理论体系的理论基础，而第二次启蒙以程序正义、人权保障等为理论指导，奠定了我国刑事证据法学初步转型的理论基础。苏联刑事证据法学理论与实践对我国刑事证据法学研究的启蒙可以从微观和宏观这两个层面进行考察。前者是指苏联刑事证据法学理论与实践在某些具体的刑事证据制度或者理论上面的启蒙，如证据的概念、特征、种类、分类以及诉讼证明的概念、主体、对象、范围、方法、过程等。后者是指苏联刑事证据法学理论与实践在社会主义国家刑事证据制度的基本原理方面对我国刑事证据法学研究的启蒙。下面主要从五个方面就苏联刑事证据法学理论与实践对我国刑事证据法学研究在宏观上的启蒙进行简要的分析。

一、认识论指导思想的确立

辩证唯物主义认识论是马克思主义最根本的世界观和方法论。苏联作为人类社会第一个社会主义国家，其法律制度和法学研究理所当然离不开辩证唯物主义认识论的指导。就证据制度或者理论而言，苏联法学界普遍将辩证唯物主义认识论作为苏维埃证据制度的理论基础或者方法论基础。例如，蒂里切夫等编著的《苏维埃刑事诉讼》认为，马克思列宁主义的认识论是刑事诉讼科学最重要的部分，即证据理论和证据法的方法论基础。列宁关于反应和客观真理以及达到客观真理的途径的学说，是苏维埃刑事诉讼关于真实和达到真实的途径的学说的基础。① 维辛斯基和切里佐夫在分析苏维埃刑事证据制度中的内心确信和社会主义法律意识时进一步认为，社会主义法律意识是一般社会主义世界观的一部分，而构成社会主义世界观基础的就是历史唯物主义和辩证唯物主义。正是这个缘故，社会主义法律意识也把马克思主义哲学唯物论的方法，作为判断应由审判员或侦查员解决的现象、事实、问题的基本方法。马克思主义哲学唯物论的方法开辟了按照事物、现象和关系在实际存在中的本来面目去认识它们的道路，教导着怎样去理解和解决往往使法院所调查的事件更加复杂起来的那些矛盾，保证着对诉讼案件所做出的判决在最大程度上不犯错误；也只有借助唯物辩证的方法，才能即保证能确定实质真实。②

在我国刑事证据法学的艰难探索和恢复发展时期，尽管因为刑事证据立法匮乏等方面的客观原因，理论界对于刑事证据法学的研究还比较粗浅，但是理论界在借鉴和移植苏联证据法学理论的基础上，对马克思主义的认识论与我国刑事证据制度之间的关系进行了非常广泛而又深入的研究。根据理论界的论述，辩证唯物主义认识论不仅被当作我国刑事证据制度的基本指导思想，甚至被作为我国传统刑事证据法学的唯一理论基础。概括说来，理论界对于辩证唯物主义认识论的认识和理解主要包括：辩证唯物主义认识论揭示了人类认识自然、认识社会的最普遍规律，是指导人们正确认识和改造客观世界的唯一科学理论，证据制度和证据理论必须受到辩证唯物主义认识论的制约和指导；辩证唯物主义认识论是马克思主义世界观、方法论的集中体现，是无产阶级的世界观和方法论，证据学以马克思列宁主义、毛泽东思想为指导，主要就是以辩证唯物主义认识论为指导；只有以辩证唯物主义认识论为指导，才能正确揭露和批判剥削阶级的证据制度和证据理论；只有以辩证唯物主义认识论为指导，才能正确揭示证据制度的客观规律，才能按照事物的本来面目认识错综复杂的证据现象和证明过程，才能最大限度地保证司法人员正确地运用证据，准确地认定案件事实，保障诉讼任务的实现；西方国家的证据制度和理论是建立在唯心主义、形而上学、不可知论基础之上的非科学理论；辩证唯物主义认识论既是人们认识和改造世界的思想武器，又是研究刑事诉讼证据的指导思想，是我国证据学或证据制度的理论基础；我国证据学坚持以辩证唯物主义认识论为理论基础，

---

① H·B. 蒂里切夫. 苏维埃刑事诉讼 [M]. 张仲麟，译. 北京：法律出版社，1984：41，119-120.

② 维辛斯基. 苏维埃法律上的诉讼证据理论 [M]. 王之相，译. 法律出版社，1957：217；M·A. 切里佐夫. 苏维埃刑事诉讼 [M]. 中国人民大学刑法教研室，译. 北京：法律出版社，1955：198，203.

是同剥削阶级国家证据学的根本区别之一；等等。①

在刑事证据法学的研究过程中，理论界不仅将辩证唯物主义认识论作为反思和批判西方刑事证据制度与理论的有力武器，而且运用辩证唯物主义认识论的立场、观点和方法对我国刑事证据立法与司法进行了初步的解释，提出了一系列与辩证唯物主义认识论相一致或者相适应的刑事证据制度或者理论，从而初步形成了颇具中国特色的刑事证据制度或者理论：（1）在批判封建主义有罪推定、西方国家的无罪推定和自由心证，以及总结中华人民共和国人民司法工作正反经验的基础上，理论界提出了我国刑事证据制度应当坚持的基本原则，如实事求是原则，忠于事实真相原则，以及重证据、调查研究、不轻信口供、反对逼供信原则等；（2）在批判和反思剥削阶级国家证据制度类型的基础上，将我国刑事证据制度概括为实事求是证据制度；（3）刑事证据制度的核心问题或者刑事诉讼活动的首要任务是保证公安司法机关能够正确查明和认定案件事实真相；（4）案件事实是不依赖于公安司法机关的意志而存在的客观事实，公安司法人员只能按照辩证唯物主义认识论原理，将感性认识上升到理性认识，才能达到客观真实的程度；（5）坚持客观真实观，公安司法人员应当在刑事诉讼活动中坚持一切从实际出发，充分发挥主观能动性，保证主观符合客观，查明和证明案件事实真相；（6）坚持广义刑事证明观，认为刑事证明活动贯穿整个刑事诉讼过程，将刑事诉讼证明视为司法机关或者当事人运用证据查明和证明案件事实的诉讼活动，将司法机关收集证据、审查判断证据的诉讼活动视为

① 陈启武．"事实是根据，法律是准绳"是我国刑事诉讼的基本指导原则［J］．法学，1958（6）；吴磊，陈一云，程荣斌．学习我国诉讼证据指导原则的一点体会［J］．政法研究，1963（1）；吴磊．运用唯物辩证法研究刑事诉讼证据问题［J］．政法研究，1965（3）；徐益初．以辩证唯物主义为指导研究证据理论问题［J］．法学研究，1983（1）；吕心廉．辩证唯物主义的反映论与刑事诉讼证据［J］．西北政法学院学报，1984（1）；黄道，陈浩铨．刑事证据理论的辩证法基础［J］．政治与法律，1993（3）；陈浩铨，黄道．论刑事证据理论的唯物论基础［J］．政法论坛，1993（3）；黄道，陈浩铨．刑事证据理论的认识论基础［J］．政法论坛，1994（1）；张子培．刑事证据理论［M］．北京：群众出版社，1982：119-131；巫宇甦．证据学［M］．北京：群众出版社，1983：118-130；徐益初，肖贤富．刑事诉讼证据学基础知识［M］．北京：法律出版社，1983：8-11；朱云．刑事诉讼证据制度［M］．北京：法律出版社，1986：72-84；郝双禄．应用证据学［M］．北京：中央民族学院出版社，1988：98-104；裴苍龄．证据法学新论［M］．北京：法律出版社，1989：5-6；陈一云．证据学［M］．北京：中国人民大学出版社，1991：195-204；赵景荣．新编证据学［M］．北京：中国政法大学出版社，1992：108-132.

认识活动，公检法三机关都属于刑事证明的主体，都应当承当证明责任；等等。①

二、阶级分析方法的引入

阶级分析方法是马克思主义法理学的一个重要研究方法。苏联作为人类社会第一个社会主义国家，其法学研究自然离不开阶级分析方法。尤其是在比较社会主义国家法律制度和西方国家法律制度之间的本质区别时，苏联法学界无不采用了马克思主义的阶级分析方法。就刑事证据制度而言，苏联法学界的阶级分析方法主要体现在如下几个方面：

首先，运用阶级分析方法揭示刑事诉讼科学或者证据学、刑事证据制度的阶级性。苏联学者认为，人类社会不存在超阶级、无党性的科学。包括刑事证据法学在内的苏维埃刑事诉讼科学是一门具有阶级性和党性的科学，研究刑事诉讼的一切问题都要从苏联人民的利益、苏维埃社会主义国家的任务和党性原则出发，苏维埃诉讼法学家在党的领导下，以马克思列宁主义的国家学说为出发点，既揭穿了资产阶级超阶级、无党性的理论，又解决了诉讼理论上的一系列最重要问题，建立了社会主义的刑事诉讼科学。② 维辛斯基院士也认为，在关于证据的学说里，基本的东西就是判断证据的原则和方法，它是判断证据所依据的一种标准。而这种标准归根到底就是阶级利益，法院和诉讼程序就是为了保护这种利益而存在的。但是，无论是人类学派，或者是资产阶级法学任何其他学派，在自己理论的钻研方面都不能达到真正科学的高度，因为这样做有把资产阶级法律的阶级本性揭露出来的危险。③ 维辛斯基进一步指出，一般认为证据学或证据法的理论是审判法最重要的、中心的理论。不能像许多资产阶级的

---

① 张子培. 刑事证据理论［M］. 北京：群众出版社，1982：119-131；巫宇甦. 证据学［M］. 北京：群众出版社，1983：118-130；徐益初，肖贤富. 刑事诉讼证据学基础知识［M］. 北京：法律出版社，1983：8-11；朱云. 刑事诉讼证据制度［M］. 北京：法律出版社，1986：219-234；郝双禄. 应用证据学［M］. 北京：中央民族学院出版社，1988：98-104；裴苍龄. 证据法学新论［M］. 北京：法律出版社，1989：5-6；陈一云. 证据学［M］. 北京：中国人民大学出版社，1991：195-204；赵景荣. 新编证据学［M］. 北京：中国政法大学出版社，1992：108-132；等等。
② M·A. 切里佐夫. 苏维埃刑事诉讼［M］. 中国人民大学刑法教研室，译. 北京：法律出版社，1955：20-44；B·E. 楚贡诺夫. 苏维埃刑事诉讼讲稿［M］. 北京：中国政法大学，1957：1-17；H·B. 蒂里切夫. 苏维埃刑事诉讼［M］. 张仲麟，译. 北京：法律出版社，1984：118-188，1-42.
③ 维辛斯基. 苏维埃法律上的诉讼证据理论［M］. 王之相，译. 北京：法律出版社，1957：71.

诉讼法学者那样将全部诉讼程序归纳为利用证据的一种艺术，或者将刑事诉讼逻辑仅仅归结为证据搜集和利用的规则。这是因为，刑事诉讼逻辑不是只由案件的一个法律形式就能概括无余的。在阶级法院里，诉讼的逻辑是由国内阶级力量的实际对比关系所决定的。阶级斗争的逻辑必然地表现在这种逻辑上。而阶级斗争的逻辑归根到底是每一个诉讼案件的行为和结果都受阶级斗争规律的作用支配。怎样领会构成法院审理对象的事实，怎样了解和适用法律，都要受社会发展规律的支配，受国内占统治地位的社会关系和社会关系所决定的观点、思想、全部意识形态的影响。①

其次，以阶级分析方法批判资产阶级的证据制度或者理论。维辛斯基院士在论述苏维埃法律上的诉讼证据理论时，首先以马克思主义的阶级观点对剥削阶级社会的形式证据理论和自由判断证据理论进行了批判。在维辛斯基看来，相对于古代神示证据制度，形式证据制度对于新的君主独裁权力表现出了很大的利益。这种证据制度完全适合国家政权的企图，也就是使已经破裂并散布在全国的封建司法从属于自己，为了自己的利益要把创造法院实行镇压的各封建诸侯变成皇帝的家仆，变成为皇帝利益实行裁判的大皇帝陛下的法官。② 但是，建立在形式证据理论上的刑事诉讼不能满足反封建主义和在反对警察国家的斗争中依靠民主制度新原则的这一资产阶级的要求。形式证据理论不能保证工业资产阶级的利益得到应有的保卫和维护。在这种背景下，资产阶级在革命取得胜利以后摧毁了封建的法院和封建诉讼程序，废除了依靠形式证据理论的封建证据法，用符合其阶级利益的法官自由确信理论或者法官自由良心理论代替了形式证据理论，以建立在法官内心确信基础之上的自由判断证据制度代替了形式证据制度（即法定证据制度）。③ 维辛斯基认为，尽管法官自由良心和内心确信理论是对封建司法制度的枷锁和压迫的一种抗议，是自由资产阶级反对封建制度与官僚主义的专制压迫，为树立和巩固资产阶级法院民主原则而斗争的口号和旗帜，反映了资产阶级先进分子社会思想的进步潮流，但是资产阶级在这种理论中以全社会的名义使自己的国家机关在阶级斗争中具有一种政治上的公

---

① 维辛斯基．苏维埃法律上的诉讼证据理论［M］．王之相，译．北京：法律出版社，1957：73-74.

② 维辛斯基．苏维埃法律上的诉讼证据理论［M］．王之相，译．北京：法律出版社，1957：112.

③ 维辛斯基．苏维埃法律上的诉讼证据理论［M］．王之相，译．北京：法律出版社，1957：159-168.

正无私、客观的和中立的性质，用来掩盖阶级的自私意图。① 维辛斯基在批判资产阶级的内心确信和盖然性理论或者证据相对确实性的理论时指出，这是建立在不可知论和唯心主义基础之上的资产阶级理论，这种学说在剥削者社会阶级司法的掌握中成为辩护审判错误尤其是政治错误的源泉，掩盖了资产阶级证据制度和全部资产阶级司法的阶级本质以及资产阶级法院的阶级意图。② 维辛斯基和切里佐夫教授在批判资产阶级将诉讼过程归结为运用证据的艺术或者规则这个观点时认为，该理论抹杀了收集证据、向法院提出证据以及法院审查、判断证据的阶级意义。实际上，关于什么可以算作证据，什么不可以算作证据，从哪些来源可以获取证据，谁应当搜集证据和向法院提出证据，以及最后法院用什么方法审查和判断证据等问题，在诉讼史上以及在社会主义国家诉讼和资产阶级国家诉讼中，都是根据各个时期、各个国家统治阶级向法院和诉讼提出的阶级任务的不同而不同地加以解决的。③

最后，以阶级观点分析苏维埃刑事证据制度或者理论。维辛斯基在分析司法法学与证据学的一般原理时认为，证据学所研究的内容不能局限于案件技术和诉讼证据方面的规则。这是因为，证据法和其他法律一样，都被阶级精神所渗透，都是社会统治阶级的工具，都是为阶级利益服务的。在审判和侦查中，判断所有的证据都必须遵循唯物辩证法，考察与阶级关系和阶级斗争有联系的一切事宜。这是因为法院、诉讼程序和证据都是某一社会统治阶级所掌握的阶级斗争的工具。对于同样的事实和证据，地主法官、有产者法官、官吏法官的看法和工人法官的看法就具有不同的意义和证据力。这是由于法官们的阶级地位不同，他们的心理，他们的观念形态，他们的习惯，他们的全部阶级本质不同的缘故。④ 维辛斯基在分析苏维埃诉讼中的内心确信和社会主义法律意识时进一步指出，审判员的内心确信具有阶级性质，资产阶级的内心确信是在资产阶级社会占统治地位的概念与观念的基础上积累和形成的，而苏维埃审判员的社会主义法律意识和内心确信是苏维埃证据法最重要的诉讼原则，它们建立在马

① 维辛斯基. 苏维埃法律上的诉讼证据理论 [M]. 王之相，译. 北京：法律出版社，1957：169.
② 维辛斯基. 苏维埃法律上的诉讼证据理论 [M]. 王之相，译. 北京：法律出版社，1957：170-195.
③ M·A. 切里佐夫. 苏维埃刑事诉讼 [M]. 中国人民大学刑法教研室，译. 北京：法律出版社，1955：192；维辛斯基. 苏维埃法律上的诉讼证据理论[M]. 王之相，译. 北京：法律出版社，1957：73-78.
④ 维辛斯基. 苏维埃法律上的诉讼证据理论 [M]. 王之相，译. 北京：法律出版社，1957：73-78.

克思主义历史唯物主义和辩证唯物主义的哲学世界观的基础之上，由苏维埃社会制度的性质和无产阶级专政与社会主义民主制度的统治地位所决定，是区别于剥削阶级证据法的重要表现。①

中华人民共和国成立后不久，在废除旧法、建立社会主义人民司法制度的背景下，理论界在研究证据法学的过程中不仅大规模借鉴和移植了苏联的证据制度和理论，而且像苏联学者一样广泛地采用了阶级分析方法。中华人民共和国的第一部证据法学教材就曾经明确指出，我国证据学的任务之一就是对历史上和当代的剥削阶级国家的证据制度和学说进行必要的比较研究，既揭露其为剥削阶级服务的本质及其违反科学的方面，又注意发现其合理的部分，以供我国法制建设借鉴。② 赵炳寿主编的《证据法学》在分析证据法的任务时也认为，证据法的任务是由证据法的阶级本质决定的。不同类型的证据法各自执行着不同的任务。资本主义社会的证据法的任务是通过保证资产阶级国家的实体法的实施而保护资本主义所有制，维护资本主义社会的法律秩序和保护资产阶级的政治统治和经济利益。而我国证据法的任务则是保证人民法院、人民检察院和公安机关准确、及时地查明犯罪事实，正确适用法律，惩罚犯罪分子，保障无罪的人不受刑事追究，教育公民自觉遵守法律，积极同犯罪行为作斗争，以保卫人民民主专政制度，保护社会主义的全民所有的财产和劳动群众集体所有的财产。③ 标志着我国传统刑事证据法学理论体系形成的由陈一云教授主编的《证据学》也认为，我国的证据学既然是以马克思主义为指导的法律科学，必然要注意从理论上划清我国社会主义的证据制度同其他类型证据制度的界限，与反映剥削阶级利益和要求的传统观念决裂。④ 还有学者甚至明确断言，必须用阶级分析的观点看待刑事诉讼证据。⑤ 归纳起来，我国理论界对刑事证据制度的阶级分析主要体现在如下几个方面：

首先，在分析刑事证据制度的类型时以阶级性为划分依据，将古今中外的刑事证据制度分为剥削阶级国家的证据制度和社会主义国家的证据制度。其中，剥削阶级国家的证据制度包括奴隶制国家的证据制度、封建制国家的证据制度和资本主义国家的证据制度。社会主义国家的证据制度主要是苏联的证据制度

---

① 维辛斯基. 苏维埃法律上的诉讼证据理论 [M]. 王之相，译. 北京：法律出版社，1957：211-259.

② 巫宇甦. 证据学 [M]. 北京：群众出版社，1983：1.

③ 赵炳寿. 证据法学 [M]. 成都：四川大学出版社，1990：14-15.

④ 陈一云. 证据学 [M]. 北京：中国人民大学出版社，1991：14.

⑤ 高克祥. 必须用阶级分析的观点看待刑事诉讼证据 [J]. 政法研究，1965（3）.

和中华人民共和国的证据制度。我国传统刑事证据法学之所以普遍将刑事证据制度分为剥削阶级国家的证据制度和社会主义国家的证据制度这两种基本类型，主要是理论界借鉴了苏联的阶级分析方法，认为证据制度作为法律制度的重要组成部分，同其他上层建筑一样具有阶级性，是统治阶级意志和利益的体现，受统治阶级的世界观和方法论制约；不同类型的社会具有不同的统治阶级，因而具有不同性质和特点的刑事证据制度。① 例如，陈一云教授主编的《证据学》认为，证据制度是司法制度不可分割的重要组成部分，具有强烈的阶级性。任何证据制度都是为维护一定的阶级统治服务的。就阶级本质而言，有什么性质的社会，就有什么性质的证据制度。以阶级性为依据，可以将证据制度划分为奴隶制的、封建制的、资本主义和社会主义的几种。② 再如，赵景荣教授主编的《新编证据学》认为，证据制度同国家的政治制度、其他法律制度一样，都属于上层建筑，都是统治阶级意志和利益的体现，都是为统治阶级的经济利益和政治利益服务的工具，都受到统治阶级的世界观和方法论的制约，都由经济基础决定。有什么样的所有制关系，就有什么样的维护这种所有制关系的法律和证据制度。中华人民共和国的诉讼制度和证据制度是在彻底废除国民党政府的法律、法令和司法制度，以马克思列宁主义、毛泽东思想为指导，从我国实际出发，适应社会主义革命和建设事业的需要，实事求是总结我国人民司法工作的实践经验的基础上逐步建立和完善起来的社会主义诉讼制度和证据制度。以马克思主义的辩证唯物主义认识论作为我国证据制度的理论基础，使我国的证据制度同古今中外剥削阶级的证据制度和证据理论中渗透的唯心论和形而上学思想从本质上区别开来，并使我国的证据制度成为人类历史上崭新的、科学的社会主义性质的证据制度。③ 有的学者甚至将我国刑事证据制度称作有史以来，最正确、最完备、最科学的证据制度。④

其次，以阶级观点批判西方国家的刑事证据制度或者理论。尽管自由心证被公认为是现代证据法的一项基本原则，但是在中华人民共和国成立早期批判旧法思潮和反右运动中，我国理论界深受苏联阶级分析方法的影响，普遍将西

---

① 除了以阶级性作为证据制度的划分标准以外，我国证据法学教科书还普遍以审查判断证据的原则或者标准为依据，将国外的证据制度划分为神示证据制度、法定证据制度、自由心证证据制度、内心确信证据制度。而我国的证据制度被普遍称为实事求是的证据制度。

② 陈一云. 证据学 ［M］. 北京：中国人民大学出版社，1991：15.

③ 赵景荣. 新编证据学 ［M］. 北京：中国政法大学出版社，1992：13-54.

④ 王汝嘉. 刑事诉讼证据概论 ［M］. 哈尔滨：黑龙江人民出版社，1984：17.

方国家的自由心证证据制度或者理论作为反动制度或者理论加以猛烈批判。一般而言，基于辩证唯物主义的方法论，理论界在充分肯定资本主义国家自由心证证据制度相对于封建社会野蛮司法制度的历史进步意义的同时，普遍以阶级分析的方法对西方国家自由心证证据制度及其相关理论进行了抨击和批判。根据当时的权威学者张子培的系统批判，资产阶级的自由心证是适应资产阶级自由主义思潮，以及树立和巩固资产阶级政治统治服务的一套完整思想体系，具有一系列根本性的缺陷：自由心证是资本主义制度的产物，它与社会主义制度及其社会主义法制根本对立；从阶级本质来看，自由心证是维护资产阶级专政、镇压劳动人民和进步力量的有效工具；自由心证以主观唯心主义为思想基础，以不可知论为基本出发点，与马克思、列宁主义辩证唯物论的认识论根本对立；自由心证原则建立在资产阶级私有制基础之上，与社会主义的正义、道德、法律观念根本对立。① 我国制定第一部《刑事诉讼法》之后，理论界仍然坚持阶级观点，再次对西方国家自由心证证据制度的局限性进行了系统反思，认为自由心证证据制度以不可知论为哲学基础，其思想基础是主观唯心主义；自由心证制度是为资产阶级专政服务的工具，法官的所谓自由心证不可能具有超阶级性，它甚至为法官灵活地利用司法活动为政治服务提供了广阔余地；法官在自由心证时把主观意识、理性原则作为认定案件事实的根据，缺乏客观标准，无法保证判断结论的正确；自由心证为法官主观臆断或者武断专横提供了有利条件和法律根据。② 正是基于以上论断，我国传统刑事证据法学理论认为，我国不宜确立自由心证的证据制度。

最后，以阶级观点分析具体的刑事证据制度或者理论。在我国传统刑事证据法学的萌芽和形成时期，理论界不仅以阶级分析方法从总体上猛烈抨击了西方国家的刑事证据制度或者理论，而且普遍以阶级观点来认识和理解具体的刑事证据制度或者理论。以无罪推定原则和刑事证据特征为例。尽管无罪推定原

---

① 张子培. 批判资产阶级"法官自由心证"原则［J］. 政法研究，1958（2）.

② 徐益初. 自由心证原则与判断证据的标准［J］. 法学研究，1981（2）；陈光中. 评自由心证［J］. 北京政法学院学报，1982（1）；张子培. 批判资产阶级"法官自由心证"原则［J］. 政法研究，1958（2）；霍震."自由心证"不是我国判断证据的原则［J］. 法学季刊，1982（4）；张子培. 刑事证据理论［M］. 北京：群众出版社，1983：37-39；巫宇甦. 证据学［M］. 北京：群众出版社，1983：24-27；朱云. 刑事诉讼证据制度［M］. 北京：法律出版社，1986：61-66；宋世杰. 诉讼证据学［M］. 长沙：湖南人民出版社，1988：42-46；陈一云. 证据学［M］. 北京：中国人民大学出版社，1991：34-36；赵景荣. 新编证据学［M］. 北京：中国政法大学出版社，1992：32-33.

则现在被我国理论界普遍视为现代刑事诉讼的一个重要基石，但是受阶级分析方法的影响，在我国传统刑事证据法学的萌芽和形成时期，无罪推定原则被视为资产阶级专政的工具和遮羞布，具有欺骗性、虚伪性和片面性，其目的仍然是为了维护剥削阶级的政治压迫和经济剥削。① 与无罪推定原则相似的是，在中华人民共和国成立早期，受批判旧法思潮和反右运动的影响，理论界以阶级分析的方法对刑事证据是否具有阶级性进行了深入分析。肯定论者认为，刑事诉讼证据有没有阶级性，必须同国家性质、证据制度和原则的阶级性以及侦查、检察、审判人员的立场、观点联系起来认识。侦查、检察、审判人员的刑事诉讼活动几乎都是围绕运用证据查清案件事实进行的。他们只有依照国家的政策法律，贯彻证据制度和原则，通过诉讼形式，同犯罪分子进行尖锐的阶级斗争，才能运用证据查清案件事实，据以逮捕、起诉、判决，惩罚犯罪、打击敌人。这决定了刑事诉讼证据具有阶级性。② 还有学者认为，证据的阶级性源于犯罪行为的阶级性，它反映的是证据事实在刑事诉讼中所起的作用（揭露犯罪）和对犯罪分子的关系（惩罚犯罪）。否定刑事诉讼证据阶级性的观点实际上是割断了证据事实同犯罪行为之间不可分割的联系。③ 否定论者则认为，不能从证据制度的阶级性得出证据本身也有阶级性的结论。虽然刑事诉讼、诉讼制度和证据制度都有很强烈的阶级性，但是刑事诉讼证据本身是独立于人的意识之外的客观存在。也就是说，具有阶级性的是人和制度，而刑事证据本身没有什么阶级性可言。④ 还有学者认为，关于刑事证据有阶级性的论述是把全部刑事诉讼活动中反映出来的阶级性硬塞给作为诉讼证据的客观事实了，是把诉讼证据问题同整个刑事诉讼活动以及人认识事物的主观能动性同人对事物的阶级性混为一谈。⑤ 折中论者认为，诉讼证据是否具有阶级性，应该区别对待：诸如受害人、证人等所陈述的反革命破坏等犯罪事实，就表现为刑事诉讼证据的阶级性；而对于

---

① 巫宇甦. 批判资产阶级"无罪推定"原则 [J]. 政法研究，1958（2）；王桂五. 评"无罪推定"的诉讼原则 [J]. 法学，1984（4）；邓崇范. 无罪推定不能作为我国刑事诉讼的基本原则 [J]. 法学评论，1984（2）；唐关达. 对"无罪推定"要做具体分析 [J]. 法学研究，1980（1）；廖增昀. 对无罪推定原则的几点看法 [J]. 法学研究，1980（5）.

② 前进. 谈谈刑事诉讼证据的阶级性 [J]. 政法研究，1964（3）；王净. 关于刑事诉讼证据理论几个问题的商榷 [J]. 政法研究，1964（4）.

③ 戴福康. 刑事诉讼证据为什么具有阶级性？[J]. 政法研究，1964（4）.

④ 戴福康. 证据本身是没有阶级性的 [J]. 政法研究，1964（3）；凌相权. 两点意见 [J]. 政法研究，1964（3）；陆研. 谈谈刑事诉讼证据有无阶级性的问题 [J]. 政法研究，1964（4）.

⑤ 田静仁. 关于刑事诉讼证据的客观性和阶级性问题 [J]. 政法研究，1964（2）.

自然界的物质、科学检验等方面的刑事诉讼证据则没有阶级性。① 值得一提的是，"文化大革命"结束以后，理论界关于刑事证据的特征的分歧，焦点在于刑事证据是否具备合法性或者法律性，而不再讨论刑事证据是否存在阶级性这个问题。

三、证据学理论体系的初建

就笔者掌握的研究资料而言，国内既没有翻译苏联的证据法学教科书，也没有系统介绍和研究苏联刑事证据法学理论体系的论著。这可能与苏联诉讼法学理论将证据法作为诉讼法的一个重要组成部分而不是一门独立的部门法具有重要关系。例如，苏联法学家蒂里切夫等编著的《苏维埃刑事诉讼》认为，证据法是《刑事诉讼法》的一个组成部分，它只能被有条件地从《刑事诉讼法》的整个体系中分离出来。而证据理论也是刑事诉讼科学的一个部分。② 苏联维辛斯基院士甚至指出，证据学是诉讼法和诉讼程序学科中最重要、最实际的一部分。③ 而根据苏联法学家们的论述，苏维埃刑事诉讼中的证据理论主要包括三部分内容：（1）基本原理部分，包括证据制度的方法论原理或者理论基础、证据法的目的等；（2）证明部分，包括证明的概念与特征、证明主体、证明对象、证明范围、证明责任、证明过程、证明方法等；（3）证据部分，包括证据的概念、证据的法律种类（或者证据的来源分类）、证据的理论分类等。④ 维辛斯基院士在其名著——《苏维埃法律上的诉讼证据理论》中论述苏维埃诉讼证据理论时，也是在分析和评价苏维埃国家法院的作用和意义，苏维埃诉讼法的任务，审判政策、法律和诉讼程序，司法法学与证据学，形式证据的理论，英国的证据法，自由判断证据的理论等证据法学的基础理论之后，再对苏维埃证据法的具体内容进行论述。而他在论述苏维埃证据法的时候，也是先论述苏维埃证据法的基础理论，如内心确信和社会主义法律意识、马克思主义辩证法等，然后

---

① 巫宇甦. 论我国刑事诉讼中的证据［J］. 政法研究，1964（2）；孙兴起. 有无阶级性要区别看［J］. 政法研究，1964（3）.

② 维辛斯基. 苏维埃法律上的诉讼证据理论［M］. 王之相，译. 北京：法律出版社，1957：3.

③ H·B. 蒂里切夫. 苏维埃刑事诉讼［M］. 张仲麟，译. 北京：法律出版社，1984：119.

④ M·A. 切里佐夫. 苏维埃刑事诉讼［M］. 中国人民大学刑法教研室，译. 北京：法律出版社，1955：191-267；H·B. 蒂里切夫. 苏维埃刑事诉讼［M］. 张仲麟，译. 北京：中国政法大学，1984：118-188；B·E. 楚贡诺夫. 苏维埃刑事诉讼讲稿［M］. 北京：中国政法大学，1957：80-119.

再分别论述苏维埃证据法中的诉讼证据、诉讼证明这两个方面的具体制度或者理论。

在中华人民共和国早期，基于特定的历史条件，尤其是在没有制定《刑事诉讼法》或者刑事证据法的情况下，理论界对于刑事证据法学的研究对象的认识极其狭窄和零散，只是局限于证据制度的理论基础、刑事证据的概念、性质与特征、刑事证据的分类等屈指可数的几个基本问题，不可能形成刑事证据法学的理论体系。但是，1979 年我国制定第一部《刑事诉讼法》之后到 1996 年修改《刑事诉讼法》之前，随着刑事证据制度的不断完善，尤其是随着二十余部刑事证据法学专著的出版，刑事证据法学的研究范围或者研究对象不断扩大，以 15 部证据法学教材为标志，理论界初步建立了符合我国刑事证据制度特点的刑事证据法学理论体系。就编排形式而言，12 部证据法学教材采用了章节的形式来编排证据法学的理论体系（占总数的 80%），3 部证据法学教材则采用了编章节的形式来编排证据法学的理论体系（占总数的 20%）。就编排结构而言，按照编章节编排的证据法学教材采用了以下三种结构：续论、史论、总论、分论；导论、证据论、证明论；绪论、本论。就具体内容而言，这些教材论述的内容主要包括：（1）证据法学的指导思想、研究对象、学科体系、研究方法，证据法与其他部门法的关系，证据法学与其他部门法学的关系；（2）国外刑事证据制度历史沿革（包括神示证据制度、法定证据制度、自由心证证据制度、内心确信证据制度），国内刑事证据制度历史沿革（包括旧中国证据制度、中华人民共和国证据制度）；（3）证据的概念、特征、意义、分类、种类，以及几种法定证据种类的概念、特征、意义、收集、固定、保全、审查判断等；（5）证明的概念、意义，以及证明对象、证明责任或者举证责任、证明要求（或者证明任务、证明标准）、证明原则、证明方法、推定；（6）运用证据的基本原则、基本要求或者指导原则。尽管 15 部证据法学教材在编排形式、编排结构和研究内容等方面存在一定差异，但是总体来说这些教材与苏联学者关于苏维埃刑事证据的论述存在较大相似性，即这些教材一般在分析证据法学的基本原理之后，分别就证据制度的历史沿革、诉讼证据、诉讼证明进行论述，从而大致上形成了导论、史论、证据论、证明论的学科理论体系。

四、客观真实观的全盘继受

在马克思主义辩证唯物主义认识论的指导下，苏维埃刑事证据制度与理论不仅坚持内心确信原则，而且实行客观真实原则。① 客观真实原则要求苏维埃审判机关、检察机关和侦查机关应当从犯罪事实和被告人实施犯罪事实的各个方面发现并确定客观的真实，确保审判员所作的判决完全符合实际的事实。② 客观真实原则不仅在苏维埃刑事诉讼中得到了充分体现，而且对苏维埃刑事诉讼的制度设计具有深刻影响，参加刑事诉讼的主体也因此而获得广泛的权利。例如，调查机关、侦查员、检察长和法院进行刑事证明的目的就是为了判明客观真相，确保对犯罪事实、被告人是否有罪以及其他所有案件情况的认识准确地同实际发生过的情况相符合；刑事证明活动的全部规则都是为了保证得出确实可靠的结论；调查机关、侦查员、检察长和法院在各个诉讼阶段都应当全面、充分、客观地调查案情，收集、审查和评定证据；法院不受任何形式的证据或者当事人所提证据范围的限制；法院有权调取新的证据，甚至超出原来指控的范围而根据发现的新事实提出新的控诉或者检举被告人；检察院和法院要在起诉阶段、上诉程序、审判监督程序中对前面诉讼阶段所评定的证据进行全面审查；等等。③ 尽管苏联法学家们认为法院判明客观真实需要满足一定的条件，甚至承认法院在个别案件中可能发生错误，但是他们根据马克思主义唯物辩证认识论，同时强调苏维埃法院必然能够认识到客观真实，也只有借助辩证唯物主义认识论，才能确定客观真实。如维辛斯基院士认为，从马克思主义的观点来看，尽管我们的知识对于客观、绝对的真理的接近是历史的和有条件的，但是这个真理的存在是无条件的，我们逐渐接近它是无条件的。④ 维辛斯基在批判资产阶级的盖然性证据理论时进一步指出，如果法院判决案件时遵循盖然性原则，那么就谈不到什么公正审判。这是因为，法院应当根据确实的、确切判明的、绝对的、在真实性上不发生疑义的事实做出刑事判决，而不能把刑事判决建立正在

---

① 在苏联刑事证据制度与理论中，内心确信原则与客观真实原则具有内在的紧密联系。这不仅在于它们具有共同的理论基础——辩证唯物主义认识论，而且在于内心确信原则要求审判员在心理上对案件所作的结论形成正确性和可靠性的信念，审判员内心确信的形成必须建立在客观真实的基础之上。

② M·A. 切里佐夫. 苏维埃刑事诉讼［M］. 中国人民大学刑法教研室，译. 北京：法律出版社，1955：118.

③ M·A. 切里佐夫. 苏维埃刑事诉讼［M］. 中国人民大学刑法教研室，译. 北京：法律出版社，1955：118-119；H·B. 蒂里切夫. 苏维埃刑事诉讼［M］. 张仲麟，译. 北京：法律出版社，1984：120-126.

④ 维辛斯基. 苏维埃法律上的诉讼证据理论［M］. 王之相，译. 北京：法律出版社，1957：236-237.

单纯推测或者盖然性的基础之上。①

与辩证唯物主义认识论一样，我国理论界在刑事证据法学研究的艰难探索和恢复发展时期完全接受了苏联的客观真实观念和客观真实原则。概括而言，我国学者在宏观上对客观真实观的认识和理解主要体现在如下几个方面：（1）辩证唯物主义认识论是可知论，是彻底的能动的反映论，这决定了侦查、检察、审判人员能够认识一切案件的客观事实；（2）物质第一性，意识第二性，物质决定意识，意识对物质具有反作用，这意味着公安司法人员对案件客观真实的认识既要充分发挥他们的主观能动性，又要做到主观符合客观；（3）客观真理是绝对真理，和相对真理是对立统一的辩证关系，人类社会的认识能力是至上性与有限性的辩证统一，这决定了客观真实是绝对真实与相对真实的辩证统一；（4）尽管客观真实是可以认识的，但是刑事证明的过程是具有复杂性、曲折性和反复性的辩证过程，公安司法人员对客观真实的认识往往需要经历感性认识和理性认识两个阶段，经过实践、认识、再认识、再实践的循环往复过程才能完成；（5）刑事证据是不以公安司法人员意志为转移的客观事实，公安司法人员认识案件的客观真实时必须尊重刑事证据的客观性；（6）刑事诉讼的全部过程是认识案件客观真实的过程，而该过程既是从相对真实走向绝对真实的过程，又是不断排除错误的过程；（7）实践既是公安司法人员收集运用证据认定事实的基础，又是检验认定案情是否正确的唯一标准；（8）刑事证据制度的核心问题就是如何确保侦查、检察、审判人员查明和证明案件事实真相，做到主观符合客观；（9）侦查、检察、审判人员在收集、审查、判断和运用证据证明案情时必须忠于事实真相，这是我国实事求是的刑事证据制度与法定证据

---

① 维辛斯基．苏维埃法律上的诉讼证据理论［M］．王之相，译．北京：法律出版社，1957：220-236．

制度、自由心证证据制度的区别所在；等等。①

在传统刑事证据法学的萌芽和形成时期，我国不仅完全接受了苏联的客观真实观，而且在刑事证据立法与司法中充分体现了客观真实观：（1）由于我国刑事证据制度以辩证唯物主义认识论和实事求是为理论基础或者指导思想，理论界普遍将我国刑事证据制度概括为实事求是的证据制度；（2）刑事诉讼的任务之一就是保证公安司法机关准确、及时地查明犯罪事实；（3）在刑事诉讼中坚持以事实为根据、以法律为准绳的基本原则；（4）在刑事证据的收集和运用过程中坚持一系列与客观真实密切相关的原则，如一切从实际出发，依靠群众，重证据，重调查研究，不轻信口供，禁止刑讯逼供，以及忠实于事实真相等；（5）强调刑事证据的客观性，将客观性视为刑事证据最主要的特征和本质特征；（6）将刑事证据界定为能够证明案件真实情况的一切事实，强调刑事证据必须经过查证属实，才能作为定案的根据；（7）审判人员、检察人员、侦查人员必须依照法定程序全面收集证据，严禁通过刑讯逼供等非法方法收集证据，保证一切与案件有关或了解案情的公民，有客观地充分地提供证据的条件；（8）强调公检法三机关故意隐瞒事实真相的，应当追究责任；（9）强调刑事证明的目的是查明案件事实真相，确定案件的客观真实，实行犯罪事实清楚、证据充分的证明标准；（10）第二审人民法院应当就第一审判决认定的事实和适用法律进行全面审查，不受上诉或者抗诉范围的限制；等等。

①　陈启武．"事实是根据，法律是准绳"是我国刑事诉讼的基本指导原则［J］．法学，1958（6）；吴磊，陈一云，程荣斌．学习我国诉讼证据指导原则的一点体会［J］．政法研究，1963（1）；吴磊．运用唯物辩证法研究刑事诉讼证据问题［J］．政法研究，1965（3）；徐益初．以辩证唯物主义为指导研究证据理论问题［J］．法学研究，1983（1）；吕心廉．辩证唯物主义的反映论与刑事诉讼证据［J］．西北政法学院学报，1984（1）；黄道，陈浩铨．刑事证据理论的辩证法基础［J］．政治与法律，1993（3）；陈浩铨，黄道．论刑事证据理论的唯物论基础［J］．政法论坛，1993（3）；黄道，陈浩铨．刑事证据理论的认识论基础［J］．政法论坛，1994（1）；张子培．刑事证据理论［M］．北京：群众出版社，1982：93-131；巫宇甦．证据学［M］．北京：群众出版社，1983：55-66，118-130；徐益初，肖贤富．刑事诉讼证据学基础知识［M］．北京：法律出版社，1983：8-11；朱云．刑事诉讼证据制度［M］．北京：法律出版社，1986：72-84，213-216；郝双禄．应用证据学［M］．北京：中央民族学院出版社，1988：98-104；裴苍龄．证据法学新论［M］．北京：法律出版社，1989：5-6；陈一云．证据学［M］．北京：中国人民大学出版社，1991：95-97，195-204；赵景荣．新编证据学［M］．北京：中国政法大学出版社，1992：108-132.

五、广义刑事证明观的形成

根据刑事证明的阶段是局限于审判阶段还是包括整个刑事诉讼程序，理论界通常将刑事证明分成两种观念，即狭义的刑事证明观和广义的刑事证明观。从苏联学者的论述来看，苏维埃刑事证据法学理论显然采用了广义的刑事证明观。根据苏联学者的论述，苏联的广义刑事证明观主要体现在如下几个方面：（1）刑事证明的概念。苏联的刑事证明是指调查机关、侦查员、检察长和法院在其他诉讼主体的参与下，为了判明案件的真相，按照法律规定的程序进行的收集、审查和评定证据的活动。（2）刑事证明的目的。调查机关、侦查员、检察长和法院进行证明活动的目的是为了判明事实真相，即确保对犯罪事实的认识要准确地同实际发生过的情况相符合。（3）刑事证明的主体不仅包括检察机关，而且包括侦查机关和审判机关。（4）证明责任。尽管苏联《刑事诉讼法》基于无罪推定原则明确规定检察长应当承担证明被告人有罪的证明责任，被告人无须承担证明自己无罪的证明责任，但是苏维埃法院不是处于控诉人和被告人之间的被动仲裁者，而是在审判过程中比较积极主动，在调取证据和判断证据上不受任何形式和要求的拘束，可以主动地提出补充的证据。① （5）刑事证明的阶段和过程。苏联的刑事证明活动贯穿刑事诉讼的全部诉讼阶段，在每一个诉讼阶段调查机关、侦查员、检察长和法院都要收集、审查和评定证据。②

中华人民共和国成立早期，受当时特定历史条件的限制，我国理论界对刑事证据法学的研究主要局限于刑事证据的指导思想、基本原则、基本概念、种类、分类内容，而对刑事证明这个问题只是进行了零星的讨论，尚未形成较为系统的刑事证明理论。1979 年我国制定第一部《刑事诉讼法》之后，刑事证明这个问题才逐渐成为理论界研究的重要内容。尤其是肖胜喜博士于 1994 年出版

---

① 基于苏维埃法院在刑事诉讼中的积极性，切里佐夫甚至认为，既不能把苏维埃检察长提出证明有罪的证据这种义务看作是证明责任，也不能把被告人提出证明自己无罪的证据的这种权利看作证明责任，甚至苏维埃刑事诉讼中本来就不存在民事诉讼意义上的证明责任，即双方当事人对于自己所提出的各种主张有诉讼形式上的证明义务，而在不履行这种义务时，他们有遭受法院不利判决的危险。参见 M·A. 切里佐夫. 苏维埃刑事诉讼 [M]. 中国人民大学刑法教研室，译. 北京：法律出版社，1955：191-209.

② M·A. 切里佐夫. 苏维埃刑事诉讼 [M]. 中国人民大学刑法教研室，译. 北京：法律出版社，1955：191-209；维辛斯基. 苏维埃法律上的诉讼证据理论 [M]. 王之相，译. 北京：法律出版社，1957：196-299；B·E. 楚贡诺夫. 苏维埃刑事诉讼讲稿 [M]. 北京：中国政法大学，1957：80-97；H·B. 蒂里切夫. 苏维埃刑事诉讼 [M]. 张仲麟，等译. 北京：法律出版社，1984：118-157.

其博士学位论文——《刑事诉讼证明论》以后，我国在刑事证据法学的恢复发展时期已经形成了较为系统的刑事诉讼证明理论。从理论界的论述来看，我国传统刑事证据法学几乎完全照搬了苏联的广义刑事证明观。首先，就刑事证明的性质和目的而言，理论界普遍在辩证唯物主义认识论的视野下将公检法三机关在刑事诉讼中的诉讼证明活动视为一种认识活动，其主要目的就是查明和证明案件事实真相。① 其次，从刑事证明的主体和证明责任来看，参与刑事诉讼活动的公检法三机关以及诉讼当事人都属于刑事证明的主体，均承担相应的证明责任。② 再次，从刑事证明的阶段来看，理论界普遍强调刑事证明是贯穿刑事诉讼全部过程的一种诉讼活动，即公检法三机关在立案、侦查、审查起诉和审判这几个刑事诉讼阶段无不从事刑事证明活动。③ 最后，从刑事证明的环节或者过程来看，理论界普遍认为刑事证明活动包括证据的收集、固定、保全、审查判

---

① 巫宇甦.证据学［M］.北京：群众出版社，1983：77-81；郝双禄.应用证据学［M］.北京：中央民族学院出版社，1988：82-87；裴苍龄.证据法学新论［M］.北京：法律出版社，1989：145-147；陈一云.证据学［M］.北京：中国人民大学出版社，1991：113；刘金友.证据理论与实务［M］.北京：法律出版社，1992：118；王红岩，周宝峰：证据学［M］.呼和浩特：内蒙古大学出版社，1993：89-99；胡锡庆.诉讼证据学通论［M］.上海：华东理工大学出版社，1995：295.

② 肖胜喜.刑事诉讼证明论［M］.北京：中国政法大学出版社，1994：31-32，60-72；巫宇甦.证据学［M］.北京：群众出版社，1983：88-95；王汝嘉.刑事诉讼证据概论［M］.哈尔滨：黑龙江人民出版社，1984：121-122；张文清.刑事证据［M］.北京：群众出版社，1987：31-34；宋世杰.诉讼证据学［M］.长沙：湖南人民出版社，1988：153-154；裴苍龄.证据法学新论［M］.北京：法律出版社，1989：145-147，194-199；赵炳寿.证据法学［M］.成都：四川大学出版社，1990：35-60；陈一云.证据学［M］.北京：中国人民大学出版社，1991：154-158；赵景荣.新编证据学［M］.北京：中国政法大学出版社，1992：97-107；刘金友.证据理论与实务［M］.北京：法律出版社，1992：121-130；王红岩，周宝峰：证据学［M］.呼和浩特：内蒙古大学出版社，1993：98-99；胡锡庆.诉讼证据学通论［M］.上海：华东理工大学出版社，1995：231-232，245-262.

③ 肖胜喜.刑事诉讼证明论［M］.北京：中国政法大学出版社，1994：166-199；宋世杰.诉讼证据学［M］.长沙：湖南人民出版社，1988：160-163；郝双禄.应用证据学［M］.北京：中央民族学院出版社，1988：90-95；胡锡庆.诉讼证据学通论［M］.上海：华东理工大学出版社，1995：231.

断等诉讼活动或者诉讼环节。①

第三节 现代刑事证据法学理论的启蒙

20世纪90年代中期以来，随着我国改革开放进程尤其是社会主义法治建设进程的不断加快，我国刑事证据法学研究开始变得更加开放，既不再像以往那样唯苏联刑事证据法学理论与实践马首是瞻，也不再像以前那样对西方国家刑事证据制度进行盲目地批判，而是在深刻反思我国传统刑事证据法学的基础上，对西方国家尤其是英美法系的刑事证据制度与理论进行了全方位的研究和借鉴。可以说，在西方法治理念、程序正义理论、人权保障观念的深刻影响下，我国刑事证据法学研究经历了一次以西方国家特别是英美法系国家刑事证据法学理论与实践为基础的现代刑事证据法学的启蒙。概括说来，西方国家刑事证据法学理论与实践对我国刑事证据法学研究的启蒙主要体现在如下五个方面。

一、刑事证据理论基础的拓展

在我国传统刑事证据法学理论中，受特定历史条件的限制，辩证唯物主义认识论不仅是我国刑事证据法学或者制度的理论基础，而且是唯一的理论基础。但是，20世纪90年代中期我国开始进行刑事审判方式改革以来，尤其是在1996年修订的《刑事诉讼法》大量吸收西方国家刑事诉讼制度或者理论的合理因素的情况下，随着西方国家法治理念、程序正义理论、人权保障观念在我国法学领域的兴起，再加上我国改革开放进程的不断加快，以及政治、经济体制改革的不断推进，传统刑事证据法学理论受到了前所未有的挑战。而其中受到质疑

---

① 肖胜喜. 刑事诉讼证明论 [M]. 北京：中国政法大学出版社，1994：166-199；巫宇甦. 证据学 [M]. 北京：群众出版社，1983：131-155；王汝嘉. 刑事诉讼证据概论 [M]. 哈尔滨：黑龙江人民出版社，1984：123-166；张文清. 刑事证据 [M]. 北京：群众出版社，1987：35-80；宋世杰. 诉讼证据学 [M]. 长沙：湖南人民出版社，1988：160-163；郝双禄. 应用证据学 [M]. 北京：中央民族学院出版社，1988：105-140；裴苍龄. 证据法学新论 [M]. 北京：法律出版社，1989：216-283；赵炳寿. 证据法学 [M]. 成都：四川大学出版社，1990：61-77；陈一云. 证据学 [M]. 北京：中国人民大学出版社，1991：116-117，209-246；刘金友. 证据理论与实务 [M]. 北京：法律出版社，1992：215-270；王红岩，周宝峰. 证据学 [M]. 呼和浩特：内蒙古大学出版社，1993：108-149；胡锡庆. 诉讼证据学通论 [M]. 上海：华东理工大学出版社，1995：238.

最大的莫过于得到公认的权威的不可动摇的辩证唯物主义认识论对于我国刑事证据制度或者理论的指导地位。总体而言，理论界在深刻反思辩证唯物主义认识论的基础上，为我国刑事证据制度或刑事证据法学的理论基础注入了新鲜的血液，提出了一系列迄今为止仍然具有重要影响的新观点。这不仅使我国刑事证据法学理论基础的研究达到了新的高度，而且使我国刑事证据法学理论基础形成了多元化的格局。下面仅以形式理性观念和程序正义理论，法律价值及平衡、选择理论，以及裁判的可接受性理论为例加以说明。

首先是形式理性观念和程序正义理论。这种观点对传统刑事证据法学理论基础的质疑主要表现在两个方面。一方面，尽管诉讼中的证据运用活动包含一定的认识过程，但这种认识活动既不具有终局的意义，也不对争端的解决产生决定性影响。实际上，证据运用活动是一种以解决利益争端为目的，并受程序法的严格限制和规范的法律实施活动，其中涉及一系列法律价值的实现和选择过程。这决定了三大诉讼都不单纯是以揭示客观事实真相为目的的认识活动。作为诉讼的有机组成部分，证据的运用活动也不仅仅是认识活动。既然如此，将认识论作为证据规则的根本指导思想，视为证据法的唯一理论基础，至少在理论上难以自圆其说。① 另一方面，完全站在认识论的立场上看待证据规则，极容易在价值观上掉入程序工具之一的陷阱，使认识论意义上的"客观事实"受到过多地重视，而诉讼活动的正当过程则受到不应有的忽视。与此同时，完全以认识论作为证据规则的指导思想，也会使一些在法律上业已得到确立的证据规则在司法实践中无法真正得到实施。因此，如果不从认识论这一理论困境中解脱出来，不重新为证据法学确立理论基础，就无法将一系列科学的证据规则确立在证据法之中，也难以建立一个较为完整的证据规则体系。② 有鉴于此，该观点认为，重新确立证据法学的理论基础需要完成从"证据学"到"证据法学"的理论转型，证据法所要考虑的首要问题不应仅仅是案件事实真相能否得到准确揭示的问题，而更重要的应当是发现事实真相所采用的手段和方式如何具备正当性、合理性、人道性和公正性的问题。因此，证据法学理论基础的重新建立要从认识论走向价值论，以形式理性观念和程序正义理论作为证据法学的理论基础。进一步而言，根据形式理性观念，不仅所有旨在规范证据资格、证据收集、证据审查和司法证明活动的法律程序规范都必须得到遵守，不论这种遵守会带来什么样的后果，而且裁判者所认定的事实要受到法律程序的限制，

① 陈瑞华. 刑事诉讼的前沿问题［M］. 北京：中国人民大学出版社，2000：196-202.
② 陈瑞华. 刑事诉讼的前沿问题［M］. 北京：中国人民大学出版社，2000：203-212.

它不再是绝对客观的事实真相，而只是服务于诉讼的解决争端目标的"法律事实"。而程序正义理论不仅能够为证据规则的确立提供新的理论解释，而且能够证明发现事实真相的手段和方式为什么以及如何公正、合理的问题。①

其次是法律价值及平衡、选择理论。尽管以上观点将形式理性观念和程序正义理论作为我国证据法学的理论基础令人耳目一新，但是也有学者认为，证据法学的理论基础与其说是程序正义理论，不如说是法律价值及平衡、选择理论。进一步而言，证据法的价值既不是一元的（如实质真实或者程序正义），也不是二元的（实体正义与程序正义），而是多元的，如秩序、个人自由、公平和效率等，它们共同构成证据法的价值体系。这就意味着，将证据法的价值仅仅定位为实质正义或者仅仅定位为程序正义，就将一个多元价值体系简单化了。在证据法的制度、程序和规则的设计中，各种价值应当兼顾，达成平衡。在刑事诉讼中，多数案件能够通过正当程序达到实质真实发现的目的，从而实现正当程序与实质真实发现的统一，使刑事诉讼本身几近理想状态。但也有不少案件，正当程序与实质真实发现之间存在矛盾，形成鱼与熊掌不可兼得的局面，这就需要在两者间进行权衡和做出选择。对存在冲突的价值必须有所取舍时，应当在进行权衡的基础上进行取舍。②

最后是裁判的可接受性理论。该观点认为，裁判事实的可接受性问题既是诉讼证明的核心问题，也是证据理论和证据规则所要解决的首要问题。在当事人主义模式下，裁判结果的可接受性主要来源于程序的正当性；而在职权主义模式下，裁判事实的可接受性则更多地来源于裁判事实的"客观性"。这意味着发现真实这一价值仅仅处于从属性地位。证据法学的理论基础必须能够为证明模式的建构提供理论指导，或者为证据规则以及依此认定的裁判事实的可接受性提供令人信服的论证。而由于证明模式的构造基本上与辩证唯物主义认识论无关，因此认识论无法为证明模式的建构提供指导。同时，由于理论路径上的缺陷，认识论也无法为证据规则以及裁判事实的可接受性提供合理的解释。有鉴于此，该观点以裁判事实的可接受性为中心，以探索证据法学理论基础的意义为出发点，认为适当借鉴西方国家实用主义哲学的合理因素是重构我国证据法学理论基础的可行途径。③

---

① 陈瑞华.刑事诉讼的前沿问题 [M].北京：中国人民大学出版社，2000：212-219.
② 张建伟.证据法学的理论基础 [J].现代法学，2002 (4).
③ 易延友.证据法学的理论基础——以裁判事实的可接受性为中心 [J].法学研究，2004 (1).

二、刑事证据法原则的独立化

在我国刑事证据法学的艰难探索和恢复发展时期，在刑事证据制度严重依附于刑事诉讼程序的情况下，理论界很少专门研究刑事证据法的原则。尽管有的学者或者证据法学教科书专门论述了我国公安司法机关运用证据的基本原则，或者在研究我国刑事证据法学的理论基础时涉及西方国家刑事证据法原则，但是受意识形态、阶级分析方法等因素的影响，理论界在研究过程中往往更加注重对西方国家刑事证据法原则的政治性批判，而很少从学术的角度来专门研究西方国家刑事证据法的原则。而随着我国刑事司法改革进程的不断加快，尤其是在理论界普遍主张修改与完善刑事证据制度，甚至制定统一的证据法典或者单独的刑事证据法典的情况下，理论界开始关注和加强了对西方国家刑事证据法原则的研究，试图在独立的刑事证据法的视野之下探讨西方国家的刑事证据法原则，以及如何在借鉴西方国家经验的基础上设置我国的刑事证据法原则。①

首先，理论界彻底扭转了对西方国家刑事证据法原则的态度。在1996年修改《刑事诉讼法》之前，尤其是在中华人民共和国成立早期，我国理论界曾经在特定历史条件下对西方国家的无罪推定原则、自由心证原则、直接言词原则等进行了猛烈批判，普遍认为这些原则的理论基础是形而上学和唯心主义，是为资产阶级利益服务的工具。在这种情况下，西方国家的刑事证据法原则不仅直接违背了我国建立在辩证唯物主义认识论基础之上的实事求是证据制度，而且被视为具有反动性、虚伪性、欺骗性的制度或者理论而饱受抨击。但是，在1996年修改《刑事诉讼法》之后，理论界在刑事证据法学研究过程中彻底改变了以往泛政治化的研究思路和分析方法，而是更多地从刑事证据制度本身的基本规律进行技术性的分析。在这种背景之下，随着西方国家刑事诉讼法学和刑事证据法学在我国的蓬勃兴起，西方国家的刑事证据法原则不仅成为理论界研究的热门课题，而且成为我国理论界研究如何进行刑事证据立法的重要参考。

其次，理论界对西方国家的刑事证据法原则进行了深入研究。尽管西方国家《刑事诉讼法》或刑事证据法很少单独或者专门规定刑事证据法的基本原则，但是在研究我国刑事证据立法应当确立的基本原则时，我国理论界普遍以西方国家的证据制度或者理论为基础，逐渐归纳和推导出了现代刑事证据法的基本

---

① 2001年至2003年，全国人大法工委曾经组织相关人员专门研究刑事证据法的起草问题，并邀请国内知名专家学者多次研讨刑事证据法的基本原则问题。专家学者们也一致认为，要制定好证据方面的法律，首先应当确立证据制度的有关基本原则。

原则，如证据裁判原则、自由心证原则、直接言词原则、无罪推定原则等。总体而言，理论界对于这些原则的认识和理解大同小异，没有实质性的分歧。① 理论界普遍认为证据裁判原则是西方国家或者现代刑事证据法的一项基本原则，主要是因为在现代诉讼活动中，证据是再现案件事实的唯一手段，司法机关对案件事实的认定只能依赖于各种证据，而不可能像古代社会那样依赖于神灵的启示。尽管证据裁判原则是现代法治国家公认的一项原则，但是该原则也具有一定的例外，如司法认知、刑事推定等。证据裁判原则对于司法机关正确认定案件事实、避免冤枉无辜、保障人权以及增强裁判的权威性、正当性、可预见性、可接受性等都具有重大意义。西方国家用自由心证制度取代法定证据制度，主要原因就是证据的证明力是经验问题或者逻辑问题，而不是法律问题。由于证明力的有无、大小、强弱都是由证据与案件事实之间的内在联系所决定的，因此，它理所应当由法官凭着良心、逻辑、经验进行自由心证或者自由裁量，而不宜由法律事先加以设定。尽管直接言词原则是大陆法系国家深刻反思欧洲中世纪秘密审判的产物，英美法系国家并没有规定直接言词原则，但是英美法系国家确立的传闻证据规则与直接言词原则具有很大的相似性。直接言词原则体现了司法的亲历性，对于保障人权、维护公正审判、强化刑事庭审的功能、实现庭审实质化、正确认定案件事实、保障被告人的辩护权等都具有重要意义。尽管无罪推定是在资本主义国家深刻反思古代社会有罪推定的基础上而产生的一种思想，但是随着无罪推定思想的制度化和现代刑事诉讼制度的发展，尤其是随着国际人权运动的兴起，无罪推定已经发展成现代刑事诉讼的重要基石。无罪推定原则作为现代刑事诉讼最重要的一项基本原则，不仅是资产阶级反对封建专制社会野蛮司法制度的产物，而且是人类文明进步、近现代刑事司法制度走向科学与民主的重要标志。无罪推定原则作为现代刑事诉讼的基石，深刻反映了现代刑事诉讼程序的基本规律与价值取向，贯穿刑事诉讼的整个过程，对刑事诉讼立法与司法都具有重大指导意义。从无罪推定所蕴含的逻辑来看，理论界推导出来了一系列与刑事证据制度密切相关的规则，如证明责任的分配、不被强迫自证其罪原则或者沉默权规则、疑罪从无原则等。也正是在这个意义上，理论界不仅将无罪推定原则视为现代刑事诉讼的基石，而且将它作为现代

---

① 陈光中. 证据法学［M］. 3 版. 北京：法律出版社，2015：114-140；樊崇义. 证据法学［M］. 6 版. 北京：法律出版社，2017：65-78；卞建林，谭世贵. 证据法学［M］. 北京：中国政法大学出版社，2014：76-90；刘广三. 刑事证据法学［M］. 2 版. 北京：中国人民大学出版社，2015：82-107；李浩. 证据法学［M］. 2 版. 北京：高等教育出版社，2014：90-108.

刑事证据法的一项基本原则。

最后，理论界普遍主张我国在刑事证据立法的过程中移植西方国家的刑事证据法原则。尽管现代刑事证据法的基本原则都是西方国家资产阶级革命取得胜利、废除欧洲中世纪法定证据制度和落后司法制度的产物，但是理论界普遍认为这些基本原则体现了现代刑事诉讼制度和刑事证据制度的基本规律，是现代刑事诉讼制度走向科学化与民主化的重要标志，具有明显的历史进步性，对于我国刑事证据立法与司法具有重要的借鉴意义和参考价值。尽管理论界对于我国确立刑事证据法原则的重要性和必要性已经形成广泛共识，但是对于如何在借鉴西方国家经验的基础上确立我国的刑事证据法原则，却存在较大争议。尤其是不少学者在中国证据立法建议稿中明确"规定"和论证了各种版本的证据法原则。① 例如，《中国证据法草案建议稿及论证》将证据法的原则概括为证据裁判原则、证据辩论原则、及时公开原则、直接言词原则和自由心证原则②；《中华人民共和国刑事证据法专家拟制稿（条文、释义与论证）》将刑事证据法的原则概括为国际法优先原则、证据裁判原则、无罪推定原则③；《中国证据法草稿（建议稿）及立法理由》将证据法的原则确定为证据裁判原则、自由心证原则、直接言词原则和诚实信用原则④；等等。

三、刑事证据双重属性的引入

刑事证据的特征或者属性是我国刑事证据法学理论体系中"证据论"的一个基本理论问题。如何认识和理解刑事证据的特征或者属性既关系到刑事证据制度的具体设计，又影响到我国刑事证据法学的基础理论。在我国传统刑事证据法学时期，理论界对于刑事证据特征的研究主要是围绕刑事证据的"两性说"（主要是客观性和关联性）和"三性说"（主要是客观性、关联性和合法性）来展开。尽管经过争论之后，理论界对"三性说"基本达成共识，而且对客观性、关联性和合法性的具体表述也不存在太大差异，但是随着西方刑事法学理论的

---

① 根据本书第二章图2-15，尽管目前的证据法学教科书对证据法基本原则的范围还存在比较分歧，但是就刑事证据法而言，证据裁判原则、自由心证原则、直接言词原则、无罪推定原则是理论界讨论比较多的几个刑事证据法原则。

② 毕玉谦，郑旭，刘善春. 中国证据法草案建议稿及论证［M］. 北京：法律出版社，2003：2-3.

③ 陈光中. 中华人民共和国刑事证据法专家拟制稿［M］. 北京：中国法制出版社，2004：125-129.

④ 江伟. 中国证据法草稿（建议稿）及立法理由［M］. 北京：中国人民大学出版社，2004：541.

不断引入，刑事证据的特征或者属性问题再次成为理论界研究的一个热门课题。总体而言，理论界在反思刑事证据客观性的基础上，主张引入西方国家的刑事证据双重属性理论。

在我国传统刑事证据法学理论中，受辩证唯物主义认识论的影响，理论界普遍坚持刑事证据的"事实说"定义，主张刑事证据具有客观性。而在1996年修改《刑事诉讼法》之后，许多学者在反思和质疑"事实说"的基础上，不仅对刑事证据的概念提出了许多新观点，而且对刑事证据是否具备主观性再次进行了激烈的争论①。大致说来，凡是坚持"事实说"的学者，一般都认为刑事证据具有客观性，而不包含主观性，而凡是否定"事实说"的学者，大都主张证据具有一定的主观性。② 基于对"事实说"和刑事证据客观性的反思和质疑，有的学者认为"三性说"不仅违背了诉讼的运行规律，不符合认识论原理，而且具有重结果轻过程的偏向，容易导致程序虚无主义。③ 还有学者认为证据的本质属性是关联性和合法性，并不包括证据的客观性。④ 根据本书图2-18，尽管证据的客观性、关联性和合法性仍然受到理论界的普遍认可，但是理论界对关联性、合法性的认可度在大幅度提高，而对于客观性的认可度则有所下降。

在我国传统刑事证据法学理论坚持辩证唯物主义认识论的情况下，理论界往往习惯于用客观性、关联性和法律性来概括刑事证据的基本属性，而很少借助证据能力和证明力这两个概念来界定刑事证据的本质属性。但是，随着我国理论界对西方国家证据法学的逐步了解，证明力和证据能力开始逐步进入理论

---

① 在我国刑事证据法学的艰难探索与恢复发展时期，理论界也曾经围绕刑事证据是否具有主观性进行了热烈讨论。参见吴家麟．论证据的主观性与客观性［J］．法学研究，1981（6）；文正邦，王剑南．法律性不能成为刑诉证据的特征——与李建明同志商榷［J］．法学季刊，1983（1）；肖胜喜．谈谈证据的特性［J］．政治与法律，1984（1）；王铮．论刑事证据的概念及其"客观性"的含义［J］．法学研究，1984（5）．

② 裴苍龄．论证据资料［J］．法律科学，1998（1）；卞建林．证据法学［M］．北京：中国政法大学出版社，2000：78-81；汤维建．关于证据属性的若干思考和讨论——以证据的客观性为中心［J］．政法论坛，2000（6）；张晋红，易萍．证据的客观性特征质疑［J］．法律科学，2001（4）；王小林．诉讼证据客观性的理性定位——与绝对肯定说、否定说和统一体说商榷［J］．现代法学，2002（3）；熊志海．论证据的本质［J］．现代法学，2002（4）．

③ 梁玉霞．什么是证据——反思性重塑［C］//何家弘．证据学论坛：第三卷．北京：中国检察出版社，2001：360-361．

④ 张晋红，易萍．证据的客观性特征质疑［J］．法律科学，2001（4）；熊志海．论证据的本质［J］．现代法学，2002（4）．

界的学术视野，成为理论界认识和理解刑事证据特征或者属性的一个重要工具。① 根据图 3-1，1996 年 3 月至 2017 年 12 月，在 129 部证据法学教材之中，共有 105 部教材明确论述了证据的属性问题。在这 105 部证据法学教材之中，有 80 部教材运用证据的客观性、关联性、合法性等特征来界定证据的属性（约占总数的 76.2%），有 6 部教材运用证据的证据能力和证明力来界定证据的属性，有 19 部教材结合证据的证据能力和证明力以及证据的客观性、关联性和合法性来界定证据的属性。也就是说，按照证据的证据能力和证明力这两个概念来界定证据属性的证据法学教材合计已经达到 25 部，约占总数的 23.8%。

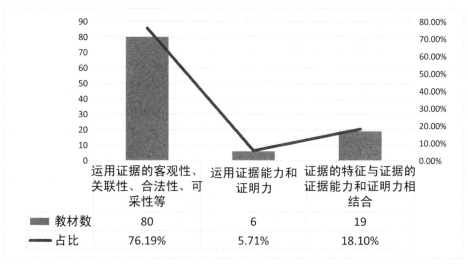

图 3-1　证据属性的界定方法（1996.3—2017.12）

理论界一般认为，证据能力和证明力是大陆法系证据法学中的两个非常重要的概念，而在英美法系证据法学中，与它们分别对应的概念则是可采性和关联性（或者相关性）。概括而言，对于刑事证据的证据能力和证明力，理论界在以下几个方面基本达成共识：（1）刑事证据的证明力体现了刑事证据的自然属性，而证据能力则体现了刑事证据的社会属性；（2）刑事证据要想成为定案根据，必须同时具备证据能力和证明力；（3）在我国刑事诉讼中，与证据能力相

①　在我国刑事证据法学或者刑事诉讼法学教科书中，较早借助证据能力和证明力这两个概念来理解证据特征的教材有：陈光中.刑事诉讼法学（新编）[M].北京：中国政法大学，1996；卞建林.证据法学 [M].北京：中国政法大学出版社，2000；樊崇义.刑事诉讼法学 [M].北京：中国政法大学，1998；樊崇义.刑事证据法原理与适用 [M].北京：中国人民公安大学出版社，2001.

对应的概念是证据的合法性，而与证明力相对应的概念则是关联性和客观性；
（4）无论是英美法系国家还是大陆法系国家，刑事证据立法一般对证据的证据
能力做出必要的限制，而证明力的有无和大小一般则是由法官或者陪审团进行
自由裁量；（5）西方国家的刑事证据规则主要是关于证据能力方面的规则，而
证明力方面的规则却比较少；（6）由于英美法系国家实行陪审团制和当事人主
义，大陆法系国家实行职权主义，英美法系国家的证据规则要比大陆法系国家
的证据规则更为发达和复杂。

尽管理论界普遍认为作为定案根据的刑事证据必须同时具备证据能力和证
明力，但是对于证据能力和证明力之间的关系则存在较大分歧。受传统刑事证
据"三性说"的影响，大多数学者从哲学的角度或者本源问题上（即静态）来
考察证明力与证据能力之间的关系，主张"证明力优先说"，即证据能力的产生
必须以先有证明力作为前提。也就是说，如果证据没有证明力，那么证据能力
也就失去了存在的基础，而证明力的产生则丝毫不依赖于证据能力。还有学者
以英美法系刑事证据规则为基础，在研究思路上从实践层面（即动态）来考察
证据能力和证明力之间的关系，主张"证据能力优先说"：不具备证据能力的证
据，也就不具备作为证据出现在事实裁判者面前的法律资格，事实裁判者应尽
量避免接触这类证据；只有在某一证据的证据能力没有问题或者不存在任何争
议的前提下，该证据的证明力问题才可以成为裁判者考虑的对象；需要排除某
一证据的证据能力时，该证据不仅不应作为法庭"定案的根据"，而且根本就不
应出现在法庭之上。① 除了这两种相反的观点之外，在 1996 年修改《刑事诉讼
法》之前，还有一种比较折中的观点认为，证据力（证明力）再强的证据材料，
如其无证据能力就不应被采纳；同样，证据能力再完备的证据材料，如果它不
具备证据力，则对案件真相的查明毫无疑义。因此，证据力和证据能力是互为
前提的，二者辩证地统一于证据之中。②

从上面的分析不难看出，尽管随着西方国家证据能力和证明力这两个概念
的不断发展，我国理论界对于刑事证据概念、特征与属性的研究越来越趋于科
学化，但是令人感到遗憾的是，理论界对于刑事证据概念与属性的研究仍然处
于众说纷纭的状态中，从而在一定程度上影响了我国刑事证据法学理论体系的
建构进程。有鉴于此，为了减少分歧和避免无谓的争论，有学者主张对刑事证

---

① 陈瑞华 . 问题与主义之间——刑事诉讼基本问题研究［M］. 北京：中国人民大学出版
　社，2003：373.

② 邢怀柱 . 刑事诉讼证据能力初论［J］. 现代法学，1995（6）.

据概念与属性的研究应当在研究思路上寻找灵感。一方面，需要破除证据的客观属性或者真实性神话，尤其是不能动辄将客观性问题带入证明力和证据能力的研究当中。否则，必将制造新的混乱，到底什么是证据始终是一个不解之谜。另一方面，亟待摒弃将证据的三性与证据能力、证明力搅和在一起进行研究的方法，应当将研究的重心放在证据的证明力和证据能力，尤其是证据能力上面来。①

四、刑事证据规则的系统研究

在我国刑事证据法学的艰难探索和恢复发展时期，基于特定的历史条件，尤其是受阶级分析方法和意识形态的影响，理论界对于刑事证据法学的研究往往只是局限于证据制度的理论基础、刑事证据的概念、性质与特征、刑事证据的分类等屈指可数的几个基本问题，而对西方国家的刑事证据规则缺乏全面而又深入的研究。但是，在1996年我国修改《刑事诉讼法》之后，随着刑事审判方式改革的不断推进，理论界发现在刑事证据规则匮乏的情况下，经过改革之后具有对抗制积极因素的刑事审判方式在司法实践中的实施效果并不尽如人意。在这种背景下，理论界不仅对我国如何进行刑事证据立法进行深入研究，而且掀起了一股研究西方国家刑事证据规则的热潮。② 概括而言，理论界对西方国家刑事证据规则的研究主要体现在如下几个方面：

首先，研究西方国家刑事证据规则的基本原理。理论界对西方国家刑事证据规则基本原理的研究主要包括证据规则的内涵、特征、功能、分类与体系。尽管理论界对我国刑事证据规则的内涵还存在广义与狭义的理论分歧，但是研究者们普遍从狭义的角度来界定西方国家的刑事证据规则，认为西方国家的刑

---

① 周菁，王超. 刑事证据法学研究的回溯与反思：兼论研究方法的转型［J］. 中外法学，2004（3）.

② 在我国传统刑事证据法学时期，证据法学的教科书很少专门研究西方国家的刑事证据规则。而在1996年修改《刑事诉讼法》以后，随着理论界对西方国家刑事证据规则的广泛而又深入的研究，越来越多的证据法学教科书吸收了理论界关于刑事证据规则的研究成果，专门设置一章或者一编来介绍西方国家的刑事证据规则。有的以往没有专门研究刑事证据规则的证据法学教科书，而在再版之后开始增加专章或者专编来介绍西方国家的刑事证据规则和分析我国现行的刑事证据规则。例如，崔敏教授于1997年主编出版的《刑事证据学》（中国人民公安大学出版社1997年版）没有刑事证据规则方面的专门论述。但是崔敏教授于2005年修订出版《刑事证据学》（中国人民公安大学出版社2005年版）时却增加了"证据规则"一章，对西方国家证据能力规则、证据证明力规则和采证程序规则进行了简要分析。

事证据规则就是规范证据的证据能力和证明力方面的规则。对于西方国家刑事证据规则的特征，理论界的理解也有所不同。如有的学者认为证据规则的特征包括规范性、程序性、具体性、系统性。① 有的学者则认为，证据规则除了程序性以外，还具有强制的效力和明确的指导性。② 在现代诉讼制度中，由于奉行证据裁判主义，案件事实只能由证据来证明，理论界普遍认为证据制度属于诉讼活动的中心问题，而证据规则又是证据制度的核心组成部分。理论界一般认为，证据规则的功能主要表现在促进法治、人权保障、查明事实、确保公正、提高效率等几个方面。③ 还有学者认为，证据规则的功能包括程序和实体两个方面。证据规则的程序功能是在证据规则的屏蔽下，法庭审判阶段与审前阶段在证据问题上处于相对分离的状态。而证据规则的实体功能分为两种：一种是对具体案件所具有的实体法意义上的功能，另外一种是对整个社会秩序所具有的维护实体价值的功能。④ 根据不同的标准，理论界对西方国家刑事证据规则的分类存在明显差异。例如，根据不同的性质，将证据规则分为实体性规则（如证明责任规则）和程序性规则（如取证程序规则）；根据不同的内容，将证据规则分为权利性规则（如证据展示规则）和义务性规则（如证明责任规则）；根据不同的证据属性，将证据规则分为规范证据能力方面的证据规则和规范证明力方面的证据规则；等等。⑤ 由于对证据规则的内涵与分类的理解存在较大差异，理论界对西方国家刑事证据规则体系的认识也存在较大差别。例如，有的学者按照证明的环节将证据规则（司法证明规则）概括为取证规则、举证规则、质证规则、认证规则四个组成部分⑥；有的学者按照认定案件事实的阶段将证据规则的体系划分为取证规则、采证规则、查证规则、定案规则四个组成部分⑦；等等。但是，就刑事证据的两种属性而言，理论界普遍将西方国家证据规则的体系分

① 何家弘，杨迎泽. 检察证据教程［M］. 北京：法律出版社，2002：163；何家弘，刘品新. 证据法学［M］. 北京：法律出版社，2004：358.
② 樊崇义. 证据法学［M］. 3 版. 北京：法律出版社，2003：87.
③ 樊崇义. 证据法学［M］. 3 版. 北京：法律出版社，2003：88-90；宋英辉. 证据法学研究述评［M］. 北京：中国人民公安大学出版社，2006：249；刘广三. 刑事证据法学［M］. 北京：中国人民大学出版社，2007：112-114.
④ 宋英辉. 证据法学研究述评［M］. 北京：中国人民公安大学出版社，2006：248-249.
⑤ 宋英辉. 刑事诉讼法学研究述评：1978-2008［M］. 北京：北京师范大学出版社，2009：593-595.
⑥ 何家弘，刘品新. 证据法学［M］. 北京：法律出版社，2004：364-373；戴泽军. 证据规则［M］. 北京：中国人民公安大学出版社，2007：72-74.
⑦ 刘善春，毕玉谦，郑旭. 诉讼证据规则研究［M］. 北京：中国法制出版社，2000：56-57.

为证据能力规则和证明力规则两种。其中，证据能力规则主要包括关联性规则、可采性规则、非法证据排除规则、自白规则、传闻证据规则、意见证据规则、最佳证据规则，而证明力规则主要是补强证据规则。

其次，对两大法系的刑事证据规则进行比较分析。理论界一般认为，尽管两大法系都制定了大量的刑事证据规则，但是两大法系的刑事证据规则存在明显区别。从证据规则的渊源来看，英美法系早期的证据规则是主要是通过判例来确立。但是在近现代，英美法系国家普遍以制定法的形式将普通法中的证据规则加以固定，甚至颁布了综合性的证据法典。而大陆法系国家的证据规则主要是以成文法作为基础，但基本上都依附于诉讼法，甚至某些实体法。从证据规则的产生原因来说，英美法系的证据规则是证据制度自身长期演进的结果，是陪审团审判与对抗制审判的产物。而大陆法系国家的证据规则主要是吸取英美法系证据规则的结果。就证据规则的着眼点而言，英美法系的证据规则主要是为了防止误导陪审团，而大陆法系的证据规则主要是为了实现特定的政策。就证据规则的特点来说，英美法系的证据规则虽然比较复杂，但是比较具体，而大陆法系的证据规则不仅内容上比较简单，而且比较抽象，缺乏体系性。从证据规则的发展趋势来看，大陆法系在强调法官裁量权的传统上开始通过立法确立了一定数量的规则，促进了证据规则的法定化，而英美法系则在证据规则的基础上赋予了法官广泛的裁量权。① 理论界普遍认为，两大法系之所以形成不同风格的刑事证据规则，主要是两大法系具有不同的诉讼模式和法律传统。但是，随着两大法系刑事诉讼的不断融合，两大法系证据规则也具有许多共同的特点。例如，在立法模式方面，制定独立、系统的证据规则体系已经成为两大法系证据立法的共同趋势；在立法技术方面，两大法系都采取了原则性和灵活性或者一般性和特殊性相结合的方法；在确定证据能力的方式上，两大法系都

---

① 刘善春，毕玉谦，郑旭. 诉讼证据规则研究［M］. 北京：中国法制出版社，2000：8-
　19；宋英辉，吴宏耀. 外国证据规则的立法及发展［J］. 人民检察，2001（3）；吴宏
　耀，魏晓娜. 诉讼证明原理［M］. 北京：法律出版社，2002：147；刘鑫. 两大法系证
　据规则比较及启示［J］. 法治论丛，2002（6）；何家弘. 外国证据法［M］. 北京：法
　律出版社，2003：21-80；何家弘，姚永吉. 两大法系证据制度比较论［J］. 比较法研
　究，2003（4）；樊崇义. 证据法学［M］. 3 版. 北京：法律出版社，2003：102；何家
　弘，刘品新. 证据法学［M］. 北京：法律出版社，2004：360-363；易延友. 英美证据法
　的历史与哲学考察［J］. 中外法学，2004（3）；郭志媛. 刑事证据可采性研究［M］.
　北京：中国人民公安大学出版社，2004：79；宋英辉. 证据法学研究述评［M］. 北京：
　中国人民公安大学出版社，2006：247.

采取法定主义与裁量主义相结合的方式；等等。①

再次，系统研究西方国家尤其是英美法系的刑事证据规则。在我国刑事证据立法过于粗疏而迫切需要修改与完善刑事证据制度的情况下，理论界加强了对西方国家尤其是英美法系刑事证据规则的系统研究。对西方国家的所有刑事证据规则，无论是各个刑事证据规则的历史沿革、概念、特征、价值、功能、理论基础等基本理论，还是各个刑事证据规则的具体立法与司法适用，我国学者都进行了广泛而又深入的研究。根据本书图 2-10、图 2-11、图 2-12，1996年 3 月至 2017 年 12 月，刑事证据规则甚至是我国刑事证据法学研究最热门的一个领域。相对于传统刑事证据法学而言，转型时期的大多数证据法学教科书也更加注重对西方国家刑事证据规则的介绍和分析。根据笔者的统计，1979 年 7月至 1996 年 2 月，在 15 部证据法学教材中，居然没有一部教材对西方国家的刑事证据规则进行系统的介绍和分析；在 27 部证据法学专著中，竟然没有一部专门研究西方国家刑事证据规则的专著。而 1996 年 3 月至 2017 年 12 月，在 129部证据法学教材中，却有 94 部证据法学教材系统介绍或者分析了西方国家的刑事证据规则（约占总数的 73%）；在 314 部证据法学专著中，与西方国家刑事证据规则密切相关的专著高达 54 部（约占总数的 17%）。西方国家的所有刑事证据规则都被国内法学博士研究生作为博士学位论文的选题。有的刑事证据规则（如非法证据排除规则和传闻证据规则）甚至多次被作为法学博士学位论文的选题。除了从实体性的角度系统分析西方国家的刑事证据规则以外，理论界还从程序性的角度专门研究了西方国家刑事证据规则的适用程序。理论界一般认为，大陆法系通常没有相对独立的诉讼程序来专门适用刑事证据规则，而英美法系证据规则却具有较为完备的适用程序。概括而言，英美法系证据规则的适用程序主要包括可采性的判断主体，提出可采性争议的方式，以及证据可采性的确定程序。② 除了英美法系证据规则的适用程序以外，还有学者以非法证据排除规则为例，对日本和俄罗斯的刑事证据规则的适用程序问题进行了初步的考察，如日本的声明异议模式、俄罗斯的庭前听证模式等。③

---

① 宋英辉，汤维建. 证据法学研究述评［M］. 北京：中国人民公安大学出版社，2006：247-248；何家弘. 外国证据法［M］. 北京：法律出版社，2003：40-43；郭志媛. 刑事证据可采性研究［M］. 北京：中国人民公安大学出版社，2004：85-89.

② 宋英辉，魏晓娜. 证据规则的适用——外国证据规则系列之七［J］. 人民检察，2001（10）；郭志媛. 刑事证据可采性研究［J］. 北京：中国人民公安大学出版社，2004：416-429.

③ 王超. 警察作证制度研究［M］. 北京：中国人民公安大学出版社，2006：68-71.

最后，借鉴西方国家刑事证据规则的成功经验，修改与完善我国的刑事证据规则。众所周知，我国在 1996 年修改《刑事诉讼法》时只是集中解决了当时迫切需要解决的刑事诉讼程序问题，而对刑事证据部分仅仅做了细微的调整。司法实践证明，过于粗疏的刑事证据制度根本无法满足刑事审判方式改革和刑事司法的迫切需要，从而在司法实践中产生了各种各样的问题，如证人普遍不出庭作证、笔录式证据畅通无阻、非法证据难以排除，以及屡见不鲜的冤假错案、刑讯逼供。在刑事证据规则与刑事审判方式改革严重脱节的背景下，理论界在系统研究西方国家刑事证据规则和反思我国刑事证据制度的基础上，对我国如何在借鉴西方国家刑事证据规则成功经验的基础上构建我国的刑事证据规则进行了全面而系统的研究。概括而言，我国刑事证据规则存在的问题主要包括：刑事证据规则数量太少，尤其是规范证据能力的刑事证据规则比较欠缺；已有的刑事证据规则的内容过于粗疏，缺乏完整性和可操作性；刑事证据规则具有重规范证明力、轻规范证据能力的倾向；由于刑事证据规则过于粗疏，司法机关在适用刑事证据规则的过程中享有几乎不受限制的自由裁量权；等等。[1]对于如何借鉴西方国家的刑事证据规则，理论界在总体上持比较理性的态度，反对盲目移植和生搬硬套西方证据规则，主张在总结我国经验的基础上，结合我国刑事证据规则的运行条件和实施环境，对西方证据规则有甄别、有选择地进行吸收、借鉴，使我国证据规则既能反映证据制度的基本规律，又能符合我国的实际情况。[2] 但是，对于究竟应当如何体现以上思路，理论界的具体设想却存在较大差异。总体而言，经过多年的积累和摸索，我国对西方国家刑事证据

---

[1] 卞建林. 证据法学 [M]. 北京：中国政法大学出版社，2000：457-463；樊崇义. 证据学 [M].3 版. 北京：法律出版社，2003：90-94；樊崇义. 刑事诉讼法实施问题与对策研究 [M]. 北京：中国人民公安大学出版社，2001：194；何家弘，刘品新. 证据法学 [M]. 北京：法律出版社，2004：375-381；郭志媛. 刑事证据可采性研究 [M]. 北京：中国人民公安大学出版社，2004：443-449；宋英辉. 证据法学研究述评 [M]. 北京：中国人民公安大学出版社，2006：267-268；刘广三. 刑事证据法学 [M]. 北京：中国人民大学出版社，2007：153-159.

[2] 卞建林，姚莉. 关于建立和完善我国证据规则的思考 [J]. 法商研究，1999（5）；卞建林. 证据法学 [M]. 北京：中国政法大学出版社，2000：465-466；龙宗智. 相对合理主义 [M]. 北京：中国政法大学出版社，1999：453-462；樊崇义. 刑事诉讼法实施问题与对策研究 [M]. 北京：中国人民公安大学出版社，2001：199；刘品新. 我国构建证据规则的视角调整 [C]//何家弘. 证据学论坛：第二卷. 北京：中国检察出版社，2001：111；陈瑞华. 问题与主义——刑事诉讼基本问题研究 [M]. 北京：中国人民大学出版社，2003：456-461；何家弘，刘品新. 证据法学 [M]. 北京：法律出版社，2004：383-384；郭志媛. 刑事证据可采性研究 [M]. 北京：中国人民公安大学出版社，2004：461-464.

规则的研究已经取得了丰硕成果。一方面，理论界对我国完善刑事证据规则的必要性和可行性进行了详细论证。这为我国如何完善刑事证据规则奠定了良好的理论基础。另一方面，理论界本着借鉴国外成熟经验和兼顾中国国情的思路，对我国如何完善刑事证据规则提出了各种各样的改革思路或者立法建议。这不仅有助于我国加快刑事证据立法的进程，而且为立法机关的立法工作以及最高司法机关的司法解释工作提供了必要的理论准备和有益的参考意见。

五、现代刑事证明理论的移植

刑事证明是联系刑事诉讼程序与刑事证据制度之间的纽带与桥梁。这决定了刑事证明是刑事证据法学中极为重要的理论范畴。但是在我国传统刑事证据法学时期，在辩证唯物主义认识论的影响下，再加上我国刑事证据法学研究起步较晚，理论界对刑事证据法学的研究明显表现出重刑事证据制度史论、刑事证据论而轻刑事诉讼证明论的倾向，尤其是缺乏对西方国家刑事证明制度和理论的系统研究。而在1996年我国修改《刑事诉讼法》以后，随着刑事审判方式改革的不断推进，尤其是随着对传统刑事证据法学的深刻反思，理论界在深入反思以往广义刑事证明观的基础上，系统介绍、研究和移植了西方国家的狭义刑事证明观，从而在我国刑事证据法学理论体系中形成两种刑事证明观并存的局面。概括而言，西方国家刑事证明理论对我国刑事证据法学研究的启蒙主要表现在如下三个方面：

首先，在深入反思广义刑事证明观的基础上移植西方国家的狭义刑事证明观。在我国传统刑事证据法学理论中，受辩证唯物主义认识论的影响，理论界普遍认为刑事证明活动贯穿整个刑事诉讼过程，参与刑事诉讼活动的公检法三机关以及诉讼当事人都属于刑事证明的主体，都应当在各自范围内承担相应的证明责任。但是随着对辩证唯物主义认识论的反思，理论界开始逐渐充分认识到广义刑事证明观的理论缺陷和负面影响。如有的学者认为，传统诉讼证明观与现代证据理论及诉讼基本原理的要求不相协调，使许多重要理论问题的研究因无法突破诉讼证明概念所框定的藩篱而陷入难以自圆其说的尴尬境地；传统诉讼证明概念中所体现的指导思想与价值理念，不可避免地会对诉讼制度产生直接或者间接的影响。① 有鉴于此，理论界开始逐渐主张在移植西方国家狭义刑

---

① 卞建林，郭志媛．论诉讼证明的相对性［J］．中国法学，2001（2）；卞建林．诉讼证明：一个亟待重塑的概念［C］//何家弘．证据学论坛：第三卷．北京：中国检察出版社，2001：20-23.

事证明观的基础上重塑我国的刑事证明理论，即从刑事审判的角度来认识和理解刑事证明的基本内涵、证明主体、证明责任、证明标准等。为了把握狭义刑事证明观，有学者认为，必须扭转长期以来证据理论研究中存在的一些错误观念：将诉讼证明视为公安司法机关运用证据认定案件事实的职权活动，认为刑事证明贯穿侦查、起诉、审判的各个阶段；将诉讼中的证明活动完全等同于人们对案件事实的认识活动。① 但也有学者认为，这种观点基本上是照搬英美法系的概念，既不符合我国法律规定，也不符合中国国情，从而仍然坚持广义刑事证明观。②

其次，移植西方国家证明责任的分层理论。根据理论界的深入研究，西方国家证明责任分层理论有两种典型模式。一种是德国学者提出来的大陆法系模式。其核心内容是将证明责任分为主观证明责任和客观证明责任两个层次。所谓主观证明责任（又称形式证明责任、行为责任），是指当事人为避免败诉起见，以自己的举证活动证明系争事实的责任。而客观证明责任（又称实质证明责任、结果责任），是指系争事实真伪不明的不利后果由哪方承担的问题。另外一种是美国学者提出来的英美法系模式。其核心内容是将证明责任分为提出证据责任和说服责任两个层次。提出证据责任，是指刑事诉讼的当事人提出证据，说服法官将案件递交陪审团的责任，或者提出某项证据使自己的主张成为争议点的责任。提出证据责任是控辩双方都应当承担的证明责任。说服责任是指在刑事诉讼中由主张一方提出证据说服陪审团裁判己方主张为真的责任。在刑事诉讼中，控方承担以排除合理怀疑的程度说服陪审团裁定被告人有罪的责任。说服责任只能由控方承担，在整个诉讼过程中是不能发生转移的。③ 对于两种分层理论模式，理论界普遍认为具有对应关系，即大陆法系的客观责任对应英美法系的说服责任，大陆法系的主观责任对应英美法系的提出证据责任。但也有学者认为，尽管两大法系在刑事证明责任的设置上确有某些相似之处，但并不能简单地认为两者之间具有一一对应关系。因为，不仅在结果责任意义上，客观证明责任与说服责任的侧重点不同，而且主观证明责任与提出证据责任在结

① 卞建林，郭志媛. 论诉讼证明的相对性 [J]. 中国法学，2001（2）；何家弘. 论司法证明的目的和标准——兼论司法证明的基本概念和范畴 [J]. 法学研究，2001（6）.

② 陈光中. 刑事证据制度与认识论——兼与误区论、法律真实论、相对真实论商榷 [J]. 中国法学，2001（1）.

③ 黄永. 刑事证明责任概念的比较法分析 [J]. 政治与法律，2003（6）；卞建林，郭志媛. 刑事证明主体新论——基于证明责任的分析 [J]. 中国刑事法杂志，2003（1）；叶自强. 英美证明责任分层理论与我国证明责任概念 [J]. 环球法律评论，2001，秋季号；陈刚. 证明责任概念辨析 [J]. 现代法学，1997（2）.

构上也不相同。① 在研究、移植或者借鉴两大法系证明责任分层理论的基础上，理论界对我国传统广义刑事证明观视野下的证明责任分配进行了系统反思，普遍反对将侦查机关、人民法院作为刑事证明的主体和承当相应的证明责任，主张刑事被告人在特殊情况下也应当承担一定的证明责任。②

最后，在深入反思客观真实观的基础上移植西方国家相对务实的刑事证明标准。在传统刑事证据法学理论中，受辩证唯物主义认识论的影响，理论界普遍秉承了苏联的客观真实观，认为公检法三机关的刑事证明目的就是查明和证明案件事实真相，做到主观符合客观。受这种理论的影响，我国《刑事诉讼法》明确规定有罪判决的证明标准为案件事实清楚、证据确实充分。而从司法实践来看，这种过于理想化的刑事证明标准暴露出越来越多的问题。在这种背景下，理论界对西方国家的刑事证明标准进行了深入研究。③ 根据理论界的研究，尽管大陆法系国家实行内心确信的刑事证明标准，英美法系国家实行排除合理怀疑的刑事证明标准，但是它们在本质上都着眼于认识主体的主观思维，都属于主观证明标准和高度盖然性标准，在理论上都被视为刑事诉讼的最高证明标准。实际上，只有排除合理怀疑，才能达到内心确信；而要形成内心确信，必然要求排除合理怀疑。根据研究者的考证，西方国家之所以在刑事证明标准这个问题上坚持盖然性理论，主要是西方国家秉承诉讼合理主义与经验主义哲学的结果。这是因为，基于证明的主体、证明的客体、证明的时空条件、证明的资源、证明的程序、证明的规则等多种因素的影响，诉讼证明的结果只能达到相对真实的程度，即尽可能地接近客观真实，而很难达到与实际发生的客观事实完全一致。基于不同的诉讼阶段或者证明对象，理论界还考察和研究了西方国家刑事证明标准的层次性，如美国将证明标准划分为九个等级，大陆法系国家对实体法事实和程序法事实分别实行不同的证明标准等。受西方国家诉讼证明的相对性原理和盖然性理论的影响，理论界普遍在反思客观真实观的基础上提出了

---

① 黄永. 刑事证明责任概念的比较法分析 [J]. 政治与法律，2003（6）.
② 卞建林，郭志媛. 刑事证明主体新论——基于证明责任的分析 [J]. 中国刑事法杂志，2003（1）；何家弘. 刑事诉讼中举证责任分配之我见 [J]. 政治与法律，2002（1）；陈永生. 论刑事诉讼中控方举证责任之例外 [J]. 政法论坛，2001（5）；叶峰，叶自强. 推定对举证责任分担的影响 [J]. 法学研究，2002（3）.
③ 宋英辉，汤维建. 证据法学研究述评 [M]. 北京：中国人民公安大学出版社，2006：350-376；宋英辉. 刑事诉讼法学研究述评：1978-2008 [M]. 北京：北京师范大学出版社，2009：687-714.

法律真实观①，对我国过于理想化、模糊、缺乏可操作性的案件事实清楚、证据确实充分的证明标准进行了深刻反思，主张在借鉴西方国家高度盖然性证明标准经验的基础上，增强刑事证明标准的可操作性，按照法律真实观来适当改造案件事实清楚、证据确实充分的证明标准。而从我国《刑事诉讼法》的第二次修改来看，尽管我国仍然保留了案件事实清楚、证据确实充分这个证明标准，但是修订之后的《刑事诉讼法》借鉴了西方国家尤其是英美法系的做法，将排除合理怀疑作为认定确实充分的一个基本条件。

---

① 在 21 世纪初期，理论界围绕客观真实观与法律真实观的争论可以说是我国刑事证据法学争议最大、最充分的一个话题。参见周菁，王超. 刑事证据法学研究的回溯与反思：兼论研究方法的转型 [J]. 中外法学，2004（3）. 宋英辉，汤维建. 证据法学研究述评 [M]. 北京：中国人民公安大学出版社，2006：357-365；宋英辉. 刑事诉讼法学研究述评：1978-2008 [M]. 北京：北京师范大学出版社，2009：692-696.

第四章

中国刑事证据法学研究的初步转型

20世纪90年代中期以来，随着我国改革开放进程尤其是社会主义法治建设进程的不断加快，以及我国刑事诉讼制度的日益修改与完善，再加上程序正义理论和人权保障理论在我国的日益兴起，我国传统刑事证据法学研究开始发生重大转型，即从侧重于借鉴苏联刑事证据法学理论、批判西方国家刑事证据法学理论向更加侧重于批判传统刑事证据法学理论、借鉴西方发达国家尤其是英美法系的刑事证据法学理论转变。如何正确认识和评价我国刑事证据法学研究的转型，对我国如何进一步开展刑事证据法学研究具有重要启示意义。本章将在简要梳理我国刑事证据法学研究转型的大致脉络的基础上，对这次转型所取得的主要成就及其局限性进行初步的分析。

第一节　刑事证据法学研究的深度调整

同传统的刑事证据法学相比，无论是在研究内容上，还是在研究思路或者研究方法上，目前正处在转型期的刑事证据法学研究都发生了广泛而又深刻的变化。概括而言，我国刑事证据法学研究的初步转型主要体现在如下四个方面。

一、刑事证据法学研究话语的路径转换

研究话语对学术研究具有至关重要的影响和作用。这是因为，研究话语不仅会引领学术研究的方向，甚至会影响学术研究的具体内容。基于研究话语的重要性，习近平总书记在哲学社会科学工作座谈会上发表重要讲话时曾经强调，只有以我国实际为研究起点，提出具有主体性、原创性的理论观点，构建具有自身特质的学科体系、学术体系、话语体系，我国哲学社会科学才能形成自己的特色和优势。① 就我国刑事证据法学研究而言，研究话语的选择甚至直接左右了我国刑事证据法学研究的进程和转型。进一步而言，在我国刑事证据法学研

---

① 习近平. 在哲学社会科学工作座谈会上的讲话［J］. 时事报告，2016（6）.

究的艰难探索和恢复发展时期，基于特定的历史条件，理论界在研究刑事证据法学的过程中充满了政治话语，从而导致刑事证据法学研究的泛政治化。而在1996年修改《刑事诉讼法》之后，随着我国改革开放的不断深入，理论界在不断反思与批判传统刑事证据法学的基础上竭力去政治化，强化刑事证据法学规范化的研究路径，从而实现了我国刑事证据法学研究的初步转型和繁荣景象。

概括而言，在1996年修改《刑事诉讼法》之前，我国刑事证据法学研究的泛政治化主要体现在四个方面。首先，用政治话语指导和研究刑事证据法学。这主要是指动辄将本来属于证据法学的问题当作政治问题来研究，将证据制度上升到政治或者意识形态的高度。其突出表现就是，尽管马克思、恩格斯、列宁、毛泽东等从来没有专门论述诉讼证据制度方面的问题，但是理论界从马克思列宁主义、毛泽东思想关于国家与法律的基本原理出发，站在政治或者意识形态的高度，运用阶级分析方法，动辄将证据法问题当作"姓资姓社"的政治问题来讨论，从而在彻底批判旧法观点、资产阶级法学尤其是西方国家刑事证据制度与理论的基础上，探讨我国应当如何彻底与旧法观点、剥削阶级证据法学划清界限，构建符合社会主义性质的刑事证据制度和理论。最典型的逻辑就是，理论界普遍认为西方国家自由心证证据制度是建立在形而上学和唯心主义基础之上的为资产阶级利益服务的统治工具，而我国作为社会主义国家，只能以马克思主义的辩证唯物主义认识论为指导思想或者理论基础，构建实事求是的刑事证据制度。

其次，用政治逻辑代替证据法的逻辑。在刑事证据法学研究泛政治化的情况下，理论界往往不是从刑事证据法学本身的基本规律出发来研究刑事证据的制度或者理论，而是动辄从政治的角度或者观点来认识和理解刑事证据制度或者理论。最典型的表现就是，理论界普遍将马克思主义关于国家与法的基本原理作为刑事证据法学研究的根本出发点和逻辑基础，从阶级性或者阶级专政工具这个政治视角来观察、分析和研究刑事证据制度或者理论。以刑事证据的特征为例。在证据法学中，刑事证据的特征本来不是一个十分复杂的理论问题，但是理论界在辩证唯物主义认识论的视野下对刑事证据是否具有客观性这个问题进行了长达几十年的争论。尤其是在中华人民共和国成立早期，在泛政治化思潮的影响下，许多学者运用阶级分析方法，认为刑事证据的阶级性不仅源自犯罪行为的阶级性，而且与刑事证据制度的阶级性具有重要联系。① 一方面，基于马克思主义的犯罪观，我国早期刑法学明确将犯罪界定为危害统治阶级利益的一种反社会的行为。在阶级斗争的年代里，犯罪分子也因为犯罪行为的阶级性而理所当然地成为阶级斗争的对象。而刑事证据作为揭露犯罪和惩罚犯罪的手段，自然而然被理论界打上阶级性的烙印。另一方面，基于马克思主义的国家观与法律观，理论界普遍认为刑事证据制度具有明显的阶级性，是为统治阶级利益服务的工具。而侦查、检察、审判人员在刑事诉讼中只有根据国家的政策法律，贯彻落实刑事证据制度，同犯罪分子进行尖锐的阶级斗争，才能查清案件事实真相，才能完成惩罚犯罪的诉讼任务。在这种情况下，如果否认刑事证据的阶级性，就是割裂刑事证据同犯罪行为之间的联系。但是，也有部分学者认为，尽管刑事证据制度具有阶级性，但是刑事证据制度与刑事证据是两个不同的概念，不能以刑事证据制度的阶级性推导出刑事证据本身也具有阶级性的结论。毕竟，刑事证据是不以人的意志为转移的客观存在物，其本身无所谓阶级性问题。② 而为了自圆其说，还有学者认为，刑事证据是否具有阶级性取决于不同的犯罪事实或者刑事证据，即诸如受害人、证人等所陈述的反革命破坏等犯罪事实，就表现为刑事诉讼证据的阶级性；而对于自然界的物质、科学检验等方面的刑事诉讼证据则没有阶级性。③

再次，用政治判断取代证据法的规范判断。这主要是指，在如何认识和理解西方国家刑事证据制度或者理论时，理论界的政治立场远比学术分析更重要，理论界所要做的往往不是从刑事证据制度本身的合理性或者规律性出发，而是机械地套用政治话语进行政治判断和表明自己的政治立场。尽管就目前的刑事证据法学理论而言，西方国家的许多刑事证据制度或者理论都被视为人类社会法律制度走向法治、文明、科学、民主的重要标志，体现了现代刑事诉讼制度或者证据制度的基本规律，但是在我国刑事证据法学研究的艰难探索和恢复发展时期，无论是西方国家的刑事证据制度还是刑事证据法学理论，都会因为理

---

① 张绥平.关于刑事诉讼证据理论的几个问题的探讨 [J].政法研究，1964（1）；前进.谈谈刑事诉讼证据的阶级性 [J].政法研究，1964（3）；王净.关于刑事诉讼证据理论几个问题的商榷 [J].政法研究，1964（4）；戴福康.刑事诉讼证据为什么具有阶级性？[J].政法研究，1964（4）.

② 田静仁.关于刑事诉讼证据的客观性和阶级性问题 [J].政法研究，1964（2）；凌相权.两点意见 [J].政法研究，1964（3）；陆研.谈谈刑事诉讼证据有无阶级性的问题 [J].政法研究，1964（4）.

③ 巫宇甦.论我国刑事诉讼中的证据 [J].政法研究，1964（2）；孙兴起.有无阶级性要区别看待 [J].政法研究，1964（3）.

论界的泛政治化分析而被贴上形而上学和唯心主义的标签，被定性为资产阶级进行剥削统治或者为资产阶级利益服务的工具，被批判成具有欺骗性、虚伪性或者反动性的制度或者理论。可以说在刑事证据法学的研究过程中，理论界的泛政治化分析明显呈现出"两个凡是"的特点：凡是源于资本主义国家的刑事证据制度或者理论，都应当受到无情的批判，而凡是来自社会主义国家的刑事证据制度或者理论，都应当进行坚决的维护。也正是在这种背景下，理论界在探讨我国刑事证据制度的构建时不仅不会考虑借鉴西方国家刑事证据制度、理论的所谓成功经验或者优秀文明成果，而且反而在社会主义意识形态的旗帜下需要彻底地与西方国家的刑事证据制度或者理论划清界限。尽管在坚持马克思主义辩证分析的情况下，理论界普遍承认西方国家自由心证证据制度相对于欧洲中世纪法定证据制度的历史进步意义，但是一旦将自由心证证据制度与社会主义证据制度进行比较分析时，西方国家自由心证证据制度的所谓历史进步意义就会被大是大非的政治话语淹没，在社会主义证据制度的优越性面前变得不足挂齿。在传统的法学研究进程中，研究者们如果过于强调法律制度或者法学理论本身的内容就有可能被扣上不讲政治的帽子而难以立足。正如有的学者在反驳"法律技术"论时所指出的那样，"法律技术"论者在法律理解上存在两个基本缺陷：一是他们不懂得法律的阶级本质以及政治与法律的关系；二是他们在思想方法、工作方法上是主观主义、教条主义者，也就是唯心论的法律家。① 这也是中华人民共和国成立早期许多学者曾经在赞成西方国家的刑事证据制度或者理论之后又不得不基于政治立场而深刻检讨自己的一个重要原因。②

最后，照搬照抄苏联证据法学理论。众所周知，中国共产党领导的新民主主义革命是在苏联十月革命的直接影响下甚至是苏联的指导和帮助下进行的。

---

① 李光灿，王水．批判人民法律工作中的旧法观点［J］．学习杂志，1952（7）；李光灿，李剑飞．肃清反人民的旧法观点［N］．人民日报，1952-08-22（3）．

② 一个较为典型的例证就是，华东政法学院青年教师黄道曾经在1957年发表的《略论刑事诉讼中的无罪推定原则》一文中首次明确提倡无罪推定原则，文章发表后立即在理论界掀起轩然大波。随后，理论界掀起了彻底批判无罪推定原则的思潮，黄道也因此而被内定为"右派"。在这种背景下，黄道专门撰文《应该彻底批判"无罪推定"的谬论——对"略论刑事诉讼中的无罪推定原则"一文的初步检查》，深刻检讨自己对无罪推定原则的论断，指出自己混淆了资产阶级的法律观和马克思列宁主义的法律观，这不仅是政治立场上的模糊和唯心主义观点的表现，同时也是无产阶级专政观念不强的表现。参见黄道．略论刑事诉讼中的无罪推定原则［J］．法学，1957（2）．黄道．应该彻底批判"无罪推定"的谬论——对"略论刑事诉讼中的无罪推定原则"一文的初步检查［J］．法学，1958（1）．而理论界在猛烈批判无罪推定原则之后，无罪推定原则甚至一度成为法学研究的一个禁区。

可以说，苏联作为人类社会第一个社会主义国家，以及马克思主义基本原理的第一个实践者，它在政治、经济、文化、法律等各个方面的理论与经验自然而然地对社会主义中华人民共和国具有不可比拟的权威性和影响力。尤其是对于中华人民共和国的社会主义法制建设而言，在当时的历史条件下，除了借鉴苏联的经验与理论之外几乎不可能有其他路径。早在1950年7月27日，中央人民政府政务院政治法律委员会副主任兼中央人民政府法制委员会主任委员陈绍禹在第一届全国司法会议上以《关于目前司法工作的几个问题》为题所作的报告中就曾经明确指出，中央人民政府法制委员会立法工作的一项原则就是以苏联法律为学习对象，并以国民党反动政府及其他资产阶级的法律为批判对象。在这种背景下，从法律制度的构建到司法机关的设置，再从法学教育到法学研究，社会主义中华人民共和国不仅学习模仿了苏联的模式，甚至是完全照搬苏联的模式，达到教条主义的程度。① 刑事证据法学研究作为法学研究的重要组成部分，自然也不例外。从本书第三章的分析就能很清楚地看到这一点。而苏联法学理论与实践作为社会主义法学的鼻祖，其显著特点正是法学或者法律制度的政治分析。最典型的表现就是，苏联法学家根据马克思、恩格斯、列宁、斯大林等伟大领袖关于国家与法的基本原理来分析几乎所有的法学问题或者法律制度。而在照搬苏联法学研究模式的情况下，我国传统的刑事证据法学研究不仅秉承了苏联法学研究的泛政治化路径，甚至比苏联的法学家更加执着于刑事证据法学的泛政治化分析。一个突出的表现就是，在20世纪50年代，被誉为最权威的马克思列宁主义法学家维辛斯基的法学观点在苏联法学界曾经受到诸多批评，而在中国刑事证据法学研究中，维辛斯基的证据法学理论仍然受到国内学者一如既往的推崇，甚至达到言必称维氏的痴迷程度。

我国传统刑事证据法学研究的泛政治化路径具有深刻的历史背景，是特殊历史时期和历史条件的特定产物。在我国刑事证据法学研究的艰难探索和恢复发展时期，在百业待兴、废旧建新、法律制度极度匮乏、法学教育十分落后、法学研究刚刚起步、学术资源极为有限等诸多不利因素的影响下，再加上"文化大革命"的冲击，传统刑事证据法学的泛政治化路径可以说是必然的。首先，中国共产党作为马克思主义指导下的无产阶级政党，是在长期阶级斗争中摸爬

---

① 已故著名法学家陈守一教授在研究我国法学研究与法学教育时曾经指出，在中华人民共和国建立初期，尽管在法制建设和法学上学习苏联是必要的，但是在学校教育中，存在相当严重的教条主义倾向，即从课程设置、教学内容、教学方法、教学组织以及教育形式各个方面，基本上都是照搬苏联的一套。参见陈守一. 法学研究与法学教育论[M]. 北京：北京大学出版社，1996：121.

滚打成长起来的政党。马克思主义关于国家与法的基本原理既是中国共产党进行阶级斗争的指导思想，也是长期革命斗争的实践经验总结。在新民主主义革命取得胜利和建立社会主义性质的中华人民共和国之后，在缺乏社会主义建设经验的情况下，中国共产党在领导各项事业建设的过程中自然而然地需要继续扛起阶级斗争的大旗，以马克思主义关于国家与法的基本原理来指导和统摄包括法学研究在内的社会主义法制建设。其次，在新民主主义革命取得胜利之后，社会主义中华人民共和国的一项重要任务就是彻底废除国民党反动政府一切压迫人民的法律、法令和司法制度，坚决同资产阶级性质的法律与理论划清界限，以马克思列宁主义、毛泽东思想关于国家与法的基本原理来指导和开展社会主义法制建设，制定保护人民的法律、法令，建立人民司法制度。① 在这种情况下，包括刑事证据法学在内的法学研究理所当然需要自觉地站在政治和社会主义意识形态的高度，掌握马克思列宁主义的世界观和方法论，运用马克思列宁主义、毛泽东思想关于国家与法的基本原理来开展各种学术研究。最后，中华人民共和国是中国共产党在半殖民地半封建社会的基础上建立的社会主义国家。在当时的历史条件下，包括法学研究在内的社会主义法制建设除了向苏联模式学习和借鉴之外，显然不可能有其他良方。正如蔡定剑教授指出的那样，由于中国在从紧迫的战争环境中走出，又在废除一起旧法的情况下建设法制，没有更多的经验来提出自己的法学理论为丰富马列主义法学理论做出贡献，因此，中华人民共和国的法学只能停留在马列关于法的经典引证上，停留在阶级斗争经验的印证解释和苏联法律理论的转述解说上。②

　　尽管传统刑事证据法学研究的泛政治化分析具有深刻的历史背景，但是我们还应当看到这种路径对我国刑事证据法学研究的诸多负面影响。首先，在采

---

① 中共中央于 1949 年 2 月 22 日颁布的《中共中央关于废除国民党的六法全书与确定解放区的司法原则的指示》指出，司法机关应该经常以蔑视和批判六法全书及国民党其他一切反动的法律法令的精神，以蔑视和批判欧美日本资本主义国家一切反人民法律、法令的精神，以学习和掌握马列主义——毛泽东思想的国家观、法律观及新民主主义的政策、纲领、法律、命令、条例、决议的办法，来教育和改造司法干部。华北人民政府于 1949 年 3 月 31 日发布的《废除国民党的六法全书及其一切反动法律》的训令也明确指出，旧的必须彻底粉碎，新的才能顺利长成。各级人民政府，特别是司法工作者要和对国民党的阶级统治的痛恨一样，以蔑视与批判的态度，对待国民党六法全书及欧美日本资本主义国家一切反人民的法律。用全副精神来学习马列主义、毛泽东思想的国家观、法律观，学习新民主主义的政策、纲领、法律、命令、条例、决议，来搜集与研究人民自己的统治经验制作出新的较完备的法律。

② 蔡定剑. 历史与变革——新中国法制建设的历程［M］. 北京：中国政法大学出版社，1999：241.

取泛政治化分析路径的情况下，理论界会因为过于追求政治正确、维护政治立场而忽略刑事证据法学的专业话语和刑事证据制度的技术规范或者本来面目，进而严重制约我国刑事证据法学的研究对象和研究内容，影响我国刑事证据法学研究的进程。长期以来，我国刑事证据法学研究之所以局限于屈指可数的几个理论范畴，以及迟迟无法形成系统的刑事法学理论体系，可以说就是传统刑事证据法学过于讲究政治话语的必然结果。刑事证据法学研究范围过于狭窄、难以形成科学的刑事证据法学理论体系，就会大大影响我国刑事证据立法的进程。其次，在过于强调政治话语的情况下，理论界就会站在政治或者意识形态的高度对西方国家的刑事证据制度或者理论进行盲目的批判，从而严重影响我国对西方国家刑事证据制度或者理论的客观评价和借鉴参考。可以说，我国在这种背景下形成的传统刑事证据法学从一开始就陷入了肤浅化、片面化、简单化的尴尬境地。再次，在过于强调政治话语的情况下，理论界就会在刑事证据法学研究中为了维护政治正确或者迎合政治需要而生搬硬套马克思列宁主义、毛泽东思想关于国家与法律的基本原理或者经典论述，或者照搬照抄苏联的刑事证据法学理论与实践，而不敢越雷池一步。这不仅导致了传统刑事证据法学的自我封闭和教条主义盛行，而且彻底禁锢了刑事证据法学研究的活力，严重抑制研究者们的创新意识和创新能力。最后，在过于强调政治话语的情况下，我国传统刑事证据法学就会因为泛政治化而混淆政治与法律之间的合理界限，以政治逻辑代替证据法逻辑，以政治分析取代证据法分析。这不仅在理论上严重损害了我国传统刑事证据法学的学术性、科学性、规律性、规范性和技术性，而且在实践中极易助长程序虚无主义、证据虚无主义。

基于泛政治化路径的极大弊端，在1996年修改《刑事诉讼法》之后，随着改革开放进程的加快、全球化时代的来临，尤其是随着中西方法学研究之间的不断交流，我国刑事审判方式改革的日益深入，以及程序正义理论、人权保障观念在我国刑事诉讼法学领域的蓬勃兴起，许多学者尤其是中青年学者不再满足于传统刑事证据法学的政治教导，而是在深刻反思传统刑事证据法学理论的基础上不断地去政治化，更多地从刑事证据法的本身内容来研究刑事证据法学，从而使我国目前的刑事证据法学大致形成了以法教义学为主的研究路径。首先，马克思主义的阶级观点和阶级分析方法彻底被抛弃，理论界不再动辄从政治或者意识形态的高度来认识和理解刑事证据制度或者理论，而是从刑事证据法学的专业术语和刑事证据制度的本身来开展学术研究。其次，苏联证据法学理论受到系统批判，西方国家的刑事证据制度与理论受到空前重视。理论界对西方国家刑事证据制度与理论的介绍、分析、借鉴与研究达到前所未有的高度。再次，理论界对传统刑事证据法学将辩证唯物主义认识论作为唯一的理论基础进行了全方位的反思，提出了诸多新的证据法学理论基础。在深入反思辩证唯物主义认识论的基础上，理论界还从法教义学的角度对传统刑事证据法学中存在明显问题的理论进行了拨乱反正，如对客观真实观的反思、对刑事证据客观性的再反思、对广义刑事证明观的反思等。最后，在刑事证据法学的研究对象不断扩大和研究内容日益丰富的情况下，我国刑事证据法学的理论体系更加系统和完善。尤其是在我国刑事证据法学的转型时期，理论界弥补了传统刑事证据法学中的两大短板，即刑事证据规则和刑事证明理论。

总而言之，在我国刑事证据法学研究的转型时期，理论界已经彻底告别泛政治化的研究路径，义无反顾地踏上法教义学的研究路径。这种研究话语的转变不仅带来了我国刑事证据法学研究的繁荣景象，而且使我国刑事证据法学的政治性大为削弱，其学术性、科学性、规律性、规范性和技术性得到显著增强。

二、刑事证据法学研究内容的不断突破

在我国传统刑事证据法学的萌芽和形成时期，在理论界过于强调政治话语而忽略学术话语的情况下，理论界的刑事证据法学研究范围极为有限，一系列体现现代司法规律的刑事证据制度或者理论都没有得到充分的研究。而在我国刑事证据法学的初步转型时期，尽管理论界对我国刑事证据法学的研究对象仍然没有达成共识，但是在我国刑事证据法学已经呈现繁荣景象的情况下，我国刑事证据法学在研究内容方面已经取得了根本性的突破。

一方面，刑事证据法学的研究内容更加深入。在1996年修改《刑事诉讼法》以前，基于特定的历史条件，我国刑事证据立法极为匮乏和滞后，再加上刑事证据法学研究起步本来就比较晚，理论界对刑事证据法学的研究只是局限于刑事证据法学的理论基础，刑事证据制度的种类，刑事证据的概念与属性，刑事证据的种类，刑事证据的分类，刑事证明的概念，刑事证明的对象，刑事证明的程度，刑事证明的责任，刑事证据的收集、固定、保全、审查判断等屈指可数的几个理论范畴。而且，在过于强调政治话语、研究思路狭窄、研究方法陈旧、学术资源有限的情况下，理论界对于这些问题的研究也不够深入、细致。尤其是在泛政治化的研究路径中，理论界对许多问题的研究都充满了政治逻辑或者政治判断。而在1996年修改《刑事诉讼法》之后，随着泛政治化分析方法的衰弱和法教义学研究方法的崛起，再加上研究视角和研究方法的更新，以及越来越丰富的国内外学术资源，理论界对于以往研究内容的认识和理解越来越细致和深刻。例如，对于刑事证据法学的理论基础，理论界在深刻反思辩

证唯物主义认识论的基础上提出了程序正义论、价值选择理论、裁判的可接受性理论等；对于刑事证据的属性，理论界除了进一步论证刑事证据的客观性、关联性和合法性之外，还借助西方国家的证据能力和证明力这两个概念来理解刑事证据的双重属性；对于刑事证据的理论分类，随着刑事司法改革的不断推进，理论界又提出了许多新的分类方法，如定罪证据与量刑证据、实体证据与程序证据、主证据与补强证据等；对于广义的刑事证明观，理论界在深入反思辩证唯物主义认识论的基础上，系统论证了狭义的刑事证明观；对于刑事证明标准，理论界在深入反思客观真实观的基础上，系统提出了法律真实观；对于刑事证明责任，理论界在系统研究西方国家证明责任双层次理论的基础上，对刑事证明责任的概念、性质、分配原则、承担主体等进行了更加科学、细致、全面的分析；结合刑事证明责任，理论界在研究刑事证明对象的过程中系统研究了刑事推定和司法认知；对于刑事证明的过程或者环节，理论界在反思刑事证据的收集与审查判断的基础上系统论述了取证、举证、质证和认证的基本原理；等等。

另一方面，刑事证据法学的研究内容更加广泛。在1996年修改《刑事诉讼法》之后，我国刑事证据法学研究迎来了比以往任何时候都要好的机遇。这是因为，在刑事诉讼程序改革与刑事证据制度改革脱节的情况下，立法界和司法界迫切需要理论界加强刑事证据法学的研究，以便为我国刑事证据制度的修改与完善提供智力支持；在泛政治化分析方法衰弱和法教义学研究方法崛起的情况下，理论界在研究西方国家刑事证据制度与理论的过程中不再像以往那样因为担心政治不正确而畏首畏尾；随着改革开放进程的加快、全球化时代的来临，在学术资源越来越丰富、中外学术交流越来越频繁的情况下，理论界不仅极大地拓展了其研究视野，而且在刑事证据法学研究的过程中能够较为轻松地获得国内外的学术资源。在这种情况下，理论界不仅更加深刻地认识和理解了以往所研究的刑事证据法学内容，而且深入研究了以往不曾涉及或者涉及甚浅的刑事证据法学理论范畴。例如，对新的证据种类（如视听资料、电子数据等）或者新型刑事证据（如计算机证据、DNA证据等）的相关问题进行了系统分析；对科技证据的基本原理等相关问题进行了全面而系统的研究；理论界在反思我国刑事证据制度的基础上对西方国家各种刑事证据规则的内涵、功能、价值、理论基础、法律适用等进行了系统而又全面的研究；理论界在反思刑事证据的收集与审查判断的基础上系统提出了刑事证据的举证规则、质证规则和认证规则；结合现代刑事证据法学的基本原理，对司法实践中不断出现的新问题（如测谎结论、侦查人员出庭作证、专家辅助人制度等）进行专门的研究；结合现代刑事证据法学的基本原理，对我国刑事证据制度改革（如非法证据排除规则、证据的审查与认定规则等）进行全方位的研究；等等。

三、刑事证据法学研究思路的态度反转

从理论上讲，无论是苏联的刑事证据制度与理论，还是西方国家的刑事证据制度与理论，都是中华人民共和国刑事证据法学研究绕不开的话题。如何认识和理解苏联和西方国家的刑事证据制度与理论甚至是我国刑事证据法学研究的必修课。毕竟，苏联是第一个社会主义国家，苏联的刑事证据制度与理论必然会成为其他社会主义国家效仿的对象；在经过几百年的实践和演变之后，西方国家已经构建了最全面、最系统、最完善的刑事证据制度。中华人民共和国成立以来，尽管理论界的视线始终没有离开苏联和西方国家的刑事证据与理论，但是在不同的历史时期，基于不同的历史条件，理论界对苏联和西方国家的刑事证据与理论的态度却是天壤之别。

早在 1950 年 7 月 27 日，中央人民政府政务院政治法律委员会副主任兼中央人民政府法制委员会主任委员陈绍禹在第一届全国司法会议上做工作报告时指出，之所以对国民党六法全书存在错误认识和留恋态度，主要是人们不了解国家和法律的阶级本质，中了中外反动法学所散布的"法律超时间、超空间、超阶级、超政治"的毒。而要真正脱离国民党六法全书的影响，就是要掌握马列主义的社会观、国家观和法律观，以便认识法律的本质，认识法律与国家以及国家和社会的相互关系；把马列主义和毛泽东思想关于社会、国家和法律的相互关系的论证当作思想方法和行动指南，掌握运用马克思辩证唯物主义来研究社会、国家和法律问题的观点和方法。在这种政治背景下，包括刑事证据法学在内的法学研究的主要思路就是秉承马克思列宁主义、毛泽东思想关于国家与法的基本原理，在彻底批判西方国家法学理论与实践的基础上学习、宣扬、借鉴甚至照搬苏联的法学理论与实践。人民日报社的社论也曾经明确指出，为了划清新旧法律的原则界限，就必须以科学的马克思列宁主义的国家观、法律观为准绳，坚决地、彻底地批判和划清一切腐朽的资产阶级的偏见，站在热爱人民革命事业的立场上正视我们人民自己的新法律，鄙弃一切反人民、反革命的旧法律。[1] 1979 年创刊的权威法学刊物——《法学研究》对来稿甚至直言不讳地提出要阐述和宣传马列主义、毛泽东思想中关于国家与法的理论，欢迎批判资产阶级，批判一切剥削阶级的法学思想的文章，欢迎介绍或批判外国法学和

---

① 陈传纲. 论新中国人民革命法制的建设［N］. 人民日报, 1952-10-18.

法律制度的文章。就刑事证据法学研究而言，马克思列宁主义、毛泽东思想的世界观、方法论成为我国理论界研究刑事证据法学的根本出发点和指导思想；我国理论界在学习、借鉴甚至照搬苏联刑事证据法学理论与实践的基础上形成了我国传统刑事证据法学的理论体系；我国理论界普遍认为建立在形而上学、唯心主义基础之上的西方国家刑事证据制度与理论是为资产阶级利益服务的工具，是具有欺骗性、虚伪性或者反动性的法律制度或者法学理论。

在 20 世纪 90 年代初期，发生了两起对我国刑事证据法学研究具有重要影响的事件。一件是作为社会主义中华人民共和国榜样的苏联在 1991 年宣告解体。苏联解体以后，无论是在政治、经济、文化建设方面，还是在法制建设等各个方面，中国作为最大的发展中国家和社会主义国家，在国际、国内复杂的形势下都面临着巨大的挑战。另一件是改革开放总设计师邓小平同志在 1992 年初视察武昌、深圳、珠海和上海之后，发表了中国历史上极为重要的"南方讲话"。这两起事件对我国最大的影响就是，我国实行了韬光养晦战略，以更加务实、更加开放的姿态不断加快改革开放的进程。在这种背景下，包括《刑事诉讼法》、刑事证据法在内的社会主义法制建设发生了翻天覆地的变化，从而带动了我国法学研究的根本性转变。就《刑事诉讼法》或刑事证据法而言，随着改革进程的不断加快，我国于 20 世纪 90 年代初期开始以刑事审判方式改革为突破口，深入推进刑事司法改革。具有标志意义的就是我国在 1996 年大规模修改了 1979 年制定的《刑事诉讼法》。从修改内容来看，我国《刑事诉讼法》的第一次修改大量借鉴了西方国家尤其是英美法系国家的成功经验，如对无罪推定原则、当事人主义审判方式等合理因素的吸收等。从某种意义上讲，我国《刑事诉讼法》的第一次修改拉开了我国以更加开放、更加务实的态度借鉴西方国家成功经验和推进社会主义法治建设的序幕。这对于我国刑事证据法学研究的一个重要影响就是，理论界无须再像以往那样过于强调法学研究的泛政治化分析，不再动辄纠结于刑事证据制度或者理论中的"姓资姓社"问题，而是更加客观、理性、中立、辩证地认识、理解、研究苏联或者西方国家的刑事证据制度与理论。在这种比较开放的学术环境下，1996 年修改《刑事诉讼法》以来，不仅西方国家的法治理论、程序正义理论、人权保障理论等在我国刑事证据法学的研究中蓬勃兴起，而且西方国家的刑事证据制度与理论尤其是英美法系的刑事证据规则、刑事证明理论得到了国内学者的广泛研究和认同。

尽管在我国刑事证据法学研究的初步转型时期，理论界对于西方国家刑事证据制度与理论的系统介绍和研究拓宽了我国刑事证据法学的研究视野，加深了我国对现代刑事证据制度与理论的深刻认识，增强了我国刑事证据法学的学术性、科学性、规律性、规范性和技术性，但是理论界的研究思路几乎从一个极端走向另一个极端。那就是，对于西方国家的刑事证据制度与理论，理论界不再像以往那样站在政治和意识形态的高度一味地进行政治性的批判，而是在全面介绍和系统研究的基础上，普遍主张在借鉴西方国家成功经验的基础上修改与完善我国的刑事证据制度。在竭力推崇西方国家刑事证据制度与理论的同时，理论界对苏联的刑事证据制度与理论的研究态度也发生了根本性的改变，即理论界不再像过去那样将苏联的刑事证据制度与理论作为学习、借鉴甚至照搬的对象，而是站在法教义学的角度对苏联刑事证据制度与理论的局限性进行了深刻反思。

四、刑事证据法学研究方法的日趋多元

研究方法是否科学，不仅关系到刑事证据法学的研究内容，而且直接影响到刑事证据法学能否进行创新以及创新的程度。尽管研究方法如此重要，但是传统刑事证据法学似乎并不重视研究方法的训练。仅有的几本证据法学教材在论述证据法学的研究方法时不仅极为简单，而且普遍将辩证唯物主义或者历史唯物主义的观点和方法作为证据法学最根本的或者最主要的研究方法，强调理论联系实际和实事求是。[1] 在这些教材看来，马克思主义哲学——历史唯物主义和辩证唯物主义正确阐明了存在和意识的相互关系，揭示了人类社会发展的规律，是其他任何理论都不可取代的科学世界观和方法论，因而它对于一切学科的研究都具有普遍的指导意义。只有以历史唯物主义和辩证唯物主义为指导，才能深刻认识错综复杂的证据现象、证明过程，才能准确揭示其阶级属性，阐明其产生的历史条件和发展变化的原因，才能对证据学研究的问题做出科学的回答。[2] 尽管也有部分证据法学教材主张比较研究的方法，但是在坚持辩证唯物主义和历史唯物主义的情况下，所谓比较研究仍然是建立在证据法学的政治分析基础之上的。这些教材认为，尽管剥削阶级国家所制定的证据制度及其学者

---

[1] 巫宇甦. 证据学 [M]. 北京：群众出版社，1983：6-7；裴苍龄. 证据法学新论[M]. 北京：法律出版社，1989：7-8；赵炳寿. 证据法学. 成都：四川大学出版社，1990：7-8；陈一云. 证据学 [M]. 北京：中国人民大学出版社，1991：6-7；赵景荣. 新编证据学 [M]. 北京：中国政法大学出版社，1992：6-8.

[2] 巫宇甦. 证据学 [M]. 北京：群众出版社，1983：6；裴苍龄. 证据法学新论 [M]. 北京：法律出版社，1989：7-8；赵炳寿. 证据法学. 成都：四川大学出版社，1990：7；陈一云. 证据学 [M]. 北京：中国人民大学出版社，1991：6-7；赵景荣. 新编证据学 [M]. 北京：中国政法大学出版社，1992：6-8.

所提出来的理论不无合理可取的规定、观点和资料，对诉讼证据的现象以及运用证据的某些经验做了一些解释和总结，但是历史上曾经出现过的几种不同类型的剥削阶级国家的证据制度和证据理论毕竟是为剥削阶级利益服务的，它们的共同本质特征是建立在唯心主义和形而上学理论基础之上，终究未能揭示出证据的本质特征和运用证据的规律。而只有自觉地遵循马克思主义哲学的一般原理，才能有正确的立场、观点和方法，才能对面临的各种复杂的证据现象进行科学的分析，做出正确的结论。[1] 总而言之，在我国传统刑事证据法学研究中，运用辩证唯物主义和历史唯物主义的基本原理和方法对古今中外的刑事证据制度和理论进行马克思主义哲学和政治学分析，既是最重要的研究方法，也是运用最多的研究方法。

在1996年修改《刑事诉讼法》之后，随着国际国内形势发生深刻变化，尤其是随着理论界对历史唯物主义和辩证唯物主义对刑事证据制度与理论的指导作用的不断反思，我国传统刑事证据法学研究的泛政治化分析路径开始衰弱，而法教义学研究方法受到了理论界前所未有的重视。大多数证据法学教材在分析其研究方法时也不再强调如何运用历史唯物主义和辩证唯物主义开展研究，而是回归法学研究的一般方法，如注释分析、比较分析、交叉学科分析、思辨分析、实证分析、价值分析、系统分析、历史分析、经济学分析、定量分析等多种研究方法。在这种情况下，我国转型时期的刑事证据法学已经呈现出非常多元的研究方法，而不再像以往那样过于强调马克思主义的哲学分析和泛政治化分析。尤其是在刑事证据法学专著中，多元化的研究方法体现得更加淋漓尽致。例如，蒋铁初撰写的《中国近代证据制度研究》（中国财政经济出版社2004年版）和《中国传统证据制度的价值基础研究》（法律出版社2014年版）、祖伟撰写的《中国古代证据制度及其理论研究》（法律出版社2013年版）、郭成伟主编的《中国证据制度的传统与近代化》（中国检察出版社2013年版）所采用的历史分析方法；孙维萍撰写的《中意刑事诉讼证明制度比较》（上海交通大学出版社2007年版）、季美君撰写的《专家证据制度比较研究》（北京大学出版社2008年版）、易延友撰写的《证据法的体系与精神：以英美法为特别参照》（北京大学出版社2010年版）、纪虎撰写的《被告人作证制度研究：以英美法为中心展开的比较法考察》（法律出版社2012年版）所采用的比较分析方法；宋

---

[1] 巫宇甦. 证据学 [M]. 北京：群众出版社，1983：6-7；裴苍龄. 证据法学新论[M]. 北京：法律出版社，1989：7-8；陈一云. 证据学 [M]. 北京：中国人民大学出版社，1991：6-7；赵景荣. 新编证据学 [M]. 北京：中国政法大学出版社，1992：6-8.

随军和姜涛主编的《刑事诉讼证据实证分析》（法律出版社 2006 年版）、房保国撰写的《刑事证据规则实证研究》（中国人民大学出版社 2010 年版）、卞建林和杨宇冠主编的《非法证据排除规则实证研究》（中国政法大学出版社 2012 年版）、贺小军撰写的《量刑证据：基础理论与实证研究》（法律出版社 2016 年版）所采用的实证分析方法；栗峥撰写的《超越事实：多重视角的后现代证据哲学》（法律出版社 2007 年版）、张继成撰写的《证据基础理论的逻辑、哲学分析》（法律出版社 2011 年版）、王敏远撰写的《一个谬误、两句废话、三种学说：对案件事实及证据的哲学、历史学分析》（中国政法大学出版社 2013 年版）所采用的哲学分析或者思辨分析方法；宋志军撰写的《刑事证据契约论》（法律出版社 2010 年版）、封利强撰写的《司法证明过程论：以系统科学为视角》（法律出版社 2012 年版）、熊志海撰写的《信息视野下的证据法学》（法律出版社 2014 年版）所采用的交叉学科分析方法；屈新撰写的《证据制度的经济学分析》（中国政法大学出版社 2015 年版）所采用的经济学分析方法；等等。

尤其值得一提的是，许多学者在深刻反思传统研究思路和研究方法的基础上，系统论述了我国刑事证据法学研究方法的转型问题。例如，有的学者在深入反思刑事诉讼法学研究范式的基础上提出法学者应当抛弃对策法学的思路，将解释作为学术研究的基本归宿；放弃动辄移植外国法律制度的引进法学理念，减少没有任何事实基础的玄学思辨式的学术争论，真正关注中国的问题；克服大而全的教科书体例式的研究方式，引入科学的实证研究方法；摒弃孤立和封闭的刑事诉讼法学研究方式，从交叉学科的角度发现和选择那些包含丰富问题的法学课题。① 有的学者认为，我国应当从比较的方法、实证分析的方法、经济分析的方法、证据法理学等方面实现证据法学研究方法的转型。② 而有的学者则主张从如下几个方面实现我国刑事证据法学研究方法的彻底转型：彻底摆脱认识论的束缚，破除"案件事实真相""客观真实"等情结，为证据法学注入程序正义、价值选择、形式理性、人权保障、宪法法治、诉讼效率等理论元素；抛弃纯粹的对策式法学研究方法，破除对西方国家证据法学理论的迷信，将证据法学研究牢牢扎根于中国的证据立法与实践，创造出属于中国的独特证据法学理论；完成从"证据学"到"证据法学"的理论转型，并在此基础上构建我

---

① 陈瑞华. 刑事诉讼的前沿问题 ［M］. 2 版. 北京：中国人民大学出版社，2005：51-138.

② 宋英辉，吴宏耀，雷小政. 证据法学基本问题之反思 ［J］. 法学研究，2005（6）；宋英辉. 刑事诉讼法学研究述评：1978-2008 ［M］. 北京：北京师范大学出版社，2009：1-23.

国证据法学的理论体系。① 还有学者认为，为了推动刑事证据法学研究的理论创新，我国刑事证据法学研究应该再次转型，走出价值表达的误区，找到我国刑事证据制度存在的真正问题，运用交叉学科分析和实证研究方法对我国刑事证据制度做出精确的解释。②

第二节　刑事证据法学研究初步转型的主要成就

20 世纪 90 年代中期以来，随着刑事司法改革的不断推进和我国刑事证据法学研究的初步转型，理论界在全面深入反思传统刑事证据法学的基础上掀起了研究刑事证据法学的热潮，从而带来了我国刑事证据法学研究的空前繁荣。概括而言，我国刑事证据法学研究的转型所取得的成就主要表现在如下四个方面。

一、取得丰硕刑事证据法学成果

在 1996 年修改《刑事诉讼法》以后，随着对抗制刑事审判方式改革的不断深入，程序正义理论、人权保障理念的蓬勃兴起，再加上我国刑事诉讼程序改革与刑事证据制度改革存在严重脱节现象，刑事证据法学成为我国法学研究领域的一门显学。而在理论界的大力呼吁和推动下，我国也加快了刑事证据制度改革的步伐。以《关于办理死刑案件审查判断证据若干问题的规定》《关于办理刑事案件排除非法证据若干问题的规定》的颁布实施以及我国《刑事诉讼法》的第二次大规模修改为标志，我国刑事证据的制度建设达到了前所未有的高度。而刑事证据制度的不断改革反过来又极大地刺激了刑事证据法学的研究。从某种程度上讲，伴随着大量关于刑事证据的专著、论文、教材的不断涌现，我国刑事证据法学研究在初步转型的过程中已经基本上形成繁荣的学术景象。

根据本书第二章图 2-13，相对于 1979 年 7 月至 1996 年 2 月的传统刑事证据法学时期的研究成果而言，1996 年 3 月至 2017 年 12 月，我国刑事证据法学研究在初步转型时期的研究成果呈现爆发式增长：从刑事证据法学专著来看，已经由前期的 27 部增长到 314 部，增长率达到了惊人的 1063%，平均每年大约

---

① 周菁，王超. 刑事证据法学研究的回溯与反思：兼论研究方法的转型 [J]. 中外法学，2004（3）.

② 王超. 刑事证据法学研究的再次转型：从价值表达到精确解释 [J]. 政法论坛，2014（1）.

出版 14.4 本专著；就刑事证据法学教材而言，已经由前期的 15 部增加到 129 部，增长率高达 760%，平均每年大约出版 5.9 部教材；就发表在 16 种重要法学核心期刊的刑事证据法学论文来看，已经由前期的 254 篇增长到 745 篇，增长率达到了 193%，平均每年大约发表 34.2 篇 CLSCI 重要法学核心期刊论文。根据图 4-1、图 4-2、图 4-3，1996 年 3 月至 2017 年 12 月，无论是证据法学专著和证据法学教材，还是证据法学代表论文，都表现出明显的增长态势。

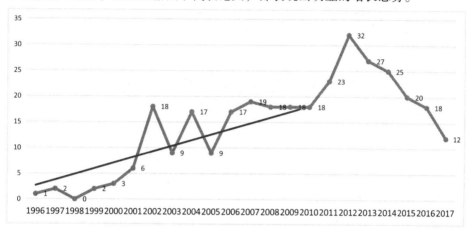

图 4-1　证据法学专著出版情况（1996.3—2017.12）

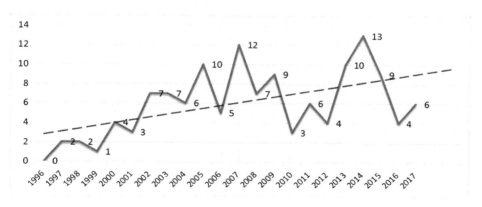

图 4-2　证据法学教材出版情况（1996.3—2017.12）

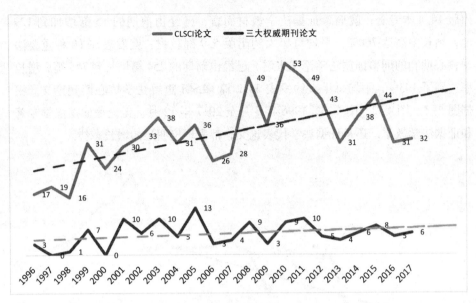

图4-3 证据法学代表论文发表情况（1996.3—2017.12）

尤其值得一提的是，代表我国刑事证据法学研究新生力量和旺盛活力的博士生，人数的增长也非常惊人。尽管教育部早在20世纪80年代末期就赋予中国政法大学诉讼法学博士学位招生权限，但是在中国政法大学早期招收的诉讼法学博士研究生中，在刑事证据法学研究还非常薄弱而刑事诉讼法学研究相对扎实的情况下，几乎没有学生直接以证据法学或者刑事证据法学作为自己的博士学位论文选题。根据笔者掌握的资料，在1996年修改《刑事诉讼法》之前，只有中国政法大学的肖胜喜教授在攻读博士学位期间以"刑事诉讼证明论"作为自己的博士学位论文选题。而根据中国知网的《中国博士学位论文全文数据库》，在1996年修改《刑事诉讼法》之后，与证据法学或者刑事证据法学直接相关的博士学位论文却高达110多篇。这110多篇法学博士学位论文几乎涉及证据法学或者刑事证据法学的所有重要理论范畴。

二、完善刑事证据法学理论体系

尽管在1996年修改《刑事诉讼法》以前，我国传统刑事证据法学理论体系已经形成，但是在过于强调刑事证据法学研究的政治话语、忽略刑事证据法学的学术话语的情况下，传统刑事证据法学的理论体系还比较粗疏，存在诸多值得反思的地方。以我国传统刑事证据法学理论体系的形成标志——巫宇甦教授主编的《证据学》和陈一云教授主编的《证据学》为例。首先，从逻辑结构上来看，两部教材存在交叉或者重叠之处。尽管巫宇甦教授主编的《证据学》是按照章节的编排形式进行编写，而没有采用编章节的编排形式，但是从研究内容和先后顺序来看，这部教材同陈一云教授主编的《证据学》实际上都是在按照绪论、史论、总论和分论的总体结构进行编写。从语义上讲，绪论与总论、概论、引言、序言、概述等术语的内涵大同小异，即通常都是在总体上较为简略地勾勒出证据法学这门学科的轮廓或者基本内容，以便为后续更加细致的分析奠定良好基础。而在这两部教材中，绪论和总论却是两个相互独立的结构。尤其是这两部教材中的总论部分所论述的内容实际上是理论界现在所称的证据论和证明论。而证据论和证明论这两个部分只不过是刑事证据法学中的两大具体内容而已，从理论上讲本来不应该放在总论中进行论述。另外，从目前主流的证据法学教材来看，有关刑事证据制度的历史沿革通常被安排在总论或者绪论、概论中，而很少与绪论或者总论并列进行论述。其次，从具体内容上来看，现代刑事证据法学中的许多理论范畴都没有被纳入其中，如刑事证据法的基本原理（如目的、任务、原则、功能、价值、结构）、各种刑事证据规则、证明主体等。最后，在论述总论的时候，逻辑顺序比较混乱。本来证据论与证明论是两个完全独立的部分，而这两部教材硬是强行将它们放在一个结构中进行论述，从而导致这部分内容的混乱。如在陈一云教授主编的《证据学》中，作者在第五章论述了证据的概念和意义之后，不是继续论述有关证据论的基本内容，或者论述诉讼证明的概念、特征等基本原理，而是紧接着在第六章、第七章、第八章、第九章分别论述证明任务、证明对象、证明责任和推定。诉讼证明与证明任务是种属关系，作者却在论述证明任务时首先论述诉讼证明的概念。而在第九章论述了推定之后，作者又重新回到证据论，接着在第十章论述证据的分类。本来按照传统的刑事证据法学理论，刑事证据的运用原则、收集、固定、保全、审查判断属于诉讼证明的内容，而这部教材不是在论述证明任务、证明对象、证明责任、推定之后接着论述证据的运用原则、收集与审查判断，而是将这些内容放在证据的分类之后进行论述。

在1996年修改《刑事诉讼法》之后，随着刑事证据法教义学分析的加强，刑事证据法学研究内容的不断突破，我国刑事证据制度的不断修改与完善，理论界在实现刑事证据法学初步转型的过程中不断完善了我国传统的刑事证据法学理论体系。尤其是在理论界深入研究西方国家的刑事证据法原则、刑事证据规则、狭义刑事证明理论之后，我国刑事证据法学的理论体系开始逐渐趋向完整。首先，尽管目前的大部分证据法学教材也在论述刑事证据制度的历史沿革，但是理论界普遍将刑事证据制度的历史沿革放在总论或者概论、绪论之中进行论述，而不再与绪论、总论、分论保持相互平行和相互独立。其次，尽管现在的证据法学教材几乎无一例外地花大量篇幅论述刑事证据的概念、特征、意义、证据的种类、证据的分类、证据的收集、证据的审查判断以及刑事证明的概念、特征、意义、证明对象、证明责任、证明标准等诸多内容，但是理论界明确将它们整合为证据论和证明论进行分别论述，而不再将它们混合在一起进行论述。再次，增加了传统刑事证据法学理论体系没有论述或者论述极少的内容。例如，在总论或者概论中增加一章，专门论述刑事证据法的原则；在总论或者证据论中增加一章，甚至单独设立一编，专门论述各种刑事证据规则；在证明论中增加证明主体、证明过程、证明方法等专章；等等。最后，通过增加或者调整部分研究内容使传统的证据法学理论体系更加丰满和合理。例如，在论述各部分内容时，大多数证据法学教材都比较注重介绍、分析、借鉴或者评价西方国家的相关刑事证据制度或者理论；许多证据法学教材在总论中增加证据法基本原理（如证据法的性质、原则、理论基础、功能等）的分析、证据法学的历史沿革等；根据最新的研究成果，有的教材在证据的分类中增加新的分类方法（如定罪证据与量刑证据、实体证据与程序证据等）；在刑事证明责任和刑事证明对象中，以更大的篇幅专门论述刑事推定和司法认知；有的教材将传统刑事证据法学理论体系中的刑事证据的收集与审查判断整合到刑事证明的理论体系中进行论述；等等。

三、实现刑事证据法学理论创新

理论创新是刑事证据法学研究的生命与灵魂。而刑事证据法学研究的创新不仅取决于研究者们是否采取恰当的研究思路和研究方法，而且深受特定历史条件或者学术环境的影响。在我国传统刑事证据法学的萌芽与形成时期，在过于强调政治话语的情况下，理论界在研究刑事证据法学的过程中首先需要考虑的问题往往不是提出了什么样的新理论，而是其论述是否符合马克思主义、毛泽东思想关于国家与法的基本原理，是否符合马克思主义的世界观和方法论。可以说，在刑事证据法学研究必须做到政治正确或者满足政治需要的情况下，再加上我国刑事证据法学研究的起步本来就比较晚，理论界所能够做到的主要就是如何正确地认识和理解马克思主义的世界观和方法论对于刑事证据制度或者刑事证据理论的指导作用，以及如何学习、引进和借鉴苏联的刑事证据制度与理论，很难提出具有原创性的刑事证据法学研究成果。而在 1996 年修改《刑事诉讼法》之后，随着泛政治化分析的逐渐衰退和研究方法的日趋多元，理论界的刑事证据法学研究不仅在数量上取得了非常丰硕的研究成果，而且在研究内容方面取得了重大突破，产生了许多具有创造性的研究成果，提出了许多具有重要影响的新观点。

首先，理论界对传统刑事证据法学理论进行了系统而又深刻的反思。在中华人民共和国成立之后、1996 年修改《刑事诉讼法》之前，我国刑事证据法学研究因为受特定历史条件的限制而存在各种问题和缺陷。例如，在政治与学术不分、过于强调政治话语的情况下，刑事法学研究的学术性受到严重挤压，进而严重影响刑事证据法学研究的理论创新；在基于特定历史条件而不得不照搬照抄苏联的刑事证据制度与理论的情况下，刑事证据法学研究的活力大打折扣；受废除旧法和批判旧法运动、司法改革运动、阶级斗争扩大化、"文化大革命"等各种不利因素的影响，刑事证据法学研究常常处于时断时续的状态，很难在短时间内取得根本性的突破；在研究视野狭窄、研究方法陈旧、研究资料匮乏、研究进程不畅的情况下，理论界在理论创新方面确实难以有所作为；在百业待兴、法制观念单薄、法制建设极不健全、法律制度匮乏的情况下，刑事证据法学研究的主要任务实际上是普及刑事证据制度与理论，而无暇顾及刑事证据法学的理论创新；等等。在 1996 年修改《刑事诉讼法》之后，随着全球化进程的不断加快、改革开放政策的深入贯彻、泛政治化分析方法的衰退、《刑事诉讼法》的大规模修改等各种有利条件的涌现，我国刑事证据法学研究开始真正步入正轨，迎来了难得的历史性机遇。在传统刑事证据法学理论存在严重局限的情况下，理论界首先需要完成的使命就是深入反思传统刑事证据法学，纠正以往过于偏离学术话语的刑事证据法学，让刑事证据法学研究焕发新春，回归刑事证据法学的本来面目。在这种背景下，大到刑事证据法学的理论基础，小到刑事证据的概念，凡是存在明显缺陷的传统刑事证据法学理论无不受到理论界的深刻反思。而理论界在对传统刑事证据法学理论进行"拨乱反正"的同时也提出了相应的新见解。例如，在深入反思辩证唯物主义认识论的基础上将程序正义论、价值论、裁判的可接受性理论等作为证据法学的理论基础；在深入反思事实说的基础上，按照根据说、材料说、命题说、信息说等多种观点重新界定刑事证据的概念；彻底抛弃刑事证据的阶级性，继续深入反思刑事证据的客观性，借助西方国家的证据能力和证明力这两个概念重新界定刑事证据的属性；在深入反思广义刑事证明观的基础上提出狭义的刑事证明观；在深入反思客观真实观的基础上提出法律真实观；等等。

其次，理论界对西方刑事证据制度与理论进行了全方位的研究。在 1996 年修改《刑事诉讼法》之前，在废除旧法、批判旧法观点、阶级斗争扩大化、照搬照抄苏联证据法学制度与理论的背景下，再加上马克思列宁主义、毛泽东思想关于国家与法的基本原理具有不容挑战的绝对主导地位，理论界对西方国家刑事证据制度与理论的基本态度就是带有先天偏见的政治性批判，而不是较为理性的学术性探讨。许多体现现代刑事诉讼基本规律的西方国家刑事证据制度与理论都因为过于强调政治话语而被贴上反动理论的标签。在这种情况下，再加上社会主义意识形态的影响、西方国家研究资料的短缺、中西方学术交流匮乏等因素的制约，理论界很难从法教义学的角度对西方国家的刑事证据制度与理论进行全面而深入的研究。但是在 1996 年修改《刑事诉讼法》之后，随着泛政治化分析方法的衰退和改革开放进程的不断加快，再加上西方国家研究资料的不断丰富和中西方学术交流的日益加强，苏联的刑事证据制度与理论逐渐淡出理论界的视野，西方国家的刑事证据制度与理论备受理论界的推崇。在这种背景下，理论界开始对西方国家的刑事证据制度与理论进行全方位的研究，甚至达到言必称西方的程度。而且，理论界对西方国家刑事证据制度与理论的研究，不是局限于某一个国家，而是涉及几乎所有的西方国家；不是局限于某一个证据制度或者证据理论，而是涉及几乎所有的刑事证据制度与理论；不是局限于西方国家现行的证据制度与理论，而是包括西方国家刑事证据制度与理论的历史沿革；不是局限于系统介绍、整理西方国家的刑事证据制度与理论，而是包括如何评价、借鉴、移植西方国家的刑事证据制度与理论；不是局限于各个西方国家刑事证据制度与理论之间的比较分析，尤其是两大法系刑事证据制度与理论之间的比较分析，而是包括中西方刑事证据制度与理论之间的比较分析。

再次，理论界对我国刑事证据立法与司法存在的问题进行了深刻反思。问题是刑事证据法学研究的重要基础。在分析问题、发现问题和解决问题的研究模式下，理论界的刑事证据法学研究并不是单纯研究理论，而是具有较为浓厚的问题意识，尤其是秉承马克思主义、毛泽东思想中理论联系实际的观点与方法，试图通过刑事证据法学的理论研究为我国刑事证据立法与司法存在的问题找到更好的解决方案。从某种程度上讲，我国刑事证据立法与司法存在的问题已经成为刑事证据法学研究的一个重要方向标。在 1996 年修改《刑事诉讼法》之后，理论界在 20 世纪 90 年代末对我国刑事证据立法的滞后现象进行了深入反思，系统论述了我国刑事证据制度改革的重要性、必要性、可行性以及我国刑事证据立法的模式。在发现新的刑事审判方式的实施效果并不尽如人意甚至事与愿违以后，理论界开始在 21 世纪初期对新的刑事审判方式与刑事证据制度之间的脱节现象进行了系统研究。也正是基于这方面的考虑，英美法系国家的刑事证据制度尤其是刑事证据规则受到了理论界前所未有的追捧，如刑事证据开示，证人出庭作证制度和侦查人员出庭作证制度，英美法系的关联性规则与可采性规则，以及刑事庭审中的举证规则、质证规则、认证规则等无不成为理论界研究的热门课题。在 2010 年最高人民法院、最高人民检察院等联合发布《关于办理死刑案件审查判断证据若干问题的规定》和《关于办理刑事案件排除非法证据若干问题的规定》之后，理论界不仅深入解读了我国刑事证据审查判断规则，分析了我国刑事证据审查判断规则存在的各种问题，而且再次掀起了非法证据排除规则的研究浪潮，对我国非法证据排除规则存在的各种问题进行了全方位的分析。而在 2012 年修订的《刑事诉讼法》及其司法解释对我国刑事证据制度进行大规模的修改与完善之后，理论界对现行的刑事证据制度存在的问题和缺陷做出了更加细致和精确的分析。可以说，正是在理论界对我国刑事证据立法与司法存在问题进行深入分析，以及对我国刑事证据制度改革不断建言献策的情况下，我国刑事证据制度改革的进程得以不断加快，我国刑事证据制度曾经极度匮乏的局面得到根本改观，我国刑事证据制度开始与现代刑事证据制度正式接轨，我国刑事证据制度建设取得显著进步。

最后，理论界对中国特色的刑事证据法学理论进行了初步探索。在 1996 年修改《刑事诉讼法》之前，在照搬照抄苏联刑事证据制度与理论的情况下，再加上我国刑事证据制度本来就比较粗疏和滞后，理论界尚未充分意识到中国特色刑事证据法学理论的构建问题。但是，在 1996 年修改《刑事诉讼法》之后，随着中国特色社会主义理论体系的不断深化，再加上理论界对西方国家刑事证据制度与理论的研究已经积累到较为充分的程度，理论界开始不再满足于介绍、引进和借鉴西方国家的刑事证据制度与理论，而是开始思考如何构建具有中国特色的和更加符合中国国情的刑事证据法学理论体系。正如陈瑞华教授在回顾与反思我国刑事证据法学研究时所指出的那样，刑事诉讼法学界将西方证据理论予以介绍、比较和深入研究之后，应当通过对本土证据运用实践的研究，通过运用社会科学中的概念化方法，总结和提炼出新的证据理论。这种带有"解释性"的证据法学研究，对于克服传统证据法学研究中存在的过于主观化和随意化的问题，对于从本土司法实践中发现"证据规则"，都将是富有启发意义的。① 可以说，随着研究思路和研究方法的不断转型和进步，理论界对中国特色刑事证据法学理论的探索已经取得了初步的成果，提出了不少有别于西方国家的刑事证据法学理论。例如，有的学者在研究非法证据排除规则等问题的基础

---

① 陈瑞华. 刑事诉讼法学研究的回顾与反思 [J]. 法学家，2009（5）.

上提出来了程序性制裁理论①；有的学者在深入总结司法实践经验的基础上提出来了刑事印证证明模式和刑事印证规则②；有的学者在解读司法解释所规定的证据审查判断规则的基础上提出来了新法定证据主义，即以限制证据证明力为核心的证据理念③；等等。

四、积极推进刑事证据法治建设

刑事证据法学研究是我国刑事证据法治建设的重要基础。刑事证据法学研究是否成熟，理论界与立法机关、司法机关之间能否形成良性的互动关系，直接关系到刑事证据立法和刑事证据制度改革的质量，进而影响我国刑事证据法治建设的进程。我们很难想象，如果离开刑事证据法学研究的智力支持，刑事证据立法和刑事证据制度改革还如何能够做到既符合刑事证据法学的基本规律，又能够满足司法实践的实际需要。纵观我国刑事证据法学研究的历史，在1996年修改《刑事诉讼法》之前，基于特定的历史条件，理论界的刑事证据法学研究对我国刑事证据法治建设的作用较为有限；而在1996年修改《刑事诉讼法》之后，随着刑事证据法学研究的日益成熟和不断繁荣，以及刑事司法改革进程的逐渐加快，理论界充分发挥其专业优势，在刑事证据法学研究过程中与立法界、司法界之间形成了良性的互动关系，为我国刑事证据法治建设做出了重要贡献。

在现代刑事诉讼中，由于奉行证据裁判主义，案件事实需要通过刑事证据加以证明和认定，因此，刑事证据制度被理论界视为刑事诉讼的基础和核心。尽管刑事证据制度如此重要，但是基于立法经验、立法技术、立法时机等方面的原因，中华人民共和国在相当长的一段时间内没有制定相应的刑事证据法。在1979年第五届全国人民代表大会第二次会议通过第一部《刑事诉讼法》之后，尽管我国刑事证据立法实现了零的突破，但是这部《刑事诉讼法》在证据

---

① 陈瑞华．程序性制裁制度研究［J］．中外法学，2003（4）；陈瑞华．审判之中的审判：程序性制裁之初步研究［J］．中外法学，2004（3）；陈瑞华．程序性制裁制度的法理学分析［J］．中国法学，2005（6）．
② 龙宗智．印证与自由心证——我国刑事诉讼证明模式［J］．法学研究，2004（2）；谢小剑．我国刑事诉讼相互印证的证明模式［J］．现代法学，2004（6）；李建明．刑事证据相互印证的合理性与合理限度［J］．法学研究，2005（6）；陈瑞华．论证据相互印证规则［J］．法商研究，2012（1）；左卫民．"印证"证明模式反思与重塑：基于中国刑事错案的反思［J］．中国法学，2016（1）；龙宗智．刑事印证证明新探［J］．法学研究，2017（2）．
③ 陈瑞华．以限制证据证明力为核心的新法定证据主义［J］．法学研究，2012（6）．

这一章关于刑事证据的规定只有区区 7 个条文。这 7 个条文也只是对证据的概念、种类、取证原则、证人作证等几个少数问题做出了比较粗疏的规定，而一系列能够反映现代法治理念和刑事诉讼规律的刑事证据制度都付之阙如，诸如不被强迫自证其罪原则、非法证据排除规则、传闻证据规则、证明对象、证明责任、刑事推定等都缺乏规定。之所以出现这种局面，除了立法机关缺乏立法经验以及实行"宜粗不宜细""宁简勿繁"的立法指导思想之外，还与我国刑事证据法学研究极不成熟具有极大关系。中华人民共和国的刑事证据法学研究源自 20 世纪五六十年代理论界对苏联证据法学理论的学习、介绍、移植和借鉴，而且因为受到"文化大革命"的强烈冲击而被迫中断。尤其是在刚刚起步的情况下，理论界对于刑事证据法学的研究不仅在研究内容方面极为有限，而且在理论上极为不成熟，甚至存在许多肤浅或者错误的认识。在这种情况下，我国传统刑事证据法学研究可以说主要是以如何认识、理解和普及刑事证据法学的基础知识为主，而很难为刑事证据立法或者刑事证据制度改革提供良好的智力支持。

尽管第八届全国人民代表大会第四次会议通过的《关于修改〈中华人民共和国刑事诉讼法〉的决定》对 1979 年制定的《刑事诉讼法》进行了较大规模的修改，但是当时立法机关迫切需要解决的主要问题是诸如收容审查、免予起诉、侦查管辖、庭审走过场等之类的刑事诉讼程序，因而在刑事证据制度方面只是做了较为细微的调整。而在刑事证据立法严重滞后的情况下，刑事司法实践出现了一系列亟待解决的难题，如证人普遍不出庭作证、刑讯逼供屡禁不止、刑事质证流于形式、笔录式审判盛行等。这些问题不仅为司法实践带来了较为严重的后果（如损害司法公正、侵犯人权、造成冤假错案等），而且使我国不遗余力推进的刑事审判方式改革的效果大打折扣。在这种背景下，围绕我国刑事证据制度在立法与司法中存在的各种问题，理论界在研究和借鉴西方发达国家证据法学理论与制度的基础上，不仅对我国如何构建一套完善的刑事证据法学理论体系进行了深入探讨，而且就我国刑事证据制度的修改与完善问题进行了全方位的研究。而我国刑事证据法学研究的繁荣景象不仅带来了极为丰硕的研究成果，而且为我国刑事证据制度的修改与完善提供了智力支持，积极推动了我国刑事证据法治建设。尤其是在较为成熟或者理论界形成广泛共识的研究领域，理论界的研究成果不仅得到了立法机关和司法机关的高度重视和认同，而且被充分吸收到刑事证据制度的修改与完善中。

首先，理论界与立法界、司法界之间形成了良性的互动关系。理论界与立法界、司法界作为法律职业共同体，具有共同的专业和追求。相比较而言，理论界更擅长理论研究，而立法界和司法界更擅长法律实务。理论界与立法界、司法界之间能否形成良性互动关系，既影响到学术研究的水平，也会影响到立法与司法的质量。1996 年修改《刑事诉讼法》以来，在双方的共同努力下，理论界与立法界、司法界之间逐渐形成了良好的互信、互动关系。一方面，理论界秉承马克思主义理论联系实际的研究方法，利用自己的专业优势，到立法机关和司法机关进行调研，针对我国刑事证据立法与司法存在的问题进行系统而深入的研究，提出各种各样的解决方案供立法机关和最高司法机关决策时加以参考。另一方面，立法机关或者最高司法机关对于司法实践中存在的迫切需要解决的问题，向理论界咨询，或者组织有关专家学者进行相应的研究。而在刑事证据立法或者制定相应司法解释的过程中，立法机关和最高司法机关也会通过专家咨询、研讨会、论证会、座谈会等多种形式就其立法草案或者司法解释草案征求专家学者们的意见。尤其是在立法机关制定立法法，以及最高人民法院和最高人民检察院制定司法解释工作规定之后，理论界与立法界、司法界之间的互动关系形成了较为固定的长效机制。① 一般而言，无论是立法机关制定法律还是最高司法机关制定司法解释，在调查研究、起草立法建议稿或司法解释意见稿、征求意见等环节中，征求专家学者们的意见都是必经程序。对于比较复杂或者专业性较强的问题，立法机关或者最高司法机关甚至可以直接吸收有关专家参与起草工作，或者委托有关专家、教学科研单位起草。理论界与立法界、司法界之间的良好互动，不仅有助于理论界在充分研究中国司法实践问题的基础上提出有别于西方国家的刑事证据法学理论，而且有利于立法机关和司法机关更加科学、合理地修改与完善我国刑事证据制度。从近年来的刑事证据法学研究和刑事司法改革来看，理论界与立法界、司法界之间可以说已经形成学术研究和刑事证据改革互动、互利、共赢的良好局面。这对于我国刑事证据法治建设无疑具有很大的促进作用。

其次，理论界的刑事证据法学研究成果深刻影响了立法界和司法界的证据观念。能否树立正确的刑事证据观念，对立法工作和司法工作都会产生至关重

---

① 2000 年 3 月 15 日，第九届全国人民代表大会第三次会议通过我国第一部《中华人民共和国立法法》。2015 年 3 月 15 日，第十二届全国人民代表大会第三次会议通过《关于修改〈中华人民共和国立法法〉的决定》，对立法法进行了修正。1996 年 12 月 9 日，最高人民检察院印发了《最高人民检察院司法解释工作规定》。最高人民检察院先后在 2006 年和 2015 年对《最高人民检察院司法解释工作规定》做出了修订。1997 年 6 月 23 日，最高人民法院颁布《最高人民法院关于司法解释工作的若干规定》。2007 年 3 月 9 日，最高人民法院将这个规定修改为《最高人民法院关于司法解释工作的规定》。

要的影响。长期以来，我国刑事证据立法与司法之所以会出现各种各样的问题，不仅与我国刑事证据制度的不完善具有极大关系，而且与立法界和司法界的证据观念存在紧密联系。例如，在过于强调客观真实或者实事求是的情况下，司法人员就有可能因为查明和证明案件事实真相的需要而无暇顾及刑事诉讼程序的正当性和合法性；在不能坚持证据裁判理念的情况下，司法人员就有可能无法严格按照法律规定的证据标准查明和认定案件事实，难以坚持疑罪从无原则，实行疑罪从有和疑罪从挂，从而造成冤假错案；在过于强调不枉不纵的情况下，司法人员就有可能为了发现案件事实真相，以便达到正确惩罚犯罪的目的，而在刑事证据的收集、审查判断和运用过程中过于看重刑事证据与案件事实之间的有机联系，而忽略收集或者运用证据的过程是否合法或者正当；等等。而随着刑事证据法学研究的不断深入，立法界和司法界对现代刑事证据制度与理论已经不再感到陌生。许多立法工作者或者法官、检察官、警官、律师甚至在工作期间像专家学者那样从事刑事证据法学研究。① 在现代刑事证据法学理论在立法界和司法界不断普及的情况下，再加上理论界与立法界、司法界之间的良性互动，立法界和司法界的证据观念已经发生了可喜的变化。例如，立法机关在我国《刑事诉讼法》第二次修改的过程中逐渐接受了理论界竭力论证和倡导的程序正义理念和保障人权理论，坚持惩罚犯罪与保障人权并重、实体公正与程序公正并重的理念，而不再像以往那样过于强调惩罚犯罪和结果正确。再如，公安司法机关不再动辄像以往那样强调惩罚犯罪，而是在证据的收集与运用过程中越来越兼顾保障人权、程序公正和诉讼效率。尤其值得一提的是，即使某些现代刑事证据制度与理论没有被明确规定在现行立法或者司法解释中，也会被吸收到某些官方文件或者决策中成为影响司法实务的重要因素。例如，最高人民法院在 2005 年 10 月 26 日印发的《人民法院第二个五年改革纲要》中提出，要进一步落实保障人权和无罪推定原则，并适时提出刑事证据方面的立法建议；为认真落实最高人民法院统一行使死刑案件核准权，最高人民法院、最高人民检察院、公安部、司法部于 2007 年 3 月 9 日联合印发的《关于进一步严格依法办案确保办理死刑案件质量的意见》明确要求，办理死刑案件应当坚持惩罚犯罪与保障人权相结合、坚持程序公正与实体公正并重、坚持证据裁判原则；2007 年 8 月 28 日，最高人民法院在其印发的《最高人民法院关于进一步加强刑事审判工作的决定》中指出，当前和今后一个时期刑事审判工作的指导思

---

① 最高人民法院和最高人民检察院甚至在司法管理的过程中采取许多措施来激励法官、检察官从事学术研究，如组织课题研究、评奖、评先进、评荣誉称号、职业晋升等。

想和基本要求就是要坚持惩罚犯罪与保障人权并重、坚持实体公正与程序公正统一，以及坚持司法公正优先，兼顾刑事诉讼效率等；2008 年 10 月 26 日，最高人民法院院长王胜俊在第十一届全国人民代表大会常务委员会第五次做工作报告时将切实贯彻证据裁判原则、严格审查证据的合法性作为进一步加强刑事审判工作的一项重要措施和建议；2016 年 9 月 1 日，最高人民检察院发布《"十三五"时期检察工作发展规划纲要》，明确提出要检察机关要在"十三五"时期构建以证据为核心的刑事指控体系。

最后，理论界积极为我国刑事证据立法与司法建言献策，推动了我国刑事证据制度的不断改革和完善。尽管滞后的刑事证据立法无法满足司法实践和司法改革的迫切需要，但是却为刑事证据法学研究提供了广阔空间。而在发现问题、分析问题、解决问题的研究模式下，理论界几乎在所有的论著中都会以我国刑事证据立法与司法存在的问题为出发点，以如何修改与完善我国的刑事证据制度为落脚点。在这种情况下，可以说建言献策已经成为我国刑事证据法学研究中最重要的组成部分。为了给立法机关和最高司法机关提供最直接的改革参考，进而提高刑事证据立法或者司法解释的质量，许多学者在结合最新研究成果的基础上，从较为理想或者从研究者的角度提出和论证了各种各样的专家建议稿，如毕玉谦、郑旭、刘善春编写的《中国证据法草案建议稿及论证》（法律出版社 2003 年版），陈光中主编的《中华人民共和国刑事证据法专家拟制稿》（中国法制出版社 2004 年版），陈卫东主编的《模范刑事诉讼法典》（中国人民大学出版社 2005 年版），徐静村主编的《中国刑事诉讼法（第二修正案）学者拟制稿及立法理由》（法律出版社 2005 年版），陈光中主编的《中华人民共和国刑事诉讼法再修改专家建议稿与论证》（中国法制出版社 2006 年版），黄立编写的《中国刑事诉讼法修订建议稿及实证研究》（人民出版社 2007 年版），田文昌、陈瑞华主编的《〈中华人民共和国刑事诉讼法〉再修改律师建议稿与论证》（法律出版社 2007 年版），张保生主编的《〈人民法院统一证据规定〉司法解释建议稿》（中国政法大学出版社 2008 年版），陈泽宪、熊秋红主编的《刑事诉讼法修改建议稿与论证：以被指控人的权利保护为核心》（中国社会科学出版社 2009 年版），陈卫东主编的《模范刑事诉讼法典（第二版）》（中国人民大学出版社 2011 年版），田文昌、陈瑞华主编的《〈中华人民共和国刑事诉讼法〉再修改律师建议稿与论证（增补版）》（法律出版社 2012 年版），以及宋英辉等编写的《死刑案件证据运用指引建议论证稿》（法律出版社 2016 年版）等。为了提高刑事证据立法或者司法解释的质量，立法界和司法界对理论界的刑事证据法学研究成果也较为重视。尤其是对理论界论证较为充分和达成共识的领域，立法机关和最高司法机关通常都会给予积极回应，将理论界的合理建议吸收到刑事证据立法或者司法解释中。下面仅以最为典型的证人出庭作证制度和非法证据排除规则为例加以进一步说明。

从理论上讲，在 1996 年我国通过《刑事诉讼法》修改最终确立带有对抗性质的刑事审判方式之后，刑事审判迫切需要证人能够以言词的方式在法庭上接受控辩双方的询问和交叉询问。但是从司法实践来看，证人却普遍不出庭作证，控辩双方在法庭上仍然像以往那样通过书面的证人证言笔录展开举证和质证活动。这可以说是造成法庭审判再次陷入流于形式局面的一个重要原因。而理论界的研究成果表明，证人普遍不出庭作证，一个重要的原因在于 1996 年《刑事诉讼法》在证人作证制度方面的规定过于粗疏，如证人保护制度不完善，以及证人作证补偿、证人拒绝作证制裁、强制证人出庭作证制度等。理论界普遍认为，要想提高证人出庭作证的比例，不仅需要转变司法观念、提高公民的法律意识，而且需要完善证人保护制度，制定证人作证补偿、证人拒绝作证制裁、强制证人出庭作证制度等。基于理论界在证人出庭作证制度方面的广泛共识和丰硕研究成果，立法机关在 2012 年修改《刑事诉讼法》时充分吸收了理论界的研究成果，按照理论界的改革建议，不仅大幅度修改了 1996 年《刑事诉讼法》所规定的证人保护制度，而且首次在立法上明确规定了证人作证补偿制度、证人拒绝作证制裁、强制证人出庭作证制度。

与证人出庭作证制度相类似的是，尽管 1996 年修订的《刑事诉讼法》越来越强调程序法治和保障人权，但是在司法实践中，以刑讯逼供为代表的非法取证行为却成为屡见不鲜的现象。从理论界关于非法证据排除规则的大量研究成果来看，刑讯逼供等成为屡禁不止的一个问题，主要原因在于 1996 年修订的《刑事诉讼法》只是明确禁止通过刑讯逼供等非法的方式收集证据，但是却没有规定相应的法律后果。尽管《关于执行〈中华人民共和国刑事诉讼法〉若干问题的解释》第 61 条、《人民检察院刑事诉讼规则》第 265 条初步规定了非法证据排除规则，但是在这两个条文过于简略的情况下，司法解释所确定的非法证据排除规则处于名存实亡的尴尬境地，而刑讯逼供等非法取证行为甚至呈现愈演愈烈的发展趋势。在这种背景下，理论界不仅对国外的非法证据排除规则进行了系统而深入的研究，而且就我国如何修改与完善非法证据排除规则进行了全方位的研究，形成了广泛的共识。在总结司法实践教训、借鉴西方成功经验、充分汲取理论研究成果的基础上，最高人民法院、最高人民检察院、公安部等部门在 2010 年 6 月 13 日联合发布《关于办理刑事案件排除非法证据若干问题的规定》，对我国非法证据排除规则做出了非常系统的规定。尤其是在充分吸收这个司法解释的基础上，立法机关在 2012 年通过再次大规模修改《刑事诉讼法》，首次从立法层面对非法证据排除规则做出了较为系统的规定。但是在 2012 年修订的《刑事诉讼法》实施以后，经过修改与完善的非法证据排除规则并没有像社会各界所期望的那样起到遏制刑讯逼供等非法取证行为的功效。在这种情况下，非法证据排除规则再次成为理论界研究的热门课题。而根据理论界的最新研究，经过修改之后的非法证据排除规则的实施效果仍然不尽如人意，一个重要的原因就是现行《刑事诉讼法》尚未为非法证据排除规则提供充分的程序保障。有鉴于此，最高人民法院、最高人民检察院、公安部等部门在 2017 年先后联合或者单独印发了《关于办理刑事案件严格排除非法证据若干问题的规定》《人民法院办理刑事案件排除非法证据规程（试行）》《人民法院办理刑事案件庭前会议规程（试行）》。这些司法解释不仅对非法证据排除规则的实体性问题做出了系统规定，而且对非法证据排除规则的程序性问题做出了详细规定。

第三节　刑事证据法学研究初步转型的总体局限

尽管从研究成果的数量、普及刑事证据法学的基础知识等角度来看，我国刑事证据法学研究的转型已经取得了较大成功，但是从学术研究的创造性或者增长刑事证据法学的理论知识来看，我国刑事证据法学研究的初步转型并不尽如人意。总体而言，我国刑事证据法学研究转型的局限性主要表现在如下四个方面。

一、中国刑事证据法学研究的表面繁荣

不可否认，1996 年修改《刑事诉讼法》以来，随着泛政治化分析的衰退，我国刑事证据法学研究取得了长足进展。但是，我们在为我国刑事证据法学研究取得非凡成就而倍感欣慰的同时，还应当理性、冷静地看到，目前的刑事证据法学研究大致上相当于理论界在中国进行现代刑事证据法学的启蒙，在社会各界普及现代刑事证据法学的基础知识和基本理论，缺乏足够多的独立自主的原创性理论。正是在这个意义上，笔者吹毛求疵地认为，理论界的初步转型只是带来了我国刑事证据法学研究的表面繁荣，尚未从根本上扭转我国刑事证据法学研究仍然处于初级阶段的现实。

首先，尽管理论界的研究成果在数量上非常丰硕，但是真正具有原创性的命题或者理论并不多见。根据本书图 2-2、图 2-3、图 2-4，1979 年 7 月至 1996

年 2 月，就刑事证据法学方面的研究成果而言，理论界每年平均大约只是出版了 1.6 部专著、0.9 部教材，发表了 15.3 篇 CLSCI 重要法学核心期刊论文。而根据本书图 2-13，1996 年 3 月至 2017 年 12 月，就刑事证据法学而言，理论界大约每年出版了 14.4 部专著、5.9 部教材，发表了 34.3 篇 CLSCI 重要法学核心期刊论文，其增长率分别高达 800%、556%、124%。由此可见，无论是在研究成果总量上还是在每年的研究成果数量方面，我国刑事证据法学的初步转型时期所取得的研究成果都已经呈现出爆发式增长的态势。正因为我国刑事证据法学研究成果暴增，刑事证据法学已经成为我国法学研究领域的一门显学。尽管我国刑事证据法学研究因为备受理论界的青睐而取得了非常丰硕的研究成果，但是在每年出版的或者公开发表的众多研究成果中，真正具有原创性的尤其是有别于西方国家的理论假设或者命题却少之又少。一方面，在绝大多数刑事证据法学研究成果都是以建言献策的形式表现出来的情况下，理论界关于如何修改与完善刑事证据制度的讨论并不是严格意义上的学术研究活动，而是更加接近于立法机关或者最高司法机关在调查研究、起草法律草案或者司法解释草案的过程中所进行的立法活动或者司法解释活动。在这种情况下，理论界在以如何修改与完善我国刑事证据制度为主要目标的所谓研究成果中很难提出具有学术意义的原创性理论假设或者命题。另一方面，在过于依赖比较分析的情况下，理论界的绝大多数刑事证据法学研究成果实际上要么是在介绍、整理、移植、借鉴西方国家的刑事证据制度或者理论，要么是根据中国的司法实践去证明或者验证西方国家刑事证据法学早就提出来的理论假设或者命题，而极少在西方国家刑事证据制度与理论所界定的范畴之外根据我国刑事证据立法与司法存在的问题提出有别于西方国家的刑事证据法学理论假设或者命题。

其次，尽管理论界在很多问题上都存在众说纷纭的观点，但是理论界的很多分歧实际上都是无谓争论。俗话说，真理越辩越明。学术争鸣是学术创新的重要途径。我国刑事证据法学的理论创新离不开理论界的学术争鸣。客观地说，随着我国刑事证据法学研究的蓬勃兴起，理论界在很多问题上都存在巨大分歧或者广泛争议。即使是对于最基本的刑事证据法学问题，理论界也会存在各种各样的分歧或者争议。如对于刑事证据的概念，理论界居然存在根据说、法律存在说、命题说、信息说、原因说、结果说、方法说、手段说、反映说、广义狭义说、材料说、证明说、多重含义说等十余种观点。尽管理论界的理论分歧或者争议对于理论创新具有重要的促进作用，但令人遗憾的是，理论界常常因为研究思路、研究方法、研究资料、研究立场等方面的原因而陷入无谓的争论，并没有达到通过争鸣创新理论的学术效果。以证明责任的概念为例。证明责任既是刑事证明理论中的一个基本概念，也是对刑事证明主体、客体、标准等具有重要影响的一个理论范畴。在我国刑事证明责任的理论研究中，理论界不仅对刑事证明责任的内涵与性质存在巨大分歧，而且仍然像以往那样没有搞清楚证明责任与举证责任之间究竟是什么关系。① 大多数学者认为，证明责任与举证责任是两个既密切联系又相互区别的概念。而根据不同的内涵与外延，理论界将它们之间的关系细分为并列说、大小说、种属说、包容说、前后说、性质区别说等多种观点。② 但是，根据某些学者在词源、语言翻译等方面的考证，尽管证明责任与举证责任在语言表述和表达习惯上存在一定差异，但是它们在本质上实际上是同一个概念。③ 这就意味着，理论界对证明责任和举证责任之间的关系进行的长达几十年的争论实际上是一场没有学术意义的无谓争论。这种无谓争论不仅导致理论界在证明责任的术语使用上陷入异常混乱的状态，而且导致许多研究者产生某些似是而非甚至是错误的认识，如公安机关、人民法院是否承当证明责任、证明责任能否发生转移等。

最后，尽管理论界的研究通常以立法建议或者改革方案作为学术研究的根本出发点和最终归宿，但是立法建议或者改革方案在本质上并非真正的学术研究。受传统知识分子角色的影响，再加上马克思主义、毛泽东思想中的理论联系实际思想的深刻影响，理论界在研究刑事证据法学的过程中一直秉承以学术为手段的研究传统，坚持发现问题、分析问题和解决问题的研究模式。进一步而言，在绝大多数刑事证据法学研究成果中，理论界都会针对我国刑事证据立法与司法存在的问题向立法机关或者司法机关建言献策，提出各种各样的立法建议或者改革方案。尽管理论界的建言献策在客观上有助于提升我国刑事证据

---

① 在我国刑事证据责任的理论研究中，证明责任与举证责任可以说是使用频率最高的两个术语。早在20世纪80年代至90年代初期，理论界就曾经对证明责任与举证责任之间的关系进行了广泛讨论，但是并没有形成定论。在1996年修改《刑事诉讼法》之后，理论界再次围绕证明责任与举证责任之间的关系进行了热烈讨论。

② 徐静村. 刑事诉讼法学：上 [M]. 北京：法律出版社，1997：175；陈光中，徐静村. 刑事诉讼法 [M]. 北京：中国政法大学出版社，1999：173-177；樊崇义. 刑事证据法原理与适用 [M]. 北京：中国人民公安大学出版社，2001：271；顾红华，王新清. 证明责任与举证责任辨析 [C] //何家弘. 证据学论坛：第六卷. 北京：中国检察出版社，2001：43-44；谭世贵. 刑事诉讼原理与改革 [M]. 北京：法律出版社，2002：425-427；宋世杰，彭海青. 论刑事诉讼证明中的责任区分 [J]. 国家检察官学院学报，2002 (1).

③ 陈刚. 证明责任概念辨析 [J]. 现代法学，1997 (2)；何家弘. 刑事诉讼中举证责任分配之我见 [J]. 政治与法律，2002 (1)；叶自强. 英美证明责任分层理论与我国证明责任概念 [J]. 环球法律评论，2001，秋季号.

制度改革的质量，但是从学术研究的角度来看，理论界动辄以建言献策作为学术研究的出发点和落脚点的研究模式，严重制约了我国刑事证据法学研究的理论创新。理论界关于如何修改与完善我国刑事证据制度的研究或者讨论并不是严格意义上的学术研究活动，而是与立法机关或者最高司法机关在刑事证据立法或者制定司法解释之前所进行的各项准备活动（如围绕是否需要进行立法或者制定司法解释而进行的调查研究、起草法律草案或者司法解释草案等）相类似的一种非正式活动。在这种情况下，理论界的建言献策与其说是刑事证据学的研究成果，还不如说是理论界为了帮助立法机关或者最高司法机关解决我国刑事证据立法与司法存在问题而提出来的一种参考答案。毕竟，理论界针对我国刑事证据立法与司法存在问题所提出来的各种立法建议或者改革方案具有很强的功利性、预设前提和明确指向，是他们表达其价值愿望或者价值判断的一种猜想而已。对于这种猜想，无论是赞成还是反对，赞成者与反对者之间都很难进行有效的学术交流。在这个意义上，理论界提出来的各种立法建议或者改革方案只能是理论界表达个人偏好的价值判断或者价值愿望，既不是真正意义上的学术观点，也不是学术意义上的原创性理论假设或者命题。这决定了理论界建言献策式的学术研究除了增加刑事证据法学研究的成果数量之外，很难在推动我国刑事证据法学的理论创新方面有所作为。

二、迷失在西方刑事证据法学的丛林中

显而易见，西方国家的刑事证据制度与理论是我国刑事证据法学研究无法绕开的重要话题。这不仅在于西方国家经过几百年的实践和积累之后，已经形成了相对稳定、发达的刑事证据制度与理论体系，而且在于我国作为法治追赶型的社会主义国家，的确存在诸多问题需要参考和借鉴西方国家的刑事证据制度或者理论。但是，基于研究思路、研究方法、研究资料、研究立场等方面的原因，理论界在比较研究西方国家刑事证据制度与理论的过程中却迷失了，难以从纷繁复杂的西方国家刑事证据制度与理论中彻底走出来，为构建具有中国特色的刑事证据法学理论体系提供有力支撑。

首先，理论界对西方国家的刑事证据制度与理论存在完全相反的两种态度。在中华人民共和国成立后不久，受社会主义意识形态、废除旧法、批判旧法观点、全面倒向苏联等因素的影响，我国刑事证据法学研究对于西方国家刑事证据制度与理论的主要使命就是站在政治的高度进行批判，而不是充分吸收西方国家在刑事证据制度建设方面所取得的成就或者积累的经验。而在我国实行改革开放政策以后，再加上苏联的解体和全球化时代的到来，理论界开始从批判

西方国家、照搬苏联模式的研究路径转变成基本抛弃苏联的刑事证据制度与理论，全方位研究西方国家的刑事证据制度与理论。尽管理论界的比较分析尚未达到全盘西化的程度，但是一个不争的事实是，介绍、整理、引进、评价、借鉴、移植西方国家的刑事证据制度与理论既是所有研究者从事刑事证据法学研究的必修课，也是理论界在研究几乎所有证据法学问题时不得不加以思考的重要问题。值得一提的是，也有极少数国情论者延续以往的主流做法，打着坚持中国国情的旗号，抱着存在即合理的思路，不遗余力地为本身存在重大缺陷的刑事证据制度或者司法实践的合理性进行辩护，对西方国家的刑事证据制度或者理论一味地批判和排斥。

其次，理论界徘徊于两大法系刑事证据制度与理论之间。尽管理论界在研究刑事证据法学的过程中都非常青睐比较研究的方法，但是研究者们在研究西方国家的刑事证据制度与理论时，基于不同的学术背景或者语言优势，有的研究者侧重于研究和移植大陆法系国家的刑事证据制度与理论，有的研究者却侧重于研究和移植英美法系国家的刑事证据制度与理论。在这种各有所好、各有所需、各有所取、各有所求的情况下，从刑事证据制度到刑事证据法学理论，再从刑事证据立法到刑事证据司法，无不处在较为混乱的状态之中。例如，在刑事证据的资格上，有的研究者习惯于采用大陆法系中的证据能力和证明力这两个概念，而有的研究者则更加青睐英美法系中的可采性与相关性这两个概念；对于证人出庭作证的理论基础，有的研究者喜欢引用大陆法系中的直接言词原则，而有的研究者则习惯于援引英美法系中的传闻证据规则；在证明责任这个问题上，有的研究者喜欢借鉴英美法系双层次理论中的说服责任与提出证据责任这两个概念，而有的研究者则习惯于使用大陆法系双层次理论中的结果责任与行为责任，或者客观责任与主观责任；对于证明标准这个问题，有的研究者主张利用英美法系中的排除合理怀疑这个概念，而有的研究者却认为应当采用大陆法系中的内心确信无疑这个概念；等等。从某种程度上讲，在无法在超越西方国家刑事证据法学理论的基础上构建中国特色刑事证据法学理论体系，理论界在研究我国刑事证据法学的过程中往往游走和摇摆于大陆法系与英美法系之间，从而使我国刑事证据法学研究成为不同研究者运用西方国家不同的刑事证据法学理论来演绎推理我国刑事证据制度的大杂烩。尽管理论界热衷于比较研究的目的是在充分借鉴两大法系刑事证据制度与理论中的优秀文明成果的基础上为我国刑事证据制度改革建言献策，但是这样做的实际效果往往不是像理论界所期望的那样充分发挥两大法系各自的优点，而是按照不同的偏好将两大法系中所谓值得借鉴或者移植的刑事证据制度或者理论强行地拼凑起来，从而引起我国刑事证据法学研究或者刑事证据制度改革的混乱，以至于司法实务界在适用法律时常常感到无所适从。

最后，理论界对两大法系刑事证据制度与理论缺乏全面而深入的比较分析。尽管大陆法系国家与英美法系国家都属于西方国家，但是基于不同的历史传统，两大法系的刑事证据制度却存在很大差异。而且由于语言、学术背景等方面的原因，能够真正融会贯通两大法系刑事证据法学理论的研究者非常罕见。这决定了国内绝大多数研究者实际上很难真正地对两大法系的刑事证据制度与理论进行非常系统而又深入的比较分析。这不仅为我国刑事证据法学研究的理论创新增添了难度，而且有可能对我国刑事证据制度改革形成一定误导。由于绝大多数研究者比较擅长英语，而不擅长大陆法系国家的小语种外语，因此，无论是在我国刑事证据制度改革过程中，还是在理论界的刑事证据法学比较研究中，英美法系国家的刑事证据制度与理论无疑都更受青睐。从法律传统来看，我国刑事证据立法与司法却又具有大陆法系国家的诸多特点。尽管理论界普遍主张引进和移植英美法系的刑事证据制度，而且我国刑事诉讼立法或者刑事证据立法已经表现出这样的倾向，但是我国作为大陆法系色彩较为浓厚的社会主义国家，不仅不具备与英美法系刑事证据制度相适应的陪审团审判和典型意义上的对抗制刑事审判方式，而且仍然保留了诸多制约英美法系刑事证据制度贯彻落实的制度安排，如实事求是的指导思想、忠于事实真相原则、人民检察院的法律监督职能、人民法院的证据调查权、公安司法机关的全面调查义务等。在这种情况下，如果理论界不能对两大法系的刑事证据制度与理论进行全面而深入的比较分析，那么本来具有大陆法系思维的中国法官在面对具有英美法系色彩的刑事证据规则时就有可能面临难以适用或者无所适从的尴尬局面。例如，在许多法官看来，证人作证的根本目的在于确保发现案件事实真相，证人是否出庭作证只是一种形式而已；只要庭前证人证言笔录真实可靠，证人实际上没有必要出庭作证。受这种思维方式的影响，尽管理论界普遍认为证人出庭作证是我国进行对抗制审判方式改革的重要配套措施，并且希望通过完善证人作证制度来提高证人出庭作证的比例，但是在司法实践中很多法官并不像理论界所期望的那样希望证人出庭作证。再如，在英美法系的陪审团审判中，为了确保陪审团所接触到的刑事证据都是具备可采性的证据，职业法官常常需要在开庭审判之前就通过专门的过滤程序将那些没有可采性的证据隔离在法庭审判的大门之外。2010年颁布《关于办理刑事案件排除非法证据若干问题的规定》以来，尽管我国在借鉴英美法系经验的基础上已经系统构建了非法证据排除规则，但是从司法实践来看，非法证据排除规则仍然像以往那样处于名存实亡的状态。

造成这种尴尬局面的原因有很多，但是有一个重要的因素不可忽略，那就是我国以查明案件事实真相为己任的法官从内心里很难接受英美法系在尚未开庭审判之前就排除非法证据的方式，而是更习惯于在法庭审判结束之后，在综合审查判断全案证据的情况下再做出是否排除非法证据的决定。但问题是，如果法官等到法庭审判结束之后再考虑是否排除非法证据这个问题，那么法官在决定是否排除非法证据的时候就会受到已经审理查明的案件事实真相的不当影响，从而难以下定决心排除那些本来可以证明案件事实真相的非法证据。

三、盲目崇拜西方刑事证据理论或制度

客观地说，无论是在刑事证据制度建设方面，还是在刑事证据法学理论研究方面，我国同西方发达国家相比都存在较大的差距。在这种情况下，研究西方国家的刑事证据制度，或者比较中西方刑事证据制度之间的异同，或者融会贯通西方国家的刑事证据制度与理论，既具有重要理论价值，又具有重要实践意义。尽管中西方之间的比较分析或者两大法系之间的比较研究已经发展成我国刑事证据法学研究最为普遍的研究方法之一，但令人感到遗憾的是，绝大多数研究者的比较分析并不是为了在更加深入理解刑事证据法学理论的基础上通过理论创新精确解释我国刑事证据立法与司法，而是为了在借鉴西方国家刑事证据制度与理论的基础上为我国刑事证据制度改革建言献策。由于学术资历、学术视野、学术立场、研究能力、占有资料、思维方式、语言能力等方面的原因，许多学者对西方国家的刑事证据制度与理论往往缺乏全面而深刻的理解，甚至盲目崇拜西方国家的刑事证据制度或者理论。

首先，对西方国家的刑事证据制度与理论缺乏足够的学术批判精神和批判能力。批判是实现刑事证据法学研究理论创新的重要途径。从某种程度上讲，没有批判，就没有刑事证据法学研究的理论创新。这种批判不仅包括对国内刑事证据制度与理论的批判，也包括对外国刑事证据制度与理论的批判。在我国传统刑事证据法学的萌芽和形成时期，尽管理论界具有强烈的批判精神，但是基于特定的历史条件，理论界的批判主要是对西方国家刑事证据制度与理论的政治性批判，而缺乏足够的学术性。在过于强调政治话语的情况下，理论界的批判既不利于我们更加客观全面地评价西方国家的刑事证据制度与理论，也很难带动我国刑事证据法学的理论创新。而在我国传统刑事证据法学的转型时期，随着泛政治化分析方法的衰退和法教义学分析方法的崛起，理论界对西方国家刑事证据制度与理论的学术性评价显著提高，但是理论界对西方国家刑事证据制度与理论的态度却从一个极端走向另一个极端，即从过去的盲目政治批判转

向目前的盲目学术性崇拜，几乎丧失应有的批判精神和批判能力。这种盲目崇拜主要表现在两个方面：一是言必称西方，即在研究几乎所有的刑事证据法学问题时都严重依赖对西方国家刑事证据制度与理论的比较分析；二是将西方作为标杆，即不加辨别地将西方国家的刑事证据制度与理论作为我国刑事证据立法与司法存在问题的评价标准和理想解决方案。理论界之所以会出现如此大的反差，一方面可能是过去的盲目政治批判的确存在诸多误伤之处。现在的盲目崇拜至少表明了理论界对西方国家刑事证据制度与理论的高度认可。而这种高度认可从某种程度上讲也算是对过去盲目批判的一种纠正。另一方面可能是在盲目政治批判的情况下，理论界尚未客观全面地认识到西方国家刑事证据制度与理论的真面目。随着我国改革开放进程的不断加快，理论界所要考虑的首要问题是客观、全面、准确地介绍、引进西方国家的刑事证据制度与理论，而不是批判。也就是说，在我国传统刑事证据法学的初步转型时期，在需要充分吸收和借鉴西方国家优秀文明成果的大背景下，理论界的首要任务是在搞清楚"西方是什么"的基础上进行西方国家刑事证据制度与理论的启蒙教育，而不是再像以往那样，在还没有搞清楚西方国家刑事证据制度与理论的真面目的情况下就进行盲目的批判。

其次，盲目地将西方国家的刑事证据制度与理论作为我国刑事证据立法与司法的评价标准。毋庸置疑，同西方国家相比，无论是在刑事证据立法与司法方面还是在刑事证据法学研究方面，我国都存在一定差距。长期以来，理论界热衷于中西方刑事证据制度之间的比较分析，一个重要的考虑就是试图通过比较分析更好地发现我国刑事证据立法与司法存在的差距和问题，从而更好地为我国刑事证据制度改革建言献策。尽管理论界在研究我国刑事证据立法与司法存在问题的过程中不可避免地要同西方国家的刑事证据制度与理论进行比较分析，但是在对于西方国家刑事证据制度与理论普遍缺乏批判精神和批判能力的情况下，理论界往往有意或者无意地将西方国家的刑事证据制度与理论视为普世性或者普适性的制度与理论，将西方国家的刑事证据制度与理论作为我国刑事证据立法与司法存在问题的一个重要评价标准。其突出的表现就是，在发现或者分析我国刑事证据立法与司法存在问题的时候，理论界首先想到的就是如何将这些问题与西方国家的刑事证据制度与理论联系起来进行分析，然后在不充分考虑或者深入分析中国和西方国家某项刑事证据制度的来龙去脉、时代背景、制度土壤、生存环境、适用边界等诸多影响因素的情况下，想当然地将西方国家的刑事证据制度或者理论作为重要的判断依据。一般而言，只要我国在刑事证据立法或者司法解释中没有规定西方国家的某项刑事证据制度，或者虽然我国刑事证据立法或者司法解释已经规定了相应的刑事证据制度，但是同西方国家相比，我国刑事证据立法或者司法解释所规定的刑事证据制度仍然存在一定差距，理论界就会将该刑事证据制度的缺失或者差距作为我国刑事证据立法与司法存在的一个重要问题加以分析。

最后，盲目地将西方国家的刑事证据制度与理论作为我国刑事证据制度改革的灵丹妙药。基于社会主义初级阶段的基本国情，无论是在理论上还是在实践中，我国刑事证据立法与司法都存在严重问题并且迫切需要加以改革。这决定了如何修改与完善我国刑事证据制度是当前司法改革面临的一项重要任务。在分析问题、发现问题和解决问题的研究模式下，理论界也始终将我国刑事证据制度的修改与完善作为刑事证据法学研究的根本出发点和最终落脚点。尽管这种对策法学研究方法具有一定的现实意义，但是值得反思的是，理论界在为我国刑事证据制度改革建言献策时往往不是通过理论创新精确解释我国刑事证据立法与司法存在的问题，而是直接或者间接地将西方国家的刑事证据制度与理论作为我国解决刑事证据立法与司法存在的问题的灵丹妙药或者理想方案。其突出的表现就是，对于理论界为我国刑事证据制度改革所提出来的各种立法建议或者改革方案，我们总是能够或多或少地在西方国家的刑事证据制度与理论中找到原型。客观地说，在经过几百年的发展和积累之后，西方国家的很多刑事证据制度与理论都体现了现代刑事司法的基本规律。这对我国刑事证据制度改革无疑具有一定的参考价值和借鉴意义。但是我们还应当看到，在西方国家运行良好的刑事证据制度与理论在中国未必同样具有可行性。毕竟，中国和西方国家在政治基础、经济状况、社会特征、法律传统、法治理念、法治水平、文化传统等各个方面都存在巨大差异。在我国刑事证据制度改革的过程中，如果不注意这些差异，盲目地借鉴或者移植西方国家所谓的成功经验，那么被引进或者移植的西方国家刑事证据制度或者理论就很有可能陷入水土不服或者南橘北枳的尴尬境地。尤其是在西方国家的刑事证据制度或者理论本来就存在争议或者不尽如人意的情况下，更是如此。

四、难以精确解释中国的刑事证据实践

我国刑事证据法学研究的本质使命应当是通过理论创新精确解释我国刑事证据立法与司法存在的真正问题。理论界要想完成这样的使命，至少需要满足三个缺一不可的条件。第一，研究者必须找到我国刑事证据立法与司法存在的真正问题。这是进行理论创新和精确解释的重要基础和逻辑前提。如果找不到我国刑事证据立法与司法存在的真正问题，那么研究者们即使论证再充分，也是吃力不讨好。第二，针对我国刑事证据立法与司法存在的真正问题提出具有原创性的理论假设或者命题。这是因为，所谓我国刑事证据立法与司法存在的真正问题往往就是现有理论无法对其做出令人满意的解释的问题。而要想对我国刑事证据立法与司法存在的真正问题做出精确的解释，往往依赖于研究者们提出有别于现有理论的理论假设或者命题。第三，采用科学的研究方法对所提理论假设或者命题进行周密的论证。如果只是提出原创性的理论假设或者命题而无法进行周密的论证，那么这种理论假设或者命题只是一种猜想，尚不能转化成科学的结论或者知识。而这种未经证实的猜想既不能精确解释我国刑事证据立法与司法存在的真正问题，也难以充分发挥理论指导实践的作用。

1996 年修改《刑事诉讼法》以来，尽管我国刑事证据法学研究已经取得了丰硕成果，为我国刑事证据法治建设做出了重要贡献，但是就刑事证据法学研究的本质使命而言，理论界仍然任重道远，还有很长的路要走。首先，尽管理论界普遍具有较强的问题意识，但是研究者们在研究我国刑事证据立法与司法存在的问题时往往流于表面或者就事论事，难以挖掘隐藏在我国刑事证据立法与司法背后的深层次问题和真正问题。其次，理论界在研究我国刑事证据立法与司法存在问题时的主要目标往往不是为了提出具有原创性的理论假设或者命题，而是旨在为我国刑事证据制度改革建言献策。最后，在没有受到科学方法论系统训练的情况下，绝大多数研究者对所提观点的论证往往局限于定性分析或者理论推导，而很难通过过硬的实证资料开展定量分析或者实证研究。实践证明，在研究思路狭窄、研究方法陈旧、没有受到科学方法论系统训练的情况下，绝大多数研究者的研究成果只是自说自话的书斋成果，既难以受到立法界或司法界的认可，也无法通过理论创新对我国刑事证据立法与司法存在的真正问题做出精确的解释，尤其是理论界建立在西方国家刑事证据制度与理论基础上的研究成果很难为我国刑事证据立法与司法提供精确的解释。下面仅以理论界研究最热门的证人作证制度和非法证据排除规则为例简要说明。

理论界普遍认为，证人出庭作证在刑事诉讼中具有至关重要的作用，它既是保障司法机关查明案件事实真相的需要，又是维护公正审判或者司法公正的必然要求。尤其是我国在借鉴英美法系对抗制审判经验的基础上进行刑事审判方式改革之后，理论界对证人出庭作证制度给予了很高的期望，希望通过控辩双方对证人的询问和反询问，既能够维护程序公正、保障被告人的质证权和辩护权，又有助于法庭查明案件事实真相。但是令理论界大跌眼镜的是，从 1996 年修订的《刑事诉讼法》的实施情况来看，证人普遍不出庭作证，控辩双方仍然像往常一样在法庭上就侦查机关所作的询问笔录进行举证和质证。在这种背景下，证人出庭作证制度成为理论界研究的一个热门课题。理论界普遍认为，我国刑事证人作证制度的不完善是造成证人普遍不出庭作证的最主要原因：尽管《刑事诉讼法》明确规定证人作证是一种义务，但是却没有对不履行义务所带来的否定性法律后果加以规定；《刑事诉讼法》及其司法解释一方面规定证人证言必须经过当庭质证，但同时又规定对于未到庭的证人，可以宣读其证言笔录；《刑事诉讼法》及其司法解释没有对证人保护制度进行明确的规定，对侵害证人的行为缺乏程序性追究机制；《刑事诉讼法》及其司法解释没有对证人作证费用的负担做出规定，没有对证人作证期间的误工赔偿做出规定；《刑事诉讼法》及其司法解释没有规定强制证人出庭作证制度；等等。在理论界的普遍研究和强烈呼吁下，2012年修订的《刑事诉讼法》显然充分吸收了理论界的研究成果和改革建议，不仅将证人保护的措施加以细化，而且首次从立法层面规定证人作证补偿制度、强制证人出庭作证制度、证人拒绝作证制裁制度等。但是事与愿违的是，从2013年实施新的《刑事诉讼法》以来，证人出庭作证的比例仍然没有实质性的提高。在笔者看来，在我国证人作证制度已经得到显著修改与完善的情况下，证人之所以仍然普遍不出庭作证，与理论界就事论事、无法就我国刑事证人普遍不出庭作证这个现象存在的真正原因进行深入研究存在较大关系。进一步而言，尽管完善的证人作证制度有助于促进证人出庭作证，但是证人出庭率偏低只是一种表面现象，证人作证制度的不完善也不是证人不出庭作证的最主要原因。实际上，隐藏在证人普遍不出庭作证背后的深层次问题是，在刑事审判实践中，证人出庭作证的比例无论是高还是低，都不会给刑事审判带来实质性的影响。在很多情况下，真实的情况是法庭审判根本不需要证人出庭作证，甚至人为地阻止证人出庭作证。在这种情况下，如果不研究背后的深层次问题，而是孤立地或者简单地将证人出庭率过低的主要原因归结于证人作证制度的不完善，进而希望通过完善证人作证制度来提高证人出庭作证的比例，注定是一种一厢情愿的想法，也难以达到预期目的。

与证人普遍不出庭作证类似的是，刑讯逼供也是长期困扰我国司法实践的一大顽疾。从理论上讲，刑讯逼供作为一种非常严重的程序违法行为，不仅破坏法治，损害国家与司法的公信力，影响司法公正，而且严重侵犯被告人的人权，极易造成冤假错案。正是基于刑讯逼供的严重后果，无论是1979年《刑事诉讼法》还是1996年修订的《刑事诉讼法》都明确规定严禁通过刑讯逼供的方式获取口供。《关于执行〈中华人民共和国刑事诉讼法〉若干问题的解释》第61条、《人民检察院刑事诉讼规则》第265条甚至初步规定了我国的非法证据排除规则，即以刑讯逼供获取的口供既不能作为指控犯罪的根据，也不能作为刑事裁判的根据。但是，从司法实践来看，刑讯逼供屡禁不止的问题并没有得到缓解。理论界普遍认为刑讯逼供屡禁不止，主要的原因之一在于我国缺乏完善的非法证据排除规则。在这种背景下，近年来理论界对非法证据排除规则展开了极为广泛的研究。在理论界的广泛研究和强烈呼吁下，理论界关于改革非法证据排除规则的各种建议得到立法机关和司法机关的积极响应。从 2010 年最高人民法院、最高人民检察院、公安部等联合颁布《关于办理刑事案件排除非法证据若干问题的规定》到 2012 年再次修改《刑事诉讼法》，在充分吸收理论界研究成果的基础上，我国对非法证据排除规则进行了大规模改革。尽管理论界普遍认为非法证据排除规则的不完善是刑讯逼供屡禁不止的关键原因，而且将遏制刑讯逼供的希望寄托在完善非法证据排除规则上，但是从司法实践来看，不仅刑讯逼供问题没有得到根本性的解决，而且经过大规模修改的非法证据排除规则也处于名存实亡的尴尬境地。在笔者看来，出现这种事与愿违的局面，一个重要的原因在于理论界没有对我国刑讯逼供问题做出精确的解释。进一步而言，刑讯逼供现象的产生是法律传统、有罪推定思想、口供中心主义、破案压力、侦查水平不高、法律制度不完善等诸多错综复杂的因素综合作用之下的产物。要想彻底遏制刑讯逼供，必须从政治、经济、文化、观念、法律等各个方面进行综合治理。在这种情况下，我们很难指望通过制定完善的非法证据排除规则就能从根本上遏制刑讯逼供。更为重要的是，非法证据排除规则在遏制刑讯逼供方面的功效只是理论界一厢情愿的猜想，并没有得到强有力的实证研究的验证。实际上，经过大规模修改之后的非法证据排除规则仍然处于名存实亡的状态已经充分表明，在实现遏制功能的逻辑前提尚且没有兑现的情况下，非法证据排除规则在遏制刑讯逼供方面的所谓功效也只能停留在改革者们和理论界的想象当中，而尚未转化成现实。

第五章

构建纯粹的刑事证据法学

尽管我国刑事证据法学已经呈现繁荣的学术景象，但是在长期缺乏科学方法论训练，过于偏好哲学思维方式，以及对刑事证据法学定位模糊的情况下，我国刑事证据法学理论体系仍然处于比较混乱的状态，尚未形成权威的、科学的并且得到普遍认同的刑事证据法学理论体系。而在中国刑事证据法学理论体系非常混乱的情况下，理论界对许多问题的分歧往往陷入无谓的争论，从而带来我国刑事证据法学研究的表面繁荣，而无法促进我国刑事证据法学理论知识的增长。这意味着科学构建我国刑事证据法学理论体系不仅是我国刑事证据法学研究亟待解决的重大课题，而且是理论界创新刑事证据法学研究的重要基础。要想科学构建我国刑事证据法学理论体系，应该实现刑事证据法学研究的理论转型，走出认识论和大证据学的思维误区，在回归刑事证据法本质的基础上，打造纯粹的刑事证据法学。

第一节　较为混乱的刑事证据法学理论体系

近年来，在刑事证据立法严重滞后的情况下，我国刑事证据法学研究迎来了难得的黄金时期。从某种程度上讲，伴随着研究成果的爆发式增长，刑事证据法学研究已基本上形成繁荣的学术景象，并成为诉讼法学乃至整个法学领域中的一个亮点。但令人遗憾的是，在诉讼法学界对于一些最基本的刑事证据法学概念和理论都存在广泛争议的情况下，迄今为止我国尚未形成科学的并且得到普遍认同的刑事证据法学理论体系。

一、众说纷纭的刑事证据法学基础理论

刑事证据法学的理论基础是刑事证据制度的基石。如何理解和看待刑事证据法学的理论基础是研究刑事证据法学首先需要搞清楚的重要问题。这个问题不仅关系到刑事证据制度的合理设置，而且事关刑事证据法学理论体系的科学构建。从我国刑事证据法学的历史演变来看，在 1996 年修改《刑事诉讼法》之

前，受意识形态等因素的影响，理论界普遍认为辩证唯物主义认识论是我国刑事证据法学的理论基础，甚至是唯一正确的理论基础。而在 1996 年修改《刑事诉讼法》之后，随着研究思路的转变和程序正义理论的兴起，越来越多的学者对辩证唯物主义认识论提出了质疑，从而使我国刑事证据法学理论基础的研究成为理论界饱受争议的一个话题。

长期以来，理论界普遍将辩证唯物主义认识论作为我国刑事证据法学的唯一指导思想和理论基础。受意识形态、阶级分析方法等因素的影响，这个观点在我国刑事证据法学理论中占据着不可动摇的权威地位。[1] 在 1996 年修改《刑事诉讼法》之后，许多权威学者仍然坚持这个观点。他们认为辩证唯物主义认识论是刑事证据法学的理论基础，主要是因为：首先，由于刑事证据制度的核心问题是如何保证公安司法人员能够正确认定案件事实，确保主观符合客观，因此，刑事诉讼活动是一种认识活动，应当受到认识规律的制约。而辩证唯物主义认识论揭示了人类认识自然、社会的普遍规律，是指导人们认识客观世界的科学理论，它同刑事证据法学是一般与特殊的关系。其次，案件事实是不依赖于公安司法人员的意志而存在的客观事实，公安司法人员只能认识它、查明它，而不能改变它。公安司法人员要正确地认识、查明案件事实，只能按照辩证唯物主义认识论原理，将感性认识上升到理性认识，才能达到客观真实的程度。最后，实践不仅是公安司法人员收集运用证据认定事实的基础，而且是检验认定案情是否正确的唯一标准。[2]

随着程序正义理论在我国的兴起，不少学者对辩证唯物主义认识论是否是刑事证据法学的理论基础提出了质疑。首先，诉讼中的证据运用活动，尽管包含一定的认识过程，但这种认识活动既不具有终局的意义，也不对争端的解决具有决定性影响。而且，这种证据运用活动还是一种以解决利益争端为目的并

---

[1]　早在修改《刑事诉讼法》之前，甚至在中华人民共和国成立初期，将辩证唯物主义认识论作为证据法学的理论基础已经成为我国学术界的权威观点。参见张子培 . 刑事证据理论［M］. 北京：群众出版社，1983；朱云 . 刑事诉讼证据制度［M］. 北京：法律出版社，1986；裴苍龄 . 证据法学新论［M］. 北京：法律出版社，1989；陈光中 . 刑事诉讼法学［M］. 北京：中国政法大学出版社，1990；陈一云 . 证据学［M］. 北京：中国人民大学出版社，1991；崔敏 . 刑事证据的理论与实践［M］. 北京：中国人民公安大学出版社，1992.

[2]　陈光中 . 刑事证据制度与认识论——兼与误区论、法律真实论、相对真实论商榷［J］. 中国法学，2001（1）；陈一云 . 证据学［M］. 2 版 . 北京：中国人民大学出版社，2000；陈光中，徐静村 . 刑事诉讼法学［M］. 修订版 . 北京：中国政法大学出版社，2000；卞建林 . 略论我国证据制度的理论基础［J］. 人民检察，2000（11）.

且受到程序法严格限制和规范的法律实施活动，其中涉及一系列法律价值的实现和选择过程。这些决定了三大诉讼都不单纯是以揭示客观事实真相为目的的认识活动。作为诉讼的有机组成部分，证据的运用活动也不仅仅是认识活动。既然如此，将辩证唯物主义认识论作为证据规则的根本指导思想，视为证据法的唯一理论基础，至少在理论上难以自圆其说。① 其次，完全站在认识论的立场上看待证据规则，极容易在价值观上掉入程序工具之一的陷阱，使认识论意义上的"客观事实"受到过多地重视，而诉讼活动的正当过程则受到不应有的忽视。而且，完全以认识论作为证据规则的指导思想，也会使一些在法律上业已得到确立的证据规则在司法实践中无法真正得到实施。因此，不从认识论这一理论困境中解脱出来，不重新为证据法学确立理论基础，就无法将一系列科学的证据规则确立在证据法之中，也难以建立一个较为完整的证据规则体系。② 第三，裁判事实的可接受性问题是诉讼证明的核心问题，也是证据理论和证据规则所要解决的首要问题。就此而言，发现真实这一价值仅仅处于从属性地位。证据法学的理论基础必须能够为证明模式的建构提供理论指导，或者为证据规则以及依此认定的裁判事实的可接受性提供令人信服的论证。而由于证明模式的构造基本上与辩证唯物主义认识论无关，因此认识论无法为证明模式的建构提供指导。同时，由于理论路径上的缺陷，认识论也无法为证据规则以及裁判事实的可接受性提供合理的解释。③

仔细研究以上两种观点不难发现二者并非截然对立。这是因为，后者并没有否定辩证唯物主义认识论本身的正确性，而是说将这种观点强行植入证据法学不仅没有实际意义，而且会给我国证据规则的科学构建带来消极的影响。这意味着，与其说二者对认识论能否成为证据法学的理论基础存在截然相反的两种态度，还不如说二者研究角度的差异导致了结论迥然不同。因为前者是从马克思主义经典哲学的高度来看待证据法学的理论基础的，而后者主要是从实用主义哲学来看待证据法学的理论基础的。相比较而言，前者具有强烈的"理论推导"色彩，有过于轻视诉讼活动的特殊个性之嫌。就像质疑论者所论证的那样，尽管以辩证唯物主义认识论作为证据法学的理论基础在理论上具有一定的"不可辩驳性"，但是一旦将这种观念投放到具体的司法实践中，就会面临种种困惑和窘境，因而缺乏必要的操作性。而后者是从证据法学理论基础的实际功

---

① 陈瑞华. 刑事诉讼的前沿问题 [M]. 北京：中国人民大学出版社，2000：196-202.

② 陈瑞华. 刑事诉讼的前沿问题 [M]. 北京：中国人民大学出版社，2000：203-212.

③ 易延友. 证据法学的理论基础——以裁判事实的可接受性为中心 [J]. 法学研究，2004（1）.

能出发的研究思路，可能会弥补前者在研究思路上的缺陷，从而使证据法学理论基础的研究具有可操作性或者可预见性。

　　尤其值得注意的是，随着近年来程序正义、价值论等理论的兴起，理论界为刑事证据法学理论基础的研究注入了许多新的元素，几乎没有学者再继续固执地主张辩证唯物主义认识论就是刑事证据法学的唯一理论基础，都主张对传统的证据法学理论予以重构。如果以是否坚持以辩证唯物主义认识论作为证据法学的理论基础为划分标准，那么理论界对刑事证据法学理论基础的重构大致上可以分为两大类。尽管一些对辩证唯物主义认识论情有独钟的学者仍然坚持主张辩证唯物主义认识论是证据法学的重要理论基础，但是考虑到程序正义、价值论等因素的影响，他们也将司法公正①、程序正义理论②、法律价值及平衡、选择理论③等作为证据法学的理论基础。而对于为何没有将辩证唯物主义认识论继续作为证据法学的唯一理论基础，这些学者并没有给出明确的答案。不过，从他们对辩证唯物主义认识论的"客观评价"来看，原因似乎可以归结为他们对认识论的以下"辩证认识"：由于诉讼证明既是一种认识活动，又是一种诉讼行为，它具有不同于自然证明和一般社会证明的特点，因此，除了必须遵循辩证唯物主义认识论的一般规律外，还应接受程序法律和证据规则的调整和制约，符合程序正义的要求。认识本身的相对性和诉讼证明的特殊性决定了人们对案件事实的认识不可能达到与客观存在的案件完全一致、绝对真实的程度。这意味着承认诉讼证明的相对性原理才是实事求是的态度。④

　　尽管以上观点反映出部分学者对辩证唯物主义认识论的认识还是比较清醒的，并没有像传统证据法学理论那样僵化地理解认识论，但是他们的"好意"并没有得到许多彻底抛弃认识论的学者的认同。这是因为，他们在研究思路和研究方法上彻底地摆脱了认识论的束缚，反对将辩证唯物主义认识论作为证据法学的理论基础，主张另辟蹊径，彻底重构我国证据法学的理论基础。例如，有的学者在剖析辩证唯物主义认识论难以为证据规则提供令人信服的理论解释的前提下，主张重新确立证据法学的理论基础需要完成从"证据学"到"证据法学"的理论转型，即将证据法学从纯粹的经验论、逻辑论和认识论中解脱出来，使研究者以法律程序的视角观察、研究证据问题，使证据规则真正成为程

---

① 陈光中. 刑事证据制度与认识论——兼与误区论、法律真实论、相对真实论商榷 [J]. 中国法学，2001（1）.
② 卞建林. 略论我国证据制度的理论基础 [J]. 人民检察，2000（11）.
③ 张建伟. 证据法学的理论基础 [J]. 现代法学，2002（4）.
④ 卞建林，郭志媛. 论诉讼证明的相对性 [J]. 中国法学，2001（2）.

序法的一部分。进一步而言，证据法所要考虑的首要问题不应仅仅是案件事实真相能否得到准确揭示的问题，而更重要的应当是发现事实真相所采用的手段和方式如何具备正当性、合理性、人道性和公正性的问题。这意味着证据法学理论基础的重新建立要从认识论走向价值论，将形式理性观念和程序正义理论作为证据法学的理论基础。根据形式理性观念，一方面，所有旨在规范证据资格、证据收集、证据审查和司法证明活动的法律程序规范都必须得到遵守，而不论这种遵守会带来什么样的后果。另一方面，裁判者所认定的事实要受到法律程序的限制，它不再是绝对客观的事实真相，而只是服务于诉讼的解决争端目标的"法律事实"。而程序正义理论不仅能够为证据规则的确立提供新的理论解释，而且能够证明发现事实真相的手段和方式为什么以及如何要公正、合理的问题。① 再如，有的学者从刑事证据的意义在于为裁判者提供认定刑事案件的根据出发，认为刑事证据法的理论基础都应当着眼于裁判者对事实认定的合法性（包括形式合法性与实质合法性）。② 还有一种观点以裁判事实的可接受性为中心，以探索证据法学理论基础的意义为出发点，主张适当借鉴实用主义哲学的合理因素是重构我国证据法学理论基础的可行途径。③ 还有学者认为应当以多元化的思维角度，探讨和考虑建立我国证据制度应当遵循的理论基础，主张我国证据制度的理论基础至少包括以下内容：属于政治方面的理论基础，属于认识论和方法论方面的理论基础，关于诉讼模式的理论，关于法律价值的理论，关于人权保障理论，某些科技理论基础等。④ 但也有学者认为，证据法学理论基础不能过多，多了就不成为基础理论了。⑤

总而言之，随着理论界对刑事证据法学理论基础的不断反思与检讨，辩证唯物主义认识论在证据法学中的绝对主导地位已经发生一定动摇。尽管这在一定程度上有助于理论界摆脱哲学问题随意对证据法学的入侵，避免在过于形而上甚至某些不相干的问题上纠缠不休，从而将证据法学理论基础的研究影响深入，逐渐缩小研究者们的理论分歧，但是究竟应当如何重构我国刑事证据法学的理论基础，仍然是一个众说纷纭的话题。根据图5-1、5-2，仅就1996年3月

---

① 陈瑞华.刑事诉讼的前沿问题［M］.北京：中国人民大学出版社，2000：212-219.

② 史立梅.程序正义与刑事证据法［M］.北京：中国人民公安大学，2003：43-66.

③ 易延友.证据法学的理论基础——以裁判事实的可接受性为中心［J］.法学研究，2004（1）.

④ 周士敏.试论我国证据制度的理论基础［C］//诉讼法论丛：第8卷.北京：法律出版社，2003：7-20.

⑤ 陈光中.刑事证据制度与认识论——兼与误区论、法律真实论、相对真实论商榷［J］.中国法学.2001（1）.

至 2017 年 12 月论及证据法学理论基础的 68 部证据法学教材而言，理论界关于证据法学理论基础的分歧可以归纳为四个方面。首先，理论界关于证据法学理论基础的概括包括一元论、二元论、三元论、四元论、五元论、九元论六种观点。其中，主张一元论的证据法学教材有 13 部，约占总数的 19.1%；主张二元论的证据法学教材有 34 部，占总数的 50%；主张三元论的证据法学教材为 15 部，约占总数的 22.1%；主张四元论的证据法学教材为 3 部，约占总数的 4.4%；主张五元论的证据法学教材为 2 部，约占总数的 2.9%；主张九元论的证据法学教材 1 部，约占总数的 1.5%。其次，理论界对于证据法学理论基础的论述共计 24 种观点，即认识论、价值论、程序正义论、法律价值及平衡选择理论、人权保障论、程序论、方法论、概率论、逻辑学、道德论、伦理学、信息论、效率论、自然科学、科技理论、数学、行为科学、法律真实观、形式理性、形式逻辑、诉讼认识真理性、诉讼认识正当性、客观真实与法律真实同一性、法现实主义。再次，尽管很多学者对辩证唯物主义认识论进行了深刻反思，但是理论界仍然普遍认为辩证唯物主义认识论是证据法学的一个重要理论基础，即在 68 部论及证据法学理论基础的教材中，高达 65 部教材将认识论作为证据法学的一个理论基础（约占总数的 95.6%）。其中甚至有 12 部证据法学教材像以往那样仍然将辩证唯物主义认识论作为证据法学的唯一理论基础（约占总数的 17.6%）。最后，半数以上证据法学教材认可的证据法学理论基础只有认识论和价值论，即其认可度分别达到了 95.6%、52.9%。而其他观点的认可度均在 30% 以下。其中，在近年来颇具影响力的程序正义论的认可度仅为 27.9%，而其他观点的认可度甚至均在 11% 以下。

类型	内容	教材数
一元论	认识论	12
	法律真实观	1
二元论	认识论、价值论	18
	认识论、程序正义论	14
	认识论、法律价值及平衡选择理论	1
	形式理性、程序正义	1

续表

类型	内容	教材数
三元论	认识论、价值论、形式逻辑	1
	认识论、价值论、方法论	6
	认识论、价值论、程序正义论	1
	认识论、价值论、概率论	2
	认识论、价值论、道德论	3
	认识论、程序正义论、人权保障	1
	诉讼认识真理性、诉讼认识正当性、客观真实与法律真实同一性	1
四元论	认识论、价值论、形式逻辑、自然科学	1
	认识论、价值论、程序正义论、价值选择与权衡论	1
	认识论、价值论、效率论、信息论	1
五元论	认识论、价值论、程序正义论、人权保障论、科技理论	1
	认识论、法现实主义、伦理学、自然科学、概率论	1
九元论	认识论、价值论、方法论、程序论、信息论、概率论、逻辑学、数学、行为科学	1

图 5-1 证据法学的理论基础（1996.3—2017.12）

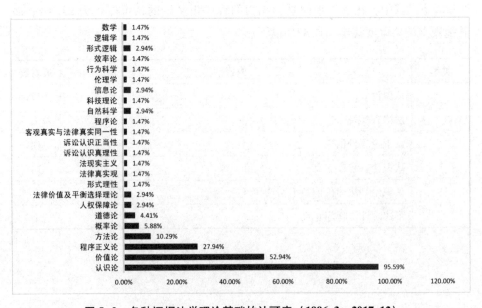

图 5-2 各种证据法学理论基础的认可度（1996.3—2017.12）

二、形形色色的刑事证据法学研究对象

每一门学科都有自己的特定研究对象。如何理解和界定刑事证据法学的研究对象，对于如何构建刑事证据法学的理论体系具有至关重要的影响。甚至可以说，具有什么样的刑事证据法学研究对象，就具有什么样的刑事证据法学理论体系。这是因为，不同的研究对象决定了刑事证据法学的不同研究内容。从刑法学、民法学等部门法学研究的经验来看，立法是否完善或者系统，不仅制约着部门法学的理论体系，而且影响着部门法学的研究对象。正因为如此，在我国刑事证据立法长期比较匮乏或者滞后的情况下，理论界对刑事证据法学研究对象的认识存在明显差异，从而在很大程度上影响了我国刑事证据法学理论体系的形成。

在我国刑事证据法学研究的艰难探索和恢复发展时期，理论界对刑事证据法学研究对象的界定主要集中在刑事证据、刑事证据制度、刑事证据司法实践、刑事证据理论等几个方面。对于刑事证据的各种法律规范及其司法实践，理论界普遍认为它们属于刑事证据法学的研究对象。但是，对于刑事证据和刑事证据理论是否可以作为刑事证据法学的研究对象，理论界则存在明显分歧。对于刑事证据是否可以作为刑事证据法学的研究对象，肯定说认为，刑事证据的形成、性质、效力、证明力等都是证据法中最基本的内容，因而刑事证据法学的研究对象包括刑事证据在内。[1] 而否定说则认为，证据法学的研究对象应当是证据法，而不是证据。对于证据的研究，应当放在证据法的研究之中，而不能也不应该离开研究证据法去研究证据。[2] 还有学者认为，如果将刑事证据作为刑事证据法学的研究对象，那么就是一种直观的错觉。这是因为，与其说刑事证据法学的研究对象是刑事证据，还不如说是研究证据法对什么事实是证据的规定和为什么要这样规定而不是那样规定，以及研究证据法对证据来源的规定和对证据事实存在形式的规定，更为名副其实。[3] 对于刑事证据理论是否可以作为刑事证据法学的研究对象，肯定说认为，将证据理论作为证据学的研究对象，对其进行分析，区别其中的精华与糟粕，既有利于继承和发扬真知灼见，又可防

① 巫宇甦. 证据学 [M]. 北京：群众出版社，1983：1；徐益初，肖贤富. 刑事诉讼证据学基础知识 [M]. 北京：法律出版社，1983：1；裴苍龄. 证据法学新论 [M]. 北京：法律出版社，1989：2；宋世杰. 诉讼证据学 [M]. 长沙：湖南人民出版社，1988：2-3.

② 赵炳寿. 证据法学 [M]. 成都：四川大学出版社，1990：2.

③ 朱云. 刑事诉讼证据制度 [M]. 北京：法律出版社，1986：1-2.

止盲目推崇，受其消极影响，从而加深我们对证据制度这种社会现象的本质及其发展规律的认识。① 还有学者认为，将诉讼证据理论作为证据学的研究对象，不仅可以帮助我们进一步探讨有关证据的法律规范以及运用证据的规律，而且也便于我们探讨刑事诉讼证据、民事诉讼证据、行政诉讼证据的共同规律和运用证据所应当遵循的一般规则在证据学这门学科中进行全面综合地论述。② 还有学者认为，既成的证据理论是人们关于诉讼证据实践经验的概括和总结。而基于种种原因，形成了不同的证据观、证据理论、见解。证据法学要研究这些理论、观点和见解，要揭示它们的根源，阐述它们的作用，比较它们的优劣，评价它们的是非。③ 证据学是关于证据制度的一门科学，其研究对象是证据制度或者证据法，而不包括证据理论。④ 这是因为，证据理论与证据学是同义语，不能把证据理论作为证据学研究的对象。如果把古今中外的各种证据理论作为研究对象进行研究，就构成了另一门学科。⑤

在我国刑事证据法学研究的蓬勃兴起时期，许多证据法学教材都将证据法学的研究对象概括为三个方面，即与证据和证据运用有关的法律规范⑥，与证据和证据运用有关的司法实践，以及古今中外的证据理论。除了这三个方面，许多证据法学教材认为证据法学还应当具有其他研究对象。例如，第一种观点认为，证据法学的研究对象还包括诉讼证明的方法、规律和规则，即探索诉讼证明的方法，揭示诉讼证明的规律，提炼相应的证明规则，都是证据法学研究的重要内容。⑦ 第二种观点还将自然科学和其他社会科学中对证据和证据运用有影响的重要成果作为证据法学的研究对象。这是因为，证据法学是一门开放的、

---

① 陈一云.证据学［M］.北京：中国人民大学出版社，1991：4；赵景荣.新编证据学［M］.北京：中国政法大学出版社，1992：3.

② 赵景荣.新编证据学［M］.北京：中国政法大学出版社，1992：3.

③ 裴苍龄.证据法学新论［M］.北京：法律出版社，1989：3.

④ 朱云.刑事诉讼证据制度［M］.北京：法律出版社，1986：4；赵炳寿.证据法学［M］.成都：四川大学出版社，1990：3.

⑤ 朱云.刑事诉讼证据制度［M］.北京：法律出版社，1986：4.

⑥ 值得说明的是，有不少学者在概括证据法学的研究对象时，不是直接采用与证据和证据运用有关的法律规范这个概念，而是采用与这个概念的内涵与外延基本相同的证据立法、证据制度、证据规则、证明规则等术语。但是，也有部分教材将法律规范和证据立法或者证据制度并列使用。

⑦ 卞建林.证据法学［M］.北京：中国政法大学出版社，2000：1-6；吴泽勇.证据法学［M］.郑州：郑州大学出版社，2005：6-8；裴国智，彭剑鸣，王彬.证据法学教程［M］.北京：中国人民公安大学出版社，2005：2-5；卞建林.证据法学［M］.北京：中国政法大学出版社，2007：1-5.

与时俱进的科学。只有将自然科学和其他社会科学中对证据和证据运用有影响的重要成果纳入证据法学的研究对象，证据法学才能成为一门适应时代发展的、具有永久生命力的科学。① 第三种观点认为，证据运用的方法、规律和规则也属于证据法学的研究对象。这是因为，探索证据运用的方法，揭示证据运用的规律，提炼相应的证据规则，是证据法学研究的重要内容。② 第四种观点认为，证据法学的研究对象还包括与证据取得和证据运用有关的规律、方法。③

除了以上观点，还有不少教材提出了各具特色的研究对象。第一种观点认为，证据法学的研究对象应当概括为证据法律现象。而这里的证据法律现象不仅包括证据法律规范或者证据法律制度本身，而且包括法律调整过程中证据运用的实践，以及证据法律意识、学说、理论及其历史；证据法律现象不是证据自然现象或者关于证据的其他社会现象；证据法律现象不仅仅局限于刑事、民事或者行政诉讼领域的证据法律现象，而是所有证据法律现象。④ 第二种观点认为，证据法学的研究对象是证据法现象和证据法一般规律。⑤ 第三种观点认为，证据法学的研究是与法律实务相关的证据问题和证明问题。⑥ 第四种观点认为，证据法学的研究对象包括：证据法及其证明规则；证据及其证据力和证明力；证据的内容和形式的统一关系；证据制度及其传统文化背景；证据制度和经济制度、诉讼制度的关系；收集、审查、判断和运用证据证明案件事实的经验及证据理论。⑦ 第五种观点认为，证据法学的研究对象包括：与法律实务有关的证明规律；各种法律规则中的证据规则；古今中外的证据法律制度；古今中外的证据法学理论。⑧ 第六种观点认为，证据法学的研究对象包括证据本质、证据法

① 卞建林，谭世贵. 证据法学 [M].2 版. 北京：中国政法大学出版社，2010：5；卞建林，谭世贵. 证据法学 [M].3 版. 北京：中国政法大学出版社，2014：1-5；裴国智，彭剑鸣，王彬. 证据法学教程 [M]. 北京：中国人民公安大学出版社，2005：4-5；刘金友. 证据法学新编 [M]. 北京：中国政法大学出版社，2003：3.

② 卞建林，谭世贵. 证据法学 [M].2 版. 北京：中国政法大学出版社，2010：1-5；卞建林，谭世贵. 证据法学 [M].3 版. 北京：中国政法大学出版社，2014：1-5.

③ 陈卫东，谢佑平. 证据法学 [M]. 上海：复旦大学出版社，2005：4-9；陈卫东，谢佑平. 证据法学 [M].2 版. 上海：复旦大学出版社，2016：3-7.

④ 刘万奇. 证据法学 [M]. 北京：中国人民公安大学出版社，2013：4.

⑤ 江伟主. 证据法学 [M]. 北京：法律出版社，1999：30.

⑥ 孙维萍. 证据法学 [M]. 上海：上海交通大学出版社，2009：4-9.

⑦ 宋世杰. 诉讼证据法学. [M]. 长沙：中南大学出版社，1998：1-3；樊崇义. 证据法学 [M]. 北京：法律出版社，2011：3-12；樊崇义. 证据法学 [M]. 北京：中国人民公安大学出版社，2001：3-11；樊崇义. 证据法学 [M].5 版. 北京：法律出版社，2012：1-10；樊崇义. 证据法学 [M].6 版. 北京：法律出版社，2017：1-8.

⑧ 何家弘. 新编证据法学 [M]. 北京：法律出版社，2000：1-5.

理论、证据法律制度、证明规律、证明方法、证据规则以及证据适用程序等。① 第七种观点认为，刑事证据学的研究对象包括：刑事证据制度的历史和现实；刑事证据法定种类和理论分类；刑事证据证明理论和证明方法；刑事证据的运用方法；自然科学、社会科学对刑事诉讼证据和诉讼证明有影响、有作用的新科技理论、方法，新技术成果。② 第八种观点认为，证据法学的研究对象包括证据制度的历史和现实，证据的学理分类和法定种类，证据的证明理论和证明方法，以及证据学与相邻学科的关系。③

根据笔者收集的资料，1996 年 3 月至 2017 年 12 月，在 129 部证据法学教材中，共有 83 部教材明确论述了证据法学的研究对象。除了个别令人感到较为奇怪的研究对象，如前面提到的传统文化背景、证据制度和经济制度的关系等，理论界论述相对较多的证据法学研究对象包括与证据和证据运用有关的法律规范，与证据和证据运用有关的司法实践，证据运用的方法、规律和规则，诉讼证明的方法、规律和规则，证据制度，证据理论，其他学科与证据和证据运用有关的重要成果，证明规律，证明方法，以及证据规则等。根据图 5-3，认可度超过 50% 的证据法学研究对象只有四项，即与证据和证据运用有关的法律规范（约占总数的 60.2%），与证据和证据运用有关的司法实践（约占总数的 61.5%），证据制度（约占总数的 50.6%），以及证据理论（约占总数的 68.7%）。而证据法学的其他研究对象的认可度均在 20% 以下。

从上面的简要分析和归纳不难看出，理论界对我国证据法学研究对象的界定居然多达十余种观点。除了证据理论、证据制度及其有关的法律规范、司法实践得到大多证据法学教材的认可以外，理论界对证据法学研究对象的认识和理解可谓五花八门。尽管从学术创新的角度而言，我们应当大力提倡研究者们能够畅所欲言，发表自己的独到见解，但是研究对象作为刑事证据法学或者证据法学这门学科首先应当得到明确界定的一个理论范畴，实际上不应该陷入如此众说纷纭的境地。毕竟，20 世纪 80 年代初期以来，我国刑事证据法学学科建设已经走过了三十余年的历程。尤其重要的是，刑事证据法学研究对象的确立将会直接影响到刑事证据法学理论体系的建构。如果刑事证据法学的研究对象因为存在显著分歧而迟迟难以确定下来，那么势必导致我国刑事证据法学的理

① 谢安平，郭华. 证据法学 [M]. 北京：中国人民公安大学出版社，2009：10-15；郭华，殷宪龙，李继刚. 证据法学 [M]. 济南：山东人民出版社，2009：6-10.

② 陈云华. 中国刑事证据学 [M]. 成都：四川人民出版社，2002：5.

③ 唐良艳，李海萍. 证据学 [M]. 北京：法律出版社，2016：2.

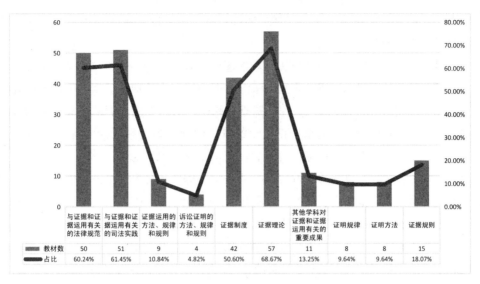

图 5-3 证据法学的研究对象（1996.3—2017.12）

论体系具有较大的不确定性。从笔者收集的 144 本证据法学教材来看，我国刑事证据法学理论体系仍然处于比较混乱的状态，尚未形成权威的、科学的并且得到普遍认同的刑事证据法学理论体系，一个重要的原因就是理论界对我国刑事证据法学这门学科的研究对象尚未形成广泛的共识。例如，如果研究者们将证据法学的研究对象仅仅局限于我国的证据法律规范，那么他们在设置刑事证据法学或者证据法学的理论体系时就会尽量避免讨论国外的证据制度或者理论。再如，如果研究者们将证据法学的研究对象仅仅局限于证据制度，那么他们在构建刑事证据法学或者证据法学的理论体系时就会重点解读古今中外的各种证据法律规范，而忽略对古今中外证据理论的探讨。

三、五花八门的刑事证据法学理论体系

受注释法学研究方法的影响，我国理论界在设置部门法学的学科体系时往往对立法具有较强的依赖性。从刑法学、民法学、刑事诉讼法学、民事诉讼法学等许多相对比较成熟的部门法学学科体系的研究经验来看，如果某一个部门法的立法比较系统或者完善，那么这个部门法学的学科体系就会因为存在一个相对稳定的制度体系而比较容易建立。反而言之，如果立法比较滞后甚至没有立法，那么相应的部门法学的学科体系也往往难以形成。一个突出的例证就是，尽管随着许多学者对传统刑事证据法学的不断反思，我国刑事证据法学的理论体系日臻完善，但是长期以来，在我国刑事证据立法比较匮乏、滞后和凌乱的

情况下，迄今为止我国仍然没有真正形成权威的并且能够得到理论界普遍认可的刑事证据法学理论体系。

第一，几乎所有的刑事证据法学基本理论范畴都存在广泛争议。基于指导思想、理论基础、研究思路或者研究方法等方面的原因，从刑事证据法学的基础理论，如刑事证据法的指导思想、理论基础、原则、功能等或者刑事证据法学的学科定位、研究对象等，到刑事证据法学的具体内容，如刑事证据的概念、特征、属性、种类，证据规则的概念、体系，以及刑事证明的概念、主体、标准、责任分配、环节、过程、方法等，都存在广泛争议。例如，对于刑事证据的概念，理论界就有事实说、根据说、材料说、命题说、信息说、原因说、结果说、方法说、手段说、反映说、广义狭义说、证明说、多重含义说等十余种观点；对于刑事证据的特征或者属性，理论界不仅在刑事证据是否具有客观性、主观性、合法性等问题上仍然比较纠结，而且对于证据能力与证明力之间的关系仍然存在较大争议；对于刑事证据法学的定位，理论界在自然科学与社会科学（法学）之间、证据学与证据法学之间、证据法学与证明法学之间、证据法学与程序法学之间总是徘徊不定；对于司法证明或者诉讼证明的概念，理论界在侦查活动、审查起诉活动是否属于证明活动这个问题上仍然存在两种截然不同的证明观念；对于刑事证明的主体和刑事证明责任的分配，理论界在公安机关和人民法院是否属于证明主体以及是否承担证明责任等问题上仍然存在不同的认识；对于刑事证明标准的界定，理论界形成了客观真实观和法律真实观之间的对立；对于国外刑事证据规则的研究，由于资料掌握、语言背景、思想观念、价值取向等方面的差异，理论界同样存在不同的认识。① 尽管刑事证据法学研究应该追求百花齐放和学术争鸣，但是如果理论界对于刑事证据法学中众多的基本概念都无法达成共识，那么我们不可能形成公认的刑事证据法学学科体系。

第二，证据法学理论体系的总体框架存在显著差异。在我国刑事证据法学研究的恢复发展时期，根据最具有代表性的两本教材，即巫宇甦教授主编的《证据学》（群众出版社 1983 年版）、陈一云教授主编的《证据学》（中国人民大学出版社 1991 年版），传统的刑事证据法学理论体系包括绪论、史论、总论和分论四个组成部分。其中，总论部分既包括诉讼证据的部分内容，又涵盖诉讼证明的部分内容；分论部分主要是各个法定证据种类的概念、特征、意义、收集、保全、审

---

① 宋英辉. 刑事诉讼法学研究述评：1978-2008［M］. 北京：北京师范大学出版社，2009：530-714；宋英辉，汤维建. 证据法学研究述评［M］. 北京：中国人民公安大学出版社，2006：148-462；周菁，王超. 刑事证据法学研究的回溯与反思：兼论研究方法的转型［J］. 中外法学，2004（3）.

查判断等。在 1996 年修改《刑事诉讼法》以后，尽管理论界对传统的证据法学理论进行了深刻反思，但是在最基本的证据法学理论都存在广泛争议的情况下，理论界根本不可能形成科学的、权威的、稳定的以及得到普遍认可的刑事证据法学理论体系。根据笔者收集的 1996 年 3 月至 2017 年 12 月出版的 129 本证据法学教材，理论界按照章、节的体例编写的证据法学教材共计 57 部，约占总数的 44%；而按照编、章、节的体例编写的证据法学教材共计 72 部，约占总数的 56%。根据图5-4，在按照编、章、节的体例编写的 72 部证据法学教材中，主要是按照三编（共计 33 部教材，约占总数的 45.8%）和四编（共计 28 部教材，约占总数的 38.9%）来编写，而按照两编（共计 6 部教材，约占总数的 8.3%）、五编（共计 3 部教材，约占总数的 4.2%）、六编（共计 2 部教材，约占总数的 2.8%）来编写的教材一共才 11 部。就具体的体例安排而言，在这 72 部教材中，居然存在 20 种证据法学理论体系。其中，采用相对较多的理论体系只有两种，即"绪论、证据论、证明论"（共计 19 部教材，约占总数的 26.4%），"总论、证据论、证明论"（共计 11 部教材，约占总数的 15.3%）。而这两种理论体系加在一起也仅有 30 部教材（约占总数的 41.7%）而已，连总数的一半都不到。① 而采用其他 18 种理论体系的证据法学教材虽然超过了总数的一半，即共计 42 部教材（约占总数的 58.3%），但是采用每种理论体系的证据法学教材却均在 5 部以内。就各编的名称而言，也存在基础知识编、基础理论篇、基本原理编、总论、绪论、导论、史论、分论、证据制度论、证据论、证据总论、证据分论、证据通论、证据各论、证据本体论、证据运用论、证据实践论、证明论、诉讼证明论、证据规则论、证据规则编、证据运行论、程序论、方法论、应用论、运用论、实践运用篇等 30 多种表述。

---

① 如果考虑到目前的证据法学教材在论述"总论""绪论""导论"时的内容并不存在实质性的区别，而将"总论、证据论、证明论""绪论、证据论、证明论""导论、证据论、证明论"这三种理论体系视为相同理论体系的话，那么"总论（绪论或者导论）、证据论、证明论"可以说是目前理论界认可度最高的一种理论体系，即共有 33 部教材采用了这种理论体系，但是在采用编章节编排体例的 72 部教材中也只占比 45.8%而已，仍然不足一半。如果同所有的 129 部证据法学教材相比，这种认可度最高的理论体系也只占比 25.6%。

总体框架		教材数	占比
两编	基础知识编、证据规则编	3	4.17%
	基础理论篇、实践运用篇	1	1.39%
	证据论、证明论	2	2.78%
三编	总论、证据论、证明论	11	15.28%
	绪论、证据论、证明论	19	26.39%
	导论、证据论、证明论	3	4.17%
四编	绪论、史论、总论、分论	5	6.94%
	绪论、证据制度论、证据论、证明论	2	2.78%
	绪论、证明论、证据总论、证据分论	2	2.78%
	绪论、证据通论、证据各论、诉讼证明论	2	2.78%
	绪论、证据本体论、证据规则论、证据运行论	1	1.39%
	绪论、证据论、证明论、程序论	5	6.94%
	导论（或绪论）、证据论、证明论、证据规则论	4	5.56%
	绪论、证据论、证明论、方法论	1	1.39%
	绪论、证据论、证明论、应用论	2	2.78%
	绪论、证据论、证明论、运用论	1	1.39%
	绪论、证据论、证明论、证据运用论	1	1.39%
五编	总论、证据论、证据规则论、诉讼证明论、证据实践论	2	2.78%
	绪论、证据论、证明论、证明负担转承论、证据评价与事实认定论	1	1.39%
六编	绪论、总论、证据种类、证据分类、诉讼证明理论、证据的收集保全审查判断	2	2.78%

图 5-4　证据法学的理论体系（1996.3—2017.12）

　　第三，对于相同的理论范畴，不同的证据法学教材却放在不同的理论体系中进行论述。就证据法学理论体系的一般原理而言，不同的理论体系具有不同的研究对象或者研究内容，而相同的研究对象只能被安排在相同的理论体系中。例如，对于刑事证据的种类或者分类，它在理论上只能属于"证据论"的研究对象，而不能属于其他理论体系的研究对象；对于刑事证明主体、刑事证明客体、刑事证明责任、刑事证明标准，它们在理论上只能属于"证明论"的研究对象，而不能属于其他理论体系的研究对象。但是，在几乎所有刑事证据法学基本理论范畴都存在广泛争议的情况下，理论界对相同的研究对象往往存在不同的理论定位，从而导致即使是相同的研究对象，也有可能被安排在不同的理论体系中加以论述。以较为常见的证据规则以及证据的收集、固定、保全、审查、判断为例。根据图5-5，1996年3月至2017年12月，在72部按照编章节的体例进行编写的证据法学教材中，共有52部教材论述了证据规则。其中，有9部教材将证据规则单独作为一编（约占总数的17.3%）①；有18部教材将证据规则放在"证明论"中进行论述（约占总数的34.6%）②；有15部教材将证据规则放在"证据论"中进行论述（约占总数的28.8%）③；有9部教材将证据规则放在"总论"中进行论述（约占数总的17.3%）④；有1部教材将证据规则放在"实践运用论"中进行论述（约占总数的1.9%）⑤。

根据图5-6，1996年3月至2017年12月，在72部按照编章节的体例进行编写的证据法学教材中，共有49部教材论述了证据的收集、审查、判断。其中，有2部教材将证据的收集与审查判断单独作为一编（约占总数的4.1%）⑥；

---

① 何家弘，杨迎泽．检察证据实用教程［M］．北京：中国检察出版社，2006；宋世杰，廖永安．证据法学［M］．长沙：湖南人民出版社，2008；叶青．诉讼证据法学［M］．2版．北京：北京大学出版社，2013；陈瑞华．刑事证据法学［M］．2版．北京：北京大学出版社，2014.

② 江伟．证据法学［M］．北京：法律出版社，1999；刘金友．证据法学［M］．北京：中国政法大学出版社，2001；毕玉谦．证据法要义［M］．北京：法律出版社，2003；卞建林．证据法学［M］．3版．北京：中国政法大学出版社，2007；魏虹．证据法学教程［M］．北京：中国政法大学出版社，2008.

③ 江伟．证据法学［M］．北京：中共中央党校出版社，2002；郭华．证据法学［M］．北京：北京师范大学出版社，2011；廖永安，李蓉．证据法学［M］．厦门：厦门大学出版社，2012；谢安平，郭华．证据法学［M］．2版．北京：法律出版社，2014；陈光中．证据法学［M］．3版．北京：法律出版社，2015；陈卫东，谢佑平．证据法学［M］．2版．上海：复旦大学出版社，2016.

④ 崔敏．刑事证据法学［M］．修订版．北京：中国人民公安大学出版社，2005；卞建林，谭世贵．证据法学［M］．2版．北京：中国政法大学出版社，2010；刘广三．刑事证据法学［M］．2版．北京：中国人民大学出版社，2015；周章金．证据法学［M］．北京：科学出版社，2017.

⑤ 刘燕玲．证据法学［M］．北京：中国民主法制出版社，2009.

⑥ 崔敏．刑事证据学［M］．北京：中国人民公安大学出版社，1997；崔敏．刑事证据学［M］．2版．北京：中国人民公安大学出版社，2005.

有 16 部教材将证据的收集与审查判断放在"证明论"中进行论述（约占总数的 32.7%）①；有 9 部教材将证据的收集与审查判断放在"证据论"中进行论述（约占总数的 18.4%）②；有 5 部教材将证据的收集与审查判断分别放在"总论"③ 和"程序论"④ 中进行论述（均约占总数的 10.2%）；还有 12 部教材将证据的收集与审查判断分别放在证据总论（2 部，约占总数的 4.1%）、证据通论（2 部，约占总数的 4.1%）、证据规则与运用论（1 部，约占总数的 2%）、证据运用（或运行）论（3 部，约占总数的 6.1%）、实践运用论（1 部，约占总数的 2%）、证据实践论（2 部，约占总数的 4.1%）、方法论（1 部，约占总数的 2%）。⑤ 以上分析充分表明，目前的证据法学教材对于证据的收集与审查判断的性质定位存在明显区别，即有的证据法学教材将其作为证据法学的基础理论，而有的证据法学教材则将其视为"证据论"或者"证明论"的内容，甚至是运用证据的具体程序或者实践。

---

① 刘金友. 证据法学［M］. 北京：中国政法大学出版社，2001；刘金友. 证据法学（新编）［M］. 北京：中国政法大学出版社，2003；毕玉谦. 证据法要义［M］. 北京：法律出版社，2003；卞建林. 证据法学［M］.3 版. 北京：中国政法大学出版社，2007；魏虹. 证据法学教程［M］. 北京：中国政法大学出版社，2008；魏虹. 证据法学［M］. 北京：中国政法大学出版社，2015.

② 裴苍龄. 新证据学论纲［M］. 北京：中国法制出版社，2002；宋世杰. 诉讼证据法学［M］. 长沙：湖南人民出版社，2004；孙彩虹. 证据法学［M］. 北京：中国政法大学出版社，2008；卞建林，谭世贵. 证据法学［M］.3 版. 北京：中国政法大学出版社，2014.

③ 陈一云. 证据学［M］.5 版. 北京：中国人民大学出版社，2013；陈一云，王新清. 证据学［M］.6 版. 北京：中国人民大学出版社，2015.

④ 谢安平，郭华. 证据法学［M］. 北京：中国人民公安大学出版社，2009；郭华. 证据法学［M］. 北京：北京师范大学出版社，2011；谢安平，郭华. 证据法学［M］.2 版. 北京：法律出版社，2014.

⑤ 江伟. 证据法学［M］. 北京：法律出版社，1999；陈云华. 中国刑事证据学［M］. 成都：四川人民出版社，2002；宋世杰，廖永安. 证据法学［M］. 长沙：湖南人民出版社，2008；刘燕玲. 证据法学［M］. 北京：中国民主法制出版社，2009；廖永安，李蓉. 证据法学［M］. 厦门：厦门大学出版社，2012；叶青. 诉讼证据法学［M］.2 版. 北京：北京大学出版社，2013；张建伟. 证据法要义［M］.2 版. 北京：北京大学出版社，2014；刘万奇. 证据法学［M］. 北京：中国人民公安大学出版社，2014.

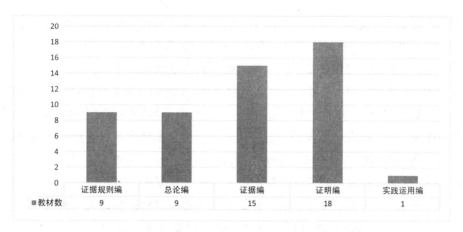

图 5-5　证据规则所处的理论体系（1996.3—2017.12）

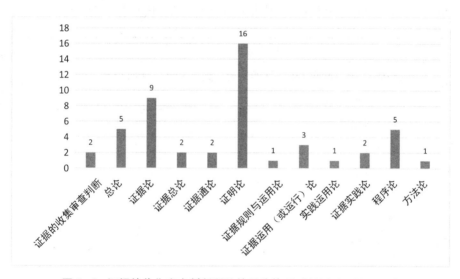

图 5-6　证据的收集审查判断所处的理论体系（1996.3—2017.12）

第四，在相同的理论体系结构中，不同的证据法学教材却在研究内容方面大相径庭。例如，1996 年 3 月至 2017 年 12 月，在 129 部证据法学教材中，共有 59 部教材将"证明论"单独作为一编。而在"证明论"这一编中，得到证据法学教材普遍认可的理论范畴包括诉讼证明的基本原理、证明主体、证明对象、证明责任、证明标准、推定、司法认知。根据图 5-7，除了这些通用的理论范畴，理论界对"证明论"其他理论范畴的概括居然多达 15 种，即证明过程、证明方法、证明环节、证明根据、证明规则、证明原则、证明结果、证据规则、取证、举证、质证或者认证、证据的收集或者审查判断、证据的运用、证据交换、出庭制度。而在这些理论范畴中，认可程度最高的证据规则的认可度也只有 32%（共计 19 部教材）而已，而认可度最低的证明根据、证明原则、证明结果、证据交换的认可度连 2% 都不到，共有 10 项理论范畴的认可度在 1.7% 至 11.9% 之间徘徊（即 1 部教材至 7 部教材之间）。再如，对于证据论部分，1996 年 3 月至 2017 年 12 月，在 129 部证据法学教材中，共有 54 部教材将 "证据论" 单独作为一编。而在 "证据论" 这一编中，得到证据法学教材普遍认可的理论范畴包括证据的概念和意义、证据特征或者属性、证据种类、证据分类。根据图 5-8，除了这些通用的理论范畴，理论界对 "证据论" 其他理论范畴的概括包括证据规则、证据的取得、庭前证据开示制度、法庭证据提交与辩驳、证据方法、证据形成程序以及证据的收集、审查判断等多项内容。除了证据规则（共计 16 部教材，约占 29.6%）和证据的收集与审查判断（共计 9 部教材，约占 16.7%）的认可度相对较高，其余五项内容的认可度只有 3.7% 或者 1.9%。

	具体内容	教材数
共同部分	证明原理、证明主体、证明对象、证明责任、证明标准、推定、司法认知	59
特殊部分	证明过程	7
	证明方法	13
	证明环节	6
	证明根据	1
	证明规则	2
	证明原则	1
	证明结果	1
	证据规则	19
	取证	3
	举证、质证或者认证	13
	证据的收集、审查判断	15
	证据的运用	5
	证据交换	1
	出庭制度	2

图 5-7 诉讼证明的理论体系（1996.3—2017.12）

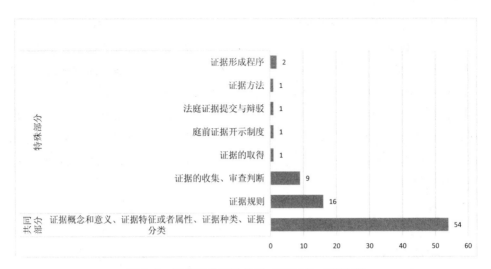

图 5-8 证据论的理论体系 (1996.3—2017.2)

最后，证据法学教材的内容取舍存在巨大差异。尽管随着程序正义理论、人权保障观念的兴起，理论界对传统刑事证据法学进行了深刻反思，但是理论界对如何继承与发扬传统的刑事证据法学理论体系以及如何借鉴国外刑事证据法学的优秀成果仍然存在明显分歧，从而导致绝大多数证据法学教材在研究内容安排方面存在显著差异。最主要的体现就是，在理论界尚未形成科学的、权威的且得到普遍认可的证据法学理论体系的情况下，再加上我国刑事证据立法本来就比较零散而不成体系，理论界在设置证据法学教材的理论体系时充满了随意性。不同的学者基于不同的学术背景、科研能力、研究专长、个人偏好、学术资料、研究团队等，在安排证据法学的理论体系时往往存在巨大差异。即使是许多本来属于刑事证据法学或者证据法学理论体系中最基本的研究对象，也未必被普遍纳入刑事证据法学或者证据法学的教科书。例如，根据图 5-9，1996 年 3 月至 2017 年 12 月公开出版的 129 部证据法学教材中，论及证据法学研究对象的教材共计 81 部，约占总数的 63%；论及证据法学学科定位的教材共计 50 部，约占总数的 39%；论及证据法学历史沿革的教材共计 10 部，约占总数的 8%；论及证据法学理论体系的教材共计 47 部，约占总数的 36%；论及证据法原理的教材共计 19 部，约占总数的 15%；同时论及证据法学原理和证据法原理的教材共计 23 部，约占总数的 18%；论及证据法的目的、价值或功能的教材共计 14 部，约占总数的 11%；论及证据法基本原则的教材共计 67 部，约占总数的 52%；论及证据规则的教材共计 76 部，约占总数 59%；论及证明过程或者证明环节的教材共计 23 部，约占总数的 18%；论及证明方法的教材共计 26

部，约占总数的 20%；论及刑事推定的教材共计 67 部，约占总数的 52%；论及司法认知的教材共计 39 部，约占总数的 30%；论及证据的收集、审查、判断的教材共计 87 部，约占总数的 67%；论及取证、举证、质证、认证的教材共计 39 部，约占总数的 30%；论及证据开示的教材共计 11 部，约占 9%。从这些参差不齐的统计数据我们不难看出，不仅理论界对于是否将这些研究对象作为证据法学的理论体系存在较大分歧，而且那些比例明显过低的内容（如证据法学的学术史、证据法的目的、价值或者功能等）是我国证据法学教科书亟待加强研究的研究对象。

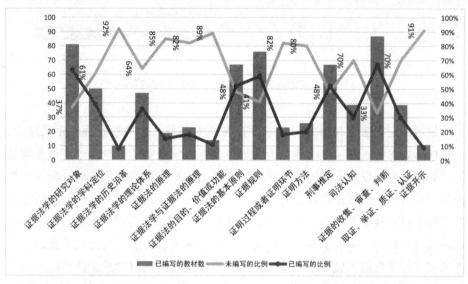

图 5-9　部分研究对象的分布情况（1996.3—2017.12）

显而易见，在我国刑事证据法学或者证据法学理论体系仍然比较混乱的情况下，科学构建我国刑事证据法学理论体系已经是迫在眉睫的重大课题。这不仅是我国刑事证据法学研究走向成熟的内在要求，而且是推进我国刑事证据立法的重要途径。一方面，如果理论界迟迟无法形成公认的、科学的刑事证据法学理论体系，那么学者们就会继续陷入无谓的争论，进而影响我国刑事证据法学研究走向成熟的步伐。另一方面，如果理论界无法构建科学的刑事证据法学理论体系，继续在一系列最基本的刑事证据法学问题上争论不休而难以达成共识，那么我国刑事证据立法的进程就会受到阻碍，进而影响我国刑事程序法的实施效果。

第二节 刑事证据法学理论体系之反思

我国刑事证据法学研究之所以在比较繁荣的情况下仍然无法形成权威的、科学的刑事证据法学理论体系，不仅与前文所述众说纷纭的证据法学理论基础、形形色色的刑事证据法学研究对象以及较为匮乏、分散、凌乱的刑事证据立法有关①，而且与我国刑事证据法学研究长期以来缺乏科学的方法论训练以及对刑事证据法学的学科定位模糊具有极大关系。下面主要从三个方面对我国无法形成成熟的刑事证据法学理论体系进行深刻的反思。

一、辩证唯物主义认识论的误用

刑事证据法学或者刑事证据制度的理论基础问题是整个刑事证据法学研究的基石，如何理解这个问题将直接关系到刑事证据法学理论体系和具体刑事证据制度的科学建构。在传统刑事证据法学中，认识论基本上被视为刑事证据制度的唯一理论基础。但是，随着程序正义理论、价值论、人权保障等理论在诉讼法学界的兴起，许多中青年学者开始对认识论进行了深刻反思。如有的学者认为，将认识论作为刑事证据制度的理论基础，不仅难以自圆其说，而且容易导致程序工具主义，不利于建立较为完整的证据规则体系。② 还有学者认为，认识论既无法为证明模式的建构提供指导，也难以为证据规则的设立提供合理的解释。③ 在这种背景下，理论界开始普遍意识到辩证唯物主义认识论的某些局限性，不再固执地将认识论作为刑事证据制度的唯一理论基础。但是，在程序正义理论、价值论、人权保障等理论基础越来越受到理论界认可的同时，理论界

---

① 在我国法律具有成文法传统的情况下，一个法学学科的理论体系往往与该法学学科是否具备较为系统或者完备的立法具有极大关系。实际上，1979 年以来，我国一直能够形成较为稳定的刑事诉讼法学理论体系，一个重要的原因就是我国制定了较为体系化的《刑事诉讼法》。相对于刑事诉讼法学而言，我国之所以迟迟难以形成公认的、成熟的、权威的刑事证据法学理论体系，显然与我国刑事证据立法过于匮乏、零散和不成体系具有很大关系。

② 陈瑞华. 从认识论走向价值论——证据法理论基础的反思与重构 [J]. 法学，2001 (1)；陈瑞华. 刑事诉讼的前沿问题 [M]. 2 版. 北京：中国人民大学出版社，2005：355–369.

③ 易延友. 证据法学的理论基础——以裁判事实的可接受性为中心 [J]. 法学研究，2004 (1).

仍然没有彻底摆脱辩证唯物主义认识论的束缚。其突出表现就是，理论界在证据法学教材中论及证据法学的理论基础时，仍然在坚持多元论的情况下普遍将辩证唯物主义认识论作为证据法学或者证据制度的一个重要理论基础。

不可否认，从哲学的思维方式来看，将辩证唯物主义认识论作为刑事证据法学的一个理论基础具有某种不可辩驳性。毕竟，在哲学上将刑事诉讼视为一种认识活动并无不妥。但是，如果过于强调认识论对刑事诉讼活动的指导作用，以认识活动的一般规律代替刑事诉讼活动的特殊规律，那么就有可能阉割刑事诉讼活动的生存空间和抹杀刑事证据制度的特殊个性。毕竟，认识论是形而上的哲学问题，而在刑事诉讼活动中如何收集、运用刑事证据主要是形而下的法律问题。在刑事诉讼活动中，如果动辄以共性替代个性，将哲学问题随意侵入刑事证据的收集和运用，将刑事证据法学问题演变成哲学问题来看待，那么这不仅无助于研究刑事证据制度本身的规律，而且不可避免地将刑事证据法学研究演变为哲学论坛，进而使某些刑事证据法学问题人为的复杂起来。① 一个突出的例证就是，在我国刑事证据法学理论体系中，理论界对刑事证据的概念、特征、刑事证明的概念、标准等一系列基本概念仍然存在众说纷纭的观点，并且围绕这些问题的争论无法达到真理越辩越明的效果，一个重要的原因就是许多学者动辄以认识论的视野来解读这些概念，从而导致学者们在理解这些概念时常常陷入难以自拔或者无法自圆其说的尴尬境地。②

不仅如此，以认识论的哲学思维方式来研究刑事证据法学还产生了一系列有悖刑事诉讼基本规律甚至有悖刑事诉讼常识的概念或者观点，导致理论界对许多刑事证据法学基本范畴无法达成共识，进而影响到刑事证据法学理论体系的科学建构。以刑事诉讼证明的概念及其证明责任分配为例。在认识论的视野下，由于许多学者将刑事诉讼证明活动视为贯穿刑事诉讼全部过程的一种认识活动，因此，在探求案件事实真相的活动中起到主导作用的公安司法机关都是

---

① 需要说明的是，笔者并不一味否定认识论对刑事诉讼活动的指导作用，但是这种指导作用往往局限于从思想观念上或者从宏观上使办案人员或者当事人认识到事实真相的重要意义，而不在于从实际行动中或者在微观上一切以事实真相为中心。

② 周菁，王超. 刑事证据法学研究的回溯与反思：兼论研究方法的转型 [J]. 中外法学，2004（3）.

刑事诉讼的证明主体，都应该承担证明责任。① 这种观点显然与刑事诉讼的基本原理不相吻合。这是因为，在现代刑事诉讼中，法官由于没有具体的诉讼主张和诉讼利益，裁判的最终结果与其没有直接利害关系，因此，法官参与刑事诉讼的主要目的在于以中立的第三者身份对控辩双方的争议做出权威的裁判，而不在于亲自证明案件事实，以便确保自己所做的裁判建立在所谓的客观事实真相的基础上。如果让法官承担证明责任，不管是证明被告人有罪，还是证明被告人无罪，都会造成法官既证明又裁判的局面。在这种情况下，法官在审判过程中不仅难以对自己证明的案件事实保持客观、公正而冷静的心态，从而不偏不倚地做出公正的裁判，而且有可能在客观上使某一方诉讼主体获益，进而导致至少在外观上给人以不公正的感觉。为了能够自圆其说，还有不少学者煞费苦心地将证明责任与举证责任区分开来，认为证明是国家专责机关的一种职权活动，而举证是当事人的一种诉讼行为，因此，公安司法机关按照职权责任原则承担证明责任，而诉讼当事人按照"谁主张、谁举证"原则承担举证责任。② 还有学者将公安司法机关的证明责任和控辩双方的举证责任之间的区分视为中国语境下的刑事证明责任理论。③ 长期以来，理论界之所以对证明责任和举证责任之间的关系争论不休，也与这种观点具有较大关系。④

---

① 在中华人民共和国成立之后到20世纪90年代初期，理论界曾经就侦查机关和人民法院是否承担证明责任的问题进行过激烈的争论。查阅目前比较流行的刑事诉讼法学或者证据法学教科书，仍然有相当多的学者主张侦查机关和人民法院应当承担证明责任。根据本书图2-23，在129部证据法学教材中，有50部教材仍然认为公安机关应当承担证明责任（约占总数的38.8%），有28部教材仍然认为法院应当承担证明责任（约占总数的21.7%）。

② 宋世杰．举证责任论 [M]．长沙：中南大学出版社，1996：100-189；宋世杰，彭海青．论刑事诉讼证明中的责任区分 [J]．国家检察官学院学报，2002（1）；宋世杰．证据学新论 [M]．北京：中国检察出版社，2002：61-74；王新清．刑事诉讼法 [M]．2版．北京：中国人民大学出版社，2005：109-110.

③ 陈光中，陈学权．中国语境下的刑事证明责任理论 [J]．法制与社会发展，2010（2）.

④ 20世纪80年代以来，关于证明责任与举证责任之间的关系，就有并列说、大小说（或者种属说）、包容说、前后说、性质区别说等多种观点。参见崔敏．刑事证据理论研究综述 [M]．北京：中国人民公安大学出版社，1990：89-91；宋英辉．刑事诉讼法学研究述评：1978-2008 [M]．北京：北京师范大学出版社，2009：657-659. 但是，根据何家弘、陈刚、叶自强等学者的考察，尽管证明责任与举证责任在语言表述和表达习惯上存在一定差异，但二者在本质上却是同一个概念。参见陈刚．证明责任概念辨析 [J]．现代法学，1997（2）；何家弘．刑事诉讼中举证责任分配之我见 [J]．政治与法律，2002（1）；叶自强．英美证明责任分层理论与我国证明责任概念 [J]．环球法律评论，2001，秋季号；樊崇义．刑事证据法原理与适用 [M]．北京：中国人民公安大学出版社，2001：271.

再以刑事证据排除规则为例。认识论与现代刑事证据排除规则之间存在明显的冲突，现代刑事证据排除规则很难从认识论那里找到正当的根据和存在的必要。这是因为，按照认识论的要求，办案人员在刑事诉讼活动中应当尽可能实事求是地收集和运用证据，以便做到主观符合客观，发现案件事实真相，进而确保对案件做出正确的处理。而现代刑事证据法确立诸如非法证据排除规则、传闻证据规则等之类的刑事证据排除规则，主要的原因在于维护程序正义、促进人权保障、实现公正审判、抑制程序违法、导正司法廉洁等价值目标，而不在于发现案件事实真相。也就是说，为了实现这些价值目标，即使按照法律规定应当被排除的刑事证据具有很高的证明力，能够对案件事实起到强有力的证明价值甚至是关键作用，也应当被禁止进入法庭审判程序中成为控辩双方举证和质证的对象，而不能作为最终的定案根据。2010 年我国大幅度修改非法证据排除规则以来，尽管我国非法证据排除规则在法律文本层面已经取得了显著进步，但是从司法实践来看，新的非法证据排除规则仍然没有逃脱名存实亡的尴尬命运。尽管造成这种事与愿违局面的原因有很多，但是在认识论的视野下我国公安司法机关过于追求案件事实真相无疑是其中的一个重要原因。①

二、刑事证据法学的模糊性定位

刑事证据法学的学科定位问题直接影响和制约着刑事证据法学理论体系的建构。目前，我国之所以难以形成成熟的刑事证据法学理论体系与理论界对刑事证据法学的模糊定位具有较大关系。这是因为，不同的学科定位会影响到证据法学的具体研究内容或者研究对象。从目前的绝大多数证据法学教材来看，理论界对于刑事证据法学的模糊定位主要表现在如下两个方面：

一方面，纠缠于证据学与证据法学之间，或者游离于法学与自然科学之间。毫无疑问，在人类社会生活中，像证据法学一样，有很多学科或者场合需要运用证据来证明一定的事实，或者说恢复事实的原貌。例如，历史学需要通过各种历史文献资料揭示某个历史事件或者再现某个历史人物，考古学需要通过分析历史遗留的痕迹或者物品来再现人类历史的发展过程，新闻记者需要通过采访、调查等手段客观地报道某件新闻，等等。从一般意义上讲，凡是各种以证据来查明或者再现某些事实的学科似乎都可以称为证据学。在我国传统刑事证据法学中，理论界正是在这个意义上来理解证据法的。一个明显的例证就是，在 1996 年修改《刑事诉讼法》之前，在研究刑事证据制度的教材或者专著中，

①　王超. 排除非法证据的乌托邦［M］. 北京：法律出版社，2014：382-388.

理论界大都倾向于采用"证据学"这个称谓，而很少使用"证据法学"这个概念。根据笔者掌握的资料，采用"证据法学"这个称谓的教材只有三本，即裴苍龄撰写的《证据法学新论》（法律出版社1989年版），赵炳寿主编的《证据法学》（四川大学出版社1990年版），以及廖俊常主编的《证据法学》（中国政法大学出版社1993年版）。而采用"证据学"这个称谓的教材却有8本之多，即巫宇甦主编的《证据学》（群众出版社1983年版），宋世杰撰写的《诉讼证据学》（湖南人民出版社1988年版），郝双禄主编的《应用证据学》（中央民族学院出版社1988年版），陈一云主编的《证据学》（中国人民大学出版社1991年版），赵景荣主编的《新编证据学》（中国政法大学出版社1992年版），王红岩、周宝峰主编的《证据学》（内蒙古大学出版社1993年版），胡祥福主编的《证据学》（江西高校出版社1995年版），以及胡锡庆主编的《诉讼证据学通论》（华东理工大学出版社1995年版）。

在我国刑事证据法学研究的初步转型过程中，虽然越来越多的学者采用"证据法学"这个称谓①，但是受辩证唯物主义认识论的习惯性影响，理论界仍然普遍认为证据制度应当以如何发现案件事实真相为己任，证据法学理论需要研究办案人员如何收集证据、审查证据、判断证据，使办案人员的主观认识符合客观事实，并在这个基础上对案件做出相应的处理。在这种背景下，办案人员如何收集、固定、保全、审查、判断证据等内容大都仍然被纳入刑事证据法学的研究对象，而如何取证也顺理成章地成为刑事诉讼证明的重要组成部分②；一些保障发现案件事实真相的科学知识尤其是自然科学知识，如侦查学、逻辑学、概率论、统计学、法医学、鉴定学、心理学、精神病学、信息论、数学等都成为学者们的研究对象③。更为重要的是，在纠缠于证据学与证据法学之间或者游离于法学与自然科学之间的情况下，理论界在潜移默化中不知不觉地削弱了证据法学的法学属性或者诉讼证据制度的法律属性。根据图5-9、图5-10、图5-11，1996年3月至2017年

① 根据本书图2-15，1979年7月至1996年2月，采用"证据法学"这个称谓的证据法学教材仅3部，约占总数的20%，而1996年3月至2017年12月，以"证据法学"命名的教材已经达到90部，约占总数的70%。

② 根据本书图5-9，1996年3月至2017年12月出版的129部证据法学教材中，以证据的收集、固定、保全、审查、判断等为研究对象的教材共计87部（约占总数的67%），而明确将"取证"或者收集证据作为刑事诉讼证明范畴的教材也达到了39部（约占总数的30%）。

③ 最典型的就是何家弘教授主编的《证据法学研究》（中国人民大学出版社2007年版）用将近一半的篇幅来论述证据法的方法论原理、信息论原理、概率论原理、逻辑学基础、数学基础、行为科学基础、自然科学基础。

12 月出版的 129 部证据法学教材中，尽管论述证据法学原理的教材达到了 81 部，但是既论述证据法学原理又论述证据法原理的教材仅为 23 部，而单独论述证据法原理的教材更是只有 19 部；虽然论述证据法原则的教材有 67 部之多，但是论述证据法的目的、价值或者功能的教材仅 14 部，而且保障发现真实或者查明案件事实真相被视为证据法的首要功能。或许正是由于我国证据法学的研究范围过于宽泛，有意或者无意地混淆了证据法学与证据学之间的界限，有的学者甚至开始怀疑我国的证据法学还究竟是不是一门法学。①

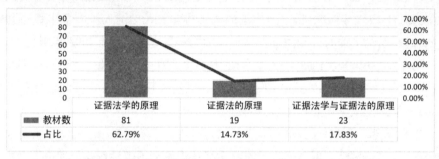

图 5-10 证据法学或者证据法的原理（1996.3—2017.12）

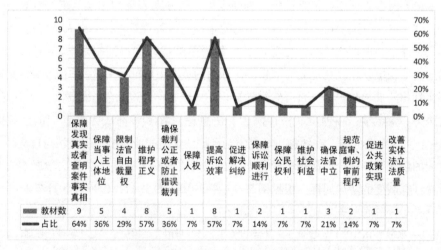

图 5-11 证据法的目的、价值、功能（1996.3—2017.12）

　　另一方面，徘徊于证据法学与程序法学之间。毋庸置疑，刑事证据制度与刑事诉讼程序之间具有天然的紧密联系。甚至在某种程度上讲，刑事证据问题

---

① 易延友 . 证据学是一门法学吗［J］. 政法论坛，2005（3）；吴丹红 . 面对中国的证据法学——兼评易延友《证据学是一门法学吗》［J］. 政法论坛，2006（2）.

是刑事诉讼的核心问题；刑事诉讼的整个过程实际上就是收集证据、运用证据、审查判断证据的过程。在这种情况下，理论界在研究刑事证据法学的过程中有时很难明确区分证据法学与程序法学之间的界限，从而加剧我国刑事证据法学理论体系的混乱或者模糊状态。根据图5-12，1996年3月至2017年12月，在129部证据法学教材中，共有50部教材明确论述了证据法学的学科定位问题。尽管有18部教材认为证据法学属于独立的部门法学或者交叉学科，但是仍然有13部教材认为证据法学是诉讼法学的组成部分，有14部教材认为证据法学属于程序法学，还有5部教材认为证据法学兼具实体法和程序法的双重属性。在理论界徘徊于证据法学与程序法学之间的情况下，在现行证据法学教材中，有关诉讼程序的内容可以说随处可见。例如，许多证据法学教材在研究各个具体的证据种类时，除了从一般原理上分析证据的收集、固定、保全程序，还总是不厌其烦地探讨现行法律如何规定收集该证据的诉讼程序的问题，如讯问程序、询问程序、勘验检查程序、录音录像程序、鉴定程序等。再如，许多证据法学教科书在探讨刑事诉讼证明的环节时，通常将取证或者收集证据作为刑事诉讼证明的第一个环节。在这种情况下，《刑事诉讼法》规定的各种证据调查方法和程序理所当然地成为刑事证据法学理论体系的重要组成部分。部分学者在坚持狭义诉讼证明理论的情况下，又往往排斥将取证问题作为刑事诉讼证明的理论范畴，而将刑事诉讼证明的环节仅仅局限于举证、质证和认证。显而易见，在我国迟迟无法单独制定刑事证据法的情况下，证据问题与程序问题纠缠不清的研究思路不仅影响我国刑事证据法学的独立品格，而且对我国刑事证据法学理论体系的科学建构产生一定的阻碍。

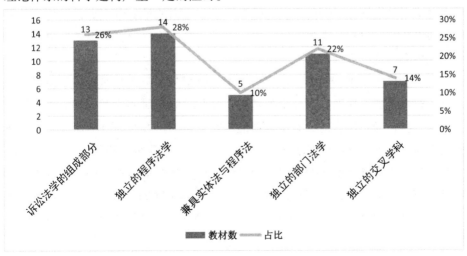

图5-12 证据法学的学科定位（1996. 3—2017. 12）

三、缺乏科学方法论的严格训练

科学的研究方法不仅是刑事证据法学研究取得突破的必由之路，而且是我国刑事证据法学理论体系建构的重要途径。但令人遗憾的是，在理论界长期缺乏科学方法论训练的情况下，我国刑事证据法学理论体系的养成也受到了较大影响。

首先，刑事证据立法匮乏的现状导致注释法学方法迷失了研究方向。中华人民共和国成立以来，在我国刑事诉讼法学发展比较晚的情况下，刑事诉讼法学界形成了注释法学的研究风格。受注释法学研究方法的影响，如何解读我国刑事证据制度在刑事证据法学研究过程中始终占据举足轻重的地位。但是，1979 年通过《刑事诉讼法》以来，我国立法机关对于刑事证据法的规定总是惜墨如金，即不论是 1979 年《刑事诉讼法》还是经过修改之后的 1996 年《刑事诉讼法》、2012 年《刑事诉讼法》和 2018 年《刑事诉讼法》，有关刑事证据的内容都比较欠缺。尽管严重滞后的刑事证据立法为刑事证据法学提供了广阔的研究空间，但是在理论界习惯于采用注释法学研究方法的情况下，我国刑事证据法学研究因为缺乏足够丰富的注释对象而陷入比较凌乱的状态。进一步而言，在理论界无法根据体系化的刑事证据法律规范从事相对稳定的注释法学研究的情况下，我国刑事证据法学往往成为一个比较自由、开放的研究体系，如同在一张白纸上作画一样，不同的学者根据自己的偏好、水平、学术背景或者资料掌握等情况，自由自在地对刑事证据法学的理论体系进行描述。例如，在是否将刑事证据规则纳入刑事证据法学理论体系这个问题上，注重客观真相的学者往往放弃对刑事证据规则的研究，而强调程序正当的学者对刑事证据规则的研究则十分重视。显然，在随意确定研究对象的情况下，理论界很难构建相对统一而又成熟的刑事证据法学理论体系。

其次，以推动刑事证据立法、刑事司法改革为目标进行对策法学研究，不利于我国刑事证据法学理论知识的增长。问题是学术研究的基础和前提。像国外学者一样，我国学者也具有比较强烈的问题意识。按照惯有的研究思路，我国绝大多数学者在刑事证据法学研究的过程中，不仅需要发现问题、分析问题，而且需要针对我国刑事证据立法或者司法存在的问题提出相应的解决方案。甚至在很多研究者看来，"一篇只提出问题而没有解决问题方案的论文，经常被认为'未完成的论文'；一部只分析问题而没有提出立法对策的著作，也可能被认为'没有太多创见'"①。客观地说，我国作为法治追赶型国家，目前正处于社会转型时期，包括刑事证据法在内的法律制度及其司法实践的确暴露出越来越多的问题。但是，如果学者们在研究刑事证据法学时考虑的首要问题不是提出具有原创性的命题或者理论，而是积极地把自己定位为官方决策的谋士，以如何完善中国刑事证据立法以及如何推动中国刑事司法改革为主要目标，那么这种本末倒置的做法就会导致学术界丧失创造刑事证据法学理论、增长刑事证据法学知识的机会和能力。因为，学者们围绕我国刑事证据制度改革所提出来的各种改革方案说到底只是未经证实也难以证实的一种假设或者体现作者好恶的一种价值判断，而不是科学的刑事证据法学理论。对于学者们提出来的各种改革方案，无论是赞同还是反对，在本质上都是对还没有发生的事情进行解释。而在这种相信改革方案能够解决中国问题则赞成、不相信改革方案能够解决中国问题则反对的环境中，学术界很难展开有效的学术交流。实践证明，以推动刑事证据立法和刑事司法改革为主要目标的研究模式已经沦为一种空洞的说教，它只能带来刑事证据法学研究的表面繁荣，而无法推动刑事证据法学研究的理论创新和知识增长。在这种情况下，构建刑事证据法学理论体系无异于沙中建塔，很难获得成功。

最后，以拿来主义的心态进行比较法研究，不利于构建具有中国特色的刑事证据法学理论体系。尽管从研究成果的数量和普及刑事证据法学的基础知识来看，传统刑事证据法学的转型已经取得了较大成功，但是从学术研究的创造性或者刑事证据法学理论知识增长的来看，我国传统刑事证据法学研究的初步转型并不尽如人意。一个突出的表现就是，大多数学者始终难以摆脱国外刑事证据法学理论或者刑事证据制度的影响。尤其是在比较法研究过于强调法律移植的情况下，大多数学者总是有意无意地重复或者演绎国外刑事证据法学的理论和逻辑，既很少提出有别于国外刑事证据法学理论或者刑事证据制度的原创性成果，也没有形成比较成熟并且能够得到公认的刑事证据法学理论体系，无法为我国刑事证据制度的立法与实践提供足够的解释能力。正像有的学者在回顾我国刑事诉讼法学研究现状时所指出的那样："在刑事证据法学领域，有关证据问题的研究几乎完全陷入对西方证据理论的引进、介绍和比较分析之中，既很少关注法院在证据运用中存在的问题，也没有从中国的刑事司法经验出发，提出具有说服力的证据理论。从普遍使用的概念和术语来看，刑事诉讼法学界

---

① 陈瑞华．问题与主义之间——刑事诉讼基本问题研究［M］．北京：中国人民大学出版社，2008：7.

几乎普遍采取了'拿来主义'的思维方式，要么直接援引英美证据法的概念，要么采用德国、法国乃至日本法学论著中的概念。"① 而基于个人经历、偏好、占有资料状况或者语言等方面，学者们在研究、借鉴国外刑事证据制度和理论的过程中往往"各取所需"，从而在一定程度上导致了刑事证据法学理论体系的混乱。例如，在部分学者继续坚持借鉴苏联传统证据法学理论以及部分学者批判传统证据法学理论、主张借鉴西方国家证据法学理论的情况下，刑事证据法学理论体系的安排大不相同，即前者习惯于将证据的收集、固定、保全、审查、判断等作为刑事证据法学的重要内容，而后者则更强调对刑事证据规则和刑事诉讼证明规则的研究。

第三节　刑事证据法学研究理论的再转型

得到公认的、权威的理论体系是刑事证据法学走向成熟的重要标志。从这个意义上讲，科学构建刑事证据法学理论体系不仅是我国刑事证据法学研究亟待解决的重大课题，而且是理论界创新刑事证据法学研究的重要基础。如果迟迟无法形成公认的、科学的刑事证据法学理论体系，那么理论界就会继续陷入无谓的争论。这不仅无法促进我国刑事证据法学理论知识的增长，而且只会带来我国刑事证据法学研究的表面繁荣，从而影响我国刑事证据法学研究走向成熟的步伐。而且，如果理论界无法构建科学的刑事证据法学理论体系，继续在一系列最基本的刑事证据法学问题上争论不休而难以达成共识，那么我国刑事证据立法的进程就会受到阻碍，进而影响我国刑事程序法的实施效果。要想科学构建我国刑事证据法学理论体系，理论界亟待实现刑事证据法学研究的理论转型，提升刑事证据法学的独立品格，走出认识论和大证据学的思维误区，在回归刑事证据法本质的基础上，挖掘尚未研究透彻或者被忽略的研究领域，打造纯粹的刑事证据法学。

一、从哲学论坛到法学论坛

我国刑事证据法学研究中的最大误区莫过于许多学者沿着传统证据法学的老路，打着辩证唯物主义认识论的大旗来研究证据法学问题，将认识论作为证据法学的根本指导思想或者理论基础。根据马克思主义经典哲学，理论界普遍

---

① 陈瑞华. 刑事诉讼法学研究的回顾与反思 [J]. 法学家，2009 (5).

认为辩证唯物主义认识论揭示了人类认识自然、社会的一般规律，是指导人类认识活动的科学理论，而运用诉讼证据的活动是一种认识活动，因此，证据法学的理论基础是认识论。否则，就是以个性否定共性，以特殊规律否定一般规律。表面看来，这种观点似乎具有不可辩驳性。然而仔细推敲，这种论证方式未必贴切。从哲学的一般原理来看，认识活动和运用诉讼证据的活动的确是共性与个性的关系，认识活动的一般规律也应当适用于证据制度。但是，运用诉讼证据的活动终究是一个形而下的法学问题，而不是一个形而上的哲学问题。从本质上讲，哲学问题中的认识论是人类认识活动规律的高度抽象，它强调的是各种认识活动的共同规律，而无法完全顾及各个具体种类的认识活动的特殊规律。运用诉讼证据的活动作为人类认识活动中的一种，应当首先关注自己的特殊规律，大可不必照搬照抄人类认识活动的一般规律。也就是说，尽管诉讼活动在哲学上可以被视为认识活动，但是诉讼活动在诉讼法学或者证据法学意义上首先是以解决纠纷为目标的司法活动，而不同于哲学意义上的认识活动。可以说，哲学和诉讼法学或者证据法学在研究对象和研究目标上的差异决定了作为哲学意义的认识活动的规律与作为法律意义的认识活动的规律不可能互相交换，更不能动辄以哲学意义上的所谓共性规律来替代法律意义上的所谓个性规律。在刑事诉讼活动中，如果动辄以哲学上的所谓一般认识规律来替代诉讼法学或者证据法学上的特殊规律，或者过于强调以共性或者哲学意义上的认识规律作为大前提演绎推理个性或者诉讼法学或者证据法学意义上的司法规律，那么势必会抹杀诉讼制度或者证据制度的个性，阉割诉讼活动的生存空间。相反，强调诉讼法学或者证据法学的个性或者特殊规律并不影响在哲学上归纳总结人类所有认识活动的共性或者一般规律。

实际上，根据前面的分析，随意地将哲学问题嵌入证据法学领域，将证据法学问题演变成哲学问题来研究，不仅容易将本来属于法学论坛的刑事证据法学研究演变成哲学论坛，而且容易导致许多研究者对刑事证据法学理论做出违反诉讼法学基本常识的理解和评价，尤其会使本来属于法学和社会科学的刑事证据法学沦为哲学或者自然科学意义上的证据学，进而妨碍我国刑事证据法学理论体系的科学构建。从某种程度上讲，以辩证唯物主义认识论作为大前提来看待证据制度已经成为我国刑事证据法学理论研究中的一大陷阱和障碍。

尤其值得一提的是，尽管从哲学的一般原理出发将辩证唯物主义认识论作为证据法学的一个理论基础的确具有理论上的某种优势，但是这种观点在推论过程中实际上忽略了一个根本问题，那就是研究证据法学理论基础的实际意义。显而易见，如果一种理论不能为证据制度提供合理的解释或者发挥其理论上的指导作用，那么这种理论就不能作为证据法学的理论基础。辩证唯物主义认识论不能作为证据法学理论基础的原因恰恰就在于此。最明显的例证就是，辩证唯物主义认识论以如何发现案件事实真相为己任，但非常不幸的是，证据制度恰恰以规范发现事实真相的程序为要旨，甚至一系列证据规则直接妨碍了事实真相的发现。这意味着，证据规则和辩证唯物主义认识论在一定程度上实际上是相互冲突的。这也决定了证据法学的理论基础根本不可能从辩证唯物主义认识论那里找到正确的答案。

而相对于辩证唯物主义认识论这种哲学思维方式而言，如果以程序正义、价值选择、形式理性、人权保障、宪法法治、诉讼效率等法学的基础知识作为刑事证据法学研究的理论资源，那么所有的刑事证据规则都能够得到合理的解释。下面仅以程序正义和宪法为例加以说明。尽管刑事证据法主要是以刑事证据为调整对象的法律规则体系，但是它不可能脱离程序法孤立发展，必须与程序法融为一体。换言之，刑事证据法和《刑事诉讼法》难以人为地完全分开。在我国现行的法律体系中，刑事证据法甚至本身就是《刑事诉讼法》的一个重要组成部分。而程序正义理论作为《刑事诉讼法》的核心理论，不可能不对刑事证据规则产生深刻影响。实际上，程序正义理论对于所有的刑事证据规则都具有很强的解释功能。而这也正是越来越多的研究者将程序正义理论当作刑事证据法学的一个理论基础的重要原因之一。《刑事诉讼法》作为公认的"动态宪法"，一系列证据规则自然都与公民的各种宪法权利息息相关。例如，传闻证据排除规则体现了公民的辩护权、获得公正审判的权利、质证权等宪法性权利；非法证据排除规则同公民的隐私权、财产权、人身自由权、人格权等诸多基本权利都有千丝万缕的关系；沉默权体现了任何人不受强迫自证其罪的宪法性原则；证明责任分配体现了无罪推定的宪法性准则；等等。因此，如果刑事证据法学不从宪法学当中寻找灵感，那么刑事证据法学研究必将失去一个强有力的理论支柱。相反，以宪法的视野来研究刑事证据法学问题，不仅可以打开许多新的思路，而且能够更加深刻地理解证据法学中的一系列理论范畴。

总而言之，尽管许多学者通过一系列富有新意的论证或者观点已经深刻揭示了传统刑事证据法学的诸多缺陷，但是理论界对传统刑事证据法学的"拨乱反正"重任远未完成。毕竟，到目前为止，理论界还有不少学者仍然执着地认为辩证唯物主义认识论揭示了人类认识的普遍规律，因而它是放之四海而皆准的真理，将它运用到证据法学领域仍然具有坚实的理论基础和重要的实践价值。从这个意义上讲，究竟应该如何看待我国刑事证据法学的理论基础及其理论体系仍然是一个悬而未决的问题。而在笔者看来，尽管研究者们可以百花齐放、百家争鸣，但是为了尽快科学构建具有中国特色的刑事证据法学理论体系，我们应当尽量避免动辄以哲学的思维方式思考刑事证据法学问题，从而将本来属于法学论坛的刑事证据法学研究沦为哲学论坛。首先，应当注意刑事证据法学理论基础对各种刑事证据规则的解释能力。如果研究者们提出来的理论假设或者命题无法为刑事证据立法与司法提供令人信服的解释，那么该理论假设或者命题就不能作为刑事证据法学的理论基础。其次，跳出哲学思维方式的束缚，强化刑事证据制度的法教义学分析，真正地将刑事证据法学作为一门独立的法学学科来研究，而不是将其作为证据学来研究，尤其是不能动辄以哲学上的形而上观点作为大前提来演绎、推理形而下的刑事证据法学问题。只有这样，我们才能真正地跳出哲学思维方式的禁锢，从根本上突破传统的刑事证据法学理论体系，进而恢复刑事证据法学的本来面目。如果将刑事证据法学问题演变成哲学问题来研究，不仅无助于研究刑事证据规则本身，而且会使许多刑事证据法学问题沦为哲学问题而变得扑朔迷离。再次，深入研究传统刑事证据学理论将辩证唯物主义认识论作为证据法学理论基础的历史背景，这种背景对目前的证据立法的影响或者意义是否仍然存在，以及传统刑事证据理论对证据立法以及证据法学的影响。最后，我们在研究刑事证据法学的过程中应当注重刑事证据的社会属性，而不是过多地强调刑事证据的自然属性。有鉴于此，我们在刑事证据法学的研究过程中应当注意区分侦查程序中的证据问题与审判程序中的证据问题，以及侦查学中的证据问题和刑事证据法学中的证据问题。

二、回归刑事证据法的本质

无论是从生活常识来看，还是就理论知识而言，运用证据证明事实的场合或者领域无疑都是非常广泛的。或许正是在这个意义上，在传统刑事证据法学以及当前大部分证据法学教材中，如何保障查明和证明案件事实真相被视为刑事证据法的首要功能，而与证据调查、事实证明相关的理论知识要么被当作刑事证据法学的理论基础，要么被纳入刑事证据法学的研究对象。客观地说，在现代刑事诉讼中，在实行证据裁判主义的情况下，证据对案件事实真相的确具有不可替代的作用。而且，在现代刑事证据制度中，有许多内容对证明事实真相的确具有重要的促进作用。例如，传闻证据规则有助于避免证人证言经过多次传递而产生失真的现象，从而使法官尽量接触到最为真实、可靠的证人证言；意见证据规则可以排除普通证人耳闻目睹之外的主观意见，从而促使普通证人尽量对亲眼观察到的案件事实进行客观陈述；设立最佳证据规则的一个重要目的就是使事实裁判者能够接触到对案件事实起到更好证明作用的原件或者原物，而不是复制件或者复制品；设立补强证据规则的目的就是担保特定证据的真实性；等等。

然而，某些证据制度对查明和证明案件事实真相的积极作用并不意味着刑事证据法的首要功能或者其本质就是为了保证办案人员查明和证明案件事实真相。这是因为，许多刑事证据制度不仅在一定程度上无法保证办案人员查明和证明案件事实真相，甚至在适用过程中有可能对查明和证明案件事实真相构成较大威胁。例如，尽管通过非法搜查、扣押获取的实物证据或者通过刑讯逼供得到的犯罪嫌疑人供述等证据可能对发现案件事实真相起到至关重要的作用，但是按照非法证据排除规则和自白规则的要求，这些证据并不能成为法官认定事实的依据。而在这种情况下，法官很有可能无法查清案件事实的真相。再如，尽管了解案件事实情况的辩护人或者被告人的配偶作证有助于发现案件事实真相，但是按照证人特权制度，他们享有拒绝充当证人或者对某些问题享有拒绝陈述的权利，并且他们不能因此而被追究法律责任。换句话说，办案人员并不能基于发现案件事实真相的需要强迫他们提供证言。与此相类似的是，按照不被强迫自证其罪原则，办案人员也不能基于发现案件事实真相的需要，采取强迫手段获取犯罪嫌疑人的供述。诸如此类的刑事证据制度充分表明，刑事证据法的首要价值目标并不是保证查明和证明案件事实真相，而是保障其他更重要的价值目标，如非法证据排除规则、不被强迫自证其罪规则的保障人权功能，证人特权规则对于被告人与辩护人之间的信任关系、被告人与配偶之间的夫妻关系的维护等。

由此可见，尽管刑事证据法与案件事实真相具有较大关联，但是我们并不能因此想当然地将如何保证查明和证明案件事实真相作为刑事证据法的首要目标或者第一要务。实际上，从法律规范的一般功能而言，刑事证据法不仅不能充分保障办案人员查明和证明案件事实真相，反而对办案人员查明和证明案件事实真相的活动起到限制和规范作用。也就是说，刑事证据法的功能一方面体现在它可以规范法庭审判过程，进而对侦查和起诉活动发挥有效的控制和约束作用，另一方面它不仅可约束裁判者的自由裁量权，避免使作为弱者的被告人受到不公正的对待，而且还可以最大限度地减少司法误判发生的可能以及避免司法裁判的拖延。[①] 可以说，就像障碍赛跑一样，办案人员因为刑事证据法的限制和规范作用在查明和证明案件事实真相的过程中需要克服重重障碍。例如，

---

① 陈瑞华. 从"证据学"走向"证据法学"——兼论刑事证据法的体系和功能 [J] . 法商研究，2006（3）.

侦查人员收集的证据不仅应当符合刑事证据法规定的证据形式，而且需要具备可采性，否则就不会成为法庭调查的对象，进而无法对案件事实真相起到应有的证明作用。再如，法官要想认定犯罪事实的发生，不仅需要经过控辩双方围绕证据而展开的举证和质证活动，而且必须根据刑事证据法划定的有罪判决证明标准，不能恣意妄为。

强调刑事证据法对查明和证明案件事实真相活动的限制和规范作用，可以说是刑事证据法学区别于其他证据学的关键。这是因为，只有在强调刑事证据法的限制和规范作用的情况下，才能充分体现其法律属性。而法律属性正是其他的所谓证据学所不具备的本质属性。如果过于强调刑事证据法为查明和证明案件事实真相这个价值目标服务，那么不仅影响一系列刑事证据规则的构建，而且削弱甚至抹杀其法律属性，进而混淆刑事证据法学与其他证据学之间的界限。在这种情况下，刑事证据法学的理论体系就会不可避免地夹杂着与其他证据学相近甚至相同而与刑事证据法的法律属性相去甚远的内容，如利用哲学、侦查学、心理学、法医学、物证技术、逻辑学等学科的知识研究如何收集、固定、保全、审查、判断证据等。而且，我国近年来屡见不鲜的刑讯逼供或者冤假错案已经充分证明，如果在刑事诉讼活动中过于强调案件事实真相，那么办案人员为了查明和证明案件事实真相，就有可能在收集和运用证据的过程中忽略过程或者手段的正当性，进而影响到案件的公正处理。由此可见，要想科学构建我国刑事证据法学的理论体系，我们应该走出"大证据学"的思维误区，尽量避免将其他社会科学尤其是自然科学中所谓对收集证据和证据运用具有影响的知识肤浅地堆砌在证据法学的理论体系中，真正按照刑事证据法学的法学属性，从如何对查明和证明案件事实真相的活动予以限制和规范的角度来回归刑事证据法的本质。

三、从证据学转向证据法学

在人文社会科学或者自然科学中，有不少学科都需要运用一定的证据来恢复或者证明曾经发生过的事实的原貌。例如，在历史学中，历史学家需要通过收集、归纳、研究各种历史资料来揭示某个历史事件或者再现某个历史人物；在考古学中，考古学家们需要通过发现、收集、分析人类社会遗留下来的各种遗物、遗址、遗迹来考证一定的历史事件、历史特征以及人类历史的发展历程；在新闻学中，新闻记者需要通过人物采访、调查、现场录音、录像等手段客观地报道某件新闻；在侦查学中，侦查人员需要通过各种侦查装备、侦查技术、侦查手段等收集各种证据，以便发现和证明犯罪事实；等等。同样，在证据法学中，办案人员也需要运用书证、物证、证人证言等各种证据来再现已经发生的犯罪事实。从一般意义或者理论上讲，各种以运用证据来查明、再现某种事实的学科似乎可以统一概括为证据学。①

长期以来，尽管我国学科体系中并不存在证据学这门学科，但是我国许多研究者却有意或者无意地从这个意义上来看待证据法学。再加上辩证唯物主义认识论的影响，许多研究者认为证据制度就是以如何发现案件事实真相为己任，证据法学理论需要研究办案人员如何收集证据、审查证据、判断证据，使办案人员的主观认识符合客观事实，并在此基础上对案件做出相应的处理。受这种理论的影响，办案人员如何收集、固定证据，保全证据，检验证据，审查判断证据等成为理论界的研究对象。许多如何保障发现案件事实真相的手段、方法、知识、学科，如侦查学、法医学、物证检验学、鉴定学、数学、概率论、统计学、逻辑学、心理学、精神病学等都成为我国刑事证据法学的研究对象。这在许多证据法学教科书或者研究者们的研究成果中都得到了充分体现。可以说，在既没有意识到证据学与证据法学之间的界限或者很少明确地将证据学和证据法学区别开来的情况下，理论界将它们混为一团进行研究是我国刑事证据法学的理论体系一直难以取得实质性突破的一个重要原因。

尽管证据学和证据法学只有一字之差，而且所谓的证据学与证据法学之间的确具有一定的相通性，但是它们却存在本质性的区别，不可同日而语。所谓哲学或者自然科学意义上的证据学以最大限度地发现事实真相为使命，而证据法学作为部门法学，并不以如何发现案件事实真相为要旨。客观地说，在现代刑事诉讼实行证据裁判主义的情况下，证据对案件事实真相的确具有不可替代的作用。而且，在现代刑事证据制度中，有许多内容对证明事实真相的确具有

---

① 龙宗智教授在区分证据学与证据法学的基础上主张构建由基础证据学与部门证据学两部分组成的"大证据学"，以便指导、深化"证据法学"这个部门证据学的研究。王跃、易旻认为，我国应借鉴西方"整合性证据科学"思想及其研究方法，将法庭科学、证据法学等主要有关证据学科进行整合，建立法庭科学学科建设的"大证据学"模式。裴苍龄教授甚至在论述实质证据观的基础上，主张要把证据学打造成全人类的科学。龙宗智. 大证据学的建构及其学理 [J] 法学研究, 2006 (5)；王跃、易旻. 迈向"证据科学"——法庭科学学科建设模式的"大证据学"视野 [J]. 法制与社会发展, 2011 (3)；裴苍龄. 证据学的大革命——再论实质证据观 [J]. 法律科学, 2010 (3)；裴苍龄. 把证据学打造成全人类的科学——三论实质证据观 [J]. 法律科学, 2012 (1).

重要的促进作用。① 但是，某些证据制度对证明案件事实真相的积极作用并不意味着刑事证据法的首要功能或者其本质就是为了保证办案人员查明和证明案件事实真相。这是因为，如果从部门法学的角度来看待和理解证据法学的话，那么证据法学必然包含着人类社会的价值选择、判断与评价过程，以及人类社会对正义与效益的追求。这决定了证据法学在本质上不仅不是如何保障发现和证明案件事实真相的一门学问，而且恰恰相反，证据法学是约束发现和证明案件事实真相的手段或者程序的一门学问。如备受理论界推崇的现代刑事证据规则无不为办案人员发现和证明案件事实真相构成一定的障碍。即使严格按照刑事证据法的规定在客观上有助于办案人员发现或者证明案件事实真相，但那也只是刑事证据法的附带性功能，而不是刑事证据法的首要目标或者本质功能。进一步而言，证据法所要考虑的首要问题不应仅仅是案件事实真相能否得到准确揭示的问题，而更重要的应当是发现事实真相所采用的手段和方式如何具备正当性、合理性、人道性和公正性的问题。②

由此可见，要想科学建构中国特色的刑事证据法学理论体系，我们亟待区分证据学与证据法学之间的界限，摆脱过去那种将证据学与证据法学混淆起来的思维方式，真正地以证据法学的眼光来研究我国的刑事证据立法与司法。除了前文所述尽量避免将证据法学论坛沦为哲学论坛以及回归刑事证据法的本质，理论界迫切需要做的就是区分侦查程序中的证据问题与审判程序中的证据问题，将调查取证或者刑事证据的收集、固定、保全调整到侦查学、刑事诉讼法学的研究领域中。毕竟，侦查活动以发现真相为目标，而审判活动却以解决纠纷为目标。不同的目标决定了我们对证据问题的研究方法及其内容也应当有所不同，也影响我们对刑事证据法学理论基础的正确认识。这就需要我们确定研究刑事证据规则到底应当以哪个诉讼程序中的证据问题为主导。如果将它们合而为一或者混为一团进行研究，那么有可能面临自相矛盾或者难以自圆其说的困境。而从现代审判中心主义的刑事诉讼构造来看，典型的刑事证据规则应当仅仅存在于审判程序中，在侦查程序中则没有典型意义上的刑事证据规则可言。更何

---

① 例如，传闻证据规则有助于避免证人证言经过多次传递而产生失真的现象，从而使法官尽量接触到最为真实、可靠的证人证言；意见证据规则可以排除普通证人耳闻目睹之外的主观意见，从而促使普通证人尽量对亲眼观察到的案件事实进行客观陈述；设立最佳证据规则的一个重要目的就是使事实裁判者能够接触到对案件事实起到更好证明作用的原件或者原物，而不是复制件或者复制品；设立补强证据规则的目的就是担保特定证据的真实性；等等。

② 陈瑞华. 刑事诉讼中的前沿问题［M］. 北京：中国人民大学出版社，2000：214.

况，基于现代社会普遍实行以审判为中心的刑事诉讼构造，适用于审判活动的证据规则实际上也可以辐射到侦查活动，从而对侦查活动发挥重要的指引作用和规范作用。当然，究竟应当如何沿着证据学和证据法学相区别的思路去重构我国刑事证据法学的理论体系则是一个亟待探讨的课题。①

四、构建纯粹刑事证据法学

科学建构我国刑事证据法学理论体系不仅需要回归刑事证据法的本质，而且需要正确理解刑事证据法与《刑事诉讼法》之间以及刑事证据法学与刑事诉讼法学之间的关系。毕竟，在法律体系中，刑事证据法律规范与刑事诉讼程序法律规范之间的关系最为紧密。而且，如同前文所分析的那样，证据问题与程序问题之间纠缠不清的研究思路恰恰是我国难以形成公认的、权威的刑事证据法学理论体系的一个重要因素。

或许是由于我国缺乏独立的证据法典，有关证据制度的内容散见于《刑事诉讼法》、民事诉讼法和行政诉讼法中，理论界普遍将证据法作为诉讼法的一个重要组成部分，而证据法学亦被理所当然地当作诉讼法学的一个分支。就连全国法学专业课程、学位设置、师资力量配备、学术研究机构设置等，也按照证据法从属于诉讼法、证据法学从属于诉讼法学的思路进行安排。尽管证据法与诉讼法之间以及证据法学与诉讼法学之间具有唇齿相依的关系，但是从证据法的规范内容与证据法学的研究对象来看，我们并不能因此否认证据法与证据法学的独立品格。实际上，不断强化证据法与证据法学的独立性已经成为我国法治建设、法学教育和法学研究的发展趋势。② 进一步而言，证据法既不是实体

---

① 如有的学者认为，证据法学应当以证据运用的法律规则作为研究的焦点问题。具体说来，证据法学的基本研究课题至少包括：证据的法律资格、证据的法定形式、各种证据的收集规则、各种证据的审查规则、司法证明的基本规则。陈瑞华. 刑事诉讼中的前沿问题 [M]. 北京：中国人民大学出版社，2000：213.

② 就证据法立法而言，越来越多的学者呼吁立法机关制定单独的证据法典，甚至是制定统一的证据法典；就证据法学教育而言，尽管证据法学仍然从属于诉讼法学，但是已经发展成一个独立的研究方向，在个别学校，证据法学甚至成为与诉讼法学并列的法学二级学科硕士点和博士点；就证据法学研究而言，不仅专门的证据法学教材不断涌现，而且独立设置的证据法学研究机构也在不断增多。在这种背景下，理论界要求设置独立于诉讼法学的证据法学学科的呼声也越来越高。

法，也不应该从属于程序法或诉讼法，而是应当具有实体法与程序法的双重属性。① 证据法的双重属性决定了我国有必要在诉讼法之外制定单独的证据法典，以及在诉讼法学之外构建独立的证据法学学科。这既是增强证据立法、提高证据立法水平的需要，也是改变证据法学研究相对落后并且过度依赖诉讼法学的重要途径。毕竟，证据是所有诉讼活动的核心与基础，我们既不能重实体、轻程序，也不应该具有重程序、轻证据的倾向。

尽管证据问题与实体法、程序法以及其他社会科学或者自然科学之间都具有千丝万缕的关系，但是在澄清了证据法与诉讼法以及证据法学与诉讼法学之间的关系以后，笔者并不想按照"大证据学"或者"证据科学"的思路来重构我国的刑事证据法学理论体系。一方面，以我国目前的立法状况和研究水平，如果采取过于"宏大叙事"的方式，就好比是还没有学会走路之前就想跑，反而不利于我国刑事证据法学理论体系的科学建构。另一方面，在我国刑事证据法学理论体系已经比较混乱的情况下，如果过于强调交叉学科研究的思路，可能会使我国刑事证据法学理论体系陷入更加混乱的状态。② 有鉴于此，笔者主张我国目前应该着力建构中国特色的刑事证据法学理论体系，即在走出证据学的思维误区和摒弃证据法学从属于诉讼法学的老路的基础上，按照刑事证据法的双重属性确定刑事证据法学的研究范畴，剔除现有刑事证据法学理论体系中本来属于证据学或刑事诉讼法学的部分内容，构建相对纯粹的刑事证据法学。概括说来，具有中国特色的相对纯粹的刑事证据法学理论体系就是按照图5-13进行建构：

第一部分为总论，主要研究刑事证据法学和刑事证据法的一般原理。其内容主要包括刑事证据法学的理论基础、研究对象、学科定位、理论体系，以及刑事证据法的性质、渊源、原则、功能、价值、构造等。

第二部分为实体论，主要研究刑事证据法的实体性规则。一是研究刑事证

① 在制定证据法之后，证据法成为与诉讼法、实体法既相互独立又紧密联系的一个部门法律体系。从诉讼法、证据法与实体法之间的关系来看，尽管诉讼法和证据法具有独立的价值目标，不能简单地被视为实体法的实施工具，但是诉讼法、证据法对实体法的实施具有显而易见的保障作用。而在保障实体法实施的过程中，诉讼法与证据法犹如马车上的两个轮子，既相互独立，又彼此相连。

② 值得注意的是，尽管笔者十分赞同并倍加推崇刑事证据法学的交叉学科分析方法，但是在进行交叉学科研究之前，我们应该首先了解刑事证据法学的本来面目是什么。如果我们连纯粹的刑事证据法学都没有研究清楚，那么冒进地甚至急功近利地进行所谓的交叉学科研究，可能会带来适得其反的效果。近年来，我国学者过于强调用哲学的思维方式来研究刑事证据法学问题所造成的理论体系混乱局面已经很好地说明了这一点。

据的基本理论与刑事证据规则。前者主要是指刑事证据的概念、功能、属性、法定形式、法理分类。后者是指根据刑事证据的自然属性和社会属性，将刑事证据规则分为规范证据能力的规则和规范证明力的规则两个部分。规范证明力的规则主要包括自由心证规则和补强证据规则等。规范证据能力的规则分为关联性规则和可采性规则两类。以刑事证据规则最完善的英美法系证据法为例，品格证据规则、类似事件证据规则、特定诉讼行为、特定事项等属于关联性规则的范畴；而非法证据排除规则、毒树之果规则、传闻证据规则、自白规则、意见证据规则、最佳证据规则等属于可采性规则。二是研究刑事证明的基本原理与刑事证明规则。前者主要是指刑事证明的概念、特征、分类、方法、体系。后者主要包括证明主体、证明客体、证明责任、证明标准。

　　第三部分为程序论，主要研究刑事证据的运用程序，或者如何运用侦查机关收集的刑事证据。这部分内容由刑事证据运用的庭前规则和刑事证据运用的庭审规则组成。庭前运用规则主要解决刑事证据的开示与资格审查的问题。其中，刑事证据的资格审查构成一套完整的程序性裁判机制，即排除证据的申请、受理、听证与裁定。庭审运用规则主要是解决如何运用证据证明案件事实的问题，其内容主要包括举证、质证和认证。在刑事庭审过程中，如果需要解决刑事证据的证据资格问题，那么法官还应该启动"审判之中的审判"程序。

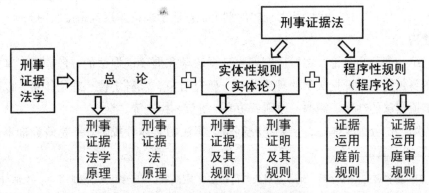

图5-13　纯粹的刑事证据法学示意图

五、扭转重实体轻程序现象

　　尽管刑事证据制度是现代刑事诉讼的基础和核心，但是我国刑事证据立法却一直较为粗疏，一系列反映现代法治理念和刑事诉讼规律的刑事证据规则都付之阙如。在这种背景下，不仅刑事证据法学成为我国法学领域的一门显学，而且刑事证据制度改革也成为我国亟待解决的一个重大课题。尽管我国刑事证据法学研究已经呈现出较为繁荣的学术景象，刑事证据制度改革也正在如火如荼地进行，但无论是对于刑事证据法学研究而言，还是对于刑事证据制度改革来说，都呈现出"重实体、轻程序"的不良倾向。

一方面，在我国刑事证据制度比较滞后以及刑事证据法学研究起步较晚的情况下，理论界不仅尚未形成科学的并且得到普遍认同的刑事证据法学理论体系，而且在刑事证据法学研究中表现出"重实体、轻程序"现象，即理论界始终将研究重点放在刑事证据法学的基础理论（如证据法学的理论基础、刑事证据的属性、功能等），以及刑事证据运用的实体性规则（如各种证据规则、证明主体、证明客体、证明责任、证明标准等）上，而对刑事证据运用的程序性规则（如排除证据的申请、受理、听证与裁定等）尚未展开全面、系统而深入的研究。如在 1996 年修改《刑事诉讼法》之前，尽管理论界对刑事证据的收集、审查判断的研究与刑事证据运用的程序性问题进行了一定联系，但是在刑事证明理论极不成熟的情况下，研究者们往往局限于总结实践经验，而缺乏深层次的理论探索。而在 1996 年修改《刑事诉讼法》之后，尽管随着程序正义理论的兴起和审判方式改革的不断推进，刑事证据法学逐渐成为法学研究领域的一门显学，但是研究者们对刑事证据制度的研究主要集中于刑事证据运用的实体性规则，如证据规则、证明对象、证明责任、证明标准等，而刑事证据运用的程序性规则仍然没有引起足够重视。只是在最近几年，随着我国刑事证明理论的逐步健全，越来越多的研究者开始关注刑事证据运用的程序性问题，如非法证据排除规则的操作程序、质证规则、认证规则、司法证明的过程等。

另一方面，我国刑事证据制度改革过于依赖实体性的刑事证据规则，而忽略了刑事证据运用的程序规制问题。尽管刑事证据制度是刑事诉讼的基础和核心，但是基于社会条件、立法技术、执法环境、理论研究等方面，我国刑事证据立法一直比较滞后。实践证明，滞后的刑事证据立法不仅无法满足刑事司法改革的需要，而且给刑事司法带来一系列问题，如刑讯逼供屡禁不止，刑事证据的选择性运用，非法证据排除难，证人、被害人、鉴定人、侦查人员普遍不出庭作证，质证难，笔录中心主义，法庭调查流于形式，法官滥用自由裁量权，疑罪难以从无，冤假错案屡见不鲜等。为了解决这些难题，不仅理论界对现代刑事证据规则进行了大量研究，而且立法界和司法界对我国刑事证据制度进行了较大规模的修改和完善，如非法证据排除规则的细化、证人作证制度的完善等。但是，从司法实践来看，我国刑事证据制度改革并没有达到预期目的。而之所以形成这种事与愿违的尴尬局面，与我国刑事证据运用一直缺乏周密的程序规制具有极大关系。例如，尽管2010年最高人民法院、最高人民检察院、公安部等联合颁布《关于办理刑事案件排除非法证据若干问题的规定》以来，我国在"实体层面"已经制定出了足以与西方国家相媲美的非法证据排除规则，但是在缺乏完善的操作程序的情况下，法院极少排除控方的非法证据。再如，尽管2012年修改《刑事诉讼法》以来，我国为了提高证人出庭作证的比例大幅度修改了证人保护制度，新增了证人作证补偿、证人拒绝作证制裁、强制证人出庭作证等制度，以及最高人民法院的司法解释规定了较为详细的证人证言审查认定规则，但是从司法实践来看，不仅证人作证的比例没有显著提高，而且在举证、质证程序不完善的情况下，控辩双方对出庭作证的证人的质证效果也不尽如人意，法官仍然习惯于将证人证言笔录作为最终的定案根据，而不愿意采纳证人当庭所作的证言。

由于理论界缺乏对程序性刑事证据规则的系统深入研究，再加上我国刑事证据制度改革缺乏对程序性刑事证据规则的足够重视，不论是刑事证据法学研究还是刑事证据立法与司法，都存在明显的缺陷。就我国刑事证据法学研究而言，"重实体、轻程序"的最大局限就是理论界忽略了对程序性刑事证据规则的深入研究，从而导致我国刑事证据法学的理论体系存在明显的短板。从我国刑事证据立法与司法来看，"重实体、轻程序"的最大缺陷就是相对于实体性刑事证据规则而言，程序性刑事证据规则更加滞后。而滞后的程序性刑事证据规则不仅导致我国刑事证据制度改革存在明显的漏洞，而且导致我国在刑事证据运用的程序规制方面存在诸多缺陷。例如，在对刑事证据的属性存在广泛争议的情况下，我国刑事证据立法与司法长期以来没有严格区分证据能力的审查判断和证明力的审查判断。再如，在传统刑事证据法学理论主张广义刑事证明观的情况下，将刑事证据的收集与运用混为一谈，将刑事证明活动错误地划分为取证、举证、质证、认证四个阶段。有鉴于此，我国理论界亟待改变"重实体、轻程序"的不良倾向，将刑事证据法学研究的重心由实体性规则转向程序性规则，或者由刑事证据论转向刑事证明论，系统而深入地研究刑事证据运用的程序规制问题。①

首先，之所以将刑事证据法学研究的重心由实体性规则转向程序性规则，不仅在于刑事证据法无法脱离刑事诉讼程序而独立运用，而且在于从法律调整的内容来看，刑事证据法既具有实体性的内容，又具有程序性的内容。也就是说，刑事证据法具有实体法与程序法的双重属性。而刑事证据法的双重属性又决定了刑事证据规则可以分为程序性刑事证据规则与实体性刑事证据规则两个部分。所谓实体性刑事证据规则，主要是指规范刑事证据和刑事证明方面的证据规则。规范刑事证据的证据规则既包括规范证据能力方面的证据规则，又包括规范证明力方面的证据规则。而规范刑事证明的证据规则主要包括证明主体、证明客体、证明责任、证明标准等。所谓程序性刑事证据规则，则主要是指规范刑事证据运用过程方面的证据规则，它包括庭前规则和庭审规则两个部分。庭前规则主要解决刑事证据的开示与资格审查的问题。其中，刑事证据的资格审查构成一套完整的程序性裁判机制，即排除证据的申请、受理、听证与裁定。庭审运用规则主要是解决如何运用证据证明、辨明和查明案件事实的问题，其内容主要包括举证规则、质证规则和认证规则。既然刑事证据法既包括实体性规则，又包括程序性规则，那么我们就不应当厚此薄彼，过于注重实体性的刑事证据规则，而忽略程序性的刑事证据规则。

其次，在实体性刑事证据规则研究相对比较系统、完善的情况下，将刑事证据法学研究的重心由实体性规则转向程序性规则，既有助于拓宽我国刑事证据法学的研究视野，又能够丰富我国刑事证据法学的理论体系。尽管在刑事证

---

① 从西方证据法学的历史演变来看，研究者们对诉讼证据制度的研究也经历了从实体性规则到程序性规则的转变。一般认为，最早对诉讼证据制度进行系统研究的著作是英国吉尔伯特于1754年出版的《证据法》。但是，直到19世纪中期之后，在斯蒂芬、塞耶、威格莫尔等著名证据法学者的努力下，证据法学才逐渐发展为一门较为独立的学科。而早期证据法学著作的研究对象主要局限于证据的可采性规则，将证据运用的程序性规则排除在证据法学的研究范畴之外，如斯蒂芬在1876年出版的《证据法摘要》、塞耶在1898年出版的《普通法证据导论》、威格莫尔在1904年出版的《普通法审判中的英美证据法专论》等。在威格莫尔出版《建立在逻辑学、心理学和一般生活经验基础上的司法证明原则》《司法证明科学》之后，学者们开始比较注重证据法学与哲学、心理学、逻辑学、统计学等学科的交叉学科研究，试图通过非法学的方法来理解和改进案件事实的证明与认定方法。再加上现代科学技术在证据法领域的运用，英美法系国家在20世纪中后期逐渐进入了以交叉学科方法研究司法证明过程为基本特征的"新证据学"时代。在这种背景下，证据法学的研究重心出现了从"证据"转向"证明"的发展趋势，或者说从可采性证据规则转向司法证明过程。而在司法证明理论越来越发达的情况下，刑事证据运用的程序性规则越来越成为证据法学研究的一个热门课题。

据立法滞后从而导致刑事证据运用存在诸多问题的情况下，我国刑事证据法学逐渐呈现出比较繁荣的景象，但是大多数研究者的研究思路都局限于如何在借鉴西方国家尤其是英美法系经验的基础上构建各种实体性的刑事证据规则，如非法证据排除规则、传闻证据规则、证人作证制度、录音录像制度、刑事司法证明规则等，而很少关注刑事证据运用的程序性规则。无论是从刑事证据法的双重属性来看，还是就我国刑事证据规则难以贯彻落实的教训而言，程序性规则都是构建刑事证据制度必不可少的重要组成部分。有鉴于此，我国理论界亟待调整刑事证据法学的研究思路，将研究重心由实体性规则转向程序性规则，通过对程序性刑事证据规则的系统、深入研究不断完善我国刑事证据法学的理论体系。

最后，强化程序性刑事证据规则的研究既有助于从程序层面完善我国刑事证据规则，又有利于充分保障实体性的刑事证据规则得到贯彻落实，真正地解决长期以来我国刑事证据运用所面临的诸多难题。刑事证据法的双重属性决定了在刑事证据法的适用过程中，程序性刑事证据规则与实体性刑事证据规则犹如马车上的两个轮子，缺一不可，既相互独立，又彼此相连。也就是说，要想确保刑事证据依法得到科学、正确、合理的运用，既离不开实体性的刑事证据规则，也不可能脱离程序性的刑事证据规则。实践已经充分证明，按照我国理论界开出来的药方以及近年来我国刑事证据制度改革之所以难以有效地解决诸如刑讯逼供、非法证据排除难、证人作证率低、质证难、法庭审判流于形式等诸多难题，不仅在于实体性的刑事证据规则本身存在各种缺陷，而且在于程序性的刑事证据规则没有受到足够的重视。例如，尽管许多冤假错案与法官滥用自由裁量权有关，但是法官随意评价证据的证明力仅仅是一种表面现象，而不通过一定的诉讼程序认真对待证据的证据能力才是法官错误认定案件事实的关键。再如，在不考虑刑事诉讼模式差异的情况下，盲目地借鉴英美法系的实体性刑事证据规则并不能有效地解决我国刑事证据运用面临的诸多难题。可以说，我国刑事证据制度在实践中存在的各种问题不仅是实体性刑事证据规则不完善的结果，而且是程序性刑事证据规则匮乏的产物。这决定了要想从根本上解决非法证据排除难、证人普遍不出庭作证、法庭审判流于形式、冤假错案屡见不鲜等诸多难题，我国应该在继续完善实体性刑事证据规则的基础上，着重构建完善的程序性刑事证据规则。在这个意义上，我国理论界亟待改变以往过于"重实体、轻程序"的倾向，加强程序性刑事证据规则的研究，以便改变我国刑事证据制度改革过于依赖实体性刑事证据规则的错误做法，通过构建完善的程序性刑事证据规则强化刑事证据运用的程序规制，进而增强我国刑事证据制度的实施效果。

为了扭转"重实体、轻程序"的不良倾向，理论界亟待加强以下三个课题的研究。首先，通过程序规制刑事证据运用的基本流程。除了取证以外，理论界普遍将举证、质证和认证作为刑事证明活动的三个阶段。这实际上并不能全面反应刑事证据运用的程序规制。综合国内外的刑事诉讼制度，可以将刑事证据运用的程序规制依次划分为四个基本流程。一是刑事证据开示，即在法官的主持下，由控辩双方在庭前准备程序中依法彼此知悉、交换、查阅各自掌握的证据材料。二是刑事证据筛选，即法官在庭前准备程序中按照规范证据能力的证据规则，禁止控辩双方将没有证据能力的证据作为法庭调查的对象。三是刑事证据评价，即法官通过法庭审理活动评价刑事证据的证明力。四是案件事实认定，即法官在法庭审理全部结束之后综合全案证据对案件事实做出认定。除了证据开示，其余三个流程均包含举证、质证和认证行为。其次，通过程序规制刑事证据运用的基本模式。纵观中外刑事诉讼制度，刑事证据运用的程序规制大致上具有两种较为典型的模式。一个是以英美法系为代表的过程控制模式，另一个是以大陆法系为代表的结果控制模式。英美法系的过程控制模式与其陪审团审判、对抗制审判方式等密切相关。而大陆法系的结果控制模式则是一元制审判组织、事实真相主义的产物。在未来的刑事证据法学研究和刑事证据制度改革过程中，我们应当改变以往借鉴英美法系实体性刑事证据规则而保留大陆法系结果控制模式这种相互冲突的做法，在刑事证据法的实体性规则与程序性规则之间找到相得益彰的途径。最后，通过改革强化我国刑事证据运用的程序规制。为了从根本上解决我国刑事证据运用所面临的诸多难题，确保实体性的刑事证据规则得到贯彻落实，针对刑事证据运用的程序规制存在的各种问题，我国亟待通过全面深化刑事证据制度改革强化刑事证据运用的程序规制。例如，废除案卷移送制度，构建完善的证据开示制度，彻底斩断控方证据材料与庭审法官之间的密切联系；建立预审法官制度，确保预审法官与庭审法官的分离，明确预审法官与庭审法官的职能分工，将刑事证据筛选和刑事证据评价适当分离；引入刑事证据的证据能力这个概念，针对证据能力的审查判断确立专门的程序性裁判程序；构建完善的举证规则、质证规则和认证规则；全面深化刑事裁判文书说理改革；等等。

六、加强研究证明力的规则

证据能力和证明力是刑事证据的两种基本属性。刑事证据的证据能力是大陆法系国家惯用的一个概念。大陆法系国家一般不对证据的证据能力做出积极的规定，而是对没有证据能力或者限制证据能力的情形做出规定。理论界普遍认为，在英美法系国家，与刑事证据的证据能力相对应的概念是刑事证据的可采性。我国学者常常用刑事证据的合法性来描述刑事证据的证据能力，即具备合法性的刑事证据就具备刑事证据的证据能力。刑事证据的证据能力反映了刑事证据的社会属性和法律属性。证据能力是人类社会附加给刑事证据的一种属性，或者说是人类社会对刑事证据的一种法律评价。因此，刑事证据的证据能力属于法律问题，包含了人类社会的一系列价值判断与选择过程。这也决定了刑事证据法可以事先预设刑事证据的证据能力。以什么标准、什么规则以及什么方式来设定刑事证据的证据能力，不仅客观地反映出一个国家的刑事证据规则的发展状况，而且在一定程度上体现了一个国家的刑事司法水平与文明程度。与证据能力不同的是，我国理论界普遍用刑事证据的关联性和刑事证据的客观性来说明刑事证据的证明力问题。一方面，刑事证据的证明力是刑事证据本身固有的一种自然属性，因而是客观存在的，不以人的意志为转移。另一方面，刑事证据对案件事实有无证明力，以及证明力的大小，取决于刑事证据与案件事实之间有无联系，以及联系的紧密、强弱程度。一般来说，刑事证据与案件事实之间的联系越紧密或者越强，刑事证据的证明力就越大。在现代刑事诉讼中，判断刑事证据的证明力往往是经验问题或者逻辑问题，而不是法律问题。刑事证据法不应当也无法事先预设证明力的表现形式、大小强弱，而只能由办案人员凭着良心、逻辑、经验等进行自由心证或者自由裁量，或者由办案人员按照法定程序予以审查判断。

基于证据能力和证明力的不同属性，理论界普遍认为现代刑事证据规则以规范证据的证据能力为主，而规范证明力方面的证据规则却比较少见。① 考察西方国家尤其是英美法系的刑事证据制度也不难发现，西方刑事证据规则以调整证据的证据能力为主，以调整证据的证明力为辅。如规范证据能力方面的证据规则主要包括关联性规则、可采性规则、非法证据排除规则、自白规则、传闻证据规则、意见证据规则、最佳证据规则等，而规范证明力方面的证据规则主要是补强证据规则。除了刑事证据的二元属性以外，英美法系国家刑事证据规

---

① 英美法系的学者也认为，英美证据法都是以证据的可采性为主要内容的证据规则，而很少规范证据的证明力问题。ANDERSON T，SCHUM D，TWINING W. Analysis of Evidence [M]. 2nd ed. London：Cambridge University Press，2005：226 & 292.

则以规范可采性的做法与其陪审团审判和对抗制诉讼模式存在紧密联系。①

　　在英美法系国家，尽管陪审团审判存在各种各样的争议，而且正在呈现逐渐减少的发展趋势②，甚至长期以来遭受信任危机③，但是陪审团审判作为司法民主的标志，仍然被视为司法制度的重要基石。陪审团审判的主要特征显然是由陪审团和职业法官共同行使审判权，即陪审团负责案件事实认定，裁决被告人是有罪还是无罪，职业法官负责适用法律，解决与刑事审判有关的各种法律和程序问题，如证据的可采性、证据开示、组织和主持法庭审判、量刑等。而在非专业人士履行裁判职能存在先天缺陷，陪审团又不需要对其裁判结果说明任何理由的情况下，如何确保陪审团能准确地认定案件事实始终是英美法系绕不开的难题。在美国刑事诉讼中，由职业法官尽量在审判之前解决证据的可采性，正是化解这个难题的一种制度安排。从这个角度讲，美国刑事证据排除规则既是不信任陪审团的产物，也是控制陪审团审判的一种程序装置。④ 概括而言，如果职业法官不事先通过证据排除规则过滤掉那些没有可采性的证据，那么陪审团在审判过程中就有可能接触到那些没有可采性的证据。在陪审员不具备法律专业知识和缺乏专门训练的情况下，让陪审员接触没有可采性的证据，有可能会给案件事实认定带来难以预测的结果。为了尽量克服或者弥补陪审团审判的先天缺陷⑤，避免陪审团遭受没有可采性的证据的不良影响或者误导，真

---

① 从英美法系学者的研究成果来看，理论界普遍认为美国刑事证据法或刑事证据规则是陪审团审判和对抗制诉讼模式综合作用的产物。TWINING W. Rethinking Evidence：Exploratory Essays［M］. 2nd ed. London：Cambridge University Press. 2006：196；米尔建·R·达马斯卡. 漂移的证据法［M］. 李学军，刘晓丹，姚永吉，译. 北京：中国政法大学出版社，2003：2-3.

② 麦高伟，杰弗里·威尔逊. 英国刑事司法程序［M］. 姚永吉，译. 北京：法律出版社，2003：317.

③ 麦高伟，杰弗里·威尔逊. 英国刑事司法程序［M］. 姚永吉，译. 北京：法律出版社，2003：347；WILLIAM T. Pizzi. Trials without Truth［M］. New York：New York University Press，1999：200-203.

④ DUFRAIMONT L. Evidence Law and the Jury：A Reassessment［J］. McGill Law Journal，2008，53（2）：199-242.

⑤ 就刑事证据规则的适用而言，陪审团审判的缺陷是显而易见的。例如，由于缺乏专门训练，陪审员在评价证据时很难消除没有可采性而又具有证明价值的证据对自己的影响；由于没有法律专业素养，陪审员在评价证据时不仅常常带有自身的某些偏见，而且往往根据其信以为真的感觉进行裁判，而很少考虑到证据规则的政策目标。对于陪审员在评价证据或者发现事实方面的缺陷的详细分析，可以参见米尔建·R·达马斯卡. 漂移的证据法［M］. 李学军，刘晓丹，姚永吉，译. 北京：中国政法大学出版社，2003：37-50；DUFRAIMONT L，Evidence Law and the Jury：A Reassessment［J］，McGill Law Journal，2008，53（2）：208-233.

正实现证据排除规则预设的政策目标，促使陪审团依法做出公正而又准确的裁判，很有必要由职业法官事先对当事人提交的证据加以筛选，让陪审团在庭审过程中直接听审那些具备可采性或者没有可采性争议的证据。

从历史的角度来看，英美法系对抗制诉讼模式与陪审团审判之间既相互独立、又相互交织的关系决定了美国刑事证据排除模式的形成不仅与陪审团审判密切相关，而且无法脱离对抗制诉讼模式的深刻影响。首先，当事人自由提供证据的潜在风险需要法官事先对证据加以筛选。在英美法系，对抗制审判程序的一个重要特点就是当事人对审判进程的控制，如当事人自行收集证据、提交证据、自行决定争议问题等。① 尽管当事人的程序控制有助于保障裁判的中立性，但是基于对抗策略的考虑，当事人提交的证据往往因为人为歪曲、信息不全或者故意误导而不利于查明案件事实真相。② 有鉴于此，为了促使当事人向法庭提交能够证明案件事实的"最佳证据"或者"最可靠信息"，法官很有必要通过排除规则，将那些没有关联性或者可采性的证据屏蔽在法庭之外。其次，法庭对案件事实的集中审判有必要适当控制证据的使用范围。在英美法系异常反感对事实问题进行上诉审查尤其是在实行陪审团审判的情况下，初审法院对事实问题的认定往往具有终审的性质。这决定了英美法系的对抗制审判是一种"集中型诉讼程序"③，即"当事人之间的竞赛最好是在一场单一的、持续的法庭表演中集中完成"④。为了确保法庭能够顺畅地展开证据调查，进而集中解决事实认定问题，法官很有必要通过排除规则对那些没有关联性或者可采性的证据事先予以过滤。否则，在法庭审判因为解决证据的可采性争议而频繁中断的情况下，刑事审判就会因为变得过于冗长而令人难以忍受。最后，为了保障当事人的交叉询问权，需要事先排除那些有可能剥夺交叉询问机会的证据。在英

---

① DUFRAIMONT L. Evidence Law and the Jury：A Reassessment［J］. McGill Law Journal，2008，53（2）：234-235；米尔伊安·R·达马什卡. 司法和国家权力的多种面孔——比较视野中的法律程序［M］. 郑戈，译. 北京：中国政法大学出版社，2004：163-201.

② DUFRAIMONT L. Evidence Law and the Jury：A Reassessment［J］. McGill Law Journal，2008，53（2）：234-236.

③ 米尔建·R·达马斯卡. 漂移的证据法［M］. 李学军，译. 北京：中国政法大学出版社，2003：80-84.

④ 米尔伊安·R·达马什卡. 司法和国家权力的多种面孔——比较视野中的法律程序［M］. 郑戈，译. 北京：中国政法大学出版社，2004：321.

美法系，交叉询问作为对抗制的基本要素①或者核心机制②，被誉为发现案件事实真相的"最伟大法律装置"或者"最有效工具"③。而交叉询问能够享有如此美誉，主要原因在于通过交叉询问，可以充分暴露对方证人证言的谎言、错误、矛盾或者弱点，从而帮助法官或者陪审团对案件事实做出更加准确的判断。正因为交叉询问如此重要，所以一方当事人对反方证人进行交叉询问的机会被当作双方当事人进行平等对抗、公平竞赛的根本保障④。而英美法系之所以热衷于排除传闻证据，在很多情况下并不是因为传闻证据不真实，而是因为传闻证据剥夺了当事人对证人进行交叉询问的机会。

尽管随着对刑事证据特征的不断反思以及对西方国家刑事证据制度与理论的日益熟悉，我国理论界越来越倾向于运用证据能力和证明力这两个概念来理解刑事证据的属性及其规则，但是不仅研究者们对证据能力与证明力之间的关系仍然存在较大分歧⑤，而且我国立法机关和司法机关在刑事证据制度改革进程中仍然没有确立"证据能力为证明力之前提"的诉讼观念。在这种情况下，即使理论界普遍呼吁借鉴西方国家尤其是像英美法系的刑事证据排除规则，我国也没有像西方国家尤其是英美法系那样构建以规范证据能力为中心的刑事证据规则。⑥ 这主要是因为，尽管我国现行法律大量采用了与西方国家排除规则相类似的排除式用语，即"不得作为定案的根据"，但是这个概念所隐含的排除基础主要是证据的证明力，而不是证据的证据能力。一方面，从我国现行法律所规定的定案根据的前提条件来看，定案根据是一个与证明力密切相关的概念。根据 2018 年《刑事诉讼法》第 50 条第 3 款以及《人民检察院刑事诉讼规则（试行）》第 63 条、《最高人民法院关于适用〈中华人民共和国刑事诉讼法〉的解释》第 104 条第 3 款的规定，证据作为定案根据的前提条件要么是"查证属实"，要么是"证据之间具有内在联系，共同指向同一待证事实，不存在无法排

---

① MORGAN E M. The Jury and the Exclusionary Rules of Evidence [J]. The University of Chicago Law Review, 1937, 4 (2): 255.

② DUFRAIMONT L. Evidence Law and the Jury: A Reassessment [J]. McGill Law Journal, 2008, 53 (2): 236.

③ MORGAN E M. Hearsay and Non-Hearsay [J]. Harvard Law Review, 1935, 48 (7): 1138; MORGAN E M. The Jury and the Exclusionary Rules of Evidence [J]. The University of Chicago Law Review, 1937, 4 (2): 254.

④ DUFRAIMONT L. Evidence Law and the Jury: A Reassessment [J]. McGill Law Journal, 2008, 53 (2): 238.

⑤ 周菁，王超. 刑事证据法学的回溯与反思——兼论研究方法的转型 [J]. 中外法学，2004 (3).

⑥ 王超. 刑事证据排除的两种模式 [J]. 现代法学，2013 (4).

除的矛盾和无法解释的疑问"。显而易见，这两个条件都可以视为证据的证明力问题。另一方面，《关于办理死刑案件审查判断证据若干问题的规定》以及《最高人民法院关于适用〈中华人民共和国刑事诉讼法〉的解释》针对各个证据种类所规定的审查认定规则，主要是以证据的证明力为基础的，而不是以证据的证据能力为基础的。换句话说，诸如物证、书证、证人证言、被害人陈述、被告人供述和辩解、鉴定意见、勘验检查笔录、辨认笔录、侦查试验笔录、视听资料、电子数据等证据应当加以排除而不得作为定案的根据，并不是因为该证据没有西方国家刑事证据排除规则所称的证据能力或者可采性，而是因为它们由于某种缺陷而无法保证其真实性、可靠性等证明力。在笔者看来，我国另辟蹊径，创造性地构建了以规范证明力为中心的刑事证据排除规则，主要有如下三个方面的原因：

首先是以职业法官为主导的一元制审判组织。从两大法系的实践来看，在刑事审判程序中如何分配职业法官与业余法官在司法程序中的权力，无疑会对刑事证据排除规则的设置与运行产生重大影响。实际上，英美法系之所以设置大量刑事证据排除规则，并且强调在审判前解决证据的可采性问题，与其陪审团负责事实认定而职业法官负责法律适用的二元制审判组织具有密切联系。这是因为，由职业法官事先排除那些没有可采性的证据，可以弥补陪审团在评价证据方面的先天缺陷，有效防止陪审团受到没有可采性的证据的负面影响。只有这样，才能确保陪审团更加准确地认定案件事实，更好地实现刑事证据法在事实真相之外的价值目标。相对于英美法系而言，我国职业法官和业余法官共同解决事实认定和法律适用的一元审判组织并不需要构建以规范证据能力为中心的刑事证据排除规则，尤其是没有必要在开庭之前就解决证据的证据能力问题。不可否认，我国人民陪审员也会因为缺乏专门训练和法律知识而在评价证据和适用法律这两个方面都存在先天不足，但是在人民陪审员和职业法官没有明确分工的情况下，即使人民陪审员和职业法官享有相同的权利，职业法官也会在合议庭中起到主导作用。① 近年来，我国人民陪审员"陪而不审"的现象已经充分验证这一点。显而易见，在职业法官起到主导作用的情况下，我国法官可能更愿意在接触所有证据之后再综合考虑证据的证据能力和证明力问题，而大可不必像英美法系那样事先排除那些所谓没有证据能力的证据。这是因为，

---

① 与我国人民陪审员相类似的是，在大陆法系的参审制中，职业法官在处理案件时也起到主要作用。DAMAŠKA M. Evidentiary Barriers to Conviction and Two Models of Criminal Procedure: A Comparative Study [M]. Pennsylvania: University of Pennsylvania Law Review, 1973, 121 (3): 537-544.

职业法官属于法律专家，受过专门训练，具有丰富的司法经验；即使他们在审判过程中接触到了没有证据能力的证据，至少在理论上他们也会被认为有能力消除这些证据对他们的影响。① 更何况，我国继承了大陆法系国家要求裁判说理的传统②，对于是否排除没有证据能力的证据，法官在裁判文书中应该给出相应的理由。因此，在实行以职业法官为主导的一元制审判组织的情况下，我国在设置刑事证据排除规则时更加关注证据的证明力也就不足为奇了。

其次是探求案件事实真相的法律传统。英美法系之所以设置了较为复杂的刑事证据排除规则，而且强调在陪审团听审证据之前预先对证据的可采性问题进行裁决，既是适应陪审团审判的需要，也是对抗制审判的结果。相对于英美法系而言，在实行一元制审判组织以及更加注重探寻案件事实真相的情况下，尽管大陆法系确立了一些与英美法系相类似的排除性证据规则，但是并没有采取在审判之前就排除证据的做法。③ 从法律文化或者法律传统上看，尽管近年来我国在借鉴英美法系的基础上大张旗鼓地开展了对抗制改革，但是我国刑事审判方式仍然具有较强的大陆法系职权主义色彩。这主要是因为，虽然我国大量借鉴了英美法系当事人主义的某些积极因素，但是现行刑事审判程序仍然没有从根本上改变法官探寻案件事实真相的法律传统。然而，从大陆法系的经验来看，在庭审法官承担发现案件事实真相职责的情况下，我们既无法为刑事证据

---

① 正像美国著名比较法学家达马斯卡所指出的那样，"至少就固有的排除规则而言，主流的观点认为，限制性的规范是为保护非专业人士免受某些可能有危险之信息的影响而发展起来的，经验丰富的专业法官无须拘泥于这种规范；随着非专业法官的隐退，可采性问题作为正确解决之保障措施的重要性已经下降。"米尔建·R·达马斯卡. 漂移的证据法. 李学军，刘晓丹，姚永吉，等译. 北京：中国政法大学出版社，2003：69. 在美国司法实践中，在无陪审团审判时法官放松对证据排除规则的执行，也验证了达马斯卡的上述观点。约翰·W·斯特龙. 麦考密克论证据 [M]. 汤维建，译. 北京：中国政法大学出版社，2004：129.

② DAMAŠKA M. Free Proof and Its Detractors, The American Journal of Comparative Law [J]. 1995, 43（3）：345；DELMAS-MARTY J. R. M. European Criminal Procedures [M]. London：Cambridge University Press, 2002：622-624.

③ 在传统上，基于探寻案件事实真相的职责，大陆法系并不情愿设置排除性证据规则。只是随着保障人权运动的兴起，大陆法系国家才逐渐确立了一些排除性证据规则，如非法证据排除规则等。但是，大陆法系并没有像英美法系那样分阶段解决证据的可采性和证明力问题，而通常是在法庭审判过程中集中评价证据的证据能力和证明力问题。对于两大法系排除规则的比较分析，可以参见米尔建·R·达马斯卡. 漂移的证据法 [M]. 李学军，刘晓丹，姚永吉，等译. 北京：中国政法大学出版社，2003：34-174. DELMAS-MARTY J R. European Criminal Procedures [M]. London：Cambridge University Press, 2002：594-635.

排除规则找到宽松的容身之地，也难以苛求庭审法官在尚未开庭审判或者查明案件事实真相之前就将那些所谓不具备证据能力的证据挡在法庭大门之外。① 一方面，设置大量的刑事证据排除规则必然缩减法官裁判的证据范围，从而对探寻案件事实真相构成较大威胁。② 另一方面，从大陆法系的自由心证原则来看，在开庭审判之前就禁止使用没有证据能力的证据，可能会被认为是对法官自由评价证据的干涉。③ 言外之意，即使需要排除那些没有证据能力的证据，那也是法官经过法庭审判之后才考虑的事情，而不能在法庭审判之前就对可能没有证据能力的证据提前进行隔离处理。尤其是在我国法官为了准确查明事实真相而强调证据与证据之间的相互印证的情况下，事先排除证据可能是更难以容忍的事情。由此可见，我国探求案件事实真相的法律传统决定了我国很难复制英美法系模式，而更加适合构建以规范证明力为中心的刑事证据规则。毕竟，相对于以规范证据能力为中心的证据规则而言，以规范证明力为中心的证据规则更有助于法庭查明案件事实真相。

最后是对法官自由裁量权的限制。在刑事诉讼中，自由裁量权的正确行使无疑是一道难题。这不仅在于法律条文的概括性、抽象性和模糊性必然会给司法机关留下一定的自由裁量权，而且在于司法机关在行使自由裁量权时，往往由于缺乏有效的监督措施而容易使权利遭到滥用。在 2012 年修改《刑事诉讼法》之前，由于刑事证据规则在内容上过于粗疏，司法机关在运用证据规则的过程中可以说享有几乎不受任何限制的自由裁量权。而在过于强调惩罚犯罪并且司法腐败屡禁不止、司法难以独立的司法环境中，司法机关在滥用自由裁量权时几乎都对犯罪嫌疑人或者被告人不利，如任意拒绝传唤证人、侦查人员、鉴定人作证，漠视甚至斥责被告人的翻供，随意驳回辩护方的非法证据排除申请，轻视辩方意见与偏信控方证据，对有罪判决证明标准的曲解等。尤其是在

---

① 托马斯·魏根特. 德国刑事诉讼程序［M］. 岳礼玲，温小洁，译. 北京：中国政法大学出版社，2004：187-200；米尔建·R·达马斯卡. 漂移的证据法［M］. 李学军，刘晓丹，姚永吉，译. 北京：中国政法大学出版社，2003：102-174；DAMAŠKA M. Evidentiary Barriers to Conviction and Two Models of Criminal Procedure：A Comparative Study, University of Pennsylvania Law Review, 1973, 121 (3)，506-589.

② 达马斯卡关于"定罪之证据障碍"的比较分析也充分表明，那种更多地以"事实真相为导向"的制度更不情愿设立那些与事实认定的可靠性无关的证据障碍。DAMAŠKA M. Evidentiary Barriers to Conviction and Two Models of Criminal Procedure：A Comparative Study［M］. Pennsylvania：University of Pennsylvania Law Review, 1973, 121 (3)：579.

③ 米尔建·R·达马斯卡. 漂移的证据法［M］. 李学军，刘晓丹，姚永吉，等译. 北京：中国政法大学出版社，2003：27-32.

法庭审判不认真对待被告人翻供和拒绝解决刑讯逼供问题的情况下，许多被告人因为法庭过于偏信庭前有罪供述而被冤枉。正是在这种背景下，无论是立法机关还是司法机关，在刑事证据制度改革过程中都表现出了严格限制法官自由裁量权的强烈意愿。例如，根据 2018 年《刑事诉讼法》第 56 条，只要是以法定的非法方法收集的言辞证据，法官必须排除，而不享有是否排除的自由裁量权。对于非法的物证或者书证，尽管法官对于什么是"严重影响司法公正"享有一定的自由裁量权，但是，一旦能够认定"严重影响司法公正"，而且控方不能补正或者做出合理解释时，法官同样不享有自由裁量权，只能加以排除。再如，根据《最高人民法院关于适用〈中华人民共和国刑事诉讼法〉的解释》第四章规定的证据审查认定规则，只要符合特定的情形，即使是对于证据的证明力问题，法官在绝大多数情况下也没有自由裁量的余地，而只能按照规定依法认定某个证据"不得作为定案的根据"。由此可见，尽管在自由心证理念的影响下，我国无法再像欧洲中世纪那样通过法律事先对证据的证明力做出明确的规定，但是这并不意味着我国法官在认定证据的证明力时能够像西方国家法官那样进行自由评价。这是因为，为了确保法官对各个证据的证明力能够做到查证属实，实现各个证据之间的相互印证，最高人民法院通过以规范证明力为导向的排除性规则（即审查与认定规则），对法官评价证明力的裁量权进行了明确限制。在这个意义上，我们不妨将我国目前以规范证明力为中心的刑事证据规则看作是限制法官自由裁量权的结果。①

通过上面的分析我们不难看出，基于一元制审判组织、探求案件事实真相、防止法官滥用自由裁量权等方面，我国已经构建了与西方国家尤其是英美法系国家大相径庭的刑事证据规则，即西方国家尤其是英美法系国家的刑事证据规则以规范证据能力或者可采性为主，而我国的刑事证据规则却以规范证明力为主。在这种背景下，如果我们在研究刑事证据规则的过程中无法注意这两种截然不同的建构思路，而盲目地以西方国家的所谓成功经验来修改与完善或者评价我国的刑事证据规则，那么很难对我国的刑事证据立法与司法做出精确的解释，甚至有可能出现较大的偏差。以理论界竭力推崇的非法证据排除规则为例。

---

① 在西方国家废除法定证据制度之后，并非没有想到需要对法官自由评价证据进行适当限制。但是，西方国家并没有像我国那样通过以规范证明力为导向的排除性规则来限制法官的自由裁量权，而是采取了其他方法。如在大陆法系，法官在评价证据的证明力时不仅应该遵循逻辑推理、经验法则，而且应该在裁判文书中给出合理的解释。在英美法系，职业法官对陪审团的指示也可以视为对自由心证的一种限制。但是，在陪审团裁判不说理的情况下，可以陪审团对证据的证明力真正享有不受限制的自由裁量权。

在西方国家的话语体系中，非法证据排除规则无疑属于典型的可采性规则或者规范证据能力的证据规则。尽管我国经过大规模改革之后的非法证据排除规则与西方国家的非法证据排除规则具有较大的相似性，但是深究起来，我国非法证据排除规则与西方国家排除规则在排除后果、排除程序等方面却不可同日而语。如在美国陪审团审判中，法官需要在开庭审判之前通过专门的过滤程序禁止将不具备可采性的非法证据呈现在法庭审判之中成为控辩双方举证和质证的对象。而我国不仅没有像美国那样确立专门的过滤程序，而且在非法证据排除规则实行全程排除主义的情况下，我国排除非法证据的法律后果不仅包括不得作为刑事判决的依据，而且包括不得作为提请批准逮捕、批准或者决定逮捕、起诉意见、起诉决定的依据。尤其是我国没有从非法证据进入法庭审判的准入资格这个角度来界定非法证据的排除结果。① 这导致在我国刑事诉讼立法与司法中，不管人民检察院提交的证据材料是否应当按照非法证据排除规则的要求加以排除，作为事实裁判者的庭审法官都有足够多的时间和机会接触到人民检察院向人民法院移送的非法证据。

而从近年来的司法实践来看，在我国刑事证据规则以规范证明力为中心，或者我国法院更加关注非法证据的证明力的背景下，我们很难为建立在西方国家证据能力或者可采性基础上的非法证据排除规则找到合适的生存空间。这可以说是近年来我国非法证据排除规则改革表面上轰轰烈烈而实际上名存实亡的一个重要原因。进一步而言，西方国家确立非法证据排除规则主要是基于维护程序公正、保障人权、促进法治或者抑制违法等方面的考虑，而不是为了确保查明案件事实真相。也就是说，只有当法官认为程序公正、人权保障等价值目标比案件事实真相更值得维护的时候，才有可能切实按照非法证据排除规则的要求，排除那些有可能在客观上对案件事实真相起到关键证明作用的非法证据。但是，在我国法庭审判以发现案件事实真相为导向的情况下，法官很难牢固树立这样的意识。司法实践也反复证明，为了尊重案件事实真相和确保做出正确的裁判，只要非法证据在客观上能够证明案件事实真相，许多法官都会不惜将控方非法证据作为定案根据，而无暇顾及追诉活动的正当性与合法性。即使法庭偶尔能够排除非法证据，也往往是因为被排除的非法证据对定罪量刑没有实质性的影响，因而也难以改变定罪量刑的最终结果。只有当非法证据被认为确

---

① 最高人民法院在解读我国非法证据排除规则时曾经明确指出，排除非法证据的法律后果是指"不得作为认定被告人有罪的根据"，而不是像英美法系那样禁止事实裁判者接触人民检察院向人民法院提供的非法证据。江必新. 最高人民法院关于适用《〈中华人民共和国刑事诉讼法〉的解释》理解与适用. [M] 北京：中国法制出版社，2013：97.

实妨碍法庭查明案件事实真相时，或者只有当采纳非法证据极有可能导致冤假错案时，是否排除非法证据才会真正成为法庭考虑的问题。这实际上意味着，只有当辩护方拿出足够的证据证明被告人无罪而且人民检察院无法证明控方证据的合法性时，法庭才会下定决心排除控方的非法证据。而在控辩双方举证能力相差过于悬殊的情况下，这两个条件同时发生的机会可以说是微乎其微。另一方面，在以职业法官为主导的一元制审判组织中，在非法证据与法官之间的联系没有被彻底切断的情况下，非法证据排除规则同样难以贯彻落实。

由此看来，在我国刑事证据规则以规范证明力为中心的情况下，我们很难在西方国家证据能力或者可采性理论的视野下理解我国的刑事证据规则。既然如此，理论界以往在借鉴或者移植西方国家证据法学理论的基础上关于刑事证据规则的研究成果就很难为颇具中国特色的刑事证据规则提供精确的解释。这就要求理论界在研究刑事证据规则的过程中，不能再像过去那样过于关注刑事证据的证据能力或者可采性，而忽略了刑事证据的证明力。从某种程度上讲，理论界只有加强对证明力规则的研究，才有可能满足我国刑事证据立法与司法的需要，才有可能更加精确地解释我国的刑事证据立法与司法，才有可能更加体现中国特色和符合中国特殊国情。正是在这个意义上，笔者认为，为了科学构建具有中国特色的刑事证据法学理论体系，理论界迫切需要将刑事证据法学的研究重心从证据能力规则转向证明力规则，通过提出有别于西方国家的刑事证据法学理论来精确解释我国现行的刑事证据规则体系，或者创造更加符合中国国情的证明力规则体系。

七、调整刑事证明结构重心

长期以来，在刑事证据立法比较粗疏和刑事证明理论较为薄弱的情况下，理论界对刑事证明问题的研究紧紧围绕犯罪嫌疑人、被告人的定罪量刑问题来展开，而很少将定罪量刑以外的问题纳入刑事证明的理论体系进行深入研究。我国《刑事诉讼法》也很少就定罪量刑以外的证明问题做出明确的规定。尤其是在重实体、轻程序的诉讼传统中，理论界和实务界所关注的问题主要就是实体法事实的证明问题，而很少关注程序法事实的证明问题。甚至很多学者反对将程序法事实作为刑事证明的对象。而且，在我国《刑事诉讼法》长期没有区分定罪程序和量刑程序的情况下，刑事庭审也是笼统地将定罪问题和量刑问题混合在一起进行调查和辩论，而没有明确区分定罪的证明问题和量刑的证明问题。近年来，尽管有不少学者在研究刑事证明标准的过程中提出了刑事证明标准的层次性问题，即不同的诉讼阶段、证明主体、证明对象、案件性质适用不同的证明标准，但是理论界并没有在这个基础上进一步形成多元化的刑事证明体系理论。

就我国刑事诉讼立法与司法来看，1996 年修改《刑事诉讼法》以来，尽管诉讼当事人有权就某些程序性的事项或者刑事程序违法行为向司法机关提出相应的请求，如申请回避、提出管辖异议、申请变更强制措施、申请羁押必要性审查等，但是除了非法证据排除规则的适用程序得以逐渐司法化，我国《刑事诉讼法》及其司法解释基本上没有就其他程序性的事项或者程序性的争议专门规定详细的司法化的处理程序或者完善的程序性裁判机制，而是基本上由司法机关自行采取带有秘密性、单方性、行政性的处理方式。尤其值得一提的是，尽管 2012 年修订的《刑事诉讼法》新增了庭前会议程序，但是庭前会议程序的主要功能是整理控辩双方有关程序性事项的争议，以便提升刑事庭审的效率，而不在于通过司法化的处理方式解决程序性的争议。在缺乏完善的司法化的处理程序或者程序性制裁机制的情况下，不仅诉讼当事人的诉讼权利无法得到充分保障，而且极易导致司法机关滥用自由裁量权。

一方面，由于缺乏完善的司法化的处理程序，诉讼当事人在就有关程序性的事项向司法机关提出有关申请时，很难得到司法机关的支持。以申请回避为例。根据我国《刑事诉讼法》及司法解释的有关规定，尽管当事人有权向公检法三机关提出办案人员等予以回避的申请，但是必须提出相应的理由及其相关证明材料。否则，公检法三机关有权不予受理或者驳回当事人的申请。但是，由于《刑事诉讼法》及其司法解释没有对究竟应当如何审查和判断回避理由是否成立这个问题做出明确的规定，回避申请能否获得支持完全取决于公检法三机关的自由裁量，当事人几乎不可能充分参与其中。而在驳回申请之后，当事人也只能向原决定机关申请复议一次，无法通过诉讼化的程序寻求司法救济。

另一方面，司法机关极易滥用自由裁量权。以非法证据排除规则的适用为例。尽管从理论上讲，检察机关应当就没有非法取证行为承担证明责任，但是在 2010 年之前的司法解释没有明确规定非法证据排除规则中证明责任分配的情况下，司法机关通常按照谁主张、谁举证的原则责令辩护方就非法取证行为承担证明责任。但是，在辩护方举证能力十分有限的情况下，辩护方几乎不可能拿出足够证据来证明控方存在非法取证行为。既然如此，那么辩护方有关排除非法证据的申请不可能得到法院的支持。这可以说是在以往的司法实践中，非法取证行为屡见不鲜而控方非法证据却无法得到排除的一个重要原因。尽管 2010 年颁布实施的《关于办理刑事案件排除非法证据若干问题的规定》第 11 条和 2018 年《刑事诉讼法》第 59 条都明确规定检察机关应当对证据收集的合法性承担证明责任，但是现行法律又明确规定辩护方在申请排除非法证据的时候必须提供相关线索或者材料。也就是说，如果辩护方仅仅提出排除非法证据的申请，而没有按照现行法律规定提供相关线索或者材料，那么法庭对是否存在非法取证行为这个问题有权拒绝展开法庭调查。尽管这种制度安排在客观上有助于防止辩护方的"无聊申请"，但是这为非法证据排除规则的证明责任分配异化埋下了伏笔。这是因为，在现行法律没有对相关线索、材料的具体含义做出明确界定的情况下，是否启动非法证据排除规则调查程序并不取决于辩护方在提出非法证据排除申请时是否向法庭提交了相关线索或者材料，而是取决于法院的自由裁量。进一步而言，尽管辩护方在申请排除非法证据时能够向法庭提供相关线索或者材料，但是，如果法院认为这些线索或者材料对发现或者证明是否存在非法取证行为没有价值，那么完全有可能以此为由拒绝启动非法证据排除的法庭调查程序。在这种情况下，如果辩护方还想成功申请排除非法证据，那么只能被迫承担非法取证行为的证明责任。尤其是在法院随意提高相关线索或者材料所要达到的证据条件或者证明程度，甚至直接将相关线索或者材料曲解成辩护方必须拿出足够的证据证明控方存在非法取证行为的情况下，辩护方要想促使法院排除控方的非法证据，仍然不得不像以往那样被迫承担非法取证行为的证明责任。但问题是，由于举证能力有限和无法充分参与侦查活动，辩护方既无力直接证明控方的非法取证行为，也难以提供令法院满意的相关线索或者材料。因此，尽管我国非法证据排除规则改革取得了显著进步，但是在法院滥用自由裁量权而辩护方仍然被迫承担非法取证行为的证明责任的情况下，辩护方的非法证据排除申请仍然很难获得法院的支持。

或许是由于以上缺陷，近年来最高人民法院和最高人民检察院的司法改革开始逐渐区分定罪问题的证明和量刑问题的证明，以及定罪量刑之外的各种程序性争议的证明问题。例如，在最高人民法院、最高人民检察院启动量刑程序改革以后，理论界不仅将定罪证据和量刑证据作为新的证据分类，而且开始注意到在量刑程序中应当实行不同于定罪程序中的刑事证据规则。总体而言，相对于定罪程序中的证据规则或者证明规则，量刑程序中的证据规则或者证明规则应当更加简化和宽松。根据最高人民法院于 2008 年印发的《人民法院量刑程序指导意见（试行）》，在量刑事实的证明过程中，为了查明被告人的主观恶性和人身危险性，人民法院认为有必要时，允许使用能够反映被告人一贯表现或者特定品行、品质的证据；公诉人和自诉人应当就其关于刑罚适用的意见提供证据予以证明，而被告人及其辩护人应当就其关于从轻、减轻或者免除处罚等量刑意见提供证据；证明对被告人从重处罚的事实，应当达到事实清楚，证据确实、充分标准，而证明对被告人从轻、减轻或者免除处罚的事实，达到较大可能性程度即可；被告人及其辩护人就量刑事实举证后，控诉方提出反对意见的，对反对意见的证明应当达到事实清楚，证据确实、充分标准。再如，在2012年修订的《刑事诉讼法》新增羁押必要性审查制度以后，最高人民检察院在2016年9月1日印发的《"十三五"时期检察工作发展规划纲要》中明确提出"坚持少捕慎捕，落实逮捕社会危险性条件证明制度，加强逮捕社会危险性证据审查。围绕审查逮捕向司法审查转型，探索建立诉讼式审查机制"。而根据最高人民检察院于2016年1月22日印发的《人民检察院办理羁押必要性审查案件规定（试行）》和《关于贯彻执行〈人民检察院办理羁押必要性审查案件规定（试行）〉的指导意见》，羁押必要性审查已经大致上被改造成为具有司法性质的处理程序。如犯罪嫌疑人、被告人申请羁押必要性审查时必须提出不需要继续羁押的理由和证明材料；检察院应当通过公开的程序，在加害方和受害方在场的情况对是否继续羁押犯罪嫌疑人、被告人开展审查活动；在公开审查过程中，检察官可以就有关证据或有关问题，向参加人员提问，或者请参加人员说明，参加人员经检察官许可，也可以互相提问或者作答；等等。

从上面的分析不难看出，无论是在理论上还是在实践中，我国都已经出现多元刑事证明体系的苗头。但是，相对于传统的一元刑事证明体系而言，目前的多元刑事证明体系正处在不断发展和进化的过程中，仍然存在许多亟待解决和研究的重要问题。正是在这个意义上，笔者认为，我国刑事证据法学研究再转型的一个重要课题就是亟待加强多元化的刑事证明体系的理论研究。概括而言，至少需要加强以下课题的研究：（1）以刑事一体化为视野，进一步研究各个犯罪构成要件、阻却违法事由等实体法事实的证明问题，尤其是深入研究犯罪主观要件的证明问题；（2）本着刑事一体化的思路系统研究量刑事实的证明问题，尤其是深入研究量刑程序中的证据规则和证明规则；（3）系统分析和深入反思我国刑事诉讼中的各种程序性事项或者程序性争议的处理程序存在的问题；（4）系统研究如何将现行《刑事诉讼法》中围绕程序性事项或者程序性争议所设立的行政化程序改造成司法化程序；（5）深入分析刑事诉讼中的程序性事项或者程序性争议是否需要系统构建相对独立的程序性制裁体系；（6）系统研究针对程序性事项或者程序性争议所建立的程序性制裁体系中的证据规则和证明规则；（7）系统研究程序法事实的证明主体、证明责任分配、证明标准、证明程序；等等。

第六章

推动刑事证据法学的知识增长

客观地说，在学术资源越来越丰富的情况下，要想在刑事证据法学领域取得重大的理论突破或者提出具有原创性的研究成果，确实不是一件容易的事情。但是，这正是学者们研究刑事证据法学责无旁贷的使命。我们不能因为难以创新而将刑事证据法学研究沦为没有意义的重复劳动。我国刑事证据法学研究的第一次转型在理论创新或者增长刑事证据法学知识方面的作用有限，一个重要的原因在于，在缺乏科学研究方法训练的情况下，绝大多数研究者的视角总是停留在如何通过借鉴国外经验来改革我国刑事证据制度这个层面上，而很少考虑如何通过理论创新来推动刑事证据法学知识的增长。可以说，传统的研究思路已经越来越不适应刑事证据法学研究创新的迫切需要，而通过研究思路的再次转型实现刑事证据法学研究的理论突破已经成为学术界无法回避的一个重要课题。本章将在反思现行研究思路的基础上，对我国刑事证据法学研究思路的再次转型问题进行初步的探讨。

第一节　八股文式的刑事证据法学研究

我国刑事证据法学研究成果之所以难以进行理论创新或者增长我国刑事证据法学知识，除了第七章将要谈到的缺乏科学的研究方法训练以外，还与理论界普遍采取的八股文式的刑事证据法学研究风格具有极大关系。这不仅在于绝大多数研究成果在总体上严格遵循发现问题、分析问题、解决问题的惯有研究思路，而且在于绝大多数学者习惯于采用以大前提、小前提和结论为主要内容的三段论推理模式。而在广泛采用三部曲式的总体思路和三段论式的论证方式的情况下，再加上学者们很少在论著中提出中心命题，总是习惯于就某一个问题或者某项制度进行面面俱到的论述，从而在其论著中形成教科书式的篇章结构。

一、三部曲式的研究思路

问题是学术研究的基础和前提。我国学者像国外学者一样，也具有较强的问题意识。但是，同国外学者通常围绕问题提出一个命题进而对该命题进行论证所不同的是，我国学者往往不是对某个问题提出一个命题，而是更习惯于围绕某个问题进行全面而细致的研究和分析，即在法学研究过程中，不仅需要发现问题、分析问题，而且需要针对我国立法或者司法存在的问题提出相应的解决方案。甚至在绝大多数学者看来，一篇只提出问题而没有解决问题方案的论文，经常被认为是"未完成的论文"；一部只分析问题而没有提出立法对策的著作，也可能被认为"没有太多创见"①。基于以上习惯和认识，发现问题、分析问题和解决问题的研究思路已经成为我国学者从事刑事证据法学研究牢不可破的固定模式。在研究刑事证据法学的过程中，学者们不仅需要按照发现问题、分析问题和解决问题的思路进行思考和组织论证，而且需要在论文或者著作中按照发现问题、分析问题和解决问题的先后顺序安排文章的篇章结构。

一般而言，学者们在发现问题时所要研究的内容主要包括：（1）某项刑事证据制度或者某个刑事证据理论的基本现状；（2）由于我国没有规定某项刑事证据制度，从而在司法实践中带来诸多弊端；（3）尽管我国《刑事诉讼法》及其司法解释已经规定了某项刑事证据制度，但是由于该项制度不完善或者存在争议，而在司法实践中产生各种各样的问题；（4）对于某项刑事证据制度、某个刑事证据理论或者某个概念等存在理论上的争议或者分歧甚至错误的认识，需要在理论上进一步加以探讨；等等。学者们发现问题的方法主要包括：通过典型案例发现问题；通过数据统计、实证研究或者定量分析发现问题；通过比较分析发现问题；通过逻辑推理或者思辨分析发现问题；通过价值分析发现问题；等等。在发现问题之后，学者们通常会对各种问题的形成背景或者产生原因进行全面论述。例如，对于我国刑事证据立法与司法存在问题的原因分析，既包括立法上的原因，也包括司法的原因；既包括制度层面的原因，也包括观念层面的原因；既包括司法系统内的原因，也包括司法系统外的原因；既包括国家层面的原因，也包括社会层面的原因；既包括现实因素，也包括历史因素；等等。学者们分析问题的常见方法包括比较分析、历史分析、实证分析、价值分析等。在分析问题之后，学者们通常需要就我国刑事证据立法与司法存在的

---

① 陈瑞华．问题与主义之间——刑事诉讼基本问题研究［M］．北京：中国人民大学出版社，2008：7．

问题提出各种各样的解决方案。学者们在解决问题时所要研究的议题主要包括：（1）我国需要引入、构建或者修改与完善某项刑事证据制度的必要性或者重要性；（2）我国需要引入、构建或者修改与完善某项刑事证据制度的可行性；（3）我国需要引入、构建或者修改与完善某项刑事证据制度的基本思路；（4）引入、构建或者修改与完善某项刑事证据制度的具体构想；等等。学者们在论证如何引入、构建或者修改与完善某项刑事证据制度的具体构想时通常采取以下三种模式：第一，针对我国刑事证据立法与司法存在的各种问题，较为笼统地或者一一对应地提出相应的解决方案；第二，按照难易程度或者不同条件，将我国刑事证据立法与司法存在问题的解决方案分为近期目标、中期目标和远期目标三个部分，分别进行论述；第三，先就某项刑事证据制度的构成要素或者基本内容论述引入、构建或者修改与完善某项刑事证据制度的基本措施，然后论述如何保障该刑事证据制度贯彻落实的配套措施。

以我国刑事证据开示制度研究为例。随着我国刑事审判方式改革的不断推进，作为与当事人主义审判方式相配套的刑事证据开示制度成为理论界关注的一个热门问题。我国学者一般认为，证据开示制度是当事人主义诉讼模式的产物，但就证据开示的实质而言，职权主义诉讼制度中的阅卷制度也可以被视为一种比较特殊的证据开示制度。在比较研究的基础上，我国学者对于证据开示制度的理论基础和价值基础基本上没有什么争议。如学者们普遍认为，证据开示制度不仅有助于保障辩护权的充分行使，促进控辩双方平等武装，而且有助于防止证据突袭，提高刑事审判的效率。在对西方国家证据开示制度的基本原理进行分析之后，学者们对我国与证据开示制度相近的案卷移送制度和律师阅卷制度进行了全面而深入的反思，认为无论是在《刑事诉讼法》修改之前还是之后，案卷移送制度和律师阅卷制度都存在明显问题和缺陷。例如，在人民检察院向人民法院移送全部案卷的情况下，容易带来先定后审、法庭审判流于形式的问题；在人民检察院只是向人民法院移送主要证据复印件的情况下，人民检察院实际上掌握了阅卷的范围，无法充分保障辩护人的阅卷权；人民检察院在不向辩护方开示证据的情况下不承担相应的法律后果；在人民检察院隐瞒证据或者不向人民法院移送能够证明被告人无罪、罪轻的证据的情况下，辩护方找不到相应的救济渠道；在辩护人的阅卷权难以得到充分保障的情况下，损害了辩护权的行使，导致控辩双方无法进行平等对抗，进而有损公正审判；等等。在反思我国案卷移送制度和律师阅卷制度存在的问题之后，学者们又对这些问题的产生原因进行了系统分析。例如，1996年《刑事诉讼法》第150条及其司法解释缺乏对证据主要复印件的详细规定，导致人民检察院自行决定移送复印件的范围，从而损害辩护人的阅卷权；《刑事诉讼法》没有明确规定拒不履行证据开示义务的法律后果，导致辩护人的阅卷权受到损害而无法寻求相应救济；在2012年修改《刑事诉讼法》之前，人民检察院没有向辩护方开示无罪、罪轻证据的义务，而辩护方也没有义务向人民检察院开示其能够证明被告人无罪或者免于刑事责任的证据；在2012年修改《刑事诉讼法》之后，尽管辩护方有权向人民检察院或者人民法院申请调取公安机关或者人民检察院收集的无罪证据或者罪轻证据，但是现行法律缺乏相应的保障措施；等等。在发现和分析证据开示存在的问题之后，大多数学者不仅论述我国修改与完善案卷移送制度和律师阅卷制度的重要性或者必要性，而且在借鉴英美法系证据开示制度经验的基础上，主要从证据开示的时间、主体、内容、程序构造和保障措施等方面对我国如何构建证据开示制度提出了具体的设想。

再以我国沉默权研究为例。随着刑讯逼供问题的日益凸显，沉默权问题成为我国刑事证据法学研究中的一个热门课题。通过历史考察和比较分析，理论界普遍认为沉默权与不得强迫自证其罪原则存在紧密联系。其理论基础主要在于人格尊严理论、言论自由不受侵犯、诉讼权利平衡等。沉默权的主要价值在于保障被告人的合法权益，防止侦查权的滥用，遏制刑讯逼供，抑制司法权的专横。在分析西方国家沉默权的一般原理的基础上，学者们首先考察和分析了我国《刑事诉讼法》与沉默权之间的关系，普遍认为我国《刑事诉讼法》规定的被告人的如实回答义务违背了沉默权的基本精神。大多数学者甚至认为坦白从宽、抗拒从严的刑事政策也与沉默权存在较大冲突。就刑事司法实践而言，理论界普遍认为，屡见不鲜的刑讯逼供现象与我国没有规定沉默权及相关配套措施存在因果关系。有鉴于此，许多学者对我国是否具备构建沉默权的条件进行了热烈讨论。大多数学者认为我国应当确立沉默权及相关配套措施，如不被强迫自证其罪原则、自白任意性规则等，以便遏制长期困扰司法机关的刑讯逼供问题。

二、三段论式的论证方式

古希腊伟大思想家和哲学家亚里士多德创立三段论以来，三段论被广泛运用到科学研究、逻辑思维、数学证明、法律适用、辩论、写作等各个领域。三段论作为演绎推理的一种基本形式，是从一般原理到特殊情况的推理，即将已知的一般原理或者反映一般性知识的判断作为大前提，将反映个别情况或者特殊对象的判断作为小前提，然后根据一般原理对特殊情况推导出新的判断。实践证明，三段论推理已经被证明是非常科学的一种思维方法。三段论式的演绎推理之所以备受社会各界的青睐，不仅在于三段论推理比较容易掌握，而且在于如果三段论中的前提内容真实，而且推理形式符合逻辑规则，那么必然能够得出正确的结论。

　　或许是因为三段论简单易学而且论证得力，所以我国学者在研究刑事证据法学的过程中普遍采用了类似于三段论的论证方式。一般而言，学者们在刑事证据法学研究过程中对三段论的运用模式大致为：第一，利用比较分析、历史分析、价值分析、逻辑分析等研究方法，就某项刑事证据制度分析、归纳出一般的概念、特征、性质、理论基础、价值基础等作为研究的大前提；第二，通过注释法律、实证研究、定量分析、案例分析、现象描述等方式，将该刑事证据制度在我国刑事证据立法或者司法中存在的问题或者缺陷作为研究的小前提；最后，主张在借鉴国外成功经验的基础上就我国如何修改与完善该刑事证据制度提出各种各样的改革方案。

　　以非法证据排除规则研究为例。毋庸置疑，现代非法证据排除规则起源于西方国家，尤其是美国联邦最高法院通过一系列判例系统阐述了非法证据排除规则的基本理论及技术规则。尽管在西方国家非法证据排除规则的理论基础有很多，但是最主要的或者说其基本出发点实际上就是希望通过非法证据排除规则来遏制非法取证行为。[①] 与西方国家相类似的是，我国学者研究非法证据排除规则也主要是为了遏制非法取证行为。进一步而言，在刑讯逼供等非法取证行为屡禁不止进而长期困扰司法机关和引起社会强烈不满的情况下，我国学者普遍希望通过完善的非法证据排除规则来抑制非法取证行为。而学者们在研究非法证据排除规则的过程中普遍采用了类似于三段论的论证方式。其基本思路通常为：（1）以西方国家非法证据排除规则的理论与实践来论证非法证据排除规则的遏制功能，进而将非法证据排除规则在治理非法取证行为方面的功效作为论证的大前提；（2）在论证我国非法取证行为及其危害后果和主要原因的基础上将我国的非法取证行为与西方国家的非法证据排除规则联系起来，将我国非法取证行为屡见不鲜的一个重要原因归结于非法证据排除规则，将我国非法证据排除规则的不完善作为论证的小前提；（3）论证如何借鉴西方国家成功经验，针对我国非法证据排除规则的修改与完善提出各种各样的改革建议，将其作为最终结论。例如，一篇以《中国非法证据排除规则构建研究》为题的法学博士

---

　　① 尽管美国联邦最高法院在1914年就明确确立非法证据排除规则，但是直到1961年才宣布将非法证据排除规则应用到美国各州。一个重要的原因在于，1914年到1961年，在宪法第四修正案适用各州而不要求各州排除非法证据的情况下，各州的执法官员可以肆无忌惮地通过非法搜查、扣押的方式获取指控犯罪的证据，从而导致宪法第四修正案所规定的权利形同虚设。

学位论文（吉林大学，2013 年），就基本上采用了三段论式的论证方式。除了导论以外，该论文第一章和第二章论述了非法证据排除规则的基本原理和国外做法，作为论证的大前提；该文第三章论述了中国非法证据排除规则存在的问题，作为论证的小前提；该文第四章论述了我国应当如何进一步修改与完善非法证据排除规则，作为论证的结论。具体说来，可以用图 6-1 表示。

大前提	第一章	非法证据排除规则概述	第一节	非法证据排除规则的概念解析
			第二节	非法证据排除规则的创立与发展
			第三节	非法证据排除规则的理论举要
	第二章	国外关于非法证据排除规则的主要规定及启示	第一节	美国非法证据排除规则的主要内容
			第二节	英国非法证据排除规则的主要内容
			第三节	德国非法证据排除规则的主要内容
			第四节	日本非法证据排除规则的主要内容
			第五节	俄罗斯非法证据排除规则的主要内容
小前提	第三章	中国非法证据排除规则的现状与问题	第一节	非法证据排除规则在中国的现状
			第二节	中国非法证据排除规则存在的问题
结论	第四章	关于非法证据排除规则构建的建议	第一节	合理确定适合中国国情的非法证据排除的基本原则
			第二节	中国非法证据排除的范围
			第三节	非法证据排除的提出时间
			第四节	非法证据排除的主体
			第五节	非法证据的证明责任和证明标准

图 6-1　三段论的论证方式（例一）

再以传闻证据规则研究为例。20 世纪 90 年代初期以来，为了改变法官先定后审的局面和强化刑事庭审的功能，我国在借鉴英美法系当事人主义的基础上进行了刑事审判方式改革。而理论界也普遍将证人、被害人、鉴定人、侦查人员等出庭作证作为刑事审判方式改革能否取得成功的一个重要因素。但是，令学者们感到失望的是，在司法实践中，证人等却普遍不出庭作证。在这种背景下，我国学者不仅对证人保护制度、证人作证补偿制度、证人拒绝作证制裁制度、强制证人出庭作证制度等进行了全面而系统的研究，而且对传闻证据规则进行了全方位研究。学者们在研究传闻证据规则的过程中像研究非法证据排除规则一样，也普遍采取了三段论式的论证方式。首先，学者们在考察传闻证据规则的历史沿革和比较西方国家传闻证据规则的基础上，分析得出西方国家传闻证据规则的内涵、性质、理论基础、价值基础、法律适用，从而将西方国家传闻证据规则的一般原理作为论证的大前提。其次，学者们以证人出庭作证以及各种书面证据材料的运用为切入点，详细论证我国《刑事诉讼法》与传闻证据规则的关系，反思我国缺乏传闻证据规则对证人等不出庭作证、刑事庭审、刑事辩护、公正审判等带来的各种弊端，进而将传闻证据规则的缺失作为论证的小前提。最后，学者们在全面论证我国引入传闻证据规则的必要性和可行性的基础上，对我国如何在借鉴西方国家尤其是英美法系的成功经验的基础上构建传闻证据规则提出各种各样的具体设想。例如，一篇以《传闻证据规则研究》为题的法学博士学位论文（中国政法大学，2006年）采用了较为典型的三段论式的论证方式。除了在导言部分分析选题意义和文章结构，以及在结语部分对文章的主要内容进行总结，作者主要从六个方面对传闻证据规则进行了系统论述。其中，该论文从第一章到第四章较为系统地论述了传闻证据规则的基本原理、历史沿革和国外做法等内容，作为论证的大前提；该文第五章论述了我国刑事诉讼与传闻证据规则的关系及其存在问题，作为论证的小前提；该文第六章论述了我国构建传闻证据规则的基本设想及困境，作为论证的结论。具体说来，可以用图6-2表示。

大前提	第一章	传闻证据规则概述	第一节论述了传闻证据的概念、性质、表现形式、构成要素
			第二节论述了传闻证据规则的概念与性质
			第三节论述了传闻证据规则与直接言词原则的区别与联系
	第二章	传闻证据规则的历史沿革	第一节论述了英国陪审团与传闻证据规则的萌芽
			第二节论述了传闻证据规则的确立与发展
			第三节论述英美等国对传闻证据规则的改革
	第三章	传闻证据规则的理论嬗变	第一节论述了英美法系传闻证据规则的传统理论
			第二节论述了英美法系传闻证据规则的理论发展
	第四章	国外传闻证据规则的适用	第一节论述了传闻证据的认定
			第二节论述了传闻证据规则的例外
			第三节论述了传闻证据规则的适用程序

小前提	第五章	传闻证据规则与中国刑事诉讼	第一节论述了我国刑事诉讼与传闻证据规则的契合与冲突
			第二节论述了我国刑事诉讼缺乏传闻证据规则的弊端
			第三节论述了我国刑事诉讼确立传闻证据规则的必要性和有利条件
结论	第六章	中国构建传闻证据规则的设想及困境	第一节从传闻证据规则的界定、传闻证据规则的限制、传闻证据规则的适用程序、传闻证据规则的配套改革四个方面探讨了中国如何构建传闻证据规则
			第二节从实体真实主义、刑事司法体制以及刑事诉讼构造这三个角度对中国构建传闻证据规则可能面临的障碍进行了初步的探讨

图 6-2　三段论的论证方式（例二）

三、教科书式的篇章结构

尽管我国学者在刑事证据法学研究过程中能够始终围绕问题展开论述，但是在缺乏中心思想或者中心命题串联的情况下，学者们往往习惯于就某个问题、某个概念、某项刑事证据制度或者某个刑事证据理论进行面面俱到的分析和研究。在这种情况下，学者们在组织安排论文尤其是专著或者博士学位论文的篇章结构时几乎都采用了千篇一律的教科书体例，即学者们不是紧紧围绕中心命题逐步展开论述，或者不是将中心命题作为一根红线贯穿论著的始末，而是尽可能地论述某个问题、某个概念、某项刑事证据制度或者某个刑事证据理论所能够涉及的内容；学者们对某个问题、某个概念、某项刑事证据制度或者某个刑事证据理论的论述不是建立在一个中心命题或者一个中心论点的基础上，而是建立在多个相互独立的观点或者多个命题的基础上。从这个角度讲，大多数专著或者博士学位论文实际上就是某个问题、某个概念、某项刑事证据制度或者某个刑事证据理论的精细化教科书，而很难说是严格意义上的学术著作或者学术论文。

以一篇以《口供制度研究》为题的博士学位论文（中国政法大学，2005年）为例。该文共分为八章，对与口供相关的问题进行了全面论述。该文第一章论述了口供的概念、口供的内涵、共犯或共同被告人口供的证据属性以及口供与自白之间的关系。第二章论述了中国古代和外国古代司法制度中的口供问题。第三章论述了口供在中国内地证据制度中的变化与发展、口供在中国台港澳地区证据制度中的变化与发展、口供在外国证据制度中的变化与发展和联合国刑事司法准则中有关口供的规定。第四章论述了人权保障理念、无罪推定原则（理念）、打击犯罪与保障人权并重理念、正当程序理念、程序公正与实体公正并重理念、公正优先兼顾效率理念。第五章论述了口供的特征、功能以及"零口供"规则及其评价。第六章论述了保障口供的任意性（自愿性）、沉默权与口供、反对刑讯逼供、辩诉交易与口供、完善口供收集程序的具体设计。第七章论述了口供的证据能力、非法口供排除规则的价值冲突与选择以及我国如何构建非法口供排除规则。第八章论述了对口供本身真实性的审查判断，只有有罪口供不能定罪（口供补强规则），如何对待翻供，以及测谎仪在收集和审查判断口供等证据中的运用。显而易见，该文对口供问题的论述不可谓不全面。但是，该文因为过于强调全面系统的论述而缺乏一个能够贯穿全文的中心命题，导致该文在某种程度上相当于一本有关口供问题的教科书。

再以一篇以《刑事证明标准研究》为题的博士学位论文（中国政法大学，2005年）为例。除了在导语部分简要分析了选题意义和研究方法，该文从九个方面对刑事证明标准进行了全方位论述。第一章论述了刑事证明的概念和特点、刑事证明的主体、刑事证明的对象、刑事证明责任以及刑事证明标准的概念。第二章介绍和分析了神示证据制度下的证明标准、英美法系"排除合理怀疑"标准的形成与发展，大陆法系"内心确信"标准的形成与发展，以及我国古代的刑事证明标准、清末至中华人民共和国前的证明标准以及我国"犯罪事实清楚，证据确实、充分"证明标准的形成与发展。第三章着重分析了国内刑事证明标准的认识论基础，以及目前我国理论界关于认识论的争论。第四章利用成本收益分析方法分析了刑事证明标准的边际社会收益、边际社会成本，最佳证明标准的确定，不同证明对象的最佳证明标准，以及提高证明标准对于公安局、检察院、法院等部门具有不同的边际收益和成本。第五章主要论述了刑事政策对刑事证明标准的影响。第六章论述了推定与刑事证明标准的关系。第七章分析了刑事证明的心理学标准、逻辑学标准和概率标准。第八章分析了不同阶段的证明标准、不同犯罪构成要件的证明标准、不同量刑情节的证明标准、不同性质和不同程度案件的证明标准、程序法事实的证明标准以及有争议证据事实的证明标准。第九章分别论述确立该制度的必要性和可行性、具体做法、刑事证明标准判例的效力等。该篇论文几乎涉及了与刑事证明标准有关的所有重要内容，无异于刑事证明标准的教科书。

从我国绝大多数刑事证据法学研究成果来看，教科书式的体例主要包括两种模式，即主要体现在一般学术论文中的简单模式，以及主要体现在专著和博士学位论文中的复杂模式。

所谓简单模式，是指学者们按照下列思路或者内容来组织安排其论著的篇章结构：（1）通过比较方法或现象描述说明我国某项刑事证据制度存在的主要问题；（2）通过实证研究、价值分析、逻辑分析等研究方法分析该问题的主要缺陷或者危害后果；（3）通过学理解释、法律解释、实证研究、逻辑分析、价值分析等研究方法分析产生该问题的主要原因；（4）在借鉴西方国家成功经验的基础上论证我国如何构建或者修改与完善某项刑事证据制度。这种简单模式通常为法学硕士学位论文和期刊论文所采用。

以我国证人作证制度的反思与改革为例，学者们通常按照下列篇章结构来写这个问题：第一部分，用一组关于证人出庭率的数据说明证人作证制度出了问题；第二部分，证人出庭率低所产生的负面影响，如损害公正审判、破坏质证效果、削弱辩护效果、不利于保障人权等；第三部分，全面论述证人普遍不出庭作证的主要原因，如证人保护制度的不完善，证人作证补偿制度、拒绝作证制裁制度、强制证人作证制度的缺失，以及传统观念、人情社会的影响等；第四部分，对我国如何修改与完善证人作证制度提出各种各样的改革建议。例如，发表在《政治与法律》的一篇论文共分为四个部分。第一部分是引言，简要说明刑事证人应当出庭作证。第二部分是我国关于证人出庭作证的法律规定。第三部分是证人不出庭作证的原因分析。最后一部分是完善证人出庭作证制度的对策思考。① 再如，以《我国刑事证人作证制度存在的问题与完善》为题的一篇法学硕士论文（中国政法大学，2006 年），除了前言和结语，共分为三个部分，第一部分主要论述了证人和证人作证的概念；第二部分主要从立法和司法实践角度介绍我国证人作证的现状，分析存在的问题和缺陷；第三部分提出完善建议，包括完善证据规则、完善询问程序、完善出庭作证程序、加大法律宣传等。

所谓复杂模式，是指学者们按照下列思路或者内容来组织安排其论著的篇章结构：（1）提出某个待研究的刑事证据制度或者刑事证据理论；（2）系统论述该刑事证据制度或者刑事证据理论的基本要素，如概念、特征、性质、内容、价值、功能、理论基础等；（3）就该刑事证据制度或者刑事证据理论进行比较考察；（4）结合联合国刑事司法准则或者各种国际性的法律文件，论述该刑事证据制度或者刑事证据理论的发展趋势或者世界性的潮流；（5）通过比较分析

---

① 黄素萍. 论刑事诉讼证人出庭作证制度的完善［J］. 政治与法律，2009（7）.

论证中国在该刑事证据制度或者刑事证据理论方面存在的问题和缺陷，或者论证中国与该刑事证据制度或者刑事证据理论相关的立法与司法存在的问题与缺陷；（6）结合中国问题，论证借鉴国外成功经验、引入国外某项刑事证据制度或者某个刑事证据理论的重要性、必要性或者可行性；（7）结合中国问题，提出引入、修改与完善或者构建某个刑事证据制度或者刑事证据理论的具体设想。这种复杂模式主要为专著或者博士学位论文所采用。

以非法证据排除规则研究为例，我们可以很清晰地看到复杂模式的基本做法。近年来，鉴于刑讯逼供等非法取证行为一直是困扰司法实践的一个重大问题，非法证据排除规则可以说是我国刑事法学研究领域最热门的一个课题。概括而言，在我国大规模进行非法证据排除规则改革之前，学者们通常按照下列篇章结构来研究非法证据排除规则：（1）通过冤假错案或者统计数据等方式引出刑讯逼供问题，进而将刑讯逼供与非法证据排除规则联系起来，提出研究非法证据排除规则的意义；（2）系统论述非法证据排除规则的基本理论，如非法证据排除规则的界定（广义、狭义等）、特征（排除主体、排除客体等）、性质（可采性规则）、价值（公正、效率等）、功能（剥夺违法者利益、震慑违法、保持司法廉洁、保障人权等）、理论基础（阻吓理论、程序正义理论、保障人权理论等）；（3）对两大法系非法证据排除规则进行比较法的考察，分析非法证据排除规则的具体内容，如排除范围、排除模式、适用程序、证明责任分配、例外情形等；（4）通过分析联合国刑事司法准则、区域性的人权公约等国际性的法律文件，论证非法证据排除规则的发展潮流；（5）反思我国非法证据排除规则存在的问题和缺陷，如缺乏可操作性、语义模糊、排除范围狭小、没有证明责任分配、缺乏完善的适用程序等；（6）论证借鉴西方国家非法证据排除规则的意义，如完善立法、解决司法实践中的刑讯逼供等；（7）论证我国非法证据排除规则改革的基本思路，如借鉴西方国家成功经验与坚持中国国情相结合，原则与例外相结合等；（8）按照近期目标与中期目标、远期目标相结合或者基本措施与配套措施相结合的思路，提出我国非法证据排除规则改革的具体构想，如排除条件、适用范围、例外情形、证明责任分配、操作程序等。尽管这种研究模式对非法证据排除规则的研究不可谓不全面细致，甚至不乏某些较为独到的见解，但是在缺乏中心命题的情况下，这种对非法证据排除规则进行包罗万象式的分析，堪称非法证据排除规则的教科书。例如，一篇以《非法证据排除规则研究》为题的博士学位论文（中国政法大学，2002 年）就采用了较为典型的教科书体例：第一章论述了非法证据排除规则的基本概念、产生背景等；第二章论述了非法证据排除规则在美国的确立和发展；第三章论述了非法证据排除规则的范围；第四章论述了非法证据排除规则的例外；第五章论述了非法证据排除规则的操作程序；第六章论述了非法证据排除规则的价值；第七章论述了联合国和其他国家的非法证据排除规则；第八章论述了我国台湾、香港和澳门地区的非法证据排除规则；第九章论述了中国的非法证据排除规则；第十章论述了我国非法证据排除规则的改革设想。

第二节　刑事证据法学研究八股文化的主要缺陷

尽管理论界采用的三部曲或者三段论的研究模式在逻辑上比较清晰，在体系上也比较完整，但是这种八股文式的研究风格难免千篇一律，缺乏足够的新意。更为重要的是，我国学者在普遍采用三部曲式的总体思路、三段论式的论证方式以及教科书式的篇章结构的过程中，往往会深陷对策法学、比较法学和思辨法学的误区，从而形成研究成果丰硕而思想贫困的尴尬局面。概括而言，八股文式的刑事证据法学研究思路主要存在如下几个方面的缺陷。

一、偏离学术研究的本质使命

学术研究的使命在理论上是一个颇具争议的话题。毕竟，知识分子作为从事学术研究的主体，本来就是一个众说纷纭的议题。尽管基于不同的历史时期、社会环境、价值取向等因素，人们对学术研究或者知识分子的使命的认知和定位存在很大差异，但是从哲学的角度来看，学术研究的使命无外乎两个方面。一方面是学术研究的内在使命，即探索世界、追求真理和创造知识，也就是研究者们通过学术研究提供知识。学术研究的内在使命反映了学术研究的根本属性，体现了研究者们的独有价值，是学术研究的本质使命。另一方面是学术研究的外在使命，即服务社会、报效国家、造福人民，也就是研究者们通过学术研究提供服务。学术研究的外在使命反映了学术研究的表面特征，体现了研究者们同其他群体的共同价值，是学术研究的非本质使命。学术研究内在使命是学术研究外在使命的基础和前提，学术研究外在使命则是学术研究内在使命的延伸与转化。这意味着学术研究的内在使命与学术研究的外在使命是本原与派生的关系。如果学术研究的内在使命无法实现，那么学术研究的外在使命也就无从谈起。通过学术研究为国家和社会出谋划策或者提供智力支持应当是研究者们的副业，而提出和论证具有原创性的命题或者理论假设，进而推动科学知识的增长，才是研究者们的安身立命之本。从这个意义上讲，学术研究如果不以创造知识为出发点和落脚点，而是过于强调其服务功能，那么就是舍本逐末。学术研究的内在使命与外在使命实际上就是国学大师王国维在其《论近年之学术界》中所谈到的学术究竟是目的还是手段的问题。① 以学术为目的，就是强调学术研究的内在使命，实现学术研究的本原价值。而以学术为手段，就是强调学术研究的外在使命，实现学术研究的衍生价值。

就我国刑事证据法学研究而言，学者们明显更加注重学术研究的外在使命，而忽略了学术研究的内在本质，即在学者们普遍采取发现问题、分析问题和解决问题的研究思路以及习惯于采用三段论式的论证方式的情况下，学者们往往过多地强调其学术研究如何为我国立法、司法或者决策服务，所要考虑的首要问题是如何提出恰当的改革建议来解决我国刑事证据立法或者司法存在的问题，而极少考虑如何通过提出具有原创性的命题或者理论假设来推动刑事证据法学知识的增长。一方面，尽管学者们的刑事证据法学研究围绕我国刑事证据立法与司法存在的问题或者缺陷展开，但是学者们研究我国刑事证据立法与司法存在问题的出发点和落脚点几乎都是如何为我国刑事证据制度改革建言献策，而不在于提出具有原创性的命题或者理论假设，进而增长我国刑事证据法学的知识。另一方面，尽管学者们在三段论式的论证过程中能够就某项刑事证据制度或者理论进行较为全面的论述，但是学者们在论证大前提和小前提的过程中所要考虑的最终目标仍然是我国刑事证据制度要不要改革以及如何改革的问题，而不是针对我国刑事证据立法与司法存在的问题提出具有创造性的命题或者理论，进而对该命题或者理论假设进行周密细致的论证。

客观地说，我国学者过于强调刑事证据法学研究在服务立法与司法方面的价值而忽略了刑事证据法学研究在创造知识方面的本质追求，既具有深厚的历史根源，又具有重要的现实基础。从历史上看，我国知识分子具有非常浓厚的报效国家、追求功名的传统，学术研究对于绝大多数知识分子而言是手段而不是目的。尽管在春秋战国时期诸子百家形成了百花齐放、百家争鸣的学术繁荣景象，但是"学而优则仕"的理念开始深深扎根于我国古代社会知识分子的心里。战国时期以后，在封建专制统治者软硬兼施的政策下，我国古代知识分子开始由追求独立的士变成讲究功名的策士；再由策士逐渐蜕变成报效朝廷的谋士；再由谋士沦为争当奴才的进士。② 尤其是随着科举制度的建立和完善，我国

---

① 徐洪兴. 王国维文选 [M]. 上海：上海远东出版社，2011：77-81.
② 周非. 中国知识分子论亡史：在功名和自由之间的挣扎与抗争 [M]. 上海：上海三联书店，2012：27-59.

古代主流知识分子的学术研究带有浓厚的功利主义色彩。他们以追求功名和报效朝廷为目标，逐渐丧失学术研究的本质使命。尽管在西学东渐以后我国知识分子开始以世界的眼光来看待中国，但是在中华民族处于不断动荡和生死存亡的情况下，我国知识分子不得不承担起救亡图存的历史责任，从而导致其学术研究仍然具有强烈的功利主义色彩。就现实情况而言，尽管改革开放以来我国已经逐步建立了中国特色社会主义法治体系，但是基于社会主义初级阶段的基本国情，尤其是我国仍然处在社会转型时期，我国刑事证据立法与司法仍然存在各种各样的问题，这些问题迫切需要加以研究和解决。在这种情况下，不断推进的刑事司法改革在客观上确实需要学者们为我国刑事证据制度的修改与完善出谋划策和提供智力支持。

尽管我国学者偏离刑事证据法学研究的本质使命具备一定的客观理由，但是这种做法仍然值得我们深刻反思。首先，学者们在过于追求刑事证据法学研究的外在使命的情况下，往往将其研究思路停留在如何通过借鉴国外经验来改革我国刑事证据制度这个层面上，而很少考虑如何通过理论创新来推动刑事证据法学知识的增长。在这种情况下，尽管我国学者每年都可以发表大量有关刑事证据法学的论文或者专著，但是绝大多数学者总是在有意无意地运用西方国家的所谓先进刑事证据制度或者理论来演绎推理我国刑事证据的立法与司法，而很少提出和论证有别于西方国家的刑事证据制度或者理论，进而真正构建具有中国特色的刑事证据法学理论体系。其次，为我国刑事证据制度的修改与完善提供对策应当是刑事证据法学研究的结果，而不是刑事证据法学研究的本身或者原因。在研究者们发现我国刑事证据立法与司法存在的真正问题，而且能够通过创新理论对这些问题做出精确解释的情况下，如何解决我国刑事证据立法与司法存在的问题就是不言而喻或者水到渠成的事情。但是，我国大多数学者在八股文式的学术研究中所要考虑的首要问题不是刑事证据法学研究的理论创新，而是将如何解决我国刑事证据立法与司法存在的问题作为刑事证据法学研究的出发点和落脚点。这种做法不仅颠倒了刑事证据法学研究理论创新与成果转化之间的因果关系，而且因为过于强调刑事证据法学研究的功利性而在刑事证据法学研究理论创新方面无所作为。最后，对于我国刑事证据立法与司法存在的问题，研究者们的本职工作应当是通过理论创新精确地解释问题，而不是想当然地直接提供问题的所谓解决方案。就学术研究的中立性而言，学者们在研究刑事证据法学的过程中应当尽量做到价值无涉，而刑事证据制度存在问题的解决却不是中立的问题，而是需要决策者正确处理各种利益主体之间的冲突与协调。就学术研究的科学性和客观性来说，学者们在刑事证据法学研究过程中不能主观臆断，应当尽可能地尊重经验事实，所提出来的命题或者理论假设应当具备可证实性或者可证伪性，而刑事证据制度存在问题的解决往往蕴含了决策者的主观意图，需要决策者做出价值判断和价值选择。如果说个别研究者在接受决策部门委托的情况下从事对策研究情有可原的话，那么绝大多数学者不以学术研究为目的，而以学术研究为手段，就是集体无意识的一种表现。其结果只能是带来我国刑事证据法学研究的表面繁荣，而难以推动我国刑事证据法学研究的理论创新和知识增长。

二、过于依赖比较的逻辑推理

学术研究的主要过程就是研究者们按照一定的论证方式，运用论据论证其论点或者论题的过程。论证是联系论题与论据的纽带。而科学的论证离不开科学的逻辑思维和逻辑推理。在学术研究的过程中，如果没有逻辑思维和逻辑推理，就不可能有科学的或者令人信服的论证。逻辑思维是人们运用概念、判断、推理等思维类型反映事物本质与规律的认识过程。逻辑推理是逻辑思维的重要内容和主要形式。有鉴于此，科学的论证实际上就是不断进行逻辑推理的过程。逻辑推理是根据一个或者一组判断得出另一个判断的逻辑思维过程。作为推理依据的判断或者命题是推理的前提，由推理的前提推理出来的命题或者判断是推理的结论，而前提和结论之间的联系方式是推理的形式。任何逻辑推理都是由一定的前提，通过一定的推理形式，按照一定的逻辑规则推出结论的思维过程。根据逻辑思维的不同过程，可以把逻辑推理分为演绎推理、归纳推理和类比推理三种形式。演绎推理是从一般性前提推出特殊性结论的推理，归纳推理是从特殊性前提推出一般性结论的推理，而类比推理是从一般性前提推出一般性结论，或者从特殊性前提推出特殊性结论的推理。就前提和结论的联系而言，演绎推理的结论具有必然性，即如果推理的前提真实，而且推理的形式正确，那么推理的结论必然真实；归纳推理和类比推理的结论具有或然性，即推理的前提即使真实，而且推理的形式正确，也不能保证必然推理出真实的结论。类比推理在本质上是尚未展开的归纳推理和演绎推理。类比推理和归纳推理都属于或然性推理和合情推理。尽管通过类比推理和归纳推理得出来的结论不一定真实，但是这两种推理往往有助于启发思维、开阔思路甚至发现真理或者提出科学假说，为演绎推理提供证明的思路和方向。演绎推理是与合情推理相对应的论证推理，是证明假说或者结论的一种推理形式，它在符合条件的情况下可以得出真实可靠的结论。演绎推理与归纳推理是学术研究中最为常见的两种推理形式。归纳推理是演绎推理的基础，演绎推理的前提往往需要通过归纳推理来提供。演绎推理是归纳推理的补充，归纳推理的结论依赖演绎推理来证明。

尽管逻辑推理是开展学术研究的重要手段，但是逻辑推理的正确运用必须符合逻辑规则，符合正确的推理形式。否则，就不能保证推理的正确性和有效性。如果研究者运用逻辑推理的过程中违背逻辑规则，或者不符合正确的推理形式，那么不仅不能得出真实可靠的结论，甚至会产生各种各样的谬误。类比推理的最大特点就是研究者借助类比，使其认识从一个领域扩展到另一个领域，起到启发思维、扩大视野、激发联想进而提出科学假设的作用。但是类比推理作为一种或然性推理，要想提高类比推理结论的可靠性，应当尽量确保类比事物之间具有相同或者相似的属性，以及进行类比的事物的共有属性与推出属性之间应当具有密切联系。如果两个事物没有相同的或者相似的基础、条件或者属性，或者共有属性与推出属性根本没有什么联系，那么就不宜运用类比推理。归纳推理反映了研究者从个别到一般的思维过程，是研究者们总结经验、探求新知的重要途径。根据归纳推理的前提是否考察了结论所反映的那类事物的全部对象，可以将归纳推理分为完全归纳推理和不完全归纳推理。完全归纳推理要求考察某类事物的全部对象。尽管在考察全部对象的情况下，通过完全归纳推理可以得出真实可靠的结论，但是在实践中往往很难做到这一点。在这种情况下，研究者往往只好采用不完全归纳推理。不完全归纳推理只是考察某类事物的部分对象。不完全归纳推理又包括简单枚举归纳推理和科学归纳推理两种。要想提高简单枚举归纳推理的可靠性，应当尽可能考察更多的事例，以及确保在已经考察的事例中没有出现反例。如果研究者考察的事例太少，或者对同类事物的考察因为过于粗疏而遗漏反例的可能性，就很容易犯下以偏概全的错误。科学归纳推理的可靠性取决于研究者对于事物与属性之间因果联系的分析。而研究者在分析事物与属性之间的因果联系时往往需要借助演绎推理的方法。演绎推理的最大优点就是，如果推理的前提真实可靠，而且推理形式有效，符合逻辑规则，那么必然能够得出正确的结论。以演绎推理的基本形式三段论为例。运用三段论进行演绎推理，必须遵循下列规则：在每个三段论中必须有三个项；中项在前提中至少要周延一次；在前提中没有周延的项，在结论中也不得周延；两个否定的前提不能推出结论；如果有一个前提是否定的，那么结论也必然是否定的；两个特称前提不能得出任何结论；如果有一个前提是特称前提，那么得出的结论也必然是特称结论。

就我国刑事证据法学研究而言，尽管学者们广泛运用了逻辑推理的论证方式或者研究思路，尤其是习惯于通过三段论式的论证方式来演绎推理我国刑事证据制度的修改与完善，但是在研究视野普遍比较狭窄的情况下，学者们在逻辑推理的过程中往往呈现出过度依赖比较分析的现象。这主要表现在五个方面。第一，在论证现代某项刑事证据制度的一般原理时，学者们往往在比较考察西方国家的相关立法与实践的基础上，通过归纳法总结该刑事证据制度的基本内涵、主要特征、理论根据、价值基础、功能等。第二，在比较国外某项刑事证据制度时，学者们不仅对英美法系和大陆法系或者其他国家的相关立法与司法进行比较分析，而且对国外相关立法与实践进行历史考察，结合联合国刑事司法准则、《欧洲人权公约》《欧洲联盟基本权利宪章》《美洲人权公约》《亚洲国家人权宪章》《非洲人权和民族权宪章》等世界性的或者区域性的国际人权公约进行比较分析，以便论述该刑事证据制度的发展趋势或者世界性潮流。第三，通过比较分析我国同西方国家之间的差距来论述我国某项刑事证据制度存在的问题和缺陷。第四，在论述我国修改与完善某项刑事证据制度的重要性、必要性或者可行性时，学者们的主要思路仍然是比较分析、借鉴国外成功经验。第五，在对我国如何具体构建、修改或者完善某项刑事证据制度时，学者们所论述的各种解决方案仍然是比较国外相关立法与司法或者总结国外成功经验的产物，还美其名曰西方国家刑事证据制度或者理论的本土化。尤其值得一提的是，在学位论文开题、学位论文评阅、学位论文答辩或者研究成果鉴定的过程中，如果作者没有对国内外相关制度进行比较分析，那么很有可能被视为考虑不周到、论证不全面、内容不丰富、资料不翔实的一种表现。

从研究方法的角度而言，比较分析的确是我国研究者们从事刑事证据法学研究不可或缺的一种研究方法。尤其是在我国刑事证据制度相对于现代法治发达国家刑事证据制度而言仍然存在较大差距的情况下，比较分析在我国刑事证据法学研究中仍然具有重要现实意义。但是，要想对中外刑事证据制度进行深入比较分析，不仅要求研究者们精通国外的语言文字，而且需要研究者们非常熟悉国内外刑事司法制度和刑事证据制度的来龙去脉和实践状况。而我国绝大多数研究者尤其是法学专业研究生并不具备这样的条件和能力。绝大多数研究者的所谓比较分析只不过是他们系统梳理、介绍、评价和移植国外的相关研究成果或者相关刑事证据立法而已。有的研究者即使能够选取一定的角度对国内外的刑事证据制度进行比较分析，也往往局限于刑事证据立法层面，而很少对蕴含在刑事证据制度背后更深层次的问题进行深入比较分析，尤其是无法在超越国内外制度差异和现有理论框架的基础上对某项刑事证据制度做出独到的比较分析和精确解释。不仅如此，就科学的逻辑思维方法而言，研究者们在逻辑推理的过程中过度依赖比较分析的做法同样需要深刻反思。

首先，以西方少数几个国家的刑事证据立法与司法为基础归纳总结的刑事证据制度基本原理无法确保演绎推理大前提的真实可靠性。通过演绎推理得出可靠结论的逻辑前提是进行推理的大前提必须真实可靠。如果研究者不能确保推理的大前提是真实可靠的，那么通过演绎推理得出的结论的真实可靠性也无法得到保障，甚至可能会得出错误的结论。在过于依赖比较分析的情况下，研究者们演绎推理的大前提往往就是西方国家刑事证据制度的一般原理。而研究者们在分析西方国家刑事证据制度的一般原理时所依赖的根据主要就是英国、美国、法国、德国、意大利、日本等极少数国家的立法与实践。在这种情况下，研究者们在论证刑事证据制度的一般原理时动辄采用"西方国家""现代法治国家"甚至"世界各国"的表达方式，或者动不动将这几个少数国家的刑事证据制度原理作为普适性或者普世性的理论来看待，在归纳推理的过程中就会极易犯下以偏概全的错误，进而导致其得出来的结论也难以经得起推敲。以非法证据排除规则为例。为了解决长期困扰司法实践的非法取证问题，国内学者普遍主张在借鉴西方国家治理非法取证行为的成功经验的基础上在我国构建完善的非法证据排除规则。而西方国家的真实情况却是，尽管非法证据排除规则在理论上具有一定的合理性，但是对于非法证据排除规则能否起到遏制非法取证行为的功效，不仅在理论上存在很大争议，而且在实践中也没有得到充分的验证。即使是备受国内学者推崇的美国非法证据排除规则，也是如此。① 而国内学者为了自圆其说，不仅夸大其词地认为非法证据排除规则在西方国家取得了巨大成功，而且想当然地将非法证据排除规则作为治理非法取证行为的一种灵丹妙药来看待。显而易见，这种以偏概全的比较分析既不是一种严谨的学术态度，也不是严格遵循逻辑推理规则的必然结果。

其次，简单地将西方国家的刑事证据制度或者理论作为分析问题的判断标准，既无助于发现我国刑事证据立法与司法存在的真正问题，也不能保障演绎推理小前提的真实可靠性。演绎推理的正确性和有效性不仅要求大前提具有真实可靠性，而且要求小前提也应当具有真实可靠性，尤其是小前提应当符合大前提的条件。如果小前提不真实可靠，或者小前提不符合大前提的条件，那么即使大前提真实可靠，也无法通过演绎推理得出必然正确的结论。就我国刑事证据法学研究而言，在极少采用实证研究方法的情况下，研究者们往往习惯于通过类比推理或者比较研究的方法来解释我国刑事证据立法与司法存在的问题，并以此作为演绎推理的小前提。但是，研究者们在类比推理或者比较研究的过程中，往往忽略了中西方国家刑事司法制度的可比性，尤其是没有看到隐藏在

---

① 王超. 排除非法证据的乌托邦［M］. 北京：法律出版社，2014：16-76.

中西方刑事证据制度背后的各种复杂因素或者深层次问题，从而选择性地论述对其预设结论有利的内容，机械地将西方国家刑事证据制度或者理论作为衡量我国刑事证据立法与司法是否存在问题的判断标准，以及简单地将我国没有规定的刑事证据制度或者同西方国家相比存在一定差距的刑事证据制度作为关键问题进行分析。在这种情况下，研究者们所发现的问题往往流于表面，而难以深入分析我国刑事证据立法与司法存在的真正问题。以证人出庭作证为例。随着我国对抗制审判方式改革的不断推进，理论界对我国证人普遍不出庭作证这个问题进行了全面研究：研究者们通常运用西方国家的程序正义、公正审判、人权保障等理论来论述证人出庭作证的理论基础和实践价值，反思我国证人普遍不出庭作证的危害后果，进而在比较分析的基础上将我国证人普遍不出庭作证的原因归结为传闻证据规则、证人作证补偿制度、证人拒绝作证制裁制度、强制证人作证制度的缺失以及证人作证保护制度的不完善，最后提出各种旨在提高证人出庭作证比例的改革建议。仅就西方国家尤其是英美法系的刑事司法制度而言，研究者们就证人出庭作证的分析无疑具有一定的正当性。但是，如果不注意我国同西方国家尤其是英美法系刑事诉讼制度之间的差异而简单地将西方国家的证人出庭作证理论套用在我国刑事诉讼中，僵化地以证人出庭作证率的高低作为研究的出发点和落脚点，就会忽略我国隐藏在证人普遍不出庭作证背后的深层次问题或者真正问题。例如，在西方国家尤其是英美法系实行以司法裁判为中心的刑事诉讼构造中，证人是否出庭作证对于刑事审判而言无疑具有至关重要的作用。但是，在我国实行逆向刑事诉讼构造的情况下①，证人出庭作证比例的高与低实际上对刑事审判没有实质性的影响。既然如此，那么研究者们始终将其研究建立在证人出庭作证比例的高低之上，既不能发现隐藏在我国证人普遍不出庭作证这个现象背后的本质问题，也难以为我国证人普遍不出庭作证这个问题提供有效的解决方案。

最后，贸然地将西方国家的相关制度或者理论作为普适性或者普世性的刑事证据制度或者理论，不仅会使我们丧失应有的反思能力，而且极易形成西方国家如此、中国也应当如此的懒惰心理和错误逻辑。客观地说，我国刑事证据制度的确存在各种问题亟待解决。但是，解决问题的逻辑前提必须是能够发现和精确地解释真正的问题。而令人遗憾的是，在过于依赖比较分析而又不具备比较研究能力的情况下，无论是发现问题、分析问题还是解决问题，研究者们都很难得出令人信服的结论。受学术资历、学术视野、学术立场、研究能力、

---

① 王超.排除非法证据的乌托邦［M］.北京：法律出版社，2014：363-370.

占有资料、思维方式、语言能力等因素的影响，许多研究者不仅无法全面认识和深刻理解西方国家的刑事证据制度或者理论，而且无力反思或者批判西方国家的刑事证据制度或者理论，在潜意识里动辄将西方国家的刑事证据制度或者理论视为普适性或者普世性的制度与理论，进而既将西方国家的刑事证据制度与理论作为发现或者分析我国刑事证据立法与司法存在问题的一个判断标准，又将西方国家的刑事证据制度与理论作为解决我国的刑事证据制度存在问题的理想方案。这种过于简单的比较研究显然值得反思。一方面，在我国同西方国家在政治基础、经济状况、社会特征、法律传统、法治理念、法治水平等诸多方面存在明显差异的情况下，想当然地将西方国家的刑事证据制度或者理论套用在我国刑事诉讼中，从而不加辨别地将西方国家的刑事证据制度或者理论作为我国刑事证据制度存在问题的评价标准和理想解决方案，不仅不符合逻辑推理的基本规则，而且难以通过理论创新来精确解释我国刑事证据立法与司法存在的独有问题和真正问题。另一方面，在不充分考虑或者深入分析西方国家刑事证据制度的来龙去脉、时代背景、制度土壤、生存环境、适用边界等诸多影响因素的情况下，抱着西方国家如此、中国也应当如此的潜在心理，生搬硬套西方国家的刑事证据制度或者理论，难免产生橘生淮南则为橘、生于淮北则为枳的水土不服现象，或者导致牛头不对马嘴的尴尬结局。

三、缺乏创新精神的学术产品

创新既是学术研究的生命和灵魂，又是学术研究的本质和目标。创新是学术研究的出发点和落脚点，贯穿学术研究的全部过程。学术研究只有不断创新，才能保持旺盛的生命力。如果没有创新，就没有学术研究。没有创新的学术研究徒劳无益，浪费资源。创新对于学术研究之所以如此重要，不仅在于创新是知识分子或者研究者们的本质使命、神圣责任和根本目标，是知识分子或者研究者们造福人类、奉献国家、服务社会、造福人民的需要，而且在于创新是人类社会探索、继承、传播、创造、捍卫科学知识、事物规律、客观真理的需要，是人类社会应对新形势、新问题、新任务的需要，是人类社会思想解放、弘扬正气、不断发展、取得进步的需要。学术研究的创新具有层次性。较高层次的学术创新是学术研究的内在创新，它要么开拓了新的研究领域，要么提出了新的命题、论证了新的观点、创造了新的理论、创立了新的思想。在较高层次的学术创新成果中，研究者往往能够提出新的带有标志性的或者标签式的概念或者论断，创建新的理论体系或者思想体系。较低层次的学术创新是学术研究的外在创新，它要么发现或者修正已有知识或者理论存在的问题或者局限，要么利用新的思路、视野、方法或者论据对已有的知识或者理论展开进一步的论证。学术研究的创新成果不仅符合理性、逻辑和科学,而且需要经得起实践的检验。较高层次的学术创新是学术研究的终极追求,但是也不能忽略较低层次的学术创新的积极意义。研究者们往往只有不断地积累较低层次的学术创新,才有可能在学术研究的艰难历程中得到升华,实现较高层次的学术创新。

尽管创新是学术研究的生命和灵魂,但是在各种主客观因素的影响下,我国学术界形成了学术产品丰硕但缺乏创新、思想贫困的学术泡沫现象。据统计,尽管我国科技人员发表的期刊论文数量位居世界第一,但是按照中国科技信息研究所提供的数据,我国科研论文的平均引用率仅排在第 108 位。① 另据报道,尽管我国发表的 SCI 论文数量连续六年排名世界第 2 位,但是我国平均每篇论文被引用 8.14 次,而世界平均值为 11.29 次每篇。② 出现发表论文数量巨大而引用率偏低的现象,最主要的原因就是我国科研人员发表的学术论文缺乏足够的创新性。这就是在社会各界形成广泛共识的学术泡沫问题。如中国青年报社会调查中心通过手机腾讯网进行的一项调查显示,95.9%的受访者认为现在"学术泡沫"严重。③ 习近平总书记 2016 年 5 月 17 日在哲学社会科学工作座谈会上发表重要讲话时也曾经指出,我国是哲学社会科学大国,研究队伍、论文数量、政府投入等在世界上都是排在前面的,但目前在学术命题、学术思想、学术观点、学术标准、学术话语上的能力和水平同我国综合国力和国际地位还不太相称。④ 就我国刑事证据法学研究而言,学术泡沫现象同样比较严重。一个突出的表现就是,尽管我国每年公开发表或者出版了大量与刑事证据法学有关的学术论文和专著⑤,尤其是在刑事证据制度改革的大力推动下,我国刑事证据法学研究甚至成为整个法学界的一门显学,但是绝大多数研究成果都是在运用西方国家的刑事证据制度或者理论来演绎我国的刑事证据立法与司法,而很少针对我国刑事证据立法与司法存在的问题提出和论证有别于西方国家刑事证据

---

① 王延斌. 怎么看中国科技论文"世界第一"[N]. 科技日报, 2011-03-07.

② 叶乐峰. 科技论文不拼数量拼质量 [N]. 光明日报, 2015-10-28 (6).

③ 孙震等. 92.5%受访者认为泡沫学术有套取科研经费之嫌 [N]. 中国青年报, 2013-10-31 (6).

④ 习近平. 在哲学社会科学工作座谈会上的讲话 [J]. 时事报告, 2016 (6).

⑤ 根据本书图 2-2、图 2-3、图 2-4, 1979 年 7 月至 1996 年 2 月,就刑事证据法学方面的研究成果而言,理论界每年平均大约只是出版了 1.5 部专著、0.8 部教材、14.5 篇 CLSCI 重要法学核心期刊论文。而根据本书图 2-13, 1996 年 3 月至 2017 年 12 月,就刑事证据法学而言,理论界大约每年出版了 14.4 部专著、5.9 部教材,发表了 34.2 篇 CLSCI 重要法学核心期刊论文,其增长率分别高达 860%、636%、136%。

制度与理论的概念、命题或者理论假设，以至于迄今为止我国尚未形成成熟的刑事证据法学理论体系。

我国刑事证据法学研究之所以形成产品丰富但创新匮乏的学术泡沫现象，既与研究者们缺乏科学方法论的训练有关，又与研究者们所处的学术环境存在较大关系。首先，在发现问题、分析问题和解决问题的研究思路中，尽管学者们具有很强的问题意识，但是学者们发现问题和分析问题的出发点和落脚点往往不是为了提出具有重要学术价值的命题或者理论假设，而是定位于如何为我国刑事证据立法与司法存在的问题提供各种各样的解决方案。而这种以建言献策为主要目标的研究更像是党政机关所设立的政策研究机构或者智库所作的对策性研究或者应用型研究，而不是以探索真理、增长知识为终极目标的学术研究，因而很难促进我国刑事证据法学研究取得理论上的突破。其次，在运用演绎推理的过程中，学者们在深陷比较法学和对策法学研究误区的情况下，习惯于在系统梳理西方国家刑事证据制度与理论的基础上，有意无意地以西方国家的刑事证据制度或者理论作为我国刑事证据立法与司法存在问题的评价标准和理想解决方案，而往往忽略中西方国家在政治基础、经济状况、社会特征、法律传统、法治理念、法治水平、文化传统等诸多方面存在的差异。再次，受策论传统和经世致用思想的影响，学者们以建言献策为目标的刑事证据法学研究更容易受到立法机关、司法机关甚至是决策层的重视，其研究成果更容易得到党政机关的采纳从而为其在发表论文、申报课题、科研考核、学术奖励、学术荣誉等许多方面带来实惠。在这种情况下，学者们普遍抱着较为功利的态度从事刑事证据法学研究，宁愿以建言献策作为其学术研究的出发点和落脚点，也不愿意吃力不讨好地将创新刑事证据法学理论、增长刑事证据法学知识作为他们的毕生学术追求。最后，学术研究本来是一项厚积薄发、水到渠成的崇高事业，如果没有淡泊明志、宁静致远、甘于寂寞、潜心钻研的态度或者精神，研究者们很难取得很高的学术成就。但是，受行政权力主导学术研究、高等学校科研量化考核、僵化的职称评定标准、科研课题申报、不科学的学术评价体系、不合理的学术奖励标准等诸多因素的影响①，许多研究者很难潜下心来进行高质量的学术研究，而只好急功近利地早出成果、快出成果、多出成果，从而造成了学术产品丰富但学术思想贫困的学术泡沫现象。

---

① 中国青年报社会调查中心关于学术泡沫的一项调查也显示，产生学术泡沫的主要原因包括行政权力主导学术研究、学术不端和急功近利、课题申报与职称政绩挂钩。孙震. 92.5%受访者认为泡沫学术有套取科研经费之嫌 [N]. 中国青年报, 2013-10-31 (6).

　　尽管我国刑事证据法学研究的表面繁荣是各种主客观因素综合作用的结果，但是我们必须清醒地认识到学术泡沫的危害。显而易见，我国刑事证据法学研究泡沫化的最大危害就是背离了学术研究的本来面目，使刑事证据法学研究沦为获取各种名利的一种手段，而不是旨在推动我国刑事证据法学研究的理论创新和知识增长。在产品丰富但创新匮乏的情况下，这不仅导致我国迟迟不能真正构建具有中国特色刑事证据法学理论体系，进而提高我国刑事证据立法的水平，而且导致学者们针对我国刑事证据立法与司法存在的问题所提出来的各种解决方案由于缺乏理论上的精确解释而难以起到应有的效果，甚至会对我国刑事证据制度改革形成一定的误导。我国泡沫化的刑事证据法学研究不仅在理论上缺乏足够的创新，而且连较低层次的学术创新都难以实现。例如，无论是发现问题、分析问题还是解决问题，学者们在研究思路和研究方法上都非常依赖于西方国家与我国的比较分析，而很少创造性地运用交叉学科分析、实证分析、定量分析等研究方法。再如，在缺乏中心命题贯穿论著始终的情况下，学者们在组织安排论文尤其是专著或者博士学位论文的篇章结构时普遍采用没有新意的教科书体例。从某种程度上讲，由于缺乏中心命题的串联作用，或者由于缺乏中心思想，学者们的论著几乎都是内容完全开放的体系，即只要学者们认为某方面的内容与其正在论述的某项刑事证据制度有一定联系，就会将这方面的内容放在论著中进行论述。尽管绝大多数面面俱到的研究成果由于缺乏中心思想或者中心命题在篇章结构方面常常显得杂乱无章，但是在学位论文开题、学位论文评阅、学位论文答辩或者研究成果鉴定的过程中，这种完全开放式的论述不仅不被视为学术研究的缺陷，反而会被视为一种优点，是考虑周密、论证全面、内容丰富、资料翔实的一种表现。另外，我国刑事证据法学研究的表面繁荣或泡沫化不仅造成低水平的重复研究，进而导致学术资源的不必要浪费，而且有可能形成过于功利、浮躁的学术研究氛围，导致学者之间形成恶性竞争或者恶性循环，进而破坏学术研究的生态环境，影响学术研究的社会形象，甚至误导青年学生或者青年研究者的学术道路。

第三节　刑事证据法学研究思路的再转型

　　在学术资源越来越丰富、中外学术交流越来越多的情况下，要想在刑事证据法学领域取得重大的突破或者提出富有见地的新观点、新思想，或者在学术界占有一席之地，已经变得异常艰辛。为了避免我们的刑事证据法学研究沦为没有意义的重复劳动，努力地做出我们的学术贡献，完成刑事证据法学研究的应有使命，真正地发挥理论指导实践的魅力，我们应当另辟蹊径，彻底改变八股文式的研究模式，积极拓展刑事证据法学的研究视角，在刑事证据法学研究思路上实现彻底的转型。基于我国目前八股文式刑事证据法学研究模式在研究思路方面存在的诸多缺陷，我们可以从以下几个方面实现我国刑事证据法学研究思路的再转型。

一、回归刑事证据法学研究的本质使命

创新是学术研究的生命和灵魂。如果研究成果缺乏任何形式的创新，那么它的价值就会大打折扣，甚至毫无价值。尽管 1996 年修改《刑事诉讼法》以来我国刑事证据法学研究已经形成较为繁荣的学术景象，但是真正具有重要原创性的研究成果却不是很多。通过前文的分析不难发现，我国八股文式的刑事证据法学研究在理论创新、增长刑事证据法学知识方面难以有所作为，一个重要的原因在于，我国绝大多数研究者在研究刑事证据法学时的出发点和最终落脚点往往不是为了提出原创性的理论或者具有重要学术价值的命题，而是为了对我国刑事证据立法或者刑事司法改革提出相应的解决方案。实践证明，以建言献策为根本目标的三部曲式研究思路只能带来刑事证据法学研究的表面繁荣，而无法满足推动刑事证据法学研究理论创新和知识增长的需要。这是因为，研究者们针对我国刑事证据立法与司法存在的问题所提出来的各种立法建议或者改革方案在本质上只是一种未经证实也难以证实的一种假设而已。由于这种假设只是研究者们认为并且希望通过各种改革方案解决我国刑事证据立法与司法存在问题的一种良好愿望或者价值判断，而不是已经得到实践检验或者实证研究支持的刑事证据法学理论，因此，研究者们很难在这种相信改革方案能够解决中国问题则赞成、不相信改革方案能够解决中国问题则反对的环境中展开有效的学术交流，进而创造出新的刑事证据法学理论和推动刑事证据法学知识的增长。在笔者看来，我国刑事证据法学研究要想在理论创新和增长知识方面有所作为，不能再继续沿着三部曲式的研究老路，必须改变以往本末倒置的做法，回归刑事证据法学研究的本质使命。

一方面，尽量避免以建言献策作为刑事证据法学研究的根本出发点和落脚点。长期以来，在立法机关秉承"宜粗不宜细""宁简勿繁"的立法指导思想的情况下，我国刑事证据立法一直处于较为滞后的状态。在刑事证据立法严重滞后的情况下，近年来我国刑事司法实践出现了各种各样亟待解决的难题。而且，立法机关的刑事证据立法和最高司法机关的司法解释也迫切需要研究者们

充分发挥专业智慧。正是在这个意义上，在刑事证据法学研究的过程中为我国刑事证据立法与司法出谋划策是研究者们不可推卸的一种责任。正如习近平总书记在哲学社会科学工作座谈会上发表重要讲话时所指出的那样，一切有理想、有抱负的哲学社会科学工作者都应该立时代之潮头、通古今之变化、发思想之先声，积极为党和人民述学立论、建言献策，担负起历史赋予的光荣使命。① 尽管我国滞后的刑事证据立法为研究者们的建言献策式研究提供了广阔空间，但是学术研究的本质使命和研究者们的独立地位决定了建言献策式的学术研究只能是一种副业。如果研究者们在刑事证据法学的研究过程中将建言献策作为学术研究的出发点和落脚点甚至是毕生的学术追求，那么这种本末倒置的做法不仅混淆了研究者们同官方智库或者政策研究机构之间的角色差异，而且还会使研究者们因为过于关注对策研究而形成"刑事证据实践反思——刑事证据制度改革——刑事司法实践再反思——刑事证据制度再改革"的研究循环，从而导致学术研究的功利化或者投机化，无暇顾及刑事证据法学的理论创新。尤其是对于学术研究的两种使命的关系而言，建言献策应当是理论创新的自然结果，而不是学术研究的出发点和落脚点。研究者们在刑事证据法学的研究过程中不追求理论创新，而是急功近利地进行建言献策，这是颠倒因果的舍本逐末的做法。实际上，研究者们只有在找到真问题的基础上实现学术创新，进而对我国刑事证据立法与司法做出精确解释，才有可能为我国刑事证据立法与司法提出高质量的改革建议。如果研究者们无法实现刑事证据法学研究的理论创新，总是有意无意地重复着西方国家的所谓成功经验，那么研究者们所提出来的各种解决方案往往会因为无法精确解释我国刑事证据立法与司法存在的真正问题而难以起到应有的效果。

另一方面，在找到我国刑事证据立法与司法存在的真正问题的基础上提出和论证具有原创性的概念、命题或者理论。习近平总书记在哲学社会科学工作座谈会上发表重要讲话时曾经指出，"当代中国正经历着我国历史上最为广泛而深刻的社会变革，也正在进行着人类历史上最为宏大而独特的实践创新。这种前无古人的伟大实践，必将给理论创造、学术繁荣提供强大动力和广阔空间。这是一个需要理论而且一定能够产生理论的时代，这是一个需要思想而且一定能够产生思想的时代"。② 就我国刑事证据法学研究而言，也是如此。基于学术研究内在使命与外在使命之间的逻辑关系，衡量我国刑事证据法学研究水平高

---

① 习近平. 在哲学社会科学工作座谈会上的讲话［J］. 时事报告，2016（6）.
② 习近平. 在哲学社会科学工作座谈会上的讲话［J］. 时事报告，2016（6）.

低和是否成功的关键并不在于研究者们提供了多少自以为是的改革建议，而是提出了多少经得住实践检验的创新成果。研究者们只有抓住大好历史机遇，充分利用自身专业优势积极推动我国刑事法学研究的理论创新，打造出具有中国特色的刑事证据法学理论体系和刑事证据制度话语体系，才无愧于当今产生理论与思想的好时代。一方面，同外行人相比，法学研究者们的真正优势在于他们能够利用其掌握的专业知识，透过错综复杂的法律现象，发现隐藏在法律生活深处的本质问题，并在此基础上提出和论证具有原创性的概念、命题或者理论，进而间接影响社会公众或者决策者的法律观念、思维方式等，而不在于针对纷繁复杂的法律制度改革直接提出自认为可以解决问题的具体对策。既然如此，那么研究者们在刑事证据法学的研究过程中就应当淋漓尽致地发挥其自身优势，在找到真问题的基础上提出和论证具有原创性的概念、命题或者理论，通过理论创新精确解释我国刑事证据立法与司法存在的问题，而不是"扬短避长"，以解决具体的问题作为学术研究的终极目标或者最终归宿。另一方面，我国长期滞后的刑事证据立法为刑事证据法学研究提供了足够空间和绝佳时机。尤其重要的是，我国的特殊国情决定了我国刑事证据立法与司法存在的问题往往是西方国家刑事证据理论难以解释的独有问题。这决定了研究者们的研究思路不应当像以往那样只是停留在如何通过借鉴国外经验来改革我国刑事证据制度这个层面上，而是在尽可能地找到这些独有问题的基础上提出和论证有别于西方国家的原创性概念、命题或者理论，进而实现我国刑事证据法学的理论创新和知识增长。也只有这样，中国特色的刑事证据法学理论体系和刑事证据制度话语体系才有可能形成。

二、提升刑事证据法学研究的独立品格

学术独立既包括学术的外在独立，又包括学术的内在独立。所谓学术的外在独立，是指从事学术研究的人或者组织独立地从事学术研究，其学术活动不受任何外界因素尤其是政治力量或者行政权力的干涉。而学术的内在独立则是指从事学术研究的人或者组织在学术活动中敢于坚持真理和尊重规律，既不屈从于权威理论，也不依附于任何政治力量、行政权力等外界力量的意见或者观点。独立或者自由可以说是学术研究的最主要品质。这是因为，学术创新是学术研究的生命和灵魂，而只有在学术独立的情况下，研究者们才有可能在学术研究的过程中不受任何外界因素的干扰，才有可能敢于怀疑和批判，进而才有可能实现学术创新和推动知识增长。从这个意义上而言，没有学术独立或者学术自由，就没有学术创新，也谈不上知识增长。国学大师王国维曾经也指出，

"学术之发达，存于其独立而已"。① 在古今中外的学术史上，许多学者甚至为了学术独立或者学术自由而不惜牺牲自己的生命。正是基于学术独立的重大意义，学术独立或者学术自由作为言论自由的题中应有之义，甚至成为国际社会公认的一项基本人权。如《经济、社会和文化权利国际公约》第 15 条明确规定，本公约缔约各国承担尊重进行科学研究和创造性活动所不可缺少的自由。根据《公民权利和政治权利国际公约》第 18 条、第 19 条，任何公民都享有思想自由、持有主张和自由发表意见的权利。

尽管学术独立如此重要，但是在三部曲式的研究思路和论证方式中，再加上我国高等学校管理体制等方面的原因，我国刑事证据法学研究的独立性有所欠缺，从而在相当大的程度上影响了我国刑事证据法学研究的理论创新。以较为典型的职称评定和科研考核为例。目前，受高等学校行政化体制的影响，对于大学老师的职称评定和科研考核，都是由学校人事管理和科研管理部门制定相应的标准。其中，有一项至关重要的标准就是，大学老师要想晋升高级职称或者在聘期内完成相应的科研任务，必须获得国家社会科学基金项目或者教育部人文社会科学研究项目等各种党政机构所设立的科研项目。有的高等学校甚至明确规定，如果没有获得科研项目的资助，教授们甚至无法被评为博士生导师。一般而言，对于党政机构设立的科研项目，大学老师通常需要按照党政机构事先设置的研究题目或者研究方向填报课题申请书和开展学术研究。而党政机构在设置研究题目或者研究方向时的主要依据往往是当前党和国家的大政方针政策。尽管大学老师按照课题申请指南申报的课题项目通常具有很强的现实意义，但是这种带有命题作文性质的课题申报方式不仅会影响到大学老师的独立自主性，而且不利于大学老师的理论创新。这是因为，一方面，许多大学老师为了顺利达到职称评定和科研考核所设定的条件，往往不得不放弃自己真正感兴趣或者有可能创新的选题，而被迫顺着党和国家的大政方针政策的基本思路或者逻辑去解读或者论证已经形成结论或者难以进行理论创新的命题式研究项目。② 另一方面，党政机构根据当前党和国家的大政方针政策事先设定的研究项目或者研究方向一般具有较强的针对性、目的性、时效性和现实性，大都需要申请者们从事对策性的研究和提出切实可行的解决方案。而根据前面的分析，

---

① 徐洪兴．王国维文选［M］．上海：上海远东出版社，2011：81.

② 值得注意的是，尽管高校老师也可以不按照课题申请指南所设定的研究题目或者研究方向申报课题项目，而是按照自己的专长自选题目进行申报，但是能够中标的自选课题项目数量远远低于按照申请指南申报的课题项目数量。这决定了命题项目或者规划项目的中标概率远远高于自选题目的中标概率。

申请者们在过于注重如何解决问题的情况下往往会忽略理论创新方面的追求。有鉴于此，为了推动我国刑事证据法学研究的理论创新，我国亟待改变传统的三部曲式的研究思路和三段论式的论证方式，着力培养和强化刑事证据法学研究的独立品格。

首先，强化学术研究的中立性，减轻对课题研究和对策研究的依赖性。学术研究的中立性是实现学术独立的必然要求。这是因为，只有在保持中立的情况下，研究者们才能够做到根据事实或者逻辑进行研究，而不是人为地根据某种价值预设或者根据某种利益主体的意志开展研究。这也正是科学的学术研究要求研究者们做到价值无涉的一个重要原因。然而，在我国八股文式的刑事证据法学研究模式中，无论是就三部曲式的研究思路而言，还是对于三段论式的论证方式来说，研究者们在深陷对策法学和比较法学泥潭的情况下往往很难做到价值无涉，从而影响到学术研究的中立性、独立性和创新性。这意味着，要想提升我国刑事证据法学研究的独立品格，研究者们应当强化学术研究的中立性，尤其是要减轻对课题研究和对策研究的依赖性。一方面，研究者们应当摆脱对策法学和比较法学中的不良倾向，既不能总是以建言献策作为刑事证据法学研究的出发点和落脚点，一味地充当我国刑事证据制度建构的预言家，也不能想当然地将西方国家的刑事证据法学理论作为判断我国刑事证据立法与司法是非曲直的衡量标准，从而堕落为西方国家刑事证据法学理论的传声筒和西方国家刑事证据制度的搬运工。另一方面，研究者们应当大力培养独立思考的能力，想方设法地找到我国刑事证据立法与司法存在的真正问题，积极主动地通过理论创新对我国刑事证据立法与司法存在的真正问题做出精确而又独到的解释，而不应当总是被动地按照各种科研项目事先设定的研究方向或者研究内容开展刑事证据法学研究。

其次，增强学术研究的主体性，科学对待西方国家的刑事证据制度与理论。习近平总书记在哲学社会科学工作座谈会上发表重要讲话时曾经指出，我们的哲学社会科学有没有中国特色，归根到底要看有没有主体性、原创性。跟在别人后面亦步亦趋，不仅难以形成中国特色哲学社会科学，而且解决不了我国的实际问题；只有以我国实际为研究起点，提出具有主体性、原创性的理论观点，构建具有自身特质的学科体系、学术体系、话语体系，我国哲学社会科学才能形成自己的特色和优势。① 就刑事证据法学研究而言，要想构建中国特色刑事证据法学理论体系或者中国特色刑事证据制度话语体系，研究者们必须在充分考

---

① 习近平. 在哲学社会科学工作座谈会上的讲话 [J]. 时事报告，2016 (6).

虑中国国情的基础上将其研究深深地扎根于中国的刑事证据立法与司法，通过创造出有别于西方国家的刑事证据法学理论来精确解释中国刑事证据立法与司法存在的问题。我国刑事证据法学研究的表面繁荣现象早已经充分证明，过于介绍和引进西方国家的刑事证据法学理论，动辄以西方国家的刑事证据法学理论来演绎推理我国的刑事证据立法与司法，很难实现我国刑事证据法学研究的理论创新。因此，为了增强我国刑事证据法学研究的主体性，以便能够真正地推动我国刑事证据法学研究的理论创新，研究者们不仅需要在充分考虑中国国情的基础上提出有别于西方国家的概念、命题或者理论假设，进而对我国刑事证据立法与司法存在的问题做出精确的解释，而且对于西方国家的刑事证据制度或者理论应当保持足够的警惕并且具有一定的批判精神，尽量避免成为西方国家法律实践或者理论模型的传声筒，从而将西方国家的所谓成功经验想当然地作为我国刑事证据制度的判断标准以及推动我国刑事证据制度改革的应然方案。

再次，强化学术研究的争鸣，敢于质疑和批判。质疑和批判既是学术创新的重要途径，又是学术独立的内在要求。从某种程度上讲，没有质疑和批判，既无法实现学术创新，也难以做到学术独立。近年来，尽管我国刑事证据法学研究已经形成较为繁荣的学术景象，但是令人感到奇怪的是，研究者们似乎都习惯于按照自己的专长或者兴趣进行自我封闭式的研究，不习惯于进行针锋相对式的研究。尤其是大多数研究者因为缺乏足够的勇气或者能力，或者碍于情面，不愿意质疑或者批判权威观点或者理论界已经达成共识的观点。缺乏争鸣，不仅导致理论界难以形成各种学派，而且导致我国刑事证据法学研究难以形成足够的学术活力，从而在一定程度上影响了我国刑事证据法学研究的理论创新。另外，受比较法学研究方法的影响，国内许多研究者往往会顶礼膜拜西方国家的刑事证据法学理论，而缺乏足够的反思能力和批判精神。很多研究者甚至在还没有搞清楚西方国家刑事证据法学理论的来龙去脉或者局限性的情况下，就想当然地将其视为放之四海而皆准的真理，动辄以西方国家的刑事证据法学理论来演绎推理或者评价我国的刑事证据制度或者理论。有鉴于此，要想提升我国刑事证据法学研究的独立品格，进而推动我国刑事证据法学研究的理论创新，研究者们应当积极培养独立思考的能力以及敢于批判和善于批判的精神，既要勇于质疑和挑战国内的权威观点或者理论通说，又要辩证地看待或者深刻反思西方国家的刑事证据法学理论，进而创造出有别于国内权威或者西方国家的刑事证据法学理论。

最后，培养独立思考的能力，善于发现我国刑事证据立法与司法存在的独有问题。在传统的三段论式研究模式中，研究者们往往习惯于将西方国家的刑事证据制度作为发现我国刑事证据立法与司法存在问题的参照物或者判断标准，简单地认为在西方国家运行良好的刑事证据制度如果在中国没有相应规定，或者中国规定的相应刑事证据制度同西方国家相比存在一定差距，那么该刑事证据制度就是我国亟待解决而且值得研究的一个问题。实践证明，研究者们通过这种过于简单化的类比研究所发现的问题往往只是表面问题，而不是我国刑事证据立法与司法存在的真正问题。在研究表面问题的情况下，研究者们很难推动我国刑事证据法学研究的理论创新。有鉴于此，研究者们既不能盲目崇拜西方国家的刑事证据制度，又不能将西方国家的刑事证据制度作为我国刑事证据立法与司法存在问题的衡量标准，而是应当将我国刑事证据制度放在中国的环境下进行独立思考，在发现我国刑事证据立法与司法存在独有问题的基础上，提炼出有别于西方国家的新命题或者新理论。

三、强化刑事证据法学研究的历史诠释

英国著名哲学家培根曾经说过，"读史使人明智"。读史使人明智，主要是有三个方面的原因。首先，任何事物都是历史的产物，都具有历史性。任何事物的产生和发展变化都不是无缘无故或者孤立存在的，它必然与以往的事物产生这样或者那样的联系。即使现在的事物同过去的事物相比已经发生翻天覆地的变化，它们相互之间也不可能完全割裂开来，而是存在一定的继承性或者相通性、相似性。从这个角度讲，深入了解过去实际上就是更好地理解和认识现在，甚至是预测未来。换句话说，如果我们不能透彻地知晓过去，我们既难以理解现在，也无法预测未来。其次，历史是最好的老师，通晓历史可以做到以史为鉴。尽管万事万物随着人类社会和自然环境的不断变化而日益演变，但是现在的事情或者事物都不可能脱离过去，我们总是能够从历史中或多或少地找到它们的影子。通过理解和深刻认识历史，我们既可以总结过去的经验教训，又可以汲取前人的历史营养，从而使我们更好地认识世界，尽量避免前人所犯下的错误或者所走过的弯路。最后，历史是最好的素材，研究历史有助于我们更好地总结规律和发现问题。由于现在的事物与过去的事物具有继承性、相似性或者相通性，因此，历史往往就是我们认识事物的最好素材。通过挖掘历史、研究历史和比较历史，我们不仅可以总结万事万物的基本规律，为我们认识世界提供良好的素材，而且有助于提高我们的思考能力和判断能力，为我们更好地发现问题提供线索或者突破口。正是因为读史使人明智，所以历史分析或者历史研究方法成为学术研究的一种重要研究方法。通过对思想史、学术史、制

度史的全面考察和深入分析，研究者们不仅可以做到正本清源或者溯本求源，把握某项制度或者理论的来龙去脉和精髓，而且有助于研究者们站在前人的肩膀上找到真问题，进而推动学术研究的理论创新。

中华民族作为历史悠久的民族，具有浩如烟海的历史资源和博大精深的文化传统。这是我国学者从事学术研究不可多得的宝贵资源和独特优势。学者们在学术研究的过程中应当倍加珍惜和充分利用这样的资源和优势，通过历史分析找到学术研究的真问题，进而推动理论创新，不能暴殄天物和背叛历史。正如习近平总书记在哲学社会科学工作座谈会上发表重要讲话时所指出的那样，要加强对中华优秀传统文化的挖掘和阐发，使中华民族最基本的文化基因与当代文化相适应、与现代社会相协调，把跨越时空、超越国界、富有永恒魅力、具有当代价值的文化精神弘扬起来；要推动中华文明创造性转化、创新性发展，激活其生命力，让中华文明同各国人民创造的多彩文明一道，为人类提供正确的精神指引；要围绕我国和世界发展面临的重大问题，着力提出能够体现中国立场、中国智慧、中国价值的理念、主张、方案。① 就刑事证据法学研究而言，我们就是要通过历史考察和历史分析，结合西方国家优秀的刑事证据制度或者理论成果，在系统梳理和深刻诠释我国刑事证据思想史、刑事证据制度史、刑事证据法学研究史的基础上，增强刑事证据法学研究的客观性和说服力，开拓刑事证据法学研究的视野，寻求刑事证据法学研究的突破口，找到我国刑事证据立法与司法存在的真问题，创造出有别于西方国家的刑事证据制度或者理论，实现对我国的刑事证据立法与司法的精确解释，打造具有中国特色的刑事证据法学理论体系。

不可否认，在我国刑事诉讼法学界，许多学者还是比较重视历史研究方法的。尤其是在学术专著或者法学博士学位论文中，研究者们往往会就某项法律制度或者法学理论进行历史考察。但是，在缺乏科学方法论训练和研究思路比较狭窄的情况下，绝大多数研究者的历史分析都比较肤浅，难以承载理论创新和增长知识的学术重任。首先，研究者们在历史梳理某项刑事证据制度或者理论时更加侧重于刑事证据制度或者理论本身的历史资料整理，而不是出于论证中心命题或者核心观点的需要，或者不是为了更好地发现我国刑事证据立法与司法存在的真正问题。其次，研究者们在历史梳理某项刑事证据制度或者理论时往往就事论事，缺乏对刑事证据制度或者理论的产生原因、时代背景、影响因素、适用环境等方面的分析。而在强调历史考察而缺乏历史分析的情况下，

---

① 习近平．在哲学社会科学工作座谈会上的讲话［J］．时事报告，2016（6）．

研究者们很难通过刑事证据制度或者理论的历史考察发现真问题、提出具有创造性的命题或者理论。再次，研究者们在历史梳理西方国家刑事证据制度或者理论时更加关注历史资料的全面性、真实性和可靠性，而不善于进行历史比较分析，尤其是不善于对中西方刑事证据制度或者理论进行历史比较分析。最后，研究者们往往更加强调对西方国家的刑事证据制度或者理论进行历史考察，而忽略对我国的刑事证据制度或者理论的历史考察和分析。

基于以上缺陷，我国刑事证据法学研究的再转型亟待强化历史分析方法。在笔者看来，强化我国刑事证据法学研究的历史研究应当注意以下三点。首先，历史研究只是手段，而不是目的。尽管刑事证据制度或者理论的历史梳理对于我们通晓刑事证据法学的基础知识具有重要意义，但是我们在刑事证据法学研究的过程中采用历史研究方法的主要目的不是为了整理资料，而是将历史梳理作为学术研究的一种手段，通过历史研究更好地发现真问题，寻找理论研究的突破口，提出具有重要价值的命题，以及推动知识增长和理论创新。其次，我们在刑事证据法学研究的过程中运用历史研究时不仅需要确保历史资料的准确性、可靠性和全面性，而且应当超越制度本身或者理论本身所蕴含的具体内容，深入挖掘和研究隐藏在制度或者理论背后的深层次问题，以更加宽广的视野理解和分析我们所考察的历史资料，尽可能地避免就事论事，将历史研究沦为资料整理。最后，我们在刑事证据法学研究的过程中运用历史研究方法时不仅应当强化我国刑事证据制度或者理论的历史考察，而且需要加强纵向和横向的比较分析。中国作为一个有着五千年悠久历史的文明古国，具有非常丰富的法律思想、法律制度和法律实践。我们应该在研究刑事证据法学的过程中充分利用这样宝贵的资源，从过去的刑事证据制度与理论中总结经验教训，充分吸收营养，从过去和现在的比较分析中发现问题和分析问题，进而提出具有重要学术价值的命题，不断推动我国刑事证据法学研究的理论创新。基于刑事证据制度的国别性以及中西方文化传统、现实国情的巨大差异，我们在历史考察和分析的过程中，不仅需要历史梳理中西方国家刑事证据制度或者理论的来龙去脉，而且需要加强中国和西方国家的历史比较分析以及现在和过去的历史比较分析。

以刑事证据的概念为例。中华人民共和国成立以来，刑事证据的概念一直是饱受争议的一个话题。在中华人民共和国成立早期，理论界关于刑事证据的界定就曾经存在主客观因素统一说、客观事物说、根据说、客观事实说（或者事实说）、材料说等多种观点。在 1979 年全国人大制定第一部《刑事诉讼法》之后，我国在立法上采用了客观事实说，不仅明确规定刑事证据是证明案件真实情况的一切事实，而且明确要求刑事证据必须经过查证属实以后才能作为定案的根据。尽管全国人大在 1996 年对《刑事诉讼法》进行了较大规模的修改，但是修改之后的《刑事诉讼法》没有对刑事证据的概念做出任何改变。而学者们在反思和质疑客观事实说的基础上，对刑事证据的概念提出了许多新观点，如法律存在说、命题说、载体说、信息说、原因说、结果说、方法说、手段说、反映说、证明说、多重含义说等。在 2012 年全国人大第二次大规模修改《刑事诉讼法》之后，我国又根据许多学者的建议将事实说修改为材料说，明确规定刑事证据是可以用于证明案件事实的材料。

从历史的角度来看，我国学者关于刑事证据的界定和质疑无疑都具有一定的道理。在我国刑事证据法学的萌芽和形成时期，在我国刑事证据法学深受苏联证据法学理论以及马克思主义法学思想影响的情况下，我国刑事证据法学一直将辩证唯物主义认识论作为最重要的甚至是唯一正确的理论基础。而受辩证唯物主义认识论的影响，"事实说"以及证据资料和定案根据不能相互混淆的观点已经成为通说，在我国理论界占有不可动摇的主导地位。但是，在我国借鉴英美法系对抗制审判经验的基础上不断推进刑事审判方式改革以后，尤其是随着程序正义理论在我国的蓬勃兴起，过于强调客观事实真相的事实说与我国《刑事诉讼法》越来越强调程序正义和保障人权的价值目标日益冲突，其局限性也越来越受到理论界的认可。正是在这种背景下，全国人大在 2012 年修改《刑事诉讼法》时将事实说修改为材料说。尽管材料说相对于事实说而言更容易被接受，但是严格说来材料说仍然存在问题。毕竟，作为刑事证据使用的有关人证的口头陈述不可能被界定为材料。而且，更为重要的是，材料说同事实说一样，都属于从静态的角度来界定刑事证据的概念，而无法准确反映我国刑事证据的深刻内涵。尽管许多学者关于证据资料与定案根据相区分的观点在一定程度上体现了刑事证据的动态视角，但是他们将证据资料视为假证据或潜在证据而将定案根据当作真正证据的观点又陷入混乱的逻辑思维。

由此看来，要想准确理解我国刑事证据的内涵，不仅需要深刻理解我国自古以来比较注重客观事实真相的文化传统，而且必须扎根于我国刑事证据立法与实践，不能动辄按照西方国家的理论来机械地演绎推理我国的刑事证据概念。一方面，尽管我国理论界普遍接受了西方国家证据能力、证明力以及可采性这几个概念，但是我们很难接受西方国家尤其是英美法系在开庭审判之前禁止使用没有证据能力或者可采性的证据这一做法。这是因为，在实事求是和辩证唯物主义认识论的影响下，我国刑事诉讼活动被视为一种认识活动，公检法三机关在刑事诉讼活动中的中心任务就是按照认识论的基本规律，查明案件事实真相，依照客观事实对案件做出正确的处理。在这种追求案件事实真相的视野下，法庭审判只不过是侦查、起诉发现案件事实真相的延续活动，法官成为发现案件事实真相流水线上的最后一个操作员。而在开庭审判之前就禁止使用所谓没有证据能力或者可采性的证据，显然会影响到法官查明案件事实真相。① 即使需要排除那些没有证据能力的证据，那也是法官经过法庭审判之后才考虑的事情，而不能在法庭审判之前就对可能没有证据能力或者可采性的证据提前进行隔离处理。尤其是在我国法官为了准确查明事实真相而强调证据与证据之间的相互印证的情况下，事先就排除所谓没有证据能力或者可采性的证据可能是更难以容忍的事情。② 另一方面，尽管我国理论界普遍运用证据能力和证明力这两个概念来理解刑事证据的属性，但是我国刑事证据立法与司法采用的概念却是定案根据，而很少采用刑事证据的证据能力或者可采性这两个概念。如后面即将分析的那样，我国定案根据这个概念与西方国家的证据能力或者可采性这两个概念实际上存在显著区别。

在笔者看来，2012 年修改的《刑事诉讼法》及其司法解释对于刑事证据的规定实际上体现了三个层次。这三个层次既不同于以往的刑事证据概念，也有别于西方国家的刑事证据概念。刑事证据的第一个层次解决的是刑事证据进入刑事诉讼的准入资格。这包括两个方面：一个是案内证据进入刑事诉讼的准入资格；另一个是案外证据进入刑事诉讼的准入资格。所谓案内证据进入刑事诉讼的准入资格，是指在刑事立案以后，公安司法机关所收集的证据只有在符合《刑事诉讼法》规定的法定种类的情况下才能作为刑事证据使用。所谓案外证据进入刑事诉讼的准入资格，是指根据 2018 年修订的《刑事诉讼法》第 54 条第 2 款的规定，行政机关在行政执法和查办案件过程中收集的物证、书证、视听资料、电子数据等证据材料，在刑事诉讼中可以作为证据使用。刑事证据的第二个层次解决的是刑事证据进入刑事诉讼流程的准入资格。也就是说，刑事证据是否被允许从侦查阶段进入起诉阶段，或者从起诉阶段进入审判阶段。根据 2018 年修订的《刑事诉讼法》第 56 条第 2 款，应当依法被排除的非法证据，既

---

① 实际上，在大陆法系国家，在庭审法官承担发现案件事实真相职责的情况下，也难以苛求庭审法官在尚未开庭审判或者查明案件事实真相之前就将那些所谓不具备证据能力的证据挡在法庭大门之外。托马斯·魏根特. 德国刑事诉讼程序 [M]. 岳礼玲，温小洁，译. 北京：中国政法大学出版社，2004：187-200；米尔建·R·达马斯卡. 漂移的证据法 [M]. 李学军，刘晓丹，姚永吉，等译. 北京：中国政法大学出版社，2003：102-174；DAMAŠKA M. Evidentiary Barriers to Conviction and Two Models of Criminal Procedure: A Comparative Study [J]. University of Pennsylvania Law Review, 1973, 121 (3): 506-589.

② 可以说，这也是我国非法证据排除规则在司法实践中难以得到贯彻落实的一个重要原因。

不能作为起诉意见的依据，也不能作为起诉决定的依据。这意味着，凡是应当依法被排除的非法证据，既不允许从侦查阶段进入起诉阶段，也不允许从起诉阶段进入审判阶段。而根据《关于办理刑事案件严格排除非法证据若干问题的规定》第34条、《人民法院办理刑事案件排除非法证据规程（试行）》第4条，在法庭审理过程中，对依法予以排除的证据，不得宣读、质证。这与英美法系在法庭审判过程中禁止使用不具备可采性的证据具有一定的相似性。刑事证据的第三个层次解决的是刑事证据转为定案根据的准入资格，即在法庭审理结束以后，法官经过审查认定之后确定是否将刑事证据作为最终的定案根据。根据《人民法院办理刑事案件第一审普通程序法庭调查规程（试行）》第45条，经过控辩双方质证的证据，法庭应当结合控辩双方质证意见，从证据与待证事实的关联程度、证据之间的印证联系、证据自身的真实性程度等方面，综合判断证据能否作为定案的根据；证据与待证事实没有关联，或者证据自身存在无法解释的疑问，或者证据与待证事实以及其他证据存在无法排除的矛盾的，不得作为定案的根据。尽管这里的不得作为定案的根据采用了与英美法系刑事证据规则中相类似的排除式表达方式，但是不得作为定案根据的判断基础是证据的证明力，而不是西方国家刑事证据规则中的证据能力或者可采性。

四、深化刑事证据法学研究的问题意识

问题不仅是学术研究的重要基础，而且是学术研究能否取得创新的起点和关键。正如习近平总书记在哲学社会科学工作座谈会上发表重要讲话时所指出的那样，只有聆听时代的声音，回应时代的呼唤，认真研究解决重大而紧迫的问题，才能真正把握住历史脉络、找到发展规律，推动理论创新。[①] 不可否认，在我国刑事证据法学三部曲式的研究思路中，研究者们普遍具有较强的问题意识。但令人遗憾的是，在缺乏科学方法论训练的情况下，研究者们要么难以找到我国刑事证据立法与司法存在的真正问题，要么不是为了积极推动我国刑事证据法学研究的理论创新，而是直接为我国刑事证据制度改革提供各种各样的改革设想。在这种情况下，绝大多数研究者的研究成果往往混同于我国党政机构内设的智库或者政策研究室所作的政策研究或者对策研究，而在理论创新方面却难有作为。这也正是我国理论界处在刑事证据法学研究的大好时代却迟迟未能形成比较成熟的刑事证据法学理论体系的一个重要原因。有鉴于此，为了推动我国刑事证据法学研究的理论创新和知识增长，理论界亟待改变过去三部

---

① 习近平．在哲学社会科学工作座谈会上的讲话［J］．时事报告，2016（6）．

曲式的研究思路，深化刑事证据法学研究的问题意识。

首先，研究我国刑事证据立法与司法存在问题的出发点和落脚点应当是理论创新，而不是建言献策。毋庸讳言，我国作为法治追赶型国家和社会转型国家，包括刑事证据制度在内的法律制度及其司法实践日益暴露出越来越多的问题，这些问题迫切需要解决。在这种背景下，为我国社会主义法治建设和刑事证据制度改革建言献策可以说是研究者们责无旁贷的历史责任。但是，这并不意味着研究者们就可以因此而采取舍本逐末的做法，将建言献策作为刑事证据法学研究的出发点和落脚点，甚至将建言献策作为毕生的学术追求，而不愿意在理论创新方面做出自己的贡献。毕竟，理论创新是建言献策的逻辑前提。如果研究者们只是根据自己的偏好或者价值判断提出自以为是的解决方案，而不是将建言献策建立在理论创新的基础上，那么研究者们所提出来的解决方案只能是他们自己一厢情愿的价值选择。而这种仅仅反映个人偏好的价值判断或者价值选择既不是真正意义上的学术研究，也难以解决我国刑事证据立法与司法存在的真正问题。实践证明，研究者们只有将理论创新作为研究我国刑事证据立法与司法存在问题的出发点和落脚点，才有可能突破既有理论的条条框框，进而创造出能够精确解释我国刑事证据立法与司法存在问题的新理论。也只有在这种情况下，我国刑事证据立法与司法存在的问题才有可能得到真正的解决。需要注意的是，在中西方国家基本国情存在巨大差异的情况下，即使研究者们因为课题研究的要求在客观上需要建言献策，研究者们也不能将解决我国刑事证据立法与司法存在问题的希望直接寄托在西方国家的刑事证据制度上，而是应该努力创造出有别于西方国家而且适合中国国情的刑事证据制度。

其次，不能想当然地认为"中国应该怎么样"，而是要深入思考"中国为什么这样"。在三部曲式的研究思路中，尽管研究者们具备较为浓厚的问题意识，通常能够做到以问题为导向，但是在以如何解决问题作为刑事证据法学研究的出发点和落脚点的情况下，再加上我国目前不尽合理的科研体制、学术评价体制，研究者们的对策研究往往显得较为急功近利，总是多快好省地建言献策，而难以静下心来殚精竭虑地进行理论创新。由于过于浮躁或者急功近利，许多研究者往往在没有对我国刑事证据立法与司法存在问题进行深入分析的情况下就想当然地认为我国刑事证据制度应当怎样进行改革。研究者们的建言献策往往也因为缺乏对我国刑事证据立法与司法存在问题的深入思考而难以经得起推敲。有鉴于此，无论是就我国刑事证据法学研究的学术创新而言，还是对于我国刑事证据制度的改革来说，研究者们都不应该将过多的精力放在建言献策上，按照那些自以为是的价值判断或者价值选择过于主观地认为"中国应该怎么样"，而应思考"中国为什么这样"，进而通过理论创新精确解释我国刑事证据立法与司法存在的独有问题和真正问题。一方面，深入分析"中国为什么这样"的奥秘，是发现我国刑事证据立法与司法存在问题的继续和升华。如果研究者们只是发现问题而无法深入分析这些问题的危害后果、产生原因和形成机理等相关内容，那么研究者们的刑事证据法学研究只是处在初级阶段，这样既会葬送理论创新的机会，也不大可能为我国刑事证据制度提供行之有效的解决方案。另一方面，科学探寻"中国为什么这样"的深层问题，既是我国刑事证据法学研究创新的重要基础，也是我国刑事证据改革的逻辑前提。解决问题与理论创新对分析问题具有很强的依赖性。在发现我国刑事证据立法与司法存在的问题之后，如果研究者们无法深入分析我国刑事证据立法与司法为什么会产生这样的问题，那么研究者们既难以提出独到的命题或者理论假设，也不可能提出有的放矢的改革方案。

再次，研究者们应当找到我国刑事证据立法与司法存在的独有问题和真正问题。所谓独有问题，是指在我国刑事证据立法与司法中存在的不同于西方国家的问题，或者是按照国外刑事证据法学理论无法解释的问题。所谓真正问题，是指在我国刑事证据立法与司法中存在的根据现行刑事证据法学理论难以做出令人满意的解释的问题。找到我国刑事证据立法与司法存在的独有问题和真正问题是我国刑事证据法学研究能否取得创新的先导和逻辑前提。如果研究者们找不到我国刑事证据立法与司法存在的独有问题或者真正问题，而只是一味根据西方国家所谓成功经验改造我国刑事证据制度，那么这种过于表面化的研究既无法做到理论创新，也难以为我国刑事证据制度提供具有重要价值的改革建议。目前，我国刑事证据法学研究在我国刑事证据立法与司法存在诸多问题的情况下却在理论创新方面不尽人意，一个重要的原因就是研究者们习惯于就事论事，或者简单地同西方国家的刑事证据制度与理论进行类比，或者机械地根据西方国家的刑事证据制度与理论来演绎推理我国的刑事证据立法与司法，而没有找到隐藏在我国刑事证据立法与司法背后的深层次问题和真正问题。要想找到我国刑事证据立法与司法存在的独有问题和真正问题，至少需要注意如下几点：研究者们应当具备良好的学术素养，既要深入理解国内外的刑事证据制度与理论，又要非常熟悉国内外刑事证据制度的实际运作情况；研究者们应当具备独立思考的能力，既要敢于批判甚至推翻既有的刑事证据法学理论，又要善于发现尚未得到研究或者研究不够充分的领域或者问题；既要研精殚思，又要善于培养灵感；既要具备敏锐的眼光，又要养成打破砂锅问到底的精神。

最后，不应当将提出解决方案作为刑事证据法学研究的终点或者发现问题、分析问题的归宿，而应将其作为进一步深入分析问题的起点。按照三部曲式的研究思路，在分析了我国刑事证据立法与司法存在问题及其主要缺陷、原因之后，研究者们接下来通常就是对症下药，针对我国刑事证据立法与司法存在的问题提出各种各样的改革方案。尽管这种研究思路已经极大地推动了我国刑事证据法学研究的发展和进步，但是从科学方法论的角度而言，研究者们针对我国刑事证据立法与司法存在的问题所提出来的各种解决方案不仅是一种未经证实的假设，而且往往带有研究者们的主观好恶或者价值判断，具有很强的主观性。对于这种假设能否成立，或者说这些改革方案能否解决我国刑事证据立法与司法存在的问题，不能仅仅依靠纯粹的理论推导或者思辨就得出肯定的结论，而必须由研究者们进一步运用实证研究加以检验。但令人遗憾的是，在深陷对策法学研究方法的情况下，研究者们往往将提出各种各样的改革方案作为学术研究的终点，而很少再对其提出来的改革方案做出进一步的分析，即研究者们的学术研究随着改革方案的提出而结束。其突出的表现就是，研究者们习惯于将各种解决方案作为最终的结论，并在论著的最后部分集中论述我国刑事证据制度改革的具体构想。在笔者看来，即使研究者们基于研究课题的需要而不得不就我国刑事证据立法与司法存在的问题或者刑事证据制度改革提出相应的解决方案，也不应当将提出对策作为学术研究的终点，而是将各种潜在的解决方案作为进一步分析问题的起点。进一步而言，研究者们不应当想当然地将各种潜在解决方案作为存在问题的最终答案，而是在深入分析各种潜在解决方案的可能命运及其面临障碍的情况下，更加深刻地揭示和解释我国刑事证据立法与司法存在的真正问题，进而推动我国刑事证据法学研究的理论创新。即使无法实现理论创新，至少也应当让后来的研究者们或者决策者们清楚某项改革措施的逻辑前提或者需要注意的重要问题。

五、中国特色刑事证据制度的理论升华

得到公认的、权威的理论体系既是我国刑事证据法学研究理论创新的系统总结，也是我国刑事证据法学走向成熟的重要标志。如果我国迟迟无法形成公认的、科学的刑事证据法学理论体系，那么研究者们难免陷入无谓的争论，进而妨碍我国刑事证据制度改革的进程，甚至影响到刑事证据制度的实际运行。令人遗憾的是，尽管我国刑事证据法学已经呈现繁荣的学术景象，但是我国刑事证据法学理论体系仍然处于比较混乱的状态，尚未形成权威的、科学的并且得到普遍认同的刑事证据法学理论体系。造成这种局面的原因除了本书第五章所提到的缺乏科学方法论训练、过于偏好哲学思维方式以及对刑事证据法学定

位模糊等，还与我国学者普遍过于依赖比较的逻辑推理存在较大关系。这是因为，在学者们过于依赖比较分析的情况下，尤其是在动辄将西方国家刑事证据制度或者理论作为我国刑事证据制度好坏的评价标准和刑事证据制度改革的理想方案的情况下，学者们在研究过程中往往是在利用西方国家刑事证据制度或者理论的话语体系来逻辑推理我国的刑事证据立法与司法，而很少创造出有别于西方国家的刑事证据制度与理论，以便精确地解释我国的刑事证据立法与司法。

客观地说，近现代西方国家的刑事证据制度与理论在经过几百年的发展演变之后的确存在诸多可借鉴之处。而在我国刑事证据法学起步较晚、刑事证据立法比较滞后的情况下，研究者们难免需要借助西方国家的刑事证据制度或者理论来认识我国的刑事证据立法与司法。但是，我们还应当看到，在我国同西方国家在政治基础、经济状况、社会特征、法律传统、法治理念、法治水平等诸多方面都存在显著差异的情况下，动辄将西方国家刑事证据法学作为我国刑事证据制度好坏的评价标准和刑事证据制度改革的理想方案不可避免地存在这样或者那样的漏洞。而且，随着社会主义法治建设进程的不断加快，我国的刑事证据立法与司法已经今非昔比。尤其是经过几十年的积累，我国刑事证据法学研究已经取得了显著成就。在这种情况下，我们完全没有必要跟在西方国家后面亦步亦趋，过于依赖西方国家刑事证据法学的话语体系来认识、评价或者解释我国的刑事证据立法与司法，而是需要构建具有中国特色的刑事证据法学理论体系来精确解释我国的刑事证据立法与司法。

正如习近平总书记在哲学社会科学工作座谈会上发表重要讲话时所指出的那样，面对社会思想观念和价值取向日趋活跃、主流和非主流同时并存、社会思潮纷纭激荡，我国经济发展进入新常态、国际发展环境深刻变化，改革进入攻坚期和深水区、各种深层次矛盾和问题不断呈现、各类风险和挑战不断增多，世界范围内各种思想文化交流交融交锋，以及全面从严治党进入重要阶段、党面临的风险和考验集中显现的诸多新形势，迫切需要哲学社会科学更好地发挥作用。而要发挥我国哲学社会科学的作用，就是要注意加强话语体系建设，构建成体系的学科理论和概念，按照立足中国、借鉴国外，挖掘历史、把握当代，关怀人类、面向未来的思路，着力构建中国特色哲学社会科学，在指导思想、学科体系、学术体系、话语体系等方面充分体现中国特色、中国风格、中国气派。① 习近平总书记在中国政法大学考察时进一步强调，全面推进依法治国需要

---

① 习近平. 在哲学社会科学工作座谈会上的讲话［J］. 时事报告，2016（6）.

坚持中国特色社会主义法治道路和中国特色社会主义法治理论为指导。而高等学校作为法治人才培养的第一阵地，要加强法治及其相关领域基础性问题的研究，对复杂现实进行深入分析、做出科学总结，提炼规律性认识，加强法学学科体系建设，为完善中国特色社会主义法治体系、建设社会主义法治国家提供理论支撑。① 就刑事证据法学研究而言，所谓更好地发挥哲学社会科学的作用和加强中国特色社会主义法治话语体系建设，就是要立足于我国刑事证据立法与司法，提出有别于西方国家的原创性理论假设或者命题，通过理论创新精确解释中国的问题，进而在不断推动我国刑事证据法学的知识增长的基础上，科学建构中国特色社会主义刑事证据法学理论体系，打造中国特色社会主义刑事证据制度的话语体系。

在笔者看来，要想科学建构中国特色社会主义刑事证据法学理论体系和打造中国特色社会主义刑事证据制度的话语体系，应当在辩证看待西方理论和正确认识我国本土资源的基础上实现我国特色刑事证据制度的理论升华。深入理解和融会贯通西方国家刑事证据制度或者理论，应当是研究者们具备的基本学术素养，是研究者们拓宽学术视野的重要途径，是更好地发现我国刑事证据立法与司法存在问题的参照物。研究者们既要充分吸收西方国家刑事证据制度或者理论的精髓，又不能想当然地将西方国家刑事证据制度或者理论作为我国刑事证据制度好坏的评价标准和刑事证据制度改革的理想方案。对于我国本土资源，研究者们应当尽量克服以下两种较为极端的研究思路：一种是存在即合理的思路，不遗余力地试图为本身存在重大缺陷的刑事证据制度或者实践的合理性进行辩护；另一种是打着坚持中国国情的旗号，一味地排斥西方国家的刑事证据制度或者理论。对于我国刑事证据立法与司法存在问题的分析和研究，既要重视国情，又不能拘泥于国情；既要充分借鉴西方国家刑事证据制度或者理论中的有益部分，又要善于创造出有别于西方国家的刑事证据理论。

所谓实现中国特色刑事证据制度的理论升华，就是要在融会贯通西方理论和正确看待我国本土资源的基础上，善于挖掘我国刑事证据立法与司法中的独特之处，通过创造有别于西方国家的刑事证据法学理论来精确解释我国刑事证据立法与司法存在的独特问题以及具有中国特色的刑事证据制度或者实践。进一步而言，我们在刑事证据法学研究过程中应当尽量避免按照以往的惯性思维，想当然地利用西方国家的刑事证据法学来演绎推理我国的刑事证据立法与司法，

① 习近平. 立德树人德法兼修抓好法治人才培养 励志勤学刻苦磨炼 促进青年成长进步[N]. 人民日报，2017-05-04（1）.

而是敏锐地发现在我国刑事证据立法与司法中，有哪些问题或者现象无法通过现有的尤其是西方国家的刑事证据法学理论精确解释，而只能通过我们的理论创新来对这些独特问题或者现象做出更好的解释。尽管我国刑事证据立法与司法的确因存在诸多问题而饱受研究者们的口诛笔伐，但是研究者们的批判往往是单纯地站在西方国家刑事证据法学的立场上或者说是建立在假设西方国家刑事证据法学具有天然正当性的基础上，而忽略了我国刑事证据立法与司法的独特之处，进而丧失了理论创新的机会。如果研究者们能够转换思路，不是盲目地将西方国家的刑事证据法学作为公理来演绎推理我国的刑事证据立法与司法，而是通过理论创新来诠释我国的刑事证据立法与司法，从而实现中国特色刑事证据制度的理论升华，那么就会真正不断地增长我们的刑事证据法学知识，进而逐渐构建具有中国特色的刑事证据法学理论体系或者刑事证据制度话语体系。下面仅以刑事证据规则为例进一步说明。

尽管理论界对于我国刑事证据规则的内涵存在较大分歧，但是理论界普遍认为西方国家的刑事证据规则实际上就是规范证据的证据能力或者证明力的规则。也就是说，西方国家主要是从刑事证据的证据能力和证明力这两种属性来界定和设置刑事证据规则。而且，在西方国家，绝大多数刑事证据规则都是旨在规范证据的证据能力或者可采性，而规范证据证明力的刑事证据规则却比较少见。① 尽管我国理论界越来越倾向于用证据能力和证明力这两个概念来理解刑事证据的属性，但是相对于西方国家而言，我国刑事证据立法与司法很少采用刑事证据的证据能力或者可采性这样的概念，而是习惯于采用定案根据这个概念。尽管不具备证据能力或者可采性的刑事证据最终无法成为法官定案的根据，但是定案根据与证据的证据能力或者可采性是两个完全不同的概念。以英美法系的可采性为例。在英美法系的陪审团审判中，法官通常需要在正式的法庭审判之前就通过专门的过滤程序解决证据的可采性问题。在这种情况下，不具备可采性的刑事证据不仅无法作为事实裁判者即陪审团定案的根据，而且不能被控辩双方提交到法庭上成为控辩双方举证和质证的对象。而我国在刑事法庭审判之前，并没有专门的过滤程序来解决刑事证据是否可以作为定案根据这个问

---

① 证明力是英美法系和大陆法系共同采用的一个概念，而与证明力相对应的概念则在两大法系有所不同，那就是，大陆法系习惯于采用证据能力这个概念，而英美法系常常采用可采性这个概念。尽管我国理论界普遍将大陆法系的证据能力与英美法系的可采性等同，但是严格说来它们并不能完全画等号。这是因为，尽管证据能力和可采性都可以用来表示被允许作为证据使用的法律资格，但是可采性的逻辑前提是具有关联性或者相关性，而相关性或者关联性这个问题在大陆法系属于证明力问题，不是证据能力问题。

题。实际上，刑事证据能否作为定案根据，通常是法官在经过法庭审判之后审查认定或者审查判断的结果。

正是基于定案根据与证据能力或者可采性之间的差异，我们不能以西方国家尤其是英美法系的刑事证据规则来理解我国的刑事证据规则。这是因为，西方国家的刑事证据规则以规范刑事证据的证据能力为中心，很少规范刑事证据的证明力问题，由法官对证据的证明力问题进行自由心证。但是，在没有采用证据能力或者可采性这个概念而是采用定案根据这个概念的情况下，我国现行刑事证据规则却是以规范证据的证明力为中心，而没有形成像西方国家尤其是英美法系那样的以规范证据能力为中心的刑事证据规则。① 进一步而言，尽管我国《刑事诉讼法》及其司法解释大量采用了与西方国家刑事证据规则相类似的排除式用语，即"不得作为定案的根据"，但是这个概念所隐含的排除基础主要是证据的证明力，而不是证据的证据能力或者可采性。一方面，从我国现行法律所规定的定案根据的前提条件来看，定案根据是一个与证明力密切相关的概念。这是因为，根据 2018 年《刑事诉讼法》第 50 条第 3 款以及《人民检察院刑事诉讼规则（试行）》第 63 条、《最高人民法院关于适用〈中华人民共和国刑事诉讼法〉的解释》第 104 条第 3 款的规定，刑事证据作为定案根据的前提条件要么是"查证属实"，要么是"证据之间具有内在联系，共同指向同一待证事实，不存在无法排除的矛盾和无法解释的疑问"。显而易见，这两个条件都可以被视为证据的证明力问题。另一方面，《关于办理死刑案件审查判断证据若干问题的规定》以及《最高人民法院关于适用〈中华人民共和国刑事诉讼法〉的解释》针对各个证据种类所规定的审查认定规则，主要是以证据的证明力为基础的，而不是以证据的证据能力为基础的。换句话说，诸如物证、书证、证人证言、被害人陈述、被告人供述和辩解、鉴定意见、勘验检查笔录、辨认笔录、侦查试验笔录、视听资料、电子数据等证据之所以应当加以排除而不得作为定案的根据，并不是该证据没有西方国家刑事证据规则所称的证据能力或者可采性，关键在于它们由于某种缺陷而无法保证真实性、可靠性、关联性等证明力问题。

正是基于定案根据与证据能力或者可采性之间以及中西方刑事证据规则操作程序之间的显著差异，我们可以看到中西方国家排除刑事证据的法律后果存

---

① 正因如此，陈瑞华教授将我国司法解释确立的各个证据种类的审查认定规则称为"新法定证据主义"。陈瑞华. 刑事证据法学 [M]. 北京：北京大学出版社，2012：319-333.

在天壤之别。以英美法系刑事证据的可采性为例。在英美法系刑事证据规则中，刑事证据的可采性是指证据被允许出现在审判程序中进而作为法庭审判对象的准入资格。换而言之，只有当证据具备可采性时，它才有可能被允许出现在法庭，进而成为控辩双方质证和辩论的对象；只有当证据具备可采性或者对方当事人对证据的可采性没有异议时，它的证明力问题才可以成为事实裁判者考虑的对象。如果证据不具备可采性，那么它不仅不能成为裁判的根据，而且不被允许出现在事实裁判者面前。在审判之前或法庭审判过程中，如果一方当事人提出了不具备可采性的证据，那么对方当事人有权向法官提出异议，要求法官禁止该当事人向法庭提交该证据。由此可见，英美法系排除刑事证据的法律后果实际上包含直接后果和间接后果两种。所谓直接后果，是指剥夺一方当事人提交的证据进入法庭从而成为控辩双方予以质证和辩论的资格。而间接后果就是一方当事人提交的证据因为丧失进入法庭的准入资格而最终无法成为事实裁判者认定案件事实的根据。从这个角度而言，英美法系刑事证据排除规则也可以看作是对自由证明制度的一种限制，即阻碍当事人在事实裁判者面前出示具有证明力的证据。

不可否认，在《关于办理死刑案件审查判断证据若干问题的规定》以及《最高人民法院关于适用〈中华人民共和国刑事诉讼法〉的解释》针对各个证据种类所规定的审查认定规则中，"不得作为定案根据"的法律后果与英美法系可采性规则中的间接后果在本质上都是禁止将被排除的证据作为刑事判决的依据。[①] 但是，在以规范证明力为中心的情况下，我国刑事证据规则一直采用的是与证明力密切相关的"定案根据"这个概念，而没有使用证据能力或者可采性这样的概念。[②] 换句话说，我国排除刑事证据的法律后果只是不得作为定案的根据，或者说是剥夺证据对于案件事实的证明资格，而不包括像英美法系那样剥夺证据被允许出现在事实裁判者面前的准入资格。这意味着控辩双方向法庭提

---

① 略有不同的是，在英美法系陪审团审判制度中，无论陪审团是否听审了被排除的证据，陪审团关于案件事实的裁定都不需要说明任何理由。而在我国刑事审判中，法官应当在判决书中阐明不得将某个证据作为定案根据的具体理由。

② 根据 2018 年《刑事诉讼法》第 50 条第 3 款的规定，证据必须经过查证属实，才能作为定案的根据。根据 2018 年《刑事诉讼法》第 61 条的规定，证人证言必须在法庭上经过公诉人、被害人和被告人、辩护人双方质证并且查实以后，才能作为定案的根据。显而易见，这里的定案根据与证据的可采性或者证据能力是完全不同的两个概念。这是因为，以上规定只是表明，证据要想成为定案根据必须经过当庭的举证与质证，但是并没有说明什么样的证据能够进入举证、质证环节，以及什么样的证据不能够进入举证、质证环节。

交的证据实际上已经被事先假定具有天然的可采性，即无论控辩双方向法庭提交的证据是否被最终认定为"不得作为定案的根据"，都不影响控辩双方将其拿到法庭上作为法庭审判的对象，至于控辩双方向法庭所提交的各种证据是否可以成为定案的根据，那是经过法庭审判之后法官再加以审查判断的问题，而不是在法庭审判之前就要解决的准入资格问题。而在审判之前解决证据进入法庭审判的准入资格问题恰恰是英美法系刑事证据规则的核心之所在。

尤其需要指出的是，尽管我国经过大规模改革之后的非法证据排除规则与英美法系非法证据排除规则具有较大的相似性，但是就排除非法证据的法律后果而言，它们仍然不可同日而语。这是因为，根据 2018 年《刑事诉讼法》第 56 条、2020 年《公安机关办理刑事案件程序规定》第 71 条、2019 年《人民检察院刑事诉讼规则》第 66 条、第 70 条的规定，在我国非法证据排除规则实行全程排除主义的情况下，排除非法证据的法律后果不仅包括不得作为刑事判决的依据，而且包括不得作为提请批准逮捕、批准或者决定逮捕、起诉意见、起诉决定的依据。即使不考虑到后者与英美法系非法证据排除规则之间没有任何可比性，仅就前者而言，我国非法证据排除规则与英美法系非法证据排除规则之间也存在明显差异。尽管我国现行法律明确要求法院应当排除符合排除条件的非法证据，但是我国非法证据排除规则并没有从证据的准入资格这个角度来规定证据的排除结果。进一步而言，法官排除非法证据的法律结果只是不得作为判决的依据，而对于被排除的非法证据是否应当像英美法系那样被剥夺进入法庭审判的资格，在我国现行的非法证据排除规则中并没有明确的答案。这意味着，不管检察机关用来指控犯罪的证据是否应该被排除，检察机关都可以将其拿到法庭上。即使经过法庭对证据收集合法性的调查之后，检察机关当庭提交的非法证据遭到法庭排除而无法继续成为控辩双方质证和辩论的对象，法庭在调查过程中也有可能对该非法证据所证明的案件事实有所感知。尤其是在 2018 年《刑事诉讼法》第 176 条明确规定检察机关移送案卷材料的情况下，再加上我国现行法律没有实行预审法官与庭审法官相分离的制度，不管检察机关向人民法院移送的证据材料是否具有非法性，或者是否应该被依法排除，作为事实裁判者的庭审法官都有足够多的时间和机会直接接触检察机关向法院移送的非法证据。① 由此可见，尽管我国非法证据排除规则改革已经取得了明显进步，但是现行非法证据排除规则如同刑事证据审查认定规则一样，仍然是从证据的使用结果这个角度来对待排除证据的法律后果，而没有从证据的使用过程或者证据进入法庭审判的准入资格这个角度来对待排除证据的法律后果。进一步而言，虽然我国接受了英美法系非法证据排除规则的理论基础与功能，但是我国并没有像英美法系那样在非法证据排除这个问题上确立"先解决证据能力后衡量证明力"或者"证据能力为证明力之前提"的诉讼观念。②

　　由此可见，按照西方国家刑事证据规则的理论很难对我国较为独特的证据审查认定规则甚至非法证据排除规则做出精确解释。这意味着，要想深刻认识我国《刑事诉讼法》确立的非法证据排除规则以及司法解释规定的证据审查认定规则，必须在转变以西方国家刑事证据规则的理论演绎推理我国刑事证据立法与司法的惯有研究思路的基础上，通过创造新的刑事证据法学理论来实现我国刑事证据制度的理论升华。在笔者看来，刑事证据排除规则在本质上是对刑事证据的一种控制手段。以什么样的理念和方式控制刑事证据的运用深刻反映了一个国家刑事诉讼制度的特色。就刑事证据的双重属性而言，控制刑事证据的运用可以有两条基本路径，一个是以规范证据的证据能力为出发点，另一个是以规范证据的证明力为着眼点。在实行陪审团审判、对抗制审判方式的情况下，以英美法系为代表的西方国家实行了以规范证据能力为中心的证据排除模式。而基于探求案件事实真相的法律传统以及防止法官滥用自由裁量权的现实需要，再加上一元制的审判组织形式，我国实行了以规范证明力为中心的证据排除模式。就刑事证据运用的具体过程来看，西方国家以规范证据能力为中心

---

① 值得注意的是，尽管按照 2018 年《刑事诉讼法》第 56 条以及 2019 年《人民检察院刑事诉讼规则》第 66 条、第 70 条的规定，检察机关应当依法排除侦查机关通过非法方法收集的犯罪嫌疑人供述、证人证言、被害人陈述、物证和书证，不得将这些非法证据作为起诉决定的依据，但令人遗憾的是，被依法排除的非法证据与刑事审判之间的联系并没有被彻底斩断。因为，根据 2019 年《人民检察院刑事诉讼规则》第 73 条第 1 款的规定，即使检察机关能够依法排除侦查机关收集的非法证据以及不将该非法证据作为提起公诉的依据，也应当将被排除的非法证据向人民法院移送。

② 客观地说，我国司法解释已经注意到这个问题。这是因为，根据最高人民法院、最高人民检察院、公安部等于 2017 年 6 月 20 日联合印发的《关于办理刑事案件严格排除非法证据若干问题的规定》第 34 条、最高人民法院于 2017 年 11 月 27 日印发的《人民法院办理刑事案件排除非法证据规程（试行）》第 4 条，在法庭审理过程中，对依法予以排除的证据，不得宣读、质证，不得作为判决的根据。但是，以上规定仍然没有彻底斩断非法证据与庭审法官之间的有机联系，庭审法官仍然有很多机会接触检察机关向法院提交的非法证据。

的证据排除模式强调的是对刑事证据运用的过程控制，而我国以规范证明力为中心的证据排除模式强调的却是对刑事证据运用的结果控制。尽管刑事证据运用的过程控制有助于维护程序的正当性和提高诉讼的效率，但是有可能付出牺牲案件事实真相的巨大代价。相对于刑事证据运用的过程控制而言，刑事证据运用的结果控制更有助于发现案件事实真相。但是，在以案件事实真相为导向的情况下，不仅过于严格的审查认定规则难以贯彻落实，而且无法为非法证据排除规则提供适合的生长土壤。尽管我国应该合理控制法官的自由裁量权，但是以规范证明力为中心的方式来防止法官滥用自由裁量权，不仅在理论上存在明显缺陷，而且在司法实践中没有对症下药，甚至为法官滥用裁量权提供了新的机会。①

---

　　①　王超 . 排除非法证据的乌托邦［M］. 北京：法律出版社，2014：89-127.

第七章

实现刑事证据法学的精确解释

　　尽管经过多年的努力，我国刑事证据法学研究已经取得了丰硕成果，但是在研究思路狭窄、研究方法陈旧的情况下，尤其是在深陷对策法学和比较法学泥沼的情况下，绝大多数研究者的视角仍然停留在如何通过借鉴国外经验来改革我国刑事证据制度这个层面上。这决定了我国刑事证据法学研究的初步转型只是带来了我国刑事证据法学研究的表面繁荣，并没有促进我国刑事证据法学理论知识的增长。其突出的表现就是，大多数刑事证据法学研究成果都是西方概念和逻辑的再现或者演绎，而根据我国刑事司法实践提出有别于西方国家刑事证据法学理论或者刑事证据制度的原创性成果则少之又少。为了推动我国刑事证据法学研究的理论创新，我国刑事证据法学研究有必要再次转型，走出价值表达的误区，将刑事证据法学真正地当作一门科学来进行研究，在找到我国刑事证据立法与司法存在的真正问题的基础上，运用交叉学科分析和实证研究方法对我国刑事证据立法与司法做出精确的解释。

第一节　传统刑事证据法学研究方法的基本缺陷

　　尽管科学的研究方法既是构建我国刑事证据法学理论体系的重要途径，又是我国刑事证据法学研究取得突破的必由之路，但是令人遗憾的是，在我国刑事证据法学研究的转型过程中，理论界并没有因为研究内容的巨大变化而彻底调整传统的注释法学、思辨法学、对策法学、比较法学等研究方法。而实践证明，这些传统的研究方法既不利于我们针对中国问题构建具有中国特色的刑事证据法学理论体系，也越来越不适应刑事证据法学研究创新的迫切需要。有的学者甚至断言，正是由于方法论训练以及相应的学术涵养的缺乏，才导致证据法学的研究者实际上并不十分清楚什么样的论题才是蕴含丰富的学术资源的论题，以及什么样的论题更有可能提供系统化的知识，什么样的论题更有可能大幅度地促进知识的增长，甚至也不清楚法学的学术研究应当怎样将研究的对象界定于可论证的领域。① 有鉴于此，在正确认识和评价传统研究方法的基础上通过研究方法的再次转型实现刑事证据法学研究的理论创新，已经成为我国刑事证据法学研究亟待提上议事日程的一个重要课题。下面就传统的注释法学、思辨法学、对策法学、比较法学存在的基本缺陷进行简要分析。

一、本末倒置的对策法学

按照惯有的研究思路，我国绝大多数学者在法学研究过程中，不仅需要发现问题、分析问题，而且需要针对我国立法或者司法存在的问题提出相应的解决方案。发现问题和分析问题只是解决问题的基础和手段，而解决问题是发现问题和分析问题的归宿和目的。这是我国法学研究多年以来形成的习惯，甚至被认为是理所当然或者天经地义的一件事情。正是基于这样的习惯，在立法者或者实务界眼里，只是批判而没有提供解决方案的论文或者专著往往被视为没有价值或者没有意义的研究成果；在论文投稿或者出版著作的过程中，如果研究者们没有针对我国刑事证据立法或者司法存在的问题提供具有建设性的改革建议，就有可能面临学术成果难以公开发表的尴尬境地；在法学硕士或者法学博士论文评阅或者答辩过程中，如果学生没有提供解决问题的方案，就有可能无法通过论文评阅或者答辩；在高等学校的评价体系和职称评定中，学者们围绕我国立法或者司法存在的问题所提出来的各种改革建议一旦得到党政机关或者领导的批示或者采纳，其研究成果就会被认定为权威研究成果；党政机构或者社会舆论、新闻媒体等在评价学者们的贡献时也会将其提出来的改革建议是否得到党政机关或者领导的批示或者采纳作为最主要的参考指标之一；等等。在这种背景下，再加上我国本来就是策论传统极为浓厚的国家，对策法学可以说已经成为我国法学研究最流行的或者最基本的研究方法。而学者们也普遍将如何提出合适的改革建议进而得到立法机关或者司法机关的采纳作为毕生的学术追求和学术贡献。

就刑事证据法学研究而言，几乎所有学者都会在分析我国刑事证据立法与司法存在问题的基础上，以如何修改与完善相应的刑事证据制度作为学术研究的根本出发点和最终落脚点。尤其是在《刑事诉讼法》修改的过程中，学者们围绕如何改变过于粗疏的刑事证据立法和构建完善的刑事证据规则进行了全面

---

① 易延友. 证据学是一门法学吗：以研究对象为中心的省察［J］. 政法论坛，2005（3）.

而系统的对策研究，甚至为刑事证据制度的修改与完善专门出版了许多专家建议稿。① 正因为如此，在已经公开发表的刑事证据法学研究成果中，有关刑事证据制度的改革建议随处可见，而没有提出具体改革建议的论文或者著作几乎没有。甚至可以毫不夸张地说，学者们在我国《刑事诉讼法》的修改过程中所从事的对策研究不经意地创造了学者们参与立法的经典模式②：在学者们的研究和呼吁下，立法机关决定对某项存在严重问题的法律制度启动立法规划或者立法

---

① 宋英辉，孟军，何挺. 死刑案件证据运用指引建议论证稿［M］. 北京：法律出版社，2016；田文昌，陈瑞华.《中华人民共和国刑事诉讼法》再修改律师建议稿与论证［M］. 增补版. 北京：法律出版社，2012；陈卫东. 模范刑事诉讼法典［M］. 2 版. 北京：中国人民大学出版社，2011；陈泽宪，熊秋红. 刑事诉讼法修改建议稿与论证：以被指控人的权利保护为核心［M］. 北京：中国社会科学出版社，2009；张保生.《人民法院统一证据规定》司法解释建议稿［M］. 北京：中国政法大学出版社，2008；田文昌，陈瑞华.《中华人民共和国刑事诉讼法》再修改律师建议稿与论证［M］. 北京：法律出版社，2007；黄立. 中国刑事诉讼法修订建议稿及实证研究［M］. 北京：人民出版社，2007；陈光中. 中华人民共和国刑事诉讼法再修改专家建议稿与论证［M］. 北京：中国法制出版社，2006；徐静村. 中国刑事诉讼法（第二修正案）学者拟制稿及立法理由［M］. 北京：法律出版社，2005；陈卫东. 模范刑事诉讼法典［M］. 北京：中国人民大学出版社，2005；陈光中. 中华人民共和国刑事证据法专家拟制稿［M］. 北京：中国法制出版社，2004；毕玉谦，郑旭，刘善春. 中国证据法草案建议稿及论证［M］. 北京：法律出版社，2003.

② 或许是受这种模式大获成功的启发，再加上我国许多法律制度在客观上确实需要修改和完善，在我国近年来的法学研究过程中类似于专家建议稿形式的各种立法建议或者改革方案可谓屡见不鲜。例如，江伟.《中华人民共和国民事诉讼法》修改建议稿（第 3 稿）及立法理由［M］. 北京：人民法院出版社，2005；王利明. 中国民法典学者建议稿及立法理由（总则编）［M］. 北京：法律出版社，2005；王利明. 中国民法典学者建议稿及立法理由（债法总则编、合同编）［M］. 北京：法律出版社，2005；王利明. 中国民法典学者建议稿及立法理由（物权编）［M］. 北京：法律出版社，2005；王利明. 中国民法典学者建议稿及立法理由（侵权行为编）［M］. 北京：法律出版社，2005；王利明. 中国民法典学者建议稿及立法理由（婚姻家庭编、继承编）［M］. 北京：法律出版社，2005；陈光中. 中华人民共和国刑事证据法专家拟制稿（条文、释义与论证）［M］. 北京：中国法制出版社，2004；王保树. 中国公司修改草案建议稿（公司法改革系列）［M］. 北京：社会科学文献出版社，2004；江伟. 中国证据法草案（建议稿）及立法理由书［M］. 北京：中国人民大学出版社，2004；王利明. 中国民法典草案建议稿及说明［M］. 北京：中国法制出版社，2004；梁慧星. 中国民法典草案建议稿附理由（总则编）［M］. 北京：法律出版社，2004；梁慧星. 中国民法典草案建议稿附理由（物权编）［M］. 北京：法律出版社，2004；梁慧星. 中国民法典草案建议稿附理由（侵权行为编、继承编）［M］. 北京：法律出版社，2004；徐国栋. 绿色民法典草案［M］. 北京：社会科学文献出版社，2004；梁慧星. 中国民法典草案建议稿［M］. 北京：法律出版社，2003；毕玉谦. 中国证据法草案建议稿及论证［M］. 北京：法律出版社，2003；王利明. 中国物权法草案建议稿及说明［M］. 北京：中国法制出版社，2001；梁慧星. 中国物权法草案建议稿［M］. 北京：社会科学文献出版社，2000.

程序；学者们通过学术研究、理论研讨、专题报告、专家咨询等各种形式全方位参与该法律制度的修改过程，从而使该项法律制度成为理论研究或者社会广泛关注的热门话题；某些权威学者组织有关专家就某项法律制度提出系统的改革方案或者专家建议稿，立法机关在参照或者吸收理论界的研究成果和改革方案尤其是专家建议稿的基础上拟定立法草案①。

客观地说，对策法学本身是一种较为重要的法学研究方法。法学家们凭借其超脱的地位和精湛的专业理论的确可以为立法或者司法提供重要的智力支持；而专门的法学研究机构也可以在社会主义法治建设过程中充分发挥智库作用。如果理论界与立法界、司法界之间能够形成良性互动关系，无论是对于立法的质量而言，还是对司法的影响来说，都不无裨益。更何况，我国作为法治追赶型国家，目前正处于社会转型时期，包括刑事证据法在内的法律制度及其司法实践本来就暴露出越来越多的问题而需要解决。面对各种复杂的法律问题，不仅仅需要决策们的高瞻远瞩，而且需要法学研究者们的法律专业智慧。这决定了为我国社会主义法治建设出谋划策不仅是学术研究的重要组成部分，而且是学者们不可推卸的责任。尤其是在某些特殊场合，如决策部门所设立的各种政策研究机构或者智库，或者决策部门委托学者、研究机构、智库所作的应用性研究课题等，对策研究甚至是一种不可或缺的研究方法。实践也证明，我国学者的对策法学研究不仅催生和加快了许多滞后法律的修改进程，为立法工作提供了必要的理论准备和大量的立法参考，而且使人们对西方发达国家的法学理论和法律制度不再感到陌生，一系列体现人类文明进步和闪烁人类思想光芒的法律制度开始为人们所津津乐道。尤其令人感到欣慰的是，在学者们的耳濡目染下，立法机关的立法观念和实务部门的执法观念已经有了很大改观，不再张口闭口都是如何惩罚犯罪、震慑罪犯，程序正义、人权保障等观念开始逐步深入人心。20 世纪 90 年代中期以来，我国《刑事诉讼法》的两次重大修改以及诸多刑事司法改革无不体现了学者们的智慧，反映了理论界的声音和意见。正如我国诉讼法学界权威陈光中先生在谈到参与《刑事诉讼法》修改的体会时

---

① 为了我国《刑事诉讼法》的第一次修改，中国政法大学曾经专门成立了一个《刑事诉讼法》修改小组，该小组在国内进行调查、国外进行考察的基础上草拟出《中华人民共和国刑事诉讼法修改建议稿》，于 1994 年 7 月提交全国人大法工委。该小组后又对该建议稿加以论证，于 1995 年以《中华人民共和国刑事诉讼法修改建议稿与论证》为名正式出版。据统计，该建议稿所拟的条文，被修正的《刑事诉讼法》全部或者部分采纳的约为 65%。该书也因为对我国《刑事诉讼法》的第一次修改所起到的重要参考作用而荣获北京市第四届哲学社会科学优秀成果特等奖、教育部普通高等教育第二届人文社会科学研究成果法学一等奖。

所指出的那样，我国《刑事诉讼法》的第一次修改取得了成功，一个重要原因是自始至终采取了立法部门、政法实际部门和专家学者三结合的工作方法，并召开多种形式的座谈会，集思广益，博采众长，特别是专家学者在其中发挥了较大的作用。①

尽管对策法学作为一种重要的研究方法无可厚非，但是学者们的独立地位和主要使命决定了对策研究只能是一种副业，而不应该像党政机关所设立的政策研究机构或者智库那样将对策研究作为本职工作。② 就刑事证据法学研究而言，虽然学者们在研究刑事证据法学的过程中难以避免考虑我国刑事证据制度的修改与完善问题，但是学者们的主要使命应该是透过现象发现本质，提出具有原创性的理论或者命题，从而不断创造和丰富知识，成为知识的创造者和传播者，而不是积极地把自己定位为官方决策的谋士，以如何完善现行法律制度和推动司法改革为己任。如果学者们在研究刑事证据法学时所要考虑的首要问题或者落脚点不是提出具有原创性的命题或者理论，而是积极地把自己定位为官方决策的谋士，以如何完善我国刑事证据立法以及如何推动我国刑事司法改革为主要目标，那么这就是本末倒置的一种做法，进而导致学者们丧失创造刑事证据法学理论、增长刑事证据法学知识的机会和能力。毕竟，当法学研究者将推动某某法典的通过、提出改革司法的建言作为研究的归宿时，他们所做的似乎就不再是纯粹的学术研究工作，而是类似于国会议员们为促成法律的制定或修改而所从事的社会活动和政治活动，法学家似乎也抛弃了自己本来的知识分子角色，而摇身一变成为社会活动家和政治活动家。③ 实践证明，以推动刑事证据立法和刑事司法改革为主要目标的对策法学研究已经沦为一种空洞的说教，它只能带来刑事证据法学研究的表面繁荣，而无法推动刑事证据法学研究的理论创新和知识增长。

实际上，就学者们的地位和资源而言，过于追求对策法学研究往往使他们成为站着说话不腰疼的法律预言家。相对于党政机关设立的政策研究机构或者智库而言，学者们既不可能针对我国刑事证据立法与司法存在的问题提出十分

---

① 陈光中. 坚持惩治犯罪与保障人权相结合、立足国情与借鉴外国相结合——参与刑事诉讼法修改的几点体会 [J]. 政法论坛，1996（6）.

② 在实践中，由于我国学者普遍将如何提出合适的改革建议进而得到立法机关或者司法机关的采纳作为毕生的学术追求和学术贡献，因此，学者们的学术研究实际上已经混同于官方智库或者政策研究机构的政策研究或者对策研究。

③ 陈瑞华. 问题与主义之间——刑事诉讼基本问题研究 [M]. 北京：中国人民大学出版社，2008：8.

有效的解决方案，也无力促使自己提出来的所谓理想方案能够得到真正的贯彻落实。毕竟，现实中的法律问题必然涉及各种法律主体之间的利益调整或者利益分配，各种主体能在多大程度上割让自己的既得利益，恐怕很难由学者们按照事先预定的设想"强加"给他们，而必须以各方利益主体形成某种共识以及社会各种因素的广泛支持为基础。这不仅仅需要法律专业上的智慧，而且主要取决于决策者们在正确处理各种利害关系和权衡利弊得失方面的睿智。也就是说，如何解决各种利益主体之间的冲突与协调往往会超出学者们所能达到的范围。从某种程度上讲，研究者们提出来的立法建议或者改革方案越超然、越理想、越完美，在实践中遇到的阻力就可能越大，也就越难实现。其主要原因就在于这样的对策研究可能会回避本来不应该回避的各种利益主体之间的博弈问题。进一步而言，尽管学者们的初衷也许很好，但是他们未必能够为我国纷繁复杂的现实法律问题提供"适销对路"的学术产品，也很难掌握足够的资源促使自己提出来的理想方案能够真正地贯彻落实。从这个角度讲，如何针对我国刑事证据立法与司法存在的问题提供良好的解决方案，并非像我们想象中的那样信手拈来，它很有可能是一件十分艰辛或者徒劳无益的事情。既然如此，学者们在研究刑事证据法学的过程中就应该扬长避短，回归学术研究的本来面目，透过现象找到我国刑事证据制度存在的本质问题，通过提出原创性的命题或者理论深刻分析和精确解释，而完全没有必要将过多的时间和精力浪费在吃力不讨好的对策研究上。

二、名不副实的比较法学

毋庸讳言，无论是在刑事证据制度方面，还是在刑事证据法学理论研究方面，我国作为后进国家，同发达国家尤其是西方国家相比存在较大的差距。而在这种情况下，介绍和引进西方国家的刑事证据制度及其理论成为我国研究刑事证据法学绕不开的课题，甚至成为学者们从事刑事证据法学研究的必修课。正是在这种背景下，比较法学分析可以说已经成为我国刑事证据法学研究最为流行的研究方法之一。而在我国刑事证据法学的研究成果中，几乎所有的论文或者著作都采用了比较法学的研究方法。正如陈瑞华教授在回顾我国刑事诉讼法学研究现状时所指出的那样："在刑事证据法学领域，有关证据问题的研究几乎完全陷入对西方证据理论的引进、介绍和比较分析之中，既很少关注法院在证据运用中存在的问题，也没有从中国的刑事司法经验出发，提出具有说服力的证据理论。从普遍使用的概念和术语来看，刑事诉讼法学界几乎普遍采取了'拿来主义'的思维方式，要么直接援引英美证据法的概念，要么采用德国、法国乃至日本法学论著中的概念。"① 在我国学者沉迷于比较法学研究方法的情况下，就连法科研究生在撰写论文时也动辄采用比较分析。而以法科研究生的资历、学识和能力，几乎不可能进行深入的或者有价值的比较研究。

尽管刑事证据制度是刑事诉讼的基础和核心，但是基于社会条件、立法技术、执法环境、理论研究等方面，我国刑事证据立法一直比较滞后。实践证明，滞后的刑事证据立法不仅无法满足刑事司法改革的需要，而且给刑事司法带来一系列问题。例如，尽管我国对抗制刑事庭审方式改革需要证人出庭作证，但是在司法实践中证人却极少出庭作证；尽管我国《刑事诉讼法》越来越强调保障人权，但是刑讯逼供等非法取证行为却成为屡见不鲜的现象；等等。在这种背景下，刑事证据法学的基础理论尤其是我国刑事证据制度的修改与完善问题成为刑事诉讼法学研究的热门课题。而无论是发现问题、分析问题还是解决问题，学者们在刑事证据法学研究过程中都普遍采用了比较分析方法。概括而言，学者们的研究思路或者基本做法主要包括：（1）通过比较分析提出某项值得研究或者需要研究的刑事证据制度；（2）通过比较分析归纳某项刑事证据制度的基本原理，或者概括出某项刑事证据制度的发展趋势或者世界潮流；（3）通过比较分析论证我国相关刑事证据制度存在的问题与缺陷及其原因；（4）通过比较分析论证我国借鉴西方国家某项刑事证据制度的意义；（5）通过比较分析论证我国如何在借鉴西方国家成功经验的基础上修改与完善我国某项刑事证据制度。

以证人出庭作证制度为例。在我国刑事诉讼中，证人出庭作证不仅是实现公正审判的重要措施，而且是 20 世纪 90 年代中期以来的刑事审判方式改革能否取得成功的关键因素。尽管证人出庭作证如此重要，但是在司法实践中证人却极少出庭作证。根据最高人民法院综合统计得出的数据：全国法院一审刑事案件中，证人出庭率不超过 10%；二审刑事案件中，证人出庭率不超过 5%。② 有的媒体甚至报道，我国刑事证人出庭率只有 1% 至 5%。③ 在这种背景下，学者们对证人出庭作证制度进行了广泛研究。在发现或者分析我国证人出庭作证制度存在问题的过程中，学者们普遍通过比较分析的方法，将我国证人不出庭作证的主要原因归结到制度层面，如证人保护制度的不完善，以及强制证人作

---

① 陈瑞华．刑事诉讼法学研究的回顾与反思［J］．法学家，2009（5）．
② 毛立军．证人出庭率低症结何在？［N］．人民政协报，2007-07-31．
③ 马守敏，邹守宏．三大诉讼法大修 剑指焦点和难点［N］．人民法院报，2011-06-25
（5）．

证制度、证人作证补偿制度、证人拒绝作证制裁制度、传闻证据规则的缺失等。① 为了提高证人出庭作证的比例，学者们又在介绍、比较分析西方国家证人保护制度、强制证人作证制度、证人作证补偿制度、证人拒绝作证制裁制度、传闻证据规则的基础上，普遍主张我国应该借鉴西方国家的成功经验，修改与完善 1996 年《刑事诉讼法》所规定的证人保护制度，以及构建强制证人作证制度、证人作证补偿制度、证人拒绝作证制裁制度、传闻证据规则。从 2012 年《刑事诉讼法》对证人出庭作证制度的修改情况来看，学者们关于证人出庭作证制度的改革建议大部分被立法机关采纳。

客观地说，比较分析作为一种基本的法学研究方法，在刑事证据法学研究中显然具有重要现实意义。这不仅在于我国刑事证据制度同西方国家刑事证据制度相比仍然存在较大差距，通过比较分析有助于发现我国与西方国家之间的差距以及我国刑事证据制度存在的问题与缺陷，而且在于正确运用比较研究方法确实有助于增强学者们的世界眼光和拓宽学者们的研究视野，提升学者们的研究水平和研究质量。实践证明，学者们的比较研究为我国立法机关、司法机关、法科学生等了解和掌握西方国家的刑事证据制度与理论提供了必要的学术资源，增进了我国同西方国家在刑事证据法学领域的联系和交流。通过学者们的比较研究，我们不仅不再对西方国家的刑事证据制度与理论感到陌生，而且能够比较清醒地认识到我国刑事证据制度存在的差距和缺陷。尽管学者们在研究刑事证据法学的过程中十分热衷于运用比较分析的方法，但是基于研究目标、研究视野、研究思路、研究角度、研究资料、语言能力等方面，学者们的比较分析实际上大都流于表面或者蜻蜓点水，并未达到理想效果。

首先，学者们过于注重介绍和引进西方国家的刑事证据制度或者理论，忽略了对我国刑事证据制度存在问题进行深刻解释。在信息社会到来以前尤其是在互联网普及之前，学者们对西方国家刑事证据制度或者理论的掌握程度往往决定着研究水平的高低或者研究成果的多寡。在这种情况下，在介绍和引进西方国家的刑事证据制度或者理论的基础上对我国刑事证据制度进行比较分析，几乎成为学者们研究刑事证据法学的固定模式和不二选择，甚至是学者们从事刑事证据法学研究的成功捷径。而在信息社会时代尤其是在互联网日益普及、知识爆炸的全球化时代，尽管有关西方国家刑事证据制度与理论的研究资料不像以往那样属于较为稀缺的资源，但是在获取西方国家刑事证据制度与理论的

---

① 周菁，王超.刑事证据法学研究的回溯与反思：兼论研究方法的转型 [J].中外法学，2004（3）.

研究资料更加便利的情况下，学者们对西方国家刑事证据制度或者理论的介绍、引进和比较分析不仅没有被削弱，反而因为拥有更加丰富的研究资料而对比较分析方法青睐有加。但令人遗憾的是，在盲目崇拜西方国家刑事证据制度与理论，以及过于强调法律移植的情况下，大多数学者在比较分析的过程中往往过分热衷于介绍和引进西方国家的刑事证据制度与理论，总是有意无意地重复或者演绎着西方国家刑事证据制度的理论和逻辑，而对我国刑事证据立法与司法存在的问题和缺陷却关心不够和分析不透，既很少提出有别于西方国家刑事证据制度与理论的原创性成果，也没有形成比较成熟并且能够得到公认的刑事证据法学理论体系，进而对我国刑事证据制度的立法与司法提供足够的解释力。

其次，学者们对于西方国家的刑事证据制度或者理论缺乏应有的反思能力和批判精神，生搬硬套或者想当然地移植西方国家的刑事证据制度或者理论。不可否认，西方国家的刑事证据制度或者理论在许多方面确实值得我国参考或者借鉴。但是受对策法学的影响，学者们往往将研究视角停留在如何通过借鉴西方国家经验来改革我国刑事证据制度，潜移默化地将西方国家刑事证据制度或者理论作为我国刑事证据立法与司法的一种评价标准。而基于学术资历、学术视野、学术立场、研究能力、占有资料、思维方式、语言能力等方面的，许多学者不仅对西方国家刑事证据制度与理论缺乏全面而深刻的理解，而且盲目崇拜西方国家的刑事证据制度或者理论，丧失了对西方国家刑事证据制度与理论的反思和批判能力。有的学者甚至贩卖西方国家所谓普世性或者普适性的制度与理论，将西方国家的刑事证据制度与理论作为我国解决刑事证据立法与司法存在问题的锦囊妙计。还有学者在不考虑或者不分析西方国家某项刑事证据制度的来龙去脉、时代背景、适应环境、适用边界等诸多影响因素的情况下，过于强调某项刑事证据制度的技术性规则，或者盲目移植西方国家的某项刑事证据制度。从某种程度上讲，在比较分析的过程中缺乏反思能力和批判精神而又一味生搬硬套西方国家刑事证据制度与理论的情况下，学者们已经沦为西方国家刑事证据理论的传声筒和西方国家刑事证据制度的搬运工。而在这种情况下，西方国家的某项刑事证据制度即使被引进或者移植到我国，也会水土不服或者形似而神不似，甚至很难摆脱南橘北枳的命运。以非法证据排除规则为例。在我国非法取证行为尤其是刑讯逼供屡见不鲜的情况下，学者们早就对通过借鉴和移植西方国家尤其是英美法系的成功经验修改与完善我国非法证据排除规则形成广泛共识。尽管在 2010 年以后我国通过司法解释和修改《刑事诉讼法》制定了令人期待的非法证据排除规则，但是从近年来的司法实践来看，经过细化和修改的非法证据排除规则仍然没有摆脱名存实亡的命运。即使人民法院偶尔能够排除控方的非法证据，那也往往是以排除非法证据不影响定罪为前提。而在这种情况下，非法证据排除规则在抑制程序违法行为、维护程序公正等方面的所谓功能仍然停留在改革者们和学者们的想象当中，而尚未转化成现实。①

再次，学者们对西方国家的某些刑事证据制度与理论缺乏深刻认识，难以为我国刑事证据立法与司法提供有益的借鉴。比较研究的前提是学者们能够深入掌握和理解中西方刑事证据制度的理论精髓、实践状况及其基本国情。只有在真正融会贯通中西方刑事证据制度的各种因素的情况下，学者们才有可能通过比较分析对我国刑事证据立法与司法存在的问题和缺陷进行深刻解释，进而创造出有别于西方国家的符合中国国情的刑事证据理论，对我国刑事证据立法与司法起到重要的参考作用。但是，许多学者往往在没有深刻理解西方国家刑事证据制度与理论的情况下就肤浅地利用西方概念或者逻辑演绎推理我国的刑事证据制度，或者以我国刑事证据制度实践为素材来论证或者验证西方国家的理论或者命题。以程序正义理论对于非法证据排除规则的解释为例。西方法学理论认为，法院应当排除非法证据，主要不是因为非法证据是否真实，而是因为通过非法手段获取指控犯罪的证据违反了正当程序，损害了程序公正。也就是说，为了维护正当程序和实现公正审判，法院不能采纳受到非法程序污染的证据，而应当排除通过非法手段所获取的旨在证明被告人有罪的证据。② 客观地说，在西方国家尤其是英美法系国家比较注重正当程序的情况下，程序正义理论对于非法证据排除规则的正当性具有一定的说服力。但是，照搬西方国家的程序正义理论来解释我国的非法证据排除规则或者指导我国非法证据排除规则改革很难行得通。这是因为，在我国重实体、轻程序或者重实体结果正确、轻诉讼程序正当的司法环境中，再加上我国因为社会转型而仍然处于犯罪高发阶段，司法机关既不可能单纯为了维护程序正义和保障人权而完全置惩罚犯罪与发现真相于不顾，也难以理解"只要程序正当而不管结果如何都应该接受"的极端程序主义思维方式。司法实践也反复证明，我国法官很难从准确查明案件事实真相以便进行正确裁判的枷锁之中解脱出来为非法证据排除规则的适用提供足够的空间；为了尊重案件事实真相和确保做出正确的裁判，只要非法证据在客观上能够证明案件事实真相，许多法官都会不惜将控方非法证据作为定案根据，而无暇顾及追诉活动的正当性与合法性。③

---

① 王超. 排除非法证据的乌托邦 [M]. 北京：法律出版社，2014：77-154.
② 王超. 排除非法证据的乌托邦 [M]. 北京：法律出版社，2014：30-37.
③ 王超. 排除非法证据的乌托邦 [M]. 北京：法律出版社，2014：25-30.

最后，学者们对西方国家的某些刑事证据制度与理论存在模糊认识甚至误区，从而对我国刑事证据法学研究甚至我国刑事证据制度的修改与完善形成误导。比较分析作为刑事证据法学研究较为常见的一种研究方法，貌似简单，实则非常困难。这是因为，要想对中西方刑事证据制度进行深入的比较分析，不仅要求研究者们非常精通西方国家的语言文字，而且要求研究者们深谙中西方刑事证据的制度与理论，尤其是深入透彻掌握中西方刑事证据制度的来龙去脉和实际状况。显而易见，我国大多数学者都不具备这样的条件。在大多数学者本来不具备良好的比较能力却热衷于比较研究的情况下，许多学者对西方国家的刑事证据制度与理论难免产生各种各样的模糊认识或者谬误。其突出的表现就是：为了论证某项刑事证据制度的基本规律或者移植刑事证据制度的合理性，许多学者在比较研究的过程中动辄使用诸如世界各国、世界潮流、现代各国等之类的以偏概全或者夸大其词的表述；基于个人经历、研究偏好、语言能力、占有资料等各个方面，学者们在比较分析的过程中对西方国家的刑事证据制度与理论产生了各种各样的误读现象。例如，长期以来，我国学者对于证明责任与举证责任之间的关系问题一直存在并列说、大小说（种属说）、包容说、前后说、性质区别说等多种观点，一个重要的原因就是很多学者没有正确理解西方国家证明责任的概念。而根据一些学者在词源、翻译上的考证，尽管证明责任与举证责任在语言表述和表达习惯上存在一定差异，但二者在本质上却是同一个概念。① 再如，学者们为了论证非法证据排除规则是遏制非法取证行为的利器，进而为我国引进西方国家尤其是英美法系国家的非法证据排除规则扫清理论上的障碍，普遍将非法证据排除规则粉饰成西方国家带有公理性质的一项证据规则。但是实际上，在西方国家，不仅非法证据排除规则的实际效果不像我国学者所鼓吹的那样神奇，而且西方学者对于是否确立、是否改革或者是否废除非法证据排除规则存在广泛争议。而我国学者在对非法取证行为同仇敌忾式的喊打声中顶礼膜拜在西方国家尚且没有形成定论的非法证据排除规则，从而导致我国在刑事司法改革的过程中确立了比西方国家还要激进的非法证据排除规则。②

---

① 陈刚. 证明责任概念辨析［J］. 现代法学，1997（2）；何家弘. 刑事诉讼中举证责任分配之我见［J］，政治与法律，2002（1）；叶自强. 英美证明责任分层理论与我国证明责任概念［J］，环球法律评论，2001，秋季号；樊崇义，锁正杰，牛学理，等. 刑事证据法原理与适用［M］. 北京：中国人民公安大学出版社，2001：271.

② 王超. 排除非法证据的乌托邦［M］. 北京：法律出版社，2014：16-154.

三、空洞说教的思辨法学

思辨研究是非常古老的一种研究方法。尤其是在人类社会早期，人们还不知道实证研究和定量分析为何物的情况下，主要是通过思辨来认识世界，探求事物的规律和真理。思辨作为历史久远的一种研究方法，在现代社会仍然具有重要价值。毕竟，理性思考、逻辑思维是人类区别于其他动物的永恒特征。人类社会在认知世界的过程中不可能彻底脱离思辨而完全进行实证研究或者定量分析。尤其是对于无法避免价值判断的人文社会科学而言，思辨研究依旧是实证研究方法中不可替代的一种基本研究方法。甚至从某种程度上讲，实证研究对于思辨研究具有一定的依附性，没有思辨研究，就没有实证研究。这是因为，开展实证研究需要提出理论假设或者厘清概念，而在提出理论假设或者厘清概念的过程中不可能没有思辨。就我国刑事证据法学研究而言，基于思辨法学研究方法本身的便利性和实证研究方法的条件限制，再加上我国学者在传统上比较注重和擅长思辨研究，思辨研究方法一直是极为重要的一种研究方法。尽管思辨研究方法对我国刑事证据法学理论体系和刑事证据制度的建立起到了不可磨灭的作用，但是在缺乏实证研究支撑的情况下，大多数学者的思辨研究已经沦为不接地气的空洞说教，难以承载刑事证据法学理论创新、增长刑事证据法学知识的学术使命。

首先，将西方国家的刑事证据制度与理论作为公理，演绎推理我国的刑事证据制度与理论。思辨研究方法不同于实证研究方法的主要特征在于，研究者们在经验事实之外进行纯概念和纯理论的思考。其基本方法就是进行抽象的逻辑推理，尤其是演绎推理。而根据不同的逻辑前提，可以将演绎推理分为两种：一种是利用已经得到验证的结论或者不需要加以证明而假定为真的命题或者真理来抽象推导出具体的结论；另一种是以未经证实的理论假设作为逻辑前提，演绎推理出某种结论。从逻辑推理的角度而言，第一种演绎推理在客观上确实具有一定的合理性。尤其是在大前提和小前提具备相同基础或者相同条件的情况下，利用已经得到检验的命题或者不证自明的公理至少在逻辑能够得出较为可靠的结论。或许正因为如此，这种思辨研究方法在我国刑事证据法学研究中极为流行。其典型做法就是，学者们首先通过比较分析西方国家刑事证据制度与理论得出一般概念或者一般原理，然后以该概念或者原理反思我国刑事证据立法与司法存在的问题和缺陷，最后在借鉴西方国家成功经验的基础上论证我国如何进行刑事证据制度改革。尽管这种思辨研究方法在客观上推动了我国刑事证据法学的进步和繁荣，但是这种以西方理论演绎推理我国刑事证据制度的研究模式不仅在理论上不利于我国学者做出自己的学术贡献，而且在实践中不可能解决我国刑事证据立法与司法存在的问题。第一，在动辄将西方国家刑事证据法学理论视为公理的情况下，学者们难免陷入对西方刑事证据法学理论的盲目崇拜之中，甚至形成西方国家如此、我国也应当如此的心态和逻辑，而疏于提出不同于西方国家的原创性命题或者理论。第二，在中西方国情存在本质差异的情况下，不分青红皂白地将西方国家的刑事证据制度与理论当作公理，难免会得出以偏概全的结论，而不可能对我国刑事证据立法与司法存在的问题做出精确解释。第三，在不考虑制度土壤和生存环境的情况下，想当然地将西方国家刑事证据制度与理论作为我国刑事证据制度改革的应然方案，难免产生"橘生淮南则为橘，生于淮北则为枳"的水土不服现象。

其次，以未经证实的理论假设作为逻辑前提，想当然地演绎推理出一些自以为是但实际上没有实际价值的结论。在思辨研究方法中，除了利用已经得到验证的结论或者不证自明的公理进行演绎推理，研究者们还常常利用未经证实的理论假设来推导出某种结论。如果说利用公理进行演绎推理因为其逻辑前提真实可靠而具备一定合理性的话，那么利用未经证实的理论假设进行演绎推理就纯粹是超越经验事实的概念运动，因而得出来的结论往往是主观臆断或者想当然的结果。而这种完全以想象代替现实的研究方法，在实践中不可能具有实际利用价值。在我国刑事证据法学研究过程中，在缺乏实证研究的情况下，学者们以未经证实的理论假设来演绎推理我国刑事证据制度早已成为司空见惯的现象。尤其是受比较法学的影响，许多学者往往在没有深刻认识或者正确评价西方国家刑事证据制度与理论的情况下，贸然以西方国家尚且没有得到证实的刑事证据制度或者理论作为评价我国刑事证据立法与司法存在问题的逻辑前提，或者作为我国刑事证据制度修改与完善的理想方案。以非法证据排除规则中的威慑理论为例。美国联邦最高法院在确立和完善非法证据排除规则的过程中借鉴了刑罚的基本原理，将威慑理论作为非法证据排除规则的一个重要理论基础。威慑理论的支持者们一般认为，违法者之所以实施非法取证行为，主要是为了收集证据和指控犯罪。在这种情况下，如果能够通过非法证据排除规则排除违法者通过非法取证行为收集的证据，即通过排除非法证据的方式对控方进行程序性的制裁，那么违法者就可能无法从非法取证行为中获取相应的利益，从而削弱违法者实施非法取证行为的诱因。而在非法取证行为无利可图的情况下，违法者就有可能在将来的执法活动中依法收集证据。[①] 尽管美国联邦最高法院曾

---

① 王超. 排除非法证据的乌托邦［M］. 北京：法律出版社，2014：385.

经将威慑理论作为非法证据排除规则的一个支柱性理论基础，但是美国学者的实证研究对非法证据排除规则的威慑作用尚未完全形成令人信服的肯定或者否定结论。① 尽管威慑理论尚未得到证实，而且威慑理论被越来越多的西方学者质疑②，但是我国学者却仍然笃信非法证据排除规则在非法取证行为方面的威慑作用和遏制功效，普遍主张我国应当在西方国家非法证据排除规则的基础上构建完善的非法证据排除规则。而从司法实践来看，尽管 2010 年以来我国按照学者们的设想已经构建了与西方国家相媲美的非法证据排除规则，但是人民法院实际上几乎不会像学者们所期望的那样排除非法证据，尤其是因为排除非法证据而导致无罪判决的案例极为罕见。既然非法证据极少被排除，那么我们不大可能指望非法证据排除规则能够像学者们所吹嘘的那样起到震慑作用，进而发挥遏制非法取证行为的功效。

最后，哲学化的思辨研究导致刑事证据法学研究误入歧途。自诞生以来，思辨研究方法就与哲学具有千丝万缕的关系。早在古希腊时期，思辨研究就曾经备受苏格拉底、柏拉图、亚里士多德等哲学家的推崇，从而成为哲学研究的一种基本方法。17 世纪以后，在笛卡尔、黑格尔等哲学家的推动下，思辨哲学甚至成为西欧哲学的一个重要派别。受思辨哲学思维方式的影响，西方学者运用哲学的理论和方法来思考和研究法律问题，逐渐形成了法哲学或者法律哲学，作为哲学的一个分支和法学的一个学科，它极大地推动了西方国家法学理论的发展。20 世纪初西方法哲学开始传入我国以后，法哲学思考逐渐成为我国法学研究的一种重要研究方法。为了提升法学研究的所谓理论深度，部门法的法哲学研究也越来越受到学者们的吹捧。就我国刑事证据法学研究而言，尽管法哲学思考尚未成为主流的研究方法，但是不少学者的哲学化思辨已经出现误入歧途的苗头。其突出的表现就是，为了提升刑事证据法学研究的学术品位或者所谓深度和广度，强行将形而下的刑事证据制度当作形而上的哲学问题进行宏大叙事，或者简单、机械、生硬地将哲学的原理、观点、概念套用在刑事证据理论或者刑事证据制度中。在这种情况下，刑事证据法学的部分研究内容不仅严重脱离实际，而且在一定程度上演变成某些研究者自言自语的玄学或者没有太大学术价值的文字游戏。以刑事证明标准的研究为例。在我国《刑事诉讼法》关于刑事证明标准的规定较为模糊的情况下，如何理解刑事证明标准形成了两种观念，即客观真实观和法律真实观。纵观这种观念之间的争论，尽管法律真

---

① 王超. 排除非法证据的乌托邦 [M]. 北京：法律出版社，2014：54-56.
② 王超. 排除非法证据的乌托邦 [M]. 北京：法律出版社，2014：53-59.

实观与客观真实观在裁判事实、认识论、认识能力、证明标准的具体设计和实践效果、诉讼证明活动的性质等诸多方面的确存在明显分歧，但是两种观念实际上也存在不少相通之处。一方面，法律真实观实际上并不否认在诉讼活动中追求客观真实的价值，而这恰恰是客观真实观所极力主张的。另一方面，客观真实观也承认在每个案件中都或多或少地会有一些客观事实是无法查明的，而这正好是法律真实观所反复强调的。一般而言，法律真实观并不否认客观真实的存在，也不否认客观真实作为证明标准的良好愿望和良苦用心。而客观真实观在论辩过程中对传统理论进行修正、解释和补充之后，也看到了过于强调客观真实的缺陷，因而不再一味追求客观真实，而是肯定了法律真实的某些积极意义。尽管法律真实观作为一种新兴的学说，为刑事证明标准的研究注入了新的活力，但是冷静地观察这场激烈的论战不难发现，在两种证明标准观的指导下，到底应当如何构建我国的刑事证明标准还处在模糊不清的状态之中。尤其是在客观真实观和法律真实观互相靠拢之后，法律真实标准与客观真实标准到底有什么本质区别，研究者们似乎也没有给出明确的解释。实际上，当法律真实观进入学术视野时，它并没有脱离认识论的窠臼，而是站在认识论的立场上来反对客观真实观，因而它在本质上仍然是一种认识论。这就不可避免地将这场论战演变成一场关于谁更能深刻地理解认识论的论战，而忽略了讨论如何确定刑事证明标准问题本身。

四、成色不足的注释法学

注释法学是历史悠久而且具有深远影响的一种法学研究方法。早在欧洲中世纪初期，为了准确适用罗马法，古罗马时期的法学家就逐渐发展出了专门解释法律的技巧和原则。盖尤斯、伯比尼安、乌尔比安等五大法学家的法学著作甚至与法律解释具有同等法律效力。尤其是随着 11 世纪末期罗马法复兴运动的兴起，西欧国家以意大利博洛尼亚大学为中心，逐渐形成了与神学法学相抗衡的注释法学派。而随着 19 世纪初《法国民法典》的制定颁布，形成了以法国为中心的新注释法学派。在法律条文通常具有概括性、抽象性和模糊性等特点的情况下，注释法学研究方法对大陆法系国家的法律适用具有至关重要的作用。正因为如此，著名的比较法学家梅利曼教授指出，法学家是大陆法系中真正的主角，大陆法是法学家的法。① 在第二次世界大战以后，英国著名法理学家提出

---

① 约翰·亨利·梅利曼. 大陆法系 [M]，顾培东，禄正平，译. 北京：法律出版社，2004：58-63.

了实证主义法学的法律注释学；美国著名法学家德沃金在与哈特论战的过程中创立了建设性注释学；美国著名法官波斯纳在批判德沃金的法学理论的过程中主张从实用主义哲学的角度观察法律注释现象。注释法学发展到今天已经成为法学研究的一种重要研究方法。它不仅需要解释法律规范的精确含义，而且要求运用法学理论对法律规范进行学理解释和评价，通过批判创造出新的法学理论。

中华人民共和国成立以来，在我国刑事诉讼法学发展比较晚的情况下，刑事诉讼法学界形成了注释法学的研究风格，即根据刑事诉讼法学的基本原理对各种刑事诉讼法律规范的具体含义进行解释，以便更好地理解和适用《刑事诉讼法》。受注释法学研究方法的影响，如何解读我国刑事证据制度在刑事证据法学研究过程中始终占据举足轻重的地位。尤其是在改革开放以后，随着我国《刑事诉讼法》及其司法解释的不断修改与完善，注释法学已经成为刑事证据法学研究不可或缺的一种研究方法。实践证明，学者们的注释法学研究不仅有助于司法机关正确适用刑事证据制度，而且为我国修改与完善刑事证据制度提供了重要参考和借鉴。但令人遗憾的是，基于研究定位、研究视野、研究思路、研究角度等方面，学者们在运用注释法学研究方法研究刑事证据法学的过程中大都较为肤浅，难以推动刑事证据法学研究的理论创新和知识增长。

一方面，学者们在运用注释法学研究方法的过程中过于追求法律的适用和修改，忽略了注释法学研究应当具备的学术性。中华人民共和国成立以来，由于立法技术和理论研究等方面的缺陷，我国立法机关在制定法律时往往秉承"宜粗不宜细""宁简勿繁"的指导思想。这导致 1979 年《刑事诉讼法》规定的刑事证据规则少之又少。尽管极为匮乏的刑事证据规则无法满足司法实践的需要，但是全国人民代表大会在 1996 年修改《刑事诉讼法》时主要集中解决了收容审查、免予起诉、侦查管辖、庭审走过场等之类的问题，而几乎没有修改以往过于粗疏的刑事证据规则。尽管过于粗疏和较为匮乏的刑事证据规则为注释法学提供了足够空间，但令人遗憾的是，受对策法学研究方法的影响，绝大多数学者注释刑事证据制度的出发点和落脚点通常是如何理解和适用刑事证据制度，以及对于存在问题和缺陷的刑事证据制度如何进行修改和完善。例如，在解读 1979 年《刑事诉讼法》第 31 条、1996 年《刑事诉讼法》第 42 条的规定时，以往的主流观点认为证据的内涵是证明案件真实情况的一切事实。而为了更好地适用"事实说"，学者们又普遍区分了证据材料（或者证据资料）和定案根据这两个概念，即在查证属实之前，物证、书证等属于证据材料，而物证、书证等在查证属实以后属于定案根据。近年来，尽管传统的"事实说"受到了许多学者的质疑，认为"事实说"违反了循环定义的逻辑规则，但是学者们并没有在批判"事实说"的基础上提出具有创造性的和具有说服力的刑事证据理论，而是按照传统的研究思路提出各种如何界定证据的立法建议，如"根据说""材料说"等。尽管 2012 年修订的《刑事诉讼法》采用了学者们提出来的"材料说"，将证据规定为可以用于证明案件事实的材料，但是"材料说"仍然存在明显的缺陷。这是因为，尽管我们可以将讯问笔录或者询问笔录作为材料看待，但是很难将犯罪嫌疑人、被告人、证人、被害人的口头陈述当作材料来看待。

　　另一方面，学者们在注释法学研究的过程中往往就事论事，难以提出具有原创性的重要命题。从西方国家法学理论的演变来看，近现代注释法学研究方法的目标早已不再单纯是对法律条文本身的具体含义进行准确的解释，而是借助解释法律条文，突破既有的法学理论，提出具有重要价值的原创性命题。尤其是在注释法学研究的过程中，基于不同的研究视野或者研究立场，西方法学研究甚至孕育出了不同的法学派别，从而从不同的角度对相同的法律概念、法律制度或者法律现象进行不同的解释。而在不同法学派别之间的论战过程中，法学理论得以不断进化。令人遗憾的是，尽管我国学者在研究刑事证据法学的过程中对注释法学研究方法青睐有加，但是学者们往往习惯于就事论事，要么只是墨守成规地对刑事证据制度本身的具体内涵进行字面解释，要么只是简单地套用西方国家的刑事证据法学理论或者概念来解释我国的刑事证据制度，进而针对刑事证据立法与司法存在的问题提出较为肤浅的改革建议，而难以站在更加宽广或者更加深刻的研究视野上对我国刑事证据制度做出更加学理化的解释。正因为如此，许多学者难以超越西方国家刑事证据法学理论所设定的理论范畴，既不能提出有别于西方国家刑事证据法学理论的原创性命题或者概念，又无法通过理论创新对我国刑事证据立法与司法做出精确的解释。以刑事证据规则为例。按照理论界的通说，基于证据能力与证明力的不同特点，现代法治国家或者西方国家的刑事证据规则以规范刑事证据的证据能力或者可采性为主，而规范刑事证据的证明力的刑事证据规则却比较少。有鉴于此，理论界从证据能力或者可采性的角度对我国刑事证据规则进行了全面反思，普遍主张我国应当在借鉴西方国家尤其是英美法系成功经验的基础上构建诸如关联性规则、可采性规则、非法证据排除规则、传闻证据规则、自白任意规则、意见证据规则等各种刑事证据规则。尽管 2010 年 6 月 13 日最高人民法院、最高人民检察院、公安部等部门联合颁布《关于办理死刑案件审查判断证据若干问题的规定》《关于办理刑事案件排除非法证据若干问题的规定》以来，我国确立了非法证据排除规则和各种刑事证据的审查判断规则或者审查认定规则①，但是我们并不能像有的学者那样按照西方国家刑事证据规则的一般规律来解读我国的非法证据排除规则和证据的审查判断规则。这是因为，尽管我国《刑事诉讼法》及其司法解释所确立的各种证据规则在性质上都可以称为排除性证据规则，但是从刑事证据排除规则的规范对象和法律后果来看，我国刑事证据排除规则在本质上是以规范证据的证明力为中心的，而不是像西方国家刑事证据排除规则那样以规范证据的证据能力或者可采性为中心。②

第二节　刑事证据法学研究中的价值表达及其局限

按照惯有的研究思路，我国绝大多数学者在刑事证据法学研究过程中，不仅需要发现问题、分析问题，而且需要针对我国刑事证据立法或者司法存在的问题提出相应的解决方案。尽管发现问题、分析问题、解决问题的研究模式在逻辑上比较清晰，在体系上也比较完整，但是在深陷对策法学和比较法学泥沼的情况下，无论是发现问题还是分析问题和解决问题，我国绝大多数学者在刑事证据法学研究过程中都是在表达一种价值判断，而不是通过实证研究或者理论创新来实现对问题的精确解释。而从研究方法的角度来看，这种价值表达存在明显的缺陷。

一、无处不在的价值表达

基于社会主义初级阶段的基本国情，再加上我国本来就处在社会转型时期，我国刑事证据立法与司法在客观上确实存在各种各样亟待解决的弊端和问题。而学者们在发现问题、分析问题的基础上所提出来的各种解决方案，不能说对我国刑事证据制度的修改与完善没有任何价值。实际上，理论界凭借其精湛的法律专业知识已经为我国社会主义法治建设做出了不可磨灭的贡献：为法律的制定与修改提供了必要的理论准备和大量的立法参考；提升了社会民众的法律意识和法律观念；宣传和弘扬了现代法律的理念与制度；影响和改善了立法、

---

① 从起源上看，审查判断规则来源于《关于办理死刑案件审查判断证据若干问题的规定》，而审查认定规则来源于《最高人民法院关于适用〈中华人民共和国刑事诉讼法〉的解释》第四章的规定。尽管二者表述略有不同，而且前者只适用于死刑案件，后者却适用于所有刑事案件，但是二者的内涵与外延并无实质性的区别。

② 王超. 刑事证据排除的两种模式［J］. 现代法学，2013（4）.

执法、司法的观念和水平；等等。20 世纪 90 年代中期以来，我国刑事司法制度之所以发生翻天覆地的变化和取得举世瞩目的进步，可以说与学者们的理论研究存在极大关系。例如，学者们针对刑事诉讼模式的深入研究为刑事审判方式改革奠定了深厚的理论基础；学者们对人权保障理论、辩护制度的全面研究为近年来刑事辩护制度的修改与完善提供了有益的参考；学者们对非法证据排除规则的广泛研究对 2010 年的非法证据排除规则改革起到了重要的推动作用；学者们对证人保护制度、证人作证补偿制度、强制证人出庭作证制度、拒绝作证制裁制度的系统研究极大地促进了 2012 年的证人作证制度全面改革；学者们关于警察作证制度的研究为我国侦查人员出庭作证制度的确立打下了坚实的理论基础；等等。

尽管学者们的对策研究为我国刑事证据立法或者司法提供了必要的理论准备和重要的改革参考，但是从科学研究的角度来看，学者们针对我国刑事证据立法或者司法存在的问题提出来的立法建议或改革方案在本质上都是未经证实的理论假设。一方面，学者们提出来的立法建议或者改革方案只是有可能解决我国刑事证据立法与司法存在问题的一种设想。例如，为了遏制和减少司法实践中屡禁不止的刑讯逼供现象，理论界普遍提出修改非法证据排除规则、构建讯问录音录像制度、确立沉默权规则等假设；为了提高证人出庭作证的比例，理论界普遍主张我国应当修改与完善证人保护制度，以及构建证人作证补偿制度、强制证人出庭作证制度、证人拒绝作证制裁制度等；为了解决以往非法证据排除规则流于形式、难以贯彻落实的难题，理论界普遍提出修改与完善非法证据排除规则，以及构建讯问录音录像制度、侦查人员出庭作证制度等配套措施的理论假设；等等。另一方面，学者们提出来的立法建议或者改革方案只是他们根据刑事证据法学的基本规律进行理论推演的结果，而不是经过实践检验或者实证研究得出来的结论。尽管自然科学研究方法日益受到社会科学研究者们的重视，但是刑事证据法学研究仍然不可能像自然科学那样通过反复的实验或者精确的计算来验证这些立法建议或者改革方案的可行性和正确性。① 也就是

---

① 在条件允许的情况下，也可以针对某些具体建议进行改革试点。在近年来的司法改革热潮中，确实有不少制度就是经过改革试点之后再向全国推广的。但是，在资源有限的情况下，这种改革试点注定是局部的。在我国地区差异性比较强的情况下，一个地区的试点成功并不代表在另外一个地区同样能够获得成功；通过局部实验获得的成功经验在推广到全国之后，不见得就能够在全国范围内取得理想的效果。而法制与司法的统一性恰恰又是不容回避的问题。因此，很难说改革试点能够成为验证各种对策的有效手段。而且，在严格遵守法治的情况下，这些改革试验从一开始就可能面临合法性危机。这也正是近年来理论界对许多地方性的司法改革进行猛烈抨击的一个重要原因。

说，在被采纳之前或者在得到实际运用之前，学者们提出来的各种立法建议或者改革方案因为缺乏相应的实践检验或者实证支持只能属于未经证实的理论假设。既然学者们针对我国刑事证据立法与司法存在的问题而提出来的各种解决方案只是一种未经证实或者难以证实的理论假设，那么这种以提出解决方案为归宿的论文或者著作与其说是学术研究，还不如说是作者的一种价值表达，即学者们针对我国刑事证据立法与司法存在的问题所提出来的各种解决方案，只是他们认为并且希望这些方案能够解决问题的一种良好愿望或者价值判断。至于这些方案能否真正解决我国刑事证据立法与司法存在的问题，则因为缺乏实践检验或者实证支持而处于不确定的状态。

我国刑事证据法学研究中的价值表达不仅体现在"解决问题"中，而且在学者们"发现问题"和"分析问题"的过程中也得到了充分体现。这是因为，学者们对我国刑事证据立法与司法存在问题的分析往往不是建立在实证研究或者定量分析的基础上，而是简单地以比较法的考察结果作为判断依据。尽管在我国刑事证据制度与理论发展短暂、尚不成熟的情况下，比较中外刑事证据制度之间的差异可能是学者们无法回避的问题，但是我国绝大多数学者比较中外刑事证据制度并不是为了更好地解释我国刑事证据立法与司法存在的问题和缺陷，而是为了寻找西方国家的刑事证据制度或者理论，作为评价我国刑事证据立法或者司法是否存在问题的完美标准，以及作为我国刑事证据制度改革的应然方案。其典型的思维模式就是，在发现或者分析我国刑事证据制度存在的问题时，我国刑事证据制度与西方发达国家不相一致或者缺乏规定的地方，通常被认为是有问题的，因而是需要加以改革的；而在为我国刑事证据制度改革出谋划策时，学者们开出的药方总是或多或少地能够在西方国家的证据制度或者证据理论中找到其原型。以我国证人出庭作证为例。在我国刑事审判过程中，证人普遍不出庭作证已经成为众所周知的事实。而理论界的主流观点将其归结于制度层面，认为传闻证据规则、证人作证补偿制度、证人拒绝作证制裁制度、强制证人作证制度的缺失，以及证人作证保护制度的不完善是我国证人普遍不出庭作证的主要原因。有鉴于此，理论界普遍主张我国应该借鉴西方国家的成功经验，修改和完善证人保护制度，构建完善的传闻证据规则、证人拒绝作证制裁制度、证人作证补偿制度、强制证人出庭作证制度，以便提高证人出庭作证的比例。

显而易见，在没有实证研究的情况下，这种思维模式仍然是在表达学者们的一种价值判断，而不是对我国刑事证据制度或者理论做出的精确解释。或者说，在没有实证研究的支持下，我国学者动辄以西方国家的证据制度或者证据理论作为衡量我国刑事证据制度的标准或者我国刑事证据制度改革的理想方案，只是学者一厢情愿的自我价值选择，而与实际情况不可同日而语。这是因为，在我国和西方国家的法律传统、法治理念、法治水平存在显著差异的情况下，在西方国家被证明是或者被认为是正确的或者成功的刑事证据制度或者理论，并不意味着在我国必然同样如此。例如，虽然在西方国家司法实践中，证人保护制度、证人拒绝作证制裁制度、证人作证补偿制度、强制证人出庭作证制度确实有助于证人出庭作证，但是从近年来的司法实践来看，这些制度对于提高我国刑事证人的出庭率并没有实质性的帮助。

二、价值表达的内在局限

尽管学者们在研究我国刑事证据法学的过程中不可能完全回避刑事证据制度的修改与完善问题，但是学者们动辄以解决问题作为刑事证据法学研究的出发点和最终落脚点，甚至将建言献策作为毕生的学术追求和学术贡献，不仅与学术研究的使命背道而驰，而且不利于充分发挥学者们的价值。毕竟，学者们的优势是充分利用其深厚的专业知识和出色的研究能力透过现象发现本质，尽可能地发现和解释我国立法与司法存在的真正问题，进而提出具有原创性的理论或者命题，而不在于直接为立法机关或者司法机关提供具体的解决方案。如果学者们在研究刑事证据法学的过程中反其道而行之，直接或者一味以如何为立法机关或者司法机关出谋划策作为学术研究的目标，盲目地相信自己的价值判断，那么这不仅会导致学者们的研究成果会因为缺乏学术研究的客观性和科学性而成为一种空洞的说教，而且会导致学者们沉浸在过于主观的研究思维中而丧失刑事证据法学研究的创新机会和能力。

首先，在缺乏实证研究的情况下，学者们通过纯粹的理论推演只能得出一些想当然的结论。尽管随着社会科学研究方法的日益科学化，理论界已经充分认识到实证研究方法的重要性和必要性，但是受各种主客观因素的制约，学者们在研究刑事证据法学的过程中仍然习惯于运用逻辑或者思辨进行纯粹的理论推演和定性分析，而很少采用实证研究方法检验所得结论的正确性或者有效性。而在缺乏实证研究支持的情况下，学者们在刑事证据法学研究过程中只能凭借个人的主观臆断得出一些自认为正确但实际上尚未得到证实或者难以检验的结论。以备受理论界青睐的非法证据排除规则为例。长期以来，侦查机关的非法取证行为一直是困扰我国司法机关和引起社会强烈不满的一个顽疾。如何治理非法取证行为不仅引起了决策部门的高度注意，而且成为理论界研究的一个热门课题。从理论上讲，非法取证行为的治理方式既包括诸如非法证据排除规则之类的程序性制裁，也包括诸多实体性制裁，如通过刑事诉讼、侵权诉讼、纪律惩戒分别追究违法者的刑事责任、民事责任、行政责任等。尽管理论界普遍认识到治理非法取证行为的重要性、必要性和紧迫性，但是随着程序正义理论、程序性制裁理论、保障人权思想的兴起，理论界对非法取证行为治理方式的研究几乎呈现一边倒的倾向，即学者们普遍将遏制非法取证行为的希望寄托在非法证据排除规则身上，将非法证据排除规则视为根治非法取证行为这个顽疾的灵丹妙药，而很少研究非法取证行为的实体性制裁问题。在这种背景下，理论界不仅从排除主体、排除范围、排除条件、排除程序、排除后果等各个角度对我国非法证据排除规则进行了全方位的反思，而且在借鉴西方发达国家非法证据排除规则的理论与制度的基础上对我国如何完善非法证据排除规则进行了全面而系统的论述。尽管学者们普遍主张我国应当在借鉴西方国家成功经验的基础上通过修改与完善非法证据排除规则来遏制非法取证行为，但是这种结论都是学者们理论推导或者比较分析的结果，缺乏相应的事实根据。迄今为止，学者们也没有通过令人信服的实证研究来证明或者验证非法证据排除规则能否起到遏制非法取证行为的预期效果，以及非法证据排除规则是否比实体性制裁措施更为有效。既然如此，那么学者们关于非法证据排除规则在治理非法取证行为方面的所谓功效只能停留他们的想象层面，而不代表实际情况确实如此。

其次，学者们总是习惯于不断地反思制度的局限性，而很少进一步检验或者检讨自己提出来的理论假设或者解决方案的有效性。在一直秉承发现问题、分析问题、解决问题的研究思路的情况下，学者们针对我国刑事证据立法与司法存在的问题与缺陷所提出来的各种改革方案不可谓不全面而又细致。但是，在缺乏实证研究支持的情况下，仅凭学者们的理性思维或者逻辑推演，显然难以为我国刑事证据立法与司法存在的问题提供令人信服的答案。毕竟，学者们针对我国刑事证据立法与司法存在的问题提出来的各种解决方案只是未经证实的理论假设或者价值判断而已。尽管学者们可以在发现问题、分析问题的基础上提出相应的解决方案，但是从科学研究方法的角度而言，学者们还应该进一步论证解决方案的有效性，而不是想当然地认为解决方案能够像他们想象中的那样起到立竿见影的作用或者达到预期的效果。但令人遗憾的是，在对策法学研究方法的长期影响下，学者们往往习惯于将提出各种解决方案作为学术研究的终点，而很少再对他们提出来的各种解决方案做出进一步的论证和分析。即使是我国刑事证据制度在改革完成以后仍然存在问题和缺陷的情况下，学者们仍然是从制度层面继续反思刑事证据制度或者刑事证据改革本身的局限性，而很少反思或者检验自己所提出的解决方案的有效性。仍然以非法证据排除规则为例。众所周知，在以往的司法实践中，尽管最高人民法院和最高人民检察院的司法解释初步确立了非法证据排除规则，但是有关排除非法证据的问题在绝大多数情况下都以辩方申请被法院驳回而告终，而非法取证行为仍然没有得到有效遏制。理论界普遍将非法证据排除规则名存实亡的原因归结于非法证据排除规则本身，如排除范围过于狭窄、缺乏可以操作的程序性保障规则、非法方法语义模糊、证明责任分配不明确等。在这种情况下，学者们对我国如何构建完善的非法证据排除规则再次进行了全面论述。尽管在学者们的呼吁和推动下，从《关于办理刑事案件排除非法证据若干问题的规定》的颁布到我国《刑事诉讼法》的不断修改，我国确实在法律文本上已经构建了堪称与西方国家相媲美的非法证据排除规则，但是从司法实践来看，尽管经过改革的非法证据排除规则的可操作性已经得到显著增强，但是非法证据排除规则难以适用的状况仍然没有发生根本性的改变。① 从学者们长期以来关于非法证据排除规则的研究不难看出，我国非法证据排除规则之所以名存实亡或者没有取得预期效果，学者始终认为是非法证据排除规则不完善的结果，因而总是从制度层面反思我国非法证据排除规则，进而不断地提出修改与完善我国非法证据排除规则的解决方案，而从来没有怀疑非法证据排除规则的功能，尤其是没有反思非法证据排除规则是否真的具有遏制非法取证行为的功效。

最后，在一味表达自己价值判断的情况下，学者们很难进行学术交流和学术创新。就科学方法论而言，学者们针对我国刑事证据立法或者司法存在的问题与缺陷而提出来的立法建议或改革方案只是理性思维或者逻辑推导的结果，而不是经过实践检验或者实证研究得出来的可靠论断。在这个意义上，学者们所提出来的各种解决方案在本质上只能是未经证实的理论假设。既然如此，那么这种以提出解决方案为归宿的论文或者著作与其说是学术研究，还不如说是体现作者好恶的一种价值表达。也就是说，学者们针对我国刑事证据立法与司法存在的问题与缺陷所提出来的各种解决方案，只是他们认为并且希望这些方案能够解决问题的一种良好愿望或者价值判断。至于这些方案能否真正解决我国刑事证据立法与司法存在的问题，则因为缺乏实践检验或者实证支持而处于不确定的状态。而站在不同的立场上或者基于不同的条件，学者们对于我国刑事证据立法与司法存在的问题究竟应该采用什么样的方案更为合理，或者对于已经提出来的各种解决方案能否解决我国刑事证据立法与司法所面临的问题，自然会得出不同的结论。但问题是，由于学者们提出来的各种改革方案说到底

---

① 王超 . 排除非法证据的乌托邦［M］. 北京：法律出版社，2014：5-6.

只是未经证实也难以证实的一种理论假设或者体现他们好恶的一种价值判断，而不是得到实践检验或者根据事实证明成立的刑事证据法学理论，因此，无论是赞同还是反对这些改革方案，在本质上都是讨论或者解释还没有发生的事情。而在这种相信改革方案能够解决中国问题则赞成、不相信改革方案能够解决中国问题则反对的环境中，学者们根本不可能开展有效的学术交流，进而创造出新的刑事证据法学理论。以学者们研究最多的非法证据排除规则为例。尽管随着非法取证、冤假错案等问题的不断出现，再加上程序正义理论和人权保障理论的兴起，我国学者对非法证据排除规则的研究可谓达到了近乎痴迷的程度，但是在深陷对策法学和比较法学泥沼的情况下，学者们对非法证据排除规则的研究始终是根据西方国家非法证据排除规则的逻辑，从技术层面探讨我国究竟应该如何完善非法证据排除规则，以及如何通过非法证据排除规则遏制非法取证行为，既没有创造出不同于西方国家的非法证据排除规则理论，也没有突破西方国家非法证据排除规则所设定的理论范畴。

学者们以比较法考察作为发现问题、分析问题、解决问题的工具的研究模式同样值得反思。这是因为，在对策法学研究方法的影响下，比较研究方法通常显得较为急功近利，即将研究的目标直接确定为寻求西方国家的某些刑事证据制度或者理论，以便据此作为标准来衡量我国刑事证据制度存在的问题和指导我国刑事证据制度的改革，而对西方发达国家的刑事证据法学理论缺乏批判精神，进而在研究过程中总是不免重复着西方国家的故事。尽管这种研究模式能够使我们增进对西方国家刑事证据制度与理论的了解，但是对于我国刑事证据法学理论创新并没有太大帮助。① 实际上，在中西方国情存在巨大差异的情况下，所谓现代意义上的刑事证据制度与理论在西方发达国家具有合理性和可行性并不代表它们在我国同样具有天然的合理性和可行性。例如，针对我国刑讯逼供屡禁不止的现象，许多学者主张我国应该借鉴西方国家的成功经验，通过构建完善的非法证据排除规则来遏制刑讯逼供等非法取证行为。以 2010 年 6 月 13 日最高人民法院、最高人民检察院、公安部等联合发布的《关于办理刑事案件排除非法证据若干问题的规定》为标志，我国开始在总结司法实践教训、借鉴西方成功经验、汲取理论研究成果的基础上大张旗鼓地进行了非法证据排除

---

① 值得注意的是，笔者并不一味地反对介绍、引进西方国家的证据制度与理论。这是因为，对西方国家相关理论与制度的介绍与引进毕竟为那些不了解西方国家相关理论或者制度的人提供了必要的学术资源。笔者所反对的是，将西方国家相关理论的介绍与引进当作证据法学研究本身，而忘记了学术研究的创新使命。毕竟，对西方国家理论与制度的一味介绍和引进并不属于真正意义上的学术创作，而更类似于资料汇编。

规则改革。尤其是在充分吸收这个司法解释的基础上，2012 年 3 月 14 日第十一届全国人民代表大会第五次会议通过《关于修改〈中华人民共和国刑事诉讼法〉的决定》，首次从立法层面对非法证据排除规则做出了较为系统的规定。尽管就制度层面而言，我国在总结司法实践教训和借鉴国外成功经验的基础上所确立的非法证据排除规则可以说足以比肩西方发达国家的非法证据排除规则，甚至在某些方面比西方发达国家还要"激进"，但是从近年来的司法实践来看，我国非法证据排除规则不仅存在明显的技术性难题，而且面临难以克服的深层次困境。如果这些技术性难题和深层次困境不彻底改变，那么现行的非法证据排除规则不仅会重蹈名存实亡的覆辙，而且无法从根本上解决长期困扰司法实践的非法取证行为问题。①

融会贯通西方发达国家刑事证据制度与理论既不是我国刑事证据法学研究的终点，也不应该成为我国刑事证据法学研究的目标，更不是解决我国刑事证据立法与司法存在问题的灵丹妙药，而是学者们应当具备的学术素养，是研究者们拓展学术视野的良好途径，是我们构建理论模型以便更好地发现我国问题的参照物或者分析工具。西方发达国家刑事证据制度与理论的正当性和适用性问题应当由西方学者自己去证明，我们既没有必要运用西方学者的研究思路去论证那些西方学者早已得出的结论，也不能盲目地将西方国家的刑事证据制度与理论视为放之四海而皆准的真理，从而理所当然地认为在西方国家被证明或者被认为是正确的或者成功的刑事证据制度或者理论在我国具有天然的正当性和可适用性。尤其是在我国和西方国家在政治基础、经济状况、社会特征、法律传统、法治理念、法治水平等诸多方面存在显著差异的情况下，我们不能想当然地将解决我国刑事证据立法与司法存在问题的希望寄托在西方国家的刑事证据制度或者理论上，而是应该努力创造出符合我国国情的刑事证据法学理论。这意味着，我们在研究我国刑事证据法学的过程中既不能根据西方国家刑事证据制度与理论来指导我国刑事证据制度的改革，也不能以我国刑事司法实践来验证或者论证西方国家的刑事证据制度或者理论，从而将我国刑事诉讼沦为西方国家刑事证据制度与理论的试验田。

---

① 王超．排除非法证据的乌托邦［M］．北京：法律出版社，2014：11-13.

第三节 刑事证据法学研究方法的再转型

随着自然科学的理念越来越渗透到人文社会科学，研究者们越来越认识到人文社会科学研究也应该像自然科学那样做到学术研究的科学性和客观性。所谓学术研究的科学性，就是要求研究者们的研究成果或者理论观点能够得到证实或者证伪。既不能够证实也不能够证伪的所谓研究成果只是作者自己的一种良好愿望或者价值判断，而无法成为一种科学的理论。① 这种良好愿望或者价值判断就像如何看待上帝一样：你认为上帝存在，它就存在，你认为它不存在，它就不存在；而不管你认为上帝是否存在，我们都没有事实依据来支持你或者反驳你。而在相信则有、不相信则无的环境中，我们既无法展开有效的学术交流，也很难创造出新的理论。所谓学术的客观性，主要就是要求研究者们的学术观点要有事实根据，而不能主观臆断。就哲学的角度而言，如果研究者们的理论或者观点缺乏事实检验，或者根本不尊重事实，那么研究者们的研究成果即使在逻辑推理上非常严密或者无懈可击，也不能称为科学的理论。学术的客观性是保证学术研究具有科学性的必然要求。为了确保学术研究的科学性和客观性，传统的科学方法论甚至一直排斥研究者们的价值判断，就像马克思·韦伯那样强调"价值无涉"。

客观而言，包括刑事证据法学在内的法律科学作为研究各种社会关系、人与人之间关系的一种社会科学，不可能像自然科学那样做到价值无涉。② 也就是说，基于法学研究无法完全做到价值无涉的现实，那种唯科学主义或者唯自然科学的研究方法在刑事证据法学研究中显然行不通。但是，刑事证据法学无法完全避免价值判断并不意味着我们可以采取一种过于主观的研究方式。我们不仅应该看到自然科学研究方法的独特优势，而且应当充分认识到当前我国刑事

---

① 在哲学上，无论是奥地利哲学家维特根斯坦的经验证实原则还是英国哲学家卡尔·波普尔的经验证伪原则，都曾经作为判断某种理论是否科学的一种重要标准。但是，随着科学的不断发展进步和哲学理论的不断完善，这两种原则都受到了后世哲学家的批判。实际上，究竟应当如何区分科学与非科学或者伪科学，迄今为止哲学家们仍然存在很大分歧，也没有找到令人信服的大家都能够接受的标准。但是，不管怎么说，在理论界尚未找到更好的评价标准之前，证实原则或者证伪原则都强调以经验作为检验科学理论的标准，这对于检验研究成果的科学性仍具有重要参考价值。

② 对于法学研究与价值判断之间关系的详细分析，可以参见胡玉鸿. 法学方法论导论 [M]. 济南：山东人民出版社，2002：69-76。

证据法学研究过于追求价值判断和过于讲究主观说教的先天局限。实践证明，以推动刑事证据立法和刑事司法改革为主要目标的研究模式已经沦为一种空洞的说教，它只能带来刑事证据法学研究的表面繁荣，而无法推动刑事证据法学研究的理论创新和知识增长。而在我国刑事证据法学研究一味跟随西方国家刑事证据制度或者理论的情况下，学者们实际上既不能对我国刑事证据立法与司法存在的问题做出非常精确的解释，也难以为我国刑事证据制度改革提出切实有效的解决方案。为了避免我们的刑事证据法学研究沦为没有意义的重复劳动，努力地做出我们自己的学术贡献，完成刑事证据法学研究创造理论、增长知识的应有使命，真正发挥理论指导实践的魅力，我们必须另辟蹊径，在研究方法上实现彻底的转型。那就是，我国学者对刑事证据法学的研究应该走出主观臆断或者价值表达的误区，将刑事证据法学真正当作一门科学来进行研究，通过科学方法论的训练尽可能地增强刑事证据法学研究的科学性和客观性，对我国刑事证据立法与实践做出精确的解释，真正创造出符合我国国情的刑事证据法学理论。[①]

一、找到刑事证据制度存在的真问题

发现我国刑事证据立法与司法存在的问题，是刑事证据法学研究的基础和前提。这就是理论界通常所说的学术研究应当以问题为导向。实践证明，我国过于粗疏的刑事证据制度既无法满足司法实践和司法改革的迫切需要，又为我国刑事证据法学研究提供了非常广阔的空间。但令人遗憾的是，我国问题重重的刑事证据制度却没有带动刑事证据法学研究在理论创新方面的根本突破。造成这种尴尬局面的原因除了笔者在第六章、第七章所分析的研究思路以及学者们过于追求价值表达、缺乏科学方法论训练等因素，还与学者们难以找到我国刑事证据制度的真问题密切相关。客观地说，在发现问题、分析问题和解决问题的研究模式下，我国学者在刑事证据法学的研究过程中还是比较注重问题意识的，也基本上做到了以问题为导向。但是，基于研究思路、研究方法等方面，

[①] 需要说明的是，尽管笔者对我国刑事证据法学研究中的几种常见研究方法进行了全面反思，但是各种研究方法实际上都存在各自的价值、局限和边界，都具有不可替代的作用。这也决定了我们在研究刑事证据法学的过程中应当坚持百花齐放、兼容并包的原则，根据不同的研究对象确定恰当的研究方法，而不是机械地使用某一种研究方法。但是，鉴于目前主流学者过于强调思辨、定性、主观的研究方法，笔者对于法学研究方法的转型更加强调社会科学研究方法的自然科学化。或许只有这样，我们才更有可能通过理论创新实现对中国独有问题的精确解释。

学者们研究的问题往往不是真问题，而是表面问题甚至是伪问题。这可以说是我国刑事证据法学研究表面繁荣而实际上难以推动理论创新、增长知识、指导实践的一个重要原因。

以死刑案件的有罪判决证明标准为例。随着冤假错案的不断涌现，如何保障死刑案件质量成为理论界和实务界共同关心的问题。为了防止冤枉无辜，贯彻落实我国严格适用死刑的刑事政策，除了修改与完善死刑案件诉讼程序，不少学者建议死刑案件应当实行比普通刑事案件更加严格的有罪判决证明标准。[1] 尽管这种观点的出发点是好的，而且听起来貌似具有一定道理，但是所谓死刑案件应当实行更高的有罪判决证明标准实际上很难实现。首先，由于有罪判决证明标准本身就是理论界普遍认可的司法机关所能够达到的最高证明标准，因此，在最高证明标准之外再设计更高的证明标准在逻辑上显然不能成立。其次，不管如何界定我国案件事实清楚、证据确实充分的有罪判决证明标准，理论界都公认我国有罪判决的证明标准是客观真实。而许多学者常常对我国刑事证明标准进行批判，一个重要的理由就是该证明标准过于理想化。既然如此，那么我们怎么还有可能设计出比客观真实更高而且具有可操作性的证明标准呢？实际上，许多学者所设计出来的所谓比普通刑事案件更高的有罪判决证明标准只不过是对案件事实清楚、证据确实充分的不同理解，甚至是在玩弄文字游戏而已，对于人民法院更加准确地处理死刑案件并不会产生实质性的影响。最后，如果承认死刑案件可以实行更高的有罪判决证明标准，那么这不仅不会像学者们所期待的那样提升死刑案件的办案质量，而且反而有可能产生某些弊端。例如，同样是故意伤害行为，对于致人死亡的被告人有可能因为法官执念于更高的证明标准而被判决无罪，而对于致人重伤的被告人反而因为法官的常规操作而被判决有罪。再如，尽管在理论上可以主张死刑案件的证明标准应当高于普通刑事案件的证明标准，但是对于这两种证明标准的适用和界限，学者们实际上很难为法官提供较为精确的区分标准和操作方法。而在这种情况下，法官就

---

① 可能是受这种观点的影响，最高人民法院、最高人民检察院、公安部、国家安全部、司法部于 2010 年 6 月 13 日颁布的《关于办理死刑案件审查判断证据若干问题的规定》第 5 条和 2012 年修订的《刑事诉讼法》第 53 条在界定证据确实、充分时采用了不同的表述，前者采用的是"根据证据认定案件事实的过程符合逻辑和经验规则，由证据得出的结论为唯一结论"，而后者采用的是"综合全案证据，对所认定事实已排除合理怀疑"。尽管这两种表述有所不同，但是二者实际上并没有本质区别。这是因为，案件能够得出唯一结论，实际上就是因为案件事实已经排除合理怀疑。换而言之，如果案件事实已经排除合理怀疑，就可以得出唯一的结论；如果案件事实没有排除合理怀疑，就不能得出唯一的结论。

有可能因为在理念上对死刑案件坚持更高的证明标准而在客观上无意识地降低普通刑事案件的证明标准，进而有可能损害普通刑事案件的质量。由此可见，既然对死刑案件实行更高的有罪判决证明标准既不合理也不现实，那么学者们试图通过更高的证明标准来提升死刑案件的质量就是一个伪命题。① 学者们对这种伪命题的讨论，除了增加我国刑事证据法学的研究成果以外，既不能为司法实践提供有价值的理论指导，也无助于提升我国刑事证明标准的理论研究水平。

可以说，找到真问题是我们创新刑事证据法学理论，对我国刑事证据立法与司法做出精确解释的重要基础和基本前提。所谓真问题，就是需要研究并且值得研究的问题。一般而言，只要是我国刑事证据立法或者司法存在明显缺陷或者有失常理的地方，就可以认为是需要研究的问题，如困扰我国刑事司法实践多年的证人普遍不出庭、屡见不鲜的刑讯逼供等。相对于需要研究的问题而言，判断某个问题是否值得研究是找到真问题的关键和难点。这是因为，需要研究的问题只能为研究者提供大致的研究范围或者研究方向，还不足以让研究者找到创新之处。而值得研究的问题往往意味着研究者无法通过常理或者根据现行理论对某个问题或者现象做出令人满意的解释。而要想对这个值得研究的问题做出合理的解释，研究者必须提出新的理论或者命题作为解释的依据。正是在这个意义上，只有对我国刑事证据立法与司法存在的真问题做出精确的解释，才有可能带动我国刑事证据法学研究在理论上取得突破。

显而易见，在知识爆炸的信息时代，尤其是在刑事证据法学研究已经较为繁荣而且学术研究的国际交流越来越频繁的情况下，要想找到有可能实现刑事证据法学理论突破的真问题，的确是一件比较困难的事情。而这也是许多博士研究生在博士学位论文开题时常常感慨难以选题的一个重要原因。尽管寻求真问题比较困难，但是研究者如果能够做到刻苦钻研，再加上恰当的研究思路和研究方法，找到真问题并非遥不可及。在笔者看来，要想找到刑事证据法学研究的真问题，至少需要注意以下几点。首先，研究者必须具备从事刑事证据法学研究的基本学术素养，即研究者既要充分了解国内外的刑事证据制度与理论，又要非常熟悉我国刑事司法实践尤其是刑事证据制度在司法实践中的适用状况。这是找到真问题的基本前提。如果不熟悉国内外的刑事证据制度与理论，研究者们既无从判断自己思考的或者发现的问题是否具有研究价值，也不清楚自己

---

① 实际上，就刑事证明标准而言，在司法实践中确保死刑案件质量的关键并不在于设计不可能实现的证明标准，而是在于通过科学而合理的程序或者制度确保司法机关能够不折不扣地坚持和执行法律规定的有罪判决证明标准。

所提出来的理论假设或者命题、概念是否具有创造性。而如果不知道我国刑事司法的经验事实，那么研究者们的研究就会陷入主观臆断或者价值判断的窠臼。其次，研究者应当养成多读、多看、多想、多练的良好习惯。找到具有研究价值的真问题并非一日之功，它往往需要研究者长期付出辛勤劳动才能达到。研究者只有日积月累，不断地勤学苦练，才有可能逐渐培养灵感或者形成顿悟，进而找到真问题。最后，研究者应当努力培养打破砂锅问到底的探索精神，通过层层设问的方式找到真问题。进一步而言，在刑事证据法学研究的过程中，研究者要有反思能力和批判精神，既不盲目崇拜西方国家的制度与理论，也不迷信国内学术权威；既要敢于质疑专家，又要勇于挑战自己；不是将针对现实问题而提出来的各种改革方案作为最终归宿，而是在反思各种潜在改革方案或者深刻分析各种潜在改革方案的可能命运或者面临障碍的基础上洞悉真正的问题；不要总是问自己"中国应该怎么办"，而是努力探索"中国为什么这样"的奥秘；等等。

下面笔者以我国学者研究极为广泛的证人作证问题为例说明如何找到真问题。在我国刑事审判过程中，证人不出庭作证已经成为众所周知的事实。按照理论界的惯有研究思路，学者们普遍在分析证人出庭作证率过低及其危害后果的基础上，将证人出庭作证率过低的主要原因归结于制度的不完善层面，如证人保护制度的不完善，以及证人作证补偿制度、强制证人出庭作证制度、证人拒绝作证制裁制度、传闻证据规则的缺失等。然后，学者们普遍在考察西方国家证人出庭作证制度的基础上，主张在借鉴西方国家成功经验的基础上完善证人保护制度，构建证人作证补偿制度、强制证人出庭作证制度、证人拒绝作证制裁制度、传闻证据规则等。尽管学者们关于这些制度的研究使我们在证人出庭作证这个问题上具备了应有的世界眼光，但是从科学方法的角度来看，学者们的研究既没有找到证人出庭作证率过低这个现象的真问题，也没有提出具有重要学术价值的原创性命题。那么，如何才能发现证人普遍不出庭作证现象的真问题呢？我们可以通过如下刨根问底的方式找到证人普遍不出庭作证现象的真问题。

第一，证人普遍不出庭作证是因为证人作证制度不完善吗？尽管从西方国家的经验来看这可能是一个因素，而且我国以往的《刑事诉讼法》关于证人作证制度的规定的确存在诸多漏洞，但是这会不会是我国证人普遍不出庭作证的根本性原因，我们不应当想当然，而是抱着怀疑的态度继续追问。

第二，如果证人普遍不出庭作证的根本原因是制度不完善，那么完善的证人作证制度在我国司法实践中具有可行性吗？或者说能够得到贯彻落实吗？显而易见，回答这个问题最好是依赖于实证研究。但是，即使是运用思辨研究方法，也不难对这个问题做出较为肯定的回答。下面分别以设问的方式对证人保护制度、强制证人出庭作证制度、证人拒绝作证制裁制度、证人作证补偿制度进行反思性的分析。

第三，面对来自公安司法机关的恶意追诉或者审判，应当如何保护证人？在公安司法机关可以随意追诉或者审判出庭作证的证人的情况下，证人有多大的胆量改变其在侦查阶段所作的证言？如果出庭作证的证人不敢改变其在侦查阶段所作的证言，那么证人出庭作证还具有多少实际意义？从理论上讲，完善的证人保护制度对证人出庭作证的确具备一定的促进作用。毕竟，对证人的保护措施有助于消除证人害怕因为出庭作证而被打击报复的思想顾虑。但是，证人保护制度也是成本高昂的一项制度。在司法经费本来就十分紧张的情况下，司法机关能否承担得起昂贵的证人保护费用，并非是一个无足轻重的问题。即使证人保护的经费问题能够得到圆满解决，也不意味着受到保护的证人一定能够出庭作证。这是因为，证人保护制度的出发点只是在于防止普通民众对证人的打击报复。而在我国司法实践中，不仅公安机关或者检察机关经常警告证人不要在法庭上推翻其在侦查阶段所作的证明被告人有罪的证言，而且屡屡发生公安机关或者检察机关对出庭作证的证人随意采取强制措施甚至追究其伪证罪刑事责任的案例。显而易见，如果出庭作证的证人仅仅因为改变其在侦查阶段所作的证言就遭到无端的追诉或者审判，那么没有多少证人愿意或者敢于出庭作证。基于同样的道理，为了防止被追究伪证罪刑事责任，出庭作证的证人就会因为屈从于公安机关或者检察机关的压力而重复其在公安机关或者检察机关所作的证言。在这种情况下，证人出庭作证的价值和必要性就会大打折扣。由此可见，证人保护不仅要防止来自普通民众的打击报复，而且需要解决公安司法机关对证人的随意追诉或者审判的问题。而这个问题显然无法从西方国家的证人保护制度中找到答案。

第四，在难以保护证人的情况下，强制证人出庭作证或者制裁出庭作证的证人具有正当性吗？不可否认，通过制裁拒不出庭作证的证人，或者强制证人出庭作证，对提高证人出庭作证比例可以起到立竿见影的效果。但是，对证人采取强制手段的基本前提应当是构建完善的证人保护制度。如果国家无法对出庭作证的证人给予相应保护，那么这既不公平，也会使证人处于非常危险的境地。从这个角度而言，在我国证人保护制度存在严重缺陷的情况下，希望通过强制证人作证制度和证人拒绝作证制裁制度来提升证人的出庭作证率，恐怕只能是一厢情愿的想法。进一步而言，如果法院因为证人不出庭作证就强制证人出庭作证，或者采取相应的制裁措施，而证人出庭作证之后又不对其采取应有的保护措施，尤其是不能有效防止公安机关或者检察机关对证人的恶意追诉，那么没有证人愿意出庭作证。在这种情况下，为了避免被制裁或者遭到报复，证人进行自我保护的唯一办法可能就是不愿意承认自己是证人，或者干脆以自己"不知道"或者"记不清"为由来巧妙地逃避作证。当法庭遇到这种情况时，即使证人能够出庭作证，恐怕也无法对证明案件事实提供具有价值的证言。由此可见，如果没有完善的证人保护制度作保障，强制证人作证制度、证人拒绝作证制裁制度很难贯彻落实。

第五，通过经济补偿激励证人出庭作证？从理论上讲，如果证人因为出庭作证所遭受的经济损失无法得到补偿，那么这种制度不仅对证人有失公平，而且可能导致证人丧失出庭作证的积极性。但是，对出庭作证的证人应当予以经济补偿，并不等于构建证人作证补偿制度就可以起到推动证人出庭作证的激励作用。进一步而言，构建证人作证补偿制度主要是为了确保刑事诉讼活动具有最起码的正当性，而不在于推动证人出庭作证和提高证人出庭作证的比例。实际上，那些真正愿意出庭作证的证人往往是为了履行自己的法律义务，并不是为了获得有限的经济补偿。单纯为了获得有限的经济补偿而出庭作证的证人是极为罕见的。换句话说，对于那些不愿意出庭作证的证人来说，即使国家给予很高的经济补偿，他们也未必因此而走向法庭；而对于那些愿意出庭作证的证人来说，即使国家没有给予相应的经济补偿，他们也会因为自己的正义感和法律义务而心甘情愿地出庭作证。更何况，同可能遭到的打击报复相比，证人通过出庭作证所获得的有限补偿是微不足道的。有鉴于此，证人作证补偿制度并不像人们想象中的那样能够起到激励证人出庭作证的作用。

第六，如果证人普遍不出庭作证的根本原因是制度不完善，那么在按照学者的改革建议规定完善了证人作证制度的情况下，证人普遍不出庭作证的顽疾就能够迎刃而解吗？要想准确回答这个问题，仍然需要实证研究。但是，从以上几个问题的分析来看，这个问题的答案显然不乐观。从2012年修订的《刑事诉讼法》的实施状况来看，这方面的质疑已经基本上得到了验证。也就是说，尽管2012年修订的《刑事诉讼法》从法律文本上已经制定了较为完善的证人作证制度，但是在司法实践中，证人出庭作证的比例同以往相比并没有明显提升。

第七，如果询问笔录记载的内容是真实可靠的，那么证人还需要出庭作证吗？如果从公正审判的角度而言，答案应当是肯定的。毕竟，保障被告人在法庭上面对面地对证人进行对质和盘问是《公民权利和政治权利国际公约》第14条第3款明确规定的公正审判的最低限度标准之一。但是，如果从发现案件事实真相的角度来看，在询问笔录真实可靠的情况下，证人出庭作证的必要性可能就不像学者们强调的那样。在司法实践中，只有当证人出庭有助于法官查明案件事实真相时，证人出庭作证才是法官所要考虑的一个问题。正是基于发现案件事实真相方面的考虑，很多法官在认为庭前询问笔录较为真实可靠的情况下往往对证人出庭持较为消极的态度，甚至人为地阻止证人出庭作证。甚至在许多司法人员看来，证人出庭作证只不过是查明案件事实的一种手段而已，如果询问笔录的真实可靠性得到保障，那么证人出不出庭本来就是无关紧要的一件事情。在这种情况下，我们甚至感慨：法官需要证人出庭作证吗？法官真的希望证人出庭作证吗？

第八，在检察机关向人民法院移送全部案件材料的情况下，证人出庭作证还有意义吗？毋庸置疑，在我国没有规定证据开示制度的情况下，检察机关向法院移送全部案卷材料，有助于辩护律师充分了解控方证据，从而为法庭调查和法庭辩论做好充分准备。但是，这种好处有可能以法官审前预断和法庭审判流于形式为代价。一方面，在检察机关移送全部案卷材料从而使庭审法官对犯罪事实形成初步结论的情况下，检察机关的指控意见及其案卷材料对刑事裁判结果的形成实际上起到一定的预决效果。而在刑事诉讼结局早已确定的情况下，法院宁肯根据检察机关的案卷材料或者指控意见对案件做出相应的裁判，也不愿意或者没有必要再对案件进行烦琐的审判。另一方面，在人民检察院移送案卷材料的情况下，对裁判结论产生实质性影响的往往是庭审法官对控方案卷材料的书面审查，而不是庭审法官在审判过程中对举证、质证和辩论活动所形成的直接印象。既然如此，那么证人出庭作证几乎没有什么实际意义。

第九，在法庭审判流于形式的情况下，证人出庭有意义吗？尽管随着对抗式审判方式改革的不断推进，我国过去那种控审不分、先定后审、审判走过场的超职权主义审判方式已经明显改善，但是基于审判不独立、案卷移送制度、法院角色异化、审理与裁判相分离等许多方面，庭审功能弱化、法庭审判流于形式的顽疾仍然没有得到根治。而这也正是《中共中央关于全面推进依法治国若干重大问题的决定》明确要求推进以审判为中心的诉讼制度改革的一个重要原因。法庭审判流于形式意味着，对裁判结论产生实质性影响的往往是法庭审判之外的各种因素，而不是庭审法官在审判过程中对举证、质证和辩论活动所形成的直接印象。既然法庭调查和法庭辩论对裁判结论的形成无法产生实质性影响，那么我们很难指望法官会吃力不讨好地严格按照法定程序进行彻底的法庭调查和法庭辩论，进而要求证人尽可能地出庭作证。

第十，即使证人能够普遍出庭作证又能怎么样？出庭作证的证人能够改变他们在侦查阶段所作的证言吗？根据前面的分析，在证人面临公安机关或者检察机关随意追究伪证责任的情况下，再加上全案移送制度的实施，法庭审判流于形式的现状尚未彻底改观，即使证人能够出庭作证，我们也很难指望证人能够改变他们在侦查阶段所作的证言。既然如此，证人出庭作证还有意义吗？证人还需要出庭作证吗？

第十一，证人为何普遍在侦查机关面前作证，而很少在法官面前作证？在司法实践中，尽管证人普遍不出庭作证，但是我们很少看到证人不在侦查机关面前作证。这难道仅仅是因为侦查机关较为强势而法院对证人采取的措施较为有限吗？如果赋予法院足够的权力，证人会像在侦查机关面前作证那样普遍出现在法庭上吗？

第十二，在缺乏传闻证据规则约束的情况下，检察机关有足够的动力促使证人走向法庭吗？在我国没有规定传闻证据规则的情况下，侦查机关对证人所作的询问笔录在法庭上具有天然的证据能力，证人是否出庭作证根本不影响询问笔录的证据效力。而且，证人不出庭作证也不会给检察机关带来不利的法律后果。可以说，在司法实践中，检察机关根本不需要申请证人出庭作证就能够顺利地通过宣读庭前询问笔录完成指控犯罪的诉讼任务。因此，尽管从理论上讲检察机关申请证人出庭作证在一定程度上有助于强化公诉的法庭效果，但是在检察机关可以自由选择申请证人出庭作证还是宣读询问笔录的情况下，检察机关不仅没有足够的动力促使证人出庭作证，甚至不愿意或者阻止证人出庭作证，以免出庭作证的证人节外生枝。

显而易见，诸如此类的问题我们还可以继续追问下去。但是从以上简要的分析不难看出，学者们对证人作证制度的研究有复杂问题简单化之嫌。中国证人作证问题也绝非单纯引进西方国家的某些刑事证据制度或者刑事证据规则所能解决的。在我国的刑事诉讼中，证人是否出庭作证只是一种表象，证人普遍不出庭作证实际上蕴含了我国刑事司法中更深层次的问题。如果学者们不对证人普遍不出庭作证所反映的深层次问题予以精确解释，任何旨在保障证人出庭作证的措施都会因为无的放矢而事与愿违。从这个意义上讲，对于证人作证制度或者证人普遍不出庭作证现象的研究，不能就事论事和过于关注证人作证制度的一些技术性规则，而是应当将其放到整个刑事司法制度中进行考察，同我国的诉讼理念、诉讼功能、司法体制、诉讼构造、法院角色等问题联系起来进行分析。实际上，学者们广泛研究的证人出庭作证比例的高低问题只是表面问题，不是真问题。一个突出的例证是，在我国刑事审判实践中，证人出庭作证的比例无论是高还是低，都不会对刑事审判带来实质性的影响。而在这种情况下，学者们试图通过借鉴西方国家的所谓成功经验来提高我国证人出庭作证的比例，注定是在做无用功。在笔者看来，学者们对证人出庭作证比例过低这个问题的研究，不应当过多地纠结于证人出庭作证比例的高低，而是应该深入分析证人不出庭作证背后的深层次问题，至少应当对以下几个值得研究却被理论界忽略的真问题进行深入分析和精确解释：证人为什么普遍不在法官面前作证而在侦查机关面前作证；为什么法官不需要证人出庭作证；证人作证的关键问题究竟是在审判阶段还是在审前阶段；证人出庭作证比例的高低为什么对刑事审判没有实质性的影响；刑事诉讼构造对证人出庭作证的影响；等等。

二、提出具有重要价值的命题或假设

找到我国刑事证据立法与司法存在的真问题只是研究者们从事刑事证据法学研究的良好开始。研究者们能否进行理论创新，进而增长刑事证据法学知识，关键在于能否针对我国刑事证据立法与司法存在的真问题提出具有重要价值的命题或者理论假设。如果研究者们只是发现了真问题但是却无法提出具有重要价值的命题或者理论假设，那么研究者们既难以进行理论创新，也不大可能对我国刑事证据立法与司法做出精确的解释。从这个角度而言，提出具有重要价值的命题或者理论假设，不仅是研究者们对真问题的理论升华，而且是精确解释我国刑事证据立法与司法存在问题的需要，是我国刑事证据法学研究理论创新、增长知识的要求。

从科学方法论的角度而言，所谓具有重要价值的命题或者理论假设，至少应当满足三个条件。首先，根据奥地利哲学家维特根斯坦的经验证实原则和英国哲学家卡尔·波普尔的经验证伪原则，研究者们针对我国刑事证据立法与司法存在的问题所提出来的命题或者理论假设应当具有可证实性或者可证伪性。既不能证实也无法证伪的命题或者假设，只能是研究者们的主观臆断或者价值愿望。我国刑事证据法学研究的理论创新不应当建立在研究者们的主观臆断或者价值愿望的基础上。其次，研究者们所提出来的命题或者理论假设应当具有原创性。这种原创性应当具有国际视野，即研究者们所提出来的命题或者理论假设既要不同于我国已有的刑事证据法学理论，又要有别于国外已有的刑事证据法学理论。这不仅要求研究者们具备世界眼光，而且要求研究者们具备良好的独立思考能力，不能动辄将西方国家的刑事证据法学理论直接拿来作为我国刑事证据法学研究的命题或者理论假设，更不能想当然地移植西方国家的刑事证据制度与理论。研究者们只有提出有别于国外刑事证据法学理论的命题或者理论假设，具有中国特色社会主义刑事证据法学理论体系才有可能真正得以建

立。最后，研究者们提出来的命题或者理论假设应当建立在我国刑事证据立法与司法存在的真问题的基础上，能够精确地解释我国刑事证据的立法与司法，对我国刑事证据立法与司法具有重要的指导作用。

客观地说，在研究资料越来越丰富、刑事证据法学研究已经比较繁荣的情况下，要想提出具有原创性的命题或者理论假设，的确是一件比较困难的事情。长期以来，在深陷对策法学和比较法学泥沼的情况下，我国刑事证据法学研究难以取得根本突破，总是不断地运用国外的刑事证据法学理论与制度来演绎着我国的刑事司法实践，一个重要的原因就是学者们往往无法在我国刑事证据立法与司法存在问题的基础上，创造性地提出有别于国外刑事证据法学理论的概念、命题或者理论假设。在笔者看来，我国刑事证据法学研究要想取得理论突破，并对我国刑事证据立法与司法提供科学而又精确的解释，不仅需要通过实证研究提高刑事证据法学研究的科学性与客观性，而且需要在深谙中外刑事证据制度与理论的基础上，拓宽研究者们的研究视野，尽可能地运用交叉学科的分析方法提出具有重要学术价值的命题或者假设，而不能只见树木，不见森林，只是就事论事地看待我国刑事证据立法与司法存在的问题。毕竟，在我国刑事证据法学研究成果非常丰硕的情况下，再加上在互联网时代研究者们很容易获得国外刑事证据法学研究资料，单纯利用刑事证据法学或者刑事诉讼法学的知识已经很难满足理论创新、提出原创性命题的需要。

从理论上讲，包括刑事证据法在内的法学学科与其他社会科学之间具有很强的相通性、融合性和关联性，再加上包括刑事证据法在内的法律问题本身就是社会属性很强因而与社会各个学科存在紧密联系的领域，因此，采用交叉学科的研究方法不仅有助于我们拓宽刑事证据法学研究的视野，而且往往能够找到单纯依赖法学知识尤其是诉讼法学知识或者证据法学知识所无法解释的问题或者现象，从而为我们创造新的刑事证据法学理论提供有益思路和创造有利条件。但是，长期以来，在我国采取相对封闭、过于追求专业界限的教育模式的情况下，我国法学研究者往往只对自己的专业领域比较精通，而对其他法学学科尤其是其他人文社会科学知之不多，甚至一无所知。这导致我国法学研究者在研究刑事证据法学时很少采用交叉学科的研究方法。① 而在传统研究方法难以创新而交叉学科分析方法又尚未兴起的情况下，充分利用交叉学科分析方法进行刑事证据法学研究在我国不仅具有极大潜力，而且有可能是未来刑事证据法学研究取得根本突破的最佳途径。

要想在我国刑事证据法学研究中加大交叉学科分析方法的研究力度，除了高等学校需要逐步改变相对封闭、过于追求专业界限的传统教育模式，研究者们自己也应当积极扩大自己的知识面和研究视野，善于跳到诉讼法学或者证据法学之外来看待我国刑事证据制度与实践，运用哲学、政治学、经济学、管理学、社会学、心理学、历史学等人文社会科学甚至自然科学的基础知识来思考我国的刑事证据法学问题，在发现我国刑事证据立法与司法存在的真问题的基础上，提出具有重要学术价值的概念、命题或者理论。研究者们即使受客观条件或者知识视野的限制而无法充分利用其他人文社会科学或者自然科学的知识来开展刑事证据法学研究的交叉学科分析，至少也应当充分利用法学其他学科尤其是法理学、宪法学、刑法学、犯罪学、侦查学的基础知识来进行刑事证据法学研究。例如，结合宪法学、侦查学、诉讼法学、证据法学的基础知识研究侦查机关通过技术侦查手段所获取的证据材料的证据规则问题；利用诉讼法学、刑法学、犯罪学、数学、哲学的基础知识反思我国的犯罪构成理论和研究犯罪事实的可证明性问题；等等。

三、对中国独有的问题做出精确解释

不可否认，在现代各国刑事诉讼中，有关刑事证据的许多概念、规则和理论都来自西方国家。毕竟，在经过几百年的实践和演变之后，西方国家在如何规范刑事证据方面已经积累了丰富的经验，构建了相当完善的证据规则，形成了较为成熟的证据法学理论体系。正是在这个意义上，西方国家的刑事证据制度在一定程度上反映了现代社会刑事司法机关收集与运用刑事证据的基本规律，

---

① 相对于我国而言，西方学者早就比较注重利用交叉学科分析方法来研究证据法学问题，并取得了丰硕的研究成果。例如，在18世纪中期，英国著名证据法学家吉尔伯特就曾经在其名著《证据法》中利用英国著名哲学家洛克的哲学理论和自身掌握的数学知识，力图将证据法理论建立在盖然性的观念之上，提出了著名的最佳证据规则。再如，20世纪60年代以后，随着经济学分析方法在法律领域的兴起，交叉学科分析方法备受西方学者所推崇，并产生了注重以经济学、数学、统计学等多学科知识对程序法或者证据法问题进行定量分析和交叉学科分析的学者或者理论，如贝叶斯理论（一种以主观性为特征的数学概率理论）在证据法中的运用，美国著名法官波斯纳运用经济学、数学的知识对证据法的经济分析等。

具有一定的普适性。实际上，1996 年修改《刑事诉讼法》以来，不仅我国刑事证据制度改革在很多方面参考和借鉴了西方国家尤其是英美法系的刑事证据规则，而且我国刑事证据法学理论体系也大量参考了西方国家尤其是英美法系的刑事证据制度与理论。尽管我国在刑事司法改革过程中需要参考或者借鉴西方国家的刑事证据制度与理论，但是研究者们还应当充分认识到刑事证据制度归根到底是由一个国家的具体国情决定的。刑事证据制度作为一种上层建筑，不可能脱离一个国家的经济基础以及与经济基础相适应的政治、文化、社会状况以及历史传统而孤立存在和发展。这决定了研究者们必须在充分尊重我国基本国情的基础上科学建构具有中国特色的刑事证据法学理论，实现我国刑事证据制度的自我完善，而不是盲目借鉴或者照搬照抄西方国家的刑事证据制度与理论。一方面，我国社会主义初级阶段的基本国情决定了我国刑事证据立法与司法存在的问题必然是不同于西方国家的独有问题。建立在西方国家基本国情基础上的刑事证据制度与理论无论有多么先进，都不可能为我国刑事证据立法与司法存在的独有问题提供现成的解决方案。另一方面，我国刑事证据法学研究必须从我国基本国情出发，在发现我国刑事证据立法与司法存在的真问题和独有问题的基础上提出有别于西方国家的刑事证据法学理论，而不是从西方国家的刑事证据制度与理论出发，想当然地以西方国家的刑事证据制度与理论来演绎推理我国的刑事证据制度与理论。研究者们只有扎根于我国刑事司法实践，对我国刑事证据立法与司法存在的真问题和独有问题做出精确解释，才有可能创造出有别于西方国家的刑事证据法学理论，进而真正地为我国刑事证据立法与司法存在的问题提供行之有效的解决方案。

尽管我国刑事司法实践因为匮乏的刑事证据制度而暴露出来的大量问题已经为刑事法证据法学研究提供了非常丰富的学术资源，但是受时间、人力、财力、精力、司法保密等各种因素的影响，绝大多数学者在研究刑事证据法学的过程中都是"从书本到书本""从概念到概念""从一个国家到另一个国家"，运用逻辑或者思辨进行纯粹的理论推导，在没有认真考虑我国特殊国情或者我国独有问题的情况下就想当然地将现代法治国家的所谓成功经验作为我国刑事证据制度好坏的评价标准和刑事证据制度改革的理想方案。实践证明，在深陷对策法学和比较法学研究误区的情况下，国内学者普遍抱着"西方国家如此中国也应当如此"的逻辑和心态，这种逻辑和心态既无助于提出具有重要学术价值的命题或者理论假设，又难以对我国刑事证据立法与司法存在的问题进行精确的解释。而学者们所提出来的各种解决方案也因为没有精确解释中国问题而沦为自说自话的书斋成果，既难以受到立法部门或者司法实务部门的认可，也无法解决我国刑事证据立法与司法存在的真正问题。

由此看来，我国刑事证据法学研究的再次转型，不仅需要在发现我国刑事证据立法与司法存在的真正问题的基础上提出具有重要价值的命题或者假设，而且需要对我国刑事证据立法与司法存在的独有问题做出精确的解释。那么如何才能做到精确解释呢？在笔者看来，除了找到真问题和提出具有重要价值的命题或者假设以外，就是改变以往过于主观的研究方式，尽可能采用科学的研究方法。尽管什么是科学的研究方法历来饱受争议，但是经验主义和实证主义产生以来，社会科学越来越强调借助自然科学的研究方法来研究各种社会问题已经成为不争的事实，并且极大地推动了人文社会科学的发展。所谓自然科学的研究方法，最主要的就是实证研究方法，即通过事实材料提出理论假设和检验理论假设。在得到事实检验的情况下，理论假设就会转化为被人们接受的科学理论，进而被人们用来解释和指导实践。反而言之，如果理论假设不具备可检验性，或者理论假设没有获得事实的检验，那么该理论假设就只能是一种主观猜想或者价值判断，而不能起到解释和指导实践的作用。

客观地说，随着自然科学研究方法在社会科学领域的引入，越来越多的学者已经开始意识到实证研究方法的重要性，并试图运用实证研究方法寻求刑事证据法学研究的突破口。但是，在没有找到真正值得研究的问题或者无法提出具有重要价值的命题或者理论假设的情况下，许多学者的实证研究要么是通过资料整理得出一些比较肤浅的结论，要么是通过实证分析机械地推导出一些明显违背常识的观点，仍然难以对我国刑事证据立法与司法存在的问题做出精确的解释。例如，尽管许多学者在研究证人作证制度时往往会通过实证研究来论证我国证人出庭作证率过低的事实，但是学者们在分析证人出庭率过低的现象时又陷入主观臆断的研究模式，总是试图在借鉴西方国家证人作证制度的基础上提升我国证人出庭作证的比例，而忽略了证人出庭作证率的高低并不是我国证人作证制度的真正问题，从而既没有深入分析和精确解释我国证人出庭作证率过低这个现象所蕴含的真正问题，也没有提出具有原创性的学术命题或者理论假设。

由此看来，要想实现我国刑事证据法学研究方法的再次转型，从而对我国刑事证据立法与司法存在的问题做出精确的解释，确保我国刑事证据法学的研究成果转化成科学的刑事证据法学理论，研究者们亟待正确地强化实证研究方法。首先，应当围绕我国刑事证据制度的实际运行情况，通过实验法、观察法、问卷法、访问法、调查法、案例法、统计法等实证研究方法尽可能地收集实证材料。其次，对各种实证材料进行整理和分析，找到我国刑事证据立法与司法存在的真问题。再次，拓展，结合交叉学科分析等其他研究方法，针对我国刑事证据立法与司法存在的真问题提炼出具有重要学术价值的命题或者理论假设。最后，应当进一步运用实证研究方法，结合交叉学科分析等其他研究方法，从不同的角度全方位检验所提命题或者理论假设是否成立，进而对我国刑事证据制度存在的问题做出精确的解释和科学的评价，从而增强研究成果的说服力和解释力。只有这样，我国刑事证据法学研究才有可能充满活力，避免沦为空洞的说教，研究者们才有可能走出西方国家刑事证据法学的窠臼，创造出能够为我国刑事证据制度实践提供科学解释和指导作用的刑事证据法学理论。

结　语

通过转型升级推动刑事证据法学研究创新

以我国刑事证据制度的发展变化为线索，可以将我国刑事证据法学研究的历史沿革分为艰难探索、恢复发展和蓬勃兴起这三个阶段。这三个阶段，分别是我国传统刑事证据法学的萌芽、形成和转型时期。通过系统梳理中华人民共和国成立以来的研究成果，我们能够很清晰地看到，我国刑事证据法学研究经历了两次重要启蒙和一次转型。两次启蒙，是指在批判旧法、阶级斗争扩大化等特定历史背景下，以苏联刑事证据法学理论与实践为主要内容的启蒙，以及在改革开放、全球化加剧等诸多因素的影响下，以西方国家尤其是英美法系的刑事证据法学理论与实践为主要内容的启蒙。第一次启蒙以辩证唯物主义认识论和实事求是为指导思想，奠定了我国传统刑事证据法学理论体系的理论基础，而第二次启蒙以程序正义、人权保障、程序法治等为理念，奠定了我国刑事证据法学转型的理论基础。而1996年修改《刑事诉讼法》以来，在第二次启蒙的过程中，我国刑事证据法学研究发生了一次重大转型，即从侧重于借鉴苏联刑事证据法学理论、批判西方国家刑事证据法学理论向更加侧重于批判传统刑事证据法学理论、借鉴西方发达国家尤其是英美法系的刑事证据法学理论转变。

随着我国刑事证据法学研究的初步转型，再加上我国刑事证据立法与司法因为暴露出越来越多的问题而迫切需要改革，理论界逐渐掀起了研究刑事证据法学的热潮。尤其是随着《关于办理死刑案件审查判断证据若干问题的规定》《关于办理刑事案件排除非法证据若干问题的规定》的颁布实施，以及我国《刑事诉讼法》的三次大规模修改，我国刑事证据法学研究可以说已经达到了空前繁荣的程度。就我国刑事证据法学的研究成果数量、传统刑事证据法学的深刻反思以及现代刑事证据法学理论的大力普及而言，我国刑事证据法学的初步转型无疑取得了巨大成功。但是，就学术研究的本质使命来说，我国刑事证据法学研究的初步转型并不尽如人意。进一步而言，我国刑事证据法学的初步转型只是带来了我国刑事证据法学研究的表面繁荣，而尚未从根本上改变我国刑事证据法学研究缺乏足够创新的现实。其突出表现就是，理论界很少在提出有别于西方国家刑事证据法学的原创性理论的基础上对我国刑事证据立法与司法存在的问题做出精确的解释。甚至迄今为止我国还没有形成权威的、科学的并且得到理论界普遍认同的刑事证据法学理论体系。

我国刑事证据法学研究的初步转型在面临大好形势的情况下仍然在理论创新或者增长知识方面比较欠缺，主要是因为理论界普遍缺乏科学方法论的训练，不是以提出原创性的理论假设或者命题作为研究的出发点和落脚点，而是将其研究建立在过于功利化的建言献策的基础上。甚至很多学者将建言献策作为自己学术生涯的毕生追求，而丝毫没有意识到建言献策只是学术研究的副业。实际上，建言献策应当是理论创新的衍生结果，而不是学术研究的出发点和落脚点。以建言献策为根本目标进行学术研究，是本末倒置和逻辑颠倒的做法。它只能带来学术研究的表面繁荣，而难以推动理论创新和知识增长。实践证明，在研究思路狭窄、研究方法陈旧、没有受到科学方法论系统训练的情况下，大多数刑事证据法学研究成果既难以受到立法界或司法界的认可，也无法通过理论创新对我国刑事证据立法与司法存在的真正问题做出精确的解释。尤其是建立在西方国家刑事证据制度与理论基础上的研究成果，既不能为我国刑事证据立法与司法提供精确的解释，也难以成为我国刑事证据制度改革的灵丹妙药。

为了推动刑事证据法学的研究创新，取得刑事证据法学研究的理论突破，打造符合中国特色的刑事证据法学话语体系，无愧于新世纪、新时代赋予我们的学术使命，我国刑事证据法学研究亟待再次转型，走出大证据学的思维误区，摒弃建言献策或者价值表达的研究方式，通过理论再转型构建纯粹的刑事证据法学理论体系，通过思路再转型促进刑事证据法学的知识增长，通过方法再转型实现刑事证据法学的精确解释。概括而言，我国刑事证据法学研究转型升级的核心就是要增强学术研究的主体性、独立性和科学性，通过理论创新精确解释我国刑事证据立法与司法存在的真正问题或者独有问题。首先，研究者不要总是将研究视野停留在如何通过借鉴国外经验来改革我国刑事证据制度这个层面上，从而沦为外国刑事证据法学理论的传声筒或者外国刑事证据制度的搬运工，而是要客观、冷静、辩证地看待外国的刑事证据制度或者理论，在充分考虑中国国情的基础上提出有别于外国刑事证据法学的理论假设或者命题。其次，研究者不要以建言献策作为我国刑事证据法学研究的出发点和落脚点，从而沦为站着说话不腰疼的法律改革预言家或者吃力不讨好的谋士，而是要独立地思考我国刑事证据立法与司法存在的真正问题，提炼出具有原创性的理论假设或者命题。最后，研究者不要一味地按照自己的偏好进行主观臆断或者表达价值判断，从而导致研究成果沦为空洞的说教或者自说自话的书斋成果，而是要实现刑事证据法学研究的自然科学化，通过科学论证和理论创新对我国刑事证据立法与司法存在的真正问题或者独有问题做出精确的解释。

附　录

中国刑事证据法学研究代表成果概况

　　长期以来，在刑事证据立法滞后、刑事证据制度改革与刑事诉讼程序改革相脱节的背景下，再加上刑事证据制度本身就是现代刑事诉讼的基础和核心，我国刑事证据法学研究不仅取得了丰硕的成果，而且逐渐呈现繁荣的学术景象，甚至成为我国法学研究领域的一门显学。根据笔者的统计，从中华人民共和国成立到 2017 年底，我国学者共出版了 340 多部刑事证据法学或者综合性的证据法学专著，140 多部刑事证据法学或者综合性的证据法学教材，以及发表了1000 多篇刑事证据法学或者综合性的证据法学 CLSCI 核心期刊（仅局限于最早的 16 种中国法学核心科研评价来源期刊）论文。这些成果的概况如下：

　　第一，出版了 341 部刑事证据法学或者综合性的证据法学专著。在我国刑事证据法学的艰难探索时期，基于特定的历史条件，理论界尚未出版这方面的专著。在我国刑事证据法学的恢复发展时期，理论界共出版了 27 部刑事证据法学或者综合性的证据法学专著。其中，比较重要的著作有：张子培等撰写的《刑事证据理论》；徐益初、肖贤富编著的《刑事诉讼证据学基础知识》；王国庆撰写的《论刑事证据的审查判断》；崔敏主编的《刑事证据理论研究综述》；崔敏、张文清主编的《刑事证据的理论与实践》；肖胜喜撰写的《刑事诉讼证明论》；黄道、陈浩铨撰写的《刑事证据法的哲学原理》；等等。在我国刑事证据法学的蓬勃兴起时期，理论界共出版 314 部刑事证据法学或者综合性的证据法学专著。其中，具有代表性的专著有：刘善春、毕玉谦、郑旭合著的《诉讼证据规则研究》；陈刚撰写的《证明责任法研究》；王进喜撰写的《刑事证人证言论》；胡锡庆主编的《诉讼证明学》；杨宇冠撰写的《非法证据排除规则研究》；吴宏耀、魏晓娜撰写的《诉讼证明原理》；何家弘主编的《外国证据法》；史立梅撰写的《程序正义与刑事证据法》；卞建林主编的《刑事证明理论》；郭志媛撰写的《刑事证据可采性研究》；黄永撰写的《刑事证明责任分配研究》；汪建成撰写的《理想与现实：刑事证据理论的新探》；陈学权撰写的《科技证据论：以刑事诉讼为视角》；栗峥撰写的《超越事实：多重视角的后现代证据哲学》；孙远撰写的《刑事证据能力导论》；易延友撰写的《证据法的体系与精神：以英美法为特别参照》；龙宗智撰写的《证据法的理念、制度与方法》；叶自强撰写的《举证责任》；张继成撰写的《证据基础理论的逻辑、哲学分析》；封利强撰写的《司法证明过程论：以系统科学为视角》；栗峥撰写的《司法证明的逻辑》；李明撰写的《证据证明力研究》；王敏远撰写的《一个谬误、两句废话、三种学说：对案件事实及证据的哲学、历史学分析》；吴洪淇撰写的《转型的逻辑：证据法的运行环境与内部结构》；张步文撰写的《司法证明原论》；王超撰写的《排除非法证据的乌托邦》；陈卫东撰写的《反思与建构：刑事证据的中国问题研究》；张中撰写的《实践证据法：法官运用证据经验规则实证研究》；陈一天撰写的《刑事证据程序控制论》；等等。

第二，出版了144部刑事证据法学或者综合性的证据法学教材。在我国刑事证据法学的艰难探索时期，由于刑事证据法学研究比较薄弱，理论界尚未出版这方面的教材。在我国刑事证据法学的恢复发展时期，理论界共出版了15部刑事证据法学或者综合性的证据法学教材。其中，比较重要的有：巫宇甦主编的《证据学》；朱云编著的《刑事诉讼证据制度》；张文清主编的《刑事证据》；裴苍龄撰写的《证据法学新论》；陈一云主编的《证据学》；等等。在我国刑事证据法学的蓬勃兴起时期，理论界共出版了129部刑事证据法学或者综合性的证据法学教材。其中，具有代表性的教材有：何家弘主编的《新编证据法学》；卞建林主编的《证据法学》；陈一云主编的《证据学》；樊崇义主编的《证据法学》；何家弘、刘品新合著的《证据法学》；陈卫东、谢佑平主编的《证据法学》；叶青主编的《诉讼证据法学》；何家弘主编的《证据法学研究》；何家弘、张卫平主编的《简明证据法学》；刘广三主编的《刑事证据法学》；张建伟撰写的《证据法要义》；卞建林、谭世贵主编的《证据法学》；陈光中主编的《证据法学》；陈瑞华撰写的《刑事证据法学》；张保生等著的《证据法学》；易延友撰写的《证据法学：原则·规则·案例》；等等。

第三，发表了1065篇刑事证据法学或者综合性的证据法学CLSCI核心期刊论文。在我国刑事证据法学的艰难探索时期，理论界共发表了66篇CLSCI论文。其中，具有代表性的论文有：郝双禄撰写的《关于刑事证据的几个问题》；黄道撰写的《怎样判断刑事诉讼中的证据》《略论刑事诉讼中的无罪推定原则》；张子培撰写的《驳资产阶级的"无罪推定"原则》《批判资产阶级"法官自由心证"原则》；巫宇甦撰写的《批判资产阶级"无罪推定"原则》《论我国刑事诉讼中的证据》；罗荣撰写的《彻底批判"有利被告"的谬论》；陈启武撰写的《"事实是根据，法律是准绳"是我国刑事诉讼的基本指导原则》；郝双禄撰写的《关于刑事诉讼证据的几个问题》；吴磊撰写的《运用唯物辩证法研究刑事诉讼证据问题》；等等。在我国刑事证据法学的恢复发展时期，理论界共发表了 254 篇 CLSCI 论文。其中，具有代表性的论文有：陈光中撰写的《应当批判地继承无罪推定原则》；武延平撰写的《收集刑事证据应当坚持的原则》；徐益初撰写的《自由心证原则与判断证据的标准》《以辩证唯物主义为指导研究证据理论问题》；吴家麟撰写的《论证据的主观性与客观性》；张子培撰写的《评资产阶级自由心证》；林欣撰写的《"无罪推定"还是"无罪假定"》；王希仁撰写的《刑事诉讼证明论》；王桂五撰写的《评"无罪推定"的诉讼原则》；崔敏撰写的《评维辛斯基的诉讼证据理论》；沈德咏撰写的《论刑事证据合法性及其意义》；裴苍龄撰写的《论诉讼中的证明责任》；张令杰、张弢、王敏远撰写的《论无罪推定原则》；陈桂明撰写的《论推定》；陈浩铨、黄道撰写的《论刑事证据理论的唯物论基础》；等等。在我国刑事证据法学的蓬勃兴起时期，理论界共发表了 745 篇 CLSCI 论文。其中，具有代表性的论文有：樊崇义撰写的《客观真实管见》；张继成撰写的《事实、命题与证据》《诉讼证明标准的科学重构》；陈光中等撰写的《刑事证据制度与认识论》；卞建林、郭志媛撰写的《论诉讼证明的相对性》；李学宽等撰写的《论刑事证明标准及其层次性》；何家弘撰写的《论司法证明的目的和标准》《司法证明标准与乌托邦》《证据学抑或证据法学》；陈瑞华撰写的《从认识论走向价值论》《从"证据学"走向"证据法学"》《以限制证据证明力为核心的新法定证据主义》；张卫平撰写的《证明标准建构的乌托邦》；汪建成、孙远撰写的《刑事证据立法方向的转变》；易延友撰写的《证据法学的理论基础》《证据学是一门法学吗》；龙宗智撰写的《印证与自由心证》《"大证据学"的建构及其学理》《试论证据矛盾及矛盾分析法》；周菁、王超撰写的《刑事证据法学研究的回溯与反思》；孙远撰写的《刑事证据能力的法定与裁量》；李建明撰写的《刑事证据相互印证的合理性与合理限度》；栗峥撰写的《司法证明模糊论》《证据链与结构主义》；张保生撰写的《证据规则的价值基础和理论体系》《论中国特色证据法学体系的建构》《事实、证据与事实认定》；闵春雷撰写的《刑事诉讼中的程序性证明》；李训虎撰写的《证明力规则检讨》；封利强撰写的《司法证明机理》；吴洪淇撰写的《刑事证据审查的基本制度结构》；等等。

第四，通过答辩了 111 篇刑事证据法学或者证据法学方面的博士学位论文。从 2000 年至 2017 年底，通过答辩的刑事证据法学或者证据法学方面的博士学位论文共计 111 篇。其中，具有代表性的学位论文有：郑旭撰写的《刑事证据规则》；王进喜撰写的《刑事证人证言论》；杨宇冠撰写的《非法证据排除规则研究》；吴宏耀撰写的《诉讼认识论》；蒋铁初撰写的《中国近代证据制度研究》；史立梅撰写的《程序正义与刑事证据法》；郭志媛撰写的《刑事证据可采性研究》；熊志海撰写的《刑事证据研究：事实信息理论及其对刑事证据的解读》；
粟峥撰写的《后现代证据理论研究》；宋志军撰写的《刑事证据契约论：以
"场域理论"为视角》；李树真撰写的《司法证明中的逻辑法则与经验法则》；
郑牧民撰写的《中国传统证据文化研究》；李明撰写的《证据证明力研究》；
等等。

　　第五，翻译了国外刑事证据法学或者综合性证据法学方面的专著39部。其
中，具有代表性的翻译专著有：王之相翻译的《苏维埃法律上的诉讼证据理
论》；何家弘等翻译的《刑事证据大全》；吴越翻译的《现代证明责任问题》；
庄敬华翻译的《证明责任论》；李学军等翻译的《漂移的证据法》；汤维建等翻
译的《麦考密克论证据》；徐昕、徐昀翻译的《证据法的经济分析》；吴宏耀、
魏晓娜等翻译的《比较法视野中的证据制度》；张保生等翻译的《证据分析
（第2版）》；吴洪淇等翻译的《证据法学反思：跨学科视角的转型》《证据理
论：边沁与威格摩尔》《反思证据：开拓性论著》；等等。